教师教育融媒体教材

KECHENG YU JIAOXUELUN

课程与教学论

第2版

李森　陈晓端◎主编

北京师范大学出版集团
BEIJING NORMAL UNIVERSITY PUBLISHING GROUP
北京师范大学出版社

图书在版编目（CIP）数据

课程与教学论／李森，陈晓端主编. —2 版. —北京：北京师范
大学出版社，2024. 8

教师教育融媒体教材

ISBN 978-7-303-28734-5

Ⅰ.①课⋯　Ⅱ.①李⋯　②陈⋯　Ⅲ.①课程－教学理论－师范大
学－教材　Ⅳ.①G423

中国国家版本馆 CIP 数据核字（2023）第 018149 号

教材意见反馈　　gaozhifk@bnupg. com　　010-58806364
营销中心电话　　010-58802755　　010-58800035
北师大出版社教师教育分社微信公众号　　京师教师教育

出版发行：北京师范大学出版社　www.bnup. com
　　　　　北京市西城区新街口外大街 12-3 号
　　　　　邮政编码：100088

印　　刷：保定市中画美凯印刷有限公司
经　　销：全国新华书店
开　　本：787 mm × 1092 mm　1/16
印　　张：22
插　　页：2
字　　数：460 千字
版　　次：2024 年 8 月第 2 版
印　　次：2024 年 8 月第 1 次印刷
定　　价：52. 00 元

策划编辑：王建虹　　　　　　责任编辑：郭　瑜
美术编辑：李向昕　　　　　　装帧设计：焦　丽
责任校对：陈　民　郑淑莉　　责任印制：马　洁

本书使用指南

全书栏目

本课程的发展历史

本课程的发展历史：开始本课程之前，先了解一下它的发展历程。

本课程的学习和研究方法：如何学习本课程，并进一步展开研究，方法至关重要。

本课程的学习和研究方法

课程与教学论不仅是一门理论学科，而且是一门应用学科。因此，对课程与教学论的学习不仅要掌握其深厚的理论基础，更要关注并参与到教学实践。还要坚持将理论与实践相结合的原则，通过理论的学习、认识、理解和改进课程与教学实践。

一、本课程的学习方法

（一）加强课程与教学理论的学习

在课程与教学论的学习过程中，一方面需要熟练地掌握课程与教学论的基本概念、命题和原理，对课程与教学学科形成整体的认识和理解；另一方面要对课程与教学学科的发展脉络形成清晰的认识，为课程与教学论的学习奠定坚实的史实基础；最后还要全面掌握课程与教学论学科的基本理论，形成分析课程与教学问题的理论视角和学科立场。

（二）积极关注与参加课程与教学实践

在学习过程中要积极关注与参加课程与教学实践。一方面可以通过回忆过去的学习经历、教学案例等，将抽象的理论学习提供鲜活的素材。同时，还可以运用学到的理论去分析与解释曾经过的教学学习经历、教学事件等；另一方面可以深入中小学实践，开展课堂观摩、教学实习等活动，运用学到的理论去知识建构课程与教学现象，展示课程与教学的学问题。在课程与教学实践的改进提供建议。总之，积极关注与参加课程与教学实践，有助于加深对课程与教学理论的感性认识和切身体验，促进课程与教学理论的学习。

二、本课程的研究方法

具体而言，本课程的学习研究有以下五种。

（一）文献研究法

文献研究法就是在课程与教学研究中，对相关的文献进行查阅、分析、综合与整理的过程，从研究选出有助于研究开展的有关文献的一种方法。在课程与教学论的研究中，文献研究法以具体分为文献计量的分析法、需要显对文献的量化分析、通过对已有研究文献的描述性和相关的分析、揭示文献之间的数量关系；后者运用于研究文献具体内容的整理、通过对某一研究领域的基本点、理论基础、主要观点、存在的问题以及发展概略等的切入分析、整体地把握该研究领域的全貌。

简要目录：一个层级的简要目录让你一眼览尽全书的章目要点。

详细目录：三个层级的详细目录为你提供更具体的页码索引，并展现作者阐释每个章节的角度。

详细目录

关键术语表

关键术语表：书后会对全书的关键术语做一个整体呈现，并配上英文和解释。

课程	curriculum	从广义的角度来看，课程本质上是一种教育性经验，贯彻于主体"全部知识掌握过程始动前后，从某义的角度来看，课程指的是学校各门学科中所知及成的帮助学生形成健康丰富的教育性经验的有机整体。
教学	teaching or instruction	教学本质上是指师生之间以对话、交流、合作为基础进行文化知识传承和创新的特殊交往活动。
价值	value	价值属客体中所存在的能满足主体需要、实现主体欲望、达到主体目的具有某种的属性，简言是对于主体的意义重要、目的的关系的。
课程价值	curriculum value	课程价值是课程满足人们某种需要的属性，是课程内在自身所具有（内在价值）和课程作为工具而起到的作用（外在价值）的一种。
教学目标	teaching objective	教学目标具有具体地对于学生学习行为与方向的明确的结果。一方面，它强调学习主体的一种预期，在教学学习时将要一种有目的、有组织的学习的活动。另一方面，教学目标是制定的在体系表中的，并随时的目标体系，教学目标是表中的不断要相关的与实现需要达学的规目标的，发生各种的转化。
教育方针	guiding principle for education	教育方针是指国家为了发展教育事业、在一定的阶段内，根据社会的个人发展需要制定的关于教育发展总的方向和目标要求。具体内容包括教育性质、培养目标和基本途径等。
教育目的	aim of education	教育目的是指教育所要达到的预期结果，是国家对培养什么人的总体要求。
培养目标	training objective	培养目标是根据教育目的的的各级各类学校的教育任务，制定的各级各类学校的具体培养目标。
课程开发	curriculum development	课程开发是指一切有组织的课程，课程开发是要提供一定目的和活动、它运用的的一种规范类知识的去寻找有助于某个下列关系的课程开发。
课程开发模式	model of curriculum development	课程开发模式是课程开发活动过程中一种体现的某种特定与思想取向。课程开发模式是基于一定的理论基础，针对课程开发的某个方面而建立的起来的实施课程开发的过程。

章前栏目

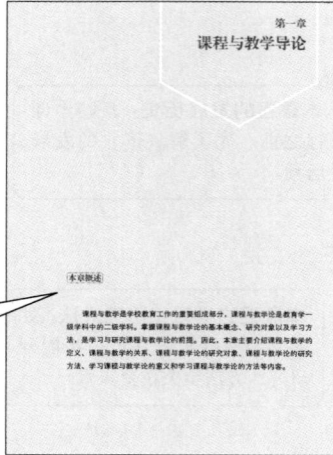

本章概述：学习每章之前，先了解一下它的内容概要。

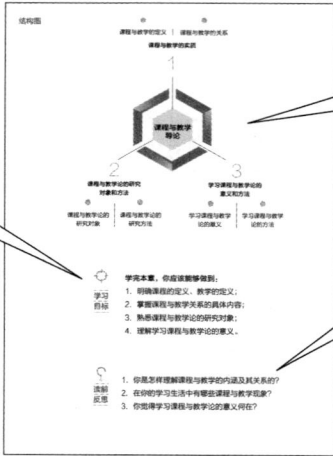

章结构图：这张"地图"助你在第一时间把握本章知识结构。

学习目标：清楚了解目标，学习才能更高效。

读前反思：反思的问题将带你进入新的知识探索。

章内栏目

节学习目标：完成节学习目标，才能实现章内学习目标，直至掌握全书内容。

案例：丰富的案例助你更好地掌握理论，并在实践中灵活运用。

名家语录：这里有教育家、哲学家、思想家……听一听他们的真知灼见吧。

章后栏目

本章小结：它概述了本章的重要知识点，为你的复习和回顾提供方便。

关键术语：章后为你提供了本章的关键术语，包括它的英文名称。

章节链接：知识之间是有联系的，章节链接为你提供了这种指引，它能让你的知识更加融会贯通。

批判性思考：这里，会以提问的方式引导你进一步思考。

体验练习：练习能深化你对知识的学习，并助你查漏补缺。

案例研究：有具体情境的案例会让你的所学与现实结合更紧密。

教学一线纪事：在这里，你可以提前了解真实的课堂。

补充读物：它为你的学习提供了更广阔的阅读空间。

- 壬戌学制对中小学课程进行了改革：高中实行文理分科，开设各种职业课，初中设置选修科目，同时加强了普通教育中自然科学的教学。这一阶段的课程体系反映了五四
- 运动后人们尊重科学和民主，彻底反封建的思想。近代中国的教学实践、教学理论与课程演进相似，出现了与古代截然不同的质的变化。教学目的、教学原则、教学方法、组织形式与教学评价等在"西学东渐"的实践探索中进入了多样化的发展阶段。

古代的
课程与教学

中国古代的
课程与教学

西方古代的
课程与教学

- 自然科学课程备受重视。随着自然科学的发展，古典文科教材中关于自然的种种推测已不符合实际。人们在批判传统人文学科的同时，越来越认识到自然科学的应用价值，并强烈要求学校增设支撑工业技术发展不可缺少的数学课程及物理学、化学、动物学、植物学等自然科学课程。
- 课程结构打破古典主义格局。近代科学、文化的发展，将自然科学和数学引进学校课程动摇了古典人文课程的结构框架，打破了古典主义教育大一统的局面。除"七艺"之外还增加物理、地理、历史以及拉丁语、希腊语、本民族语和一门现代外语课程。
- 随着19世纪西欧民族国家的形成和民主政治的发展，出现了一些如现代母语和外国语、公民科、历史和地理等新人文学科课程。为加强民族、国家之间的沟通与交流，民族语和外国语成为学校的必修课程。为加强人民对国家、社会、政治、经济的正确认识与理解充分担负起国家的责任，公民科成为提高公民素养的课程进入学校课堂。同时，伴随民族国家独立和国民意识的增强，历史在学校课程中开始占据重要位置，地理的学科意义也发生了改变，人们意识到经济的繁荣与文明的进步无非是人类致力于自然的结果，让儿童理解人与自然的关系才能真正理解人类活动的意义，地理在近代产业主义时代里，成为学校不可缺少的课程。

- 1950年8月，教育部颁布了《中学暂行教学计划(草案)》规定中学设政治、语文、数学、自然、生物、化学、物理、历史、地理、外语、体育、音乐、美术与制图14门课程，还规定了各科目的内在结构。这是中华人民共和国成立后的第一个教学计划。

- 1963年3月，国家教育部制定了《全日制中学工作条例（草案）》《全日制小学暂行工作条案)》，对中小学课程实施统一管理，首次提"国定制"与"审定制"相结合的教科书制度

- 1963年5月，教育部颁布了中小学各科教学重新确立了各学科的性质、任务和基本的教容，强调"双基"的掌握和训练。

- 1963年7月又颁布了《全日制中小学新教学计案)》，确立了"语、数"为小学核心课程，数、外"为中学核心课程。

现代的课程与教学

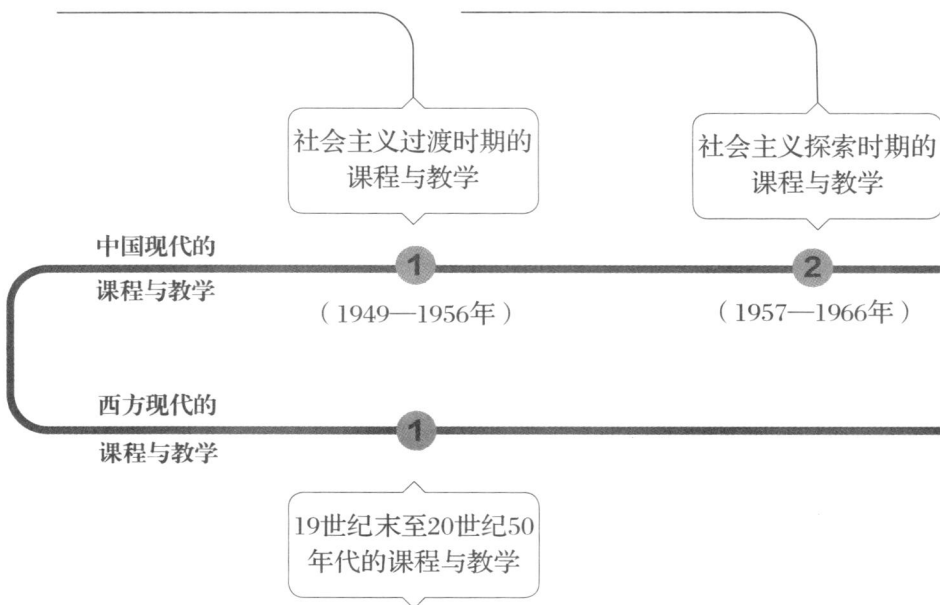

中国现代的课程与教学

① 社会主义过渡时期的课程与教学（1949—1956年）

② 社会主义探索时期的课程与教学（1957—1966年）

西方现代的课程与教学

① 19世纪末至20世纪50年代的课程与教学

- 19世纪末20世纪初，第二次工业革命之后的西方国家飞速发展，兴起了以欧洲"新教育运动"和美国"进步教育运动"为代表的教育创新运动，新教育家和进步教育者以建立不同于旧式传统学校的"新学校"为先导，开展了各式各样的课程与教学实验。新学校破除了古典的传统课程体系，开设农艺、手工劳动等课程，以训练儿童的体力、智力和手工技巧，促进其身心健全发展。

- 在美国进步教育运动中，影响广泛而持久的事件是"中学与大学关系委员会"发起的"八年研究实验。该实验开始于1933年，一直到1941年结束，历时八年，故称"八年研究"

本课程的学习和研究方法

课程与教学论不仅是一门理论学科，还是一门应用学科。因此，对课程与教学论的学习不仅要掌握其深厚的理论基础，积极关注并参与教学实践，还要坚持理论与实践相结合的原则，通过理论的学习，认识、理解与改进课程与教学实践。

一、本课程的学习方法

（一）加强课程与教学理论的学习

在课程与教学论的学习过程中，一是需要熟练地掌握课程与教学论的基本概念、命题和原理，对课程与教学论学科形成整体的认识和理解；二是需要对课程与教学论学科的发展脉络形成清晰的认识，为课程与教学论学科的学习奠定扎实的史实基础；三是要全面掌握课程与教学论学科的基本理论，形成分析课程与教学问题的理论视角和学科立场。

（二）积极关注与参加课程与教学实践

在学习过程中要积极关注与参加课程与教学实践。一方面，可以通过回忆联想法的运用，沟通理论与实践之间的鸿沟。在课程与教学论的学习中，学习者通过对以往学习生活的回忆，为当前的理论学习提供经验基础。同时，还可以运用学到的理论分析与解释过去的学习经历、教学事件等。另一方面，可以深入中小学实践，开展课堂观摩、教学实习等活动，运用学到的理论知识描述课程与教学现象，揭示课程与教学问题，并为课程与教学实践的改进提供建议。因此，积极关注与参加课程与教学实践，有助于加深对课程与教学实践的感性认识和切身体验，促进课程与教学理论的学习。

二、本课程的研究方法

具体而言，本课程的学习研究方法有以下五种。

（一）文献研究法

文献研究法就是在课程与教学论研究中，对相关的文献进行查阅、分析、综合与整理的过程，从而筛选出有助于研究开展的有关文献的一种方法。在课程与教学论研究中，文献研究法又具体分为文献计量法和内容分析法。前者是对文献的量化分析，通过对已有研究文献的描述性和相关性分析，揭示文献之间的数量关系；后者是对研究文献具体内容的整理，通过对某一研究领域的基本概念、理论基础、主要观点、存在的问题以及发展策略等的归纳分析，整体把握该研究领域的全貌。

（二）观察法

在课程与教学论研究中，观察法主要用于在自然状态下，对日常课程与教学现象的观察和认识。观察的主要途径包括：参观、听课、出席学校的各类会议、参加活动以及追踪观察等。课程与教学论研究中如果没有第一手材料，就无法进一步认识课程与教学现象的本质和规律。观察法有广义观察和科学观察。广义观察也就是一般日常的观察，即通过研究者的亲身感受或体验来获得有关研究对象的感性材料，带有一定的自发性和偶然性。日常观察是课程与教学论研究的基础和初级形式。科学观察是研究者按照预定的计划，对观察对象的范围、条件和方法做出明确选择，有目的地直接观察处于自然条件下的研究对象的言语、行为等外部表现，搜集事实材料并加以分析研究，从而获得对问题较为深入的认识。

（三）调查研究法

课程与教学论研究的调查研究法是指在课程与教学理论指导下，通过运用观察、访谈、问卷、个案分析等方式，搜集体现课程与教学现象的资料，从而对课程与教学的现状做出客观描述和科学阐释，并提出具体建议的一整套方法。

（四）行动研究法

行动研究法是身处课程与教学实践的研究者、一线教师和课程与教学论专家、学者密切协作，以课程与教学实践中存在的问题作为研究对象，通过合作研究或者独立研究的方式，将研究成果应用到自身从事的课程与教学实践中去的一种研究方法。

（五）叙事研究法

叙事研究法是指采用多种方法搜集资料，通过运用或分析叙事材料来对教育现象进行研究，用故事的形式呈现研究结果，并对故事现象或意义建构获得解释性理解。这种解释性理解不仅是对叙述材料赋予意义以获得对课程与教学问题的透彻了解，也可以使研究者反省自身，发现自我的内在概念和假设，获得人生的顿悟。由此可见，叙事研究法的基本特点是研究者以叙事、讲故事的方式表达对课程与教学的理解和解释。

简要目录

详细目录

第一章
课程与教学导论

[本章概述]

    课程与教学是学校教育工作的重要组成部分，课程与教学论是教育学一级学科中的二级学科。掌握课程与教学论的基本概念、研究对象以及学习方法，是学习与研究课程与教学论的前提。因此，本章主要介绍课程与教学的定义、课程与教学的关系、课程与教学论的研究对象、课程与教学论的研究方法、学习课程与教学论的意义和学习课程与教学论的方法等内容。

结构图

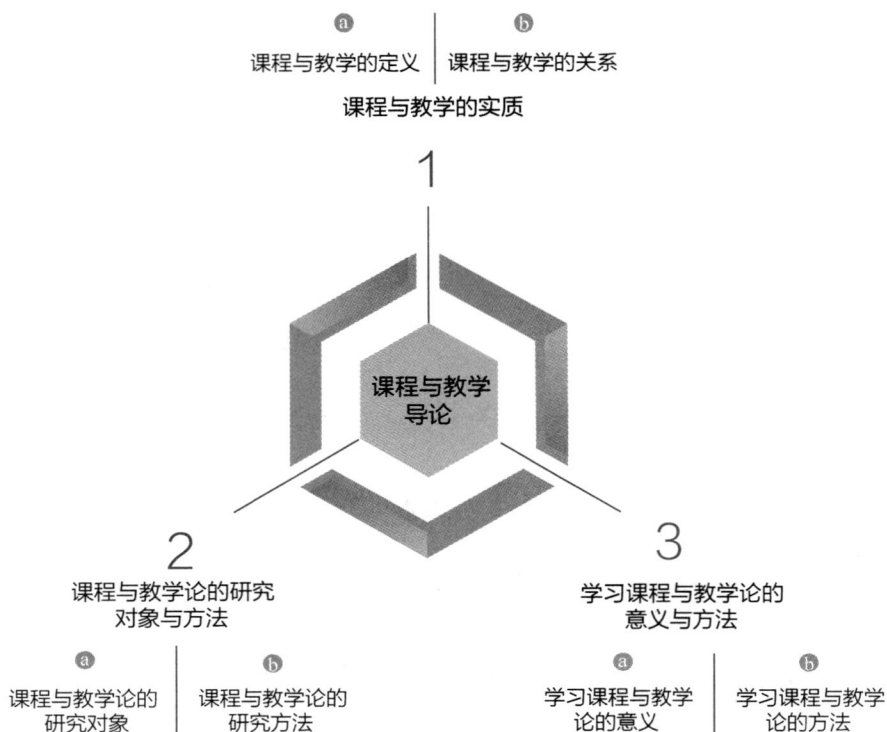

ⓐ 课程与教学的定义　　ⓑ 课程与教学的关系

课程与教学的实质

1

课程与教学
导论

2
课程与教学论的研究
对象与方法

ⓐ 课程与教学论的
研究对象　　ⓑ 课程与教学论的
研究方法

3
学习课程与教学论的
意义与方法

ⓐ 学习课程与教学
论的意义　　ⓑ 学习课程与教学
论的方法

学完本章，你应该能够做到：

1. 明确课程的定义、教学的定义。

2. 掌握课程与教学关系的具体内容。

3. 熟悉课程与教学论的研究对象。

4. 理解学习课程与教学论的意义。

**学习
目标**

1. 你是怎样理解课程与教学的内涵及其关系的?

2. 在你的学习生活中有哪些课程与教学现象?

3. 你觉得学习课程与教学论的意义何在?

**读前
反思**

　　课程与教学是学校教育工作的重要组成部分，课程与教学论既是教育学一级学科中的重要二级学科，也是教师教育课程体系中的一门重要课程。掌握课程与教学论的基本概念、研究对象以及学习方法，是学习与研究课程与教学论的重要前提。因此，如何理解课程与教学的实质、课程与教学的关系、课程与教学论的研究对象以及运用哪些方法学习和研究课程与教学论，这些是值得深入思考和探讨的问题。

第一节
课程与教学的实质

学习目标

了解课程与教学的代表性定义；理解课程与教学的内涵与外延。

　　翻开各种教育教学论著，随处可见课程、教学等使用频率较高的术语，几乎每一本教育教学方面的著作或者教材都对课程、教学进行了界定，几乎每一位教育教学研究者都对课程、教学进行个性化解读。那么，究竟什么是课程？又如何理解教学？本节将对这些问题进行尝试性的回答。

信息窗 1-1

种差定义法①

　　首先要找出一个属，被定义项所指代的种是该属的一个子类。然后找出属性（或种差），即把该种的分子与属的所有其他种的分子区分开来的那种属性。再给定那些以此来区别需要被定义的概念和其他属概念下的种概念的特征。定义的规则包括：第一，定义应当揭示种的本质属性。第二，定义不能循环。第三，定义既不能过宽又不能过窄。第四，定义不能用歧义的、晦涩的或比喻的语言来表述。第五，定义在可以用肯定定义的地方就不应当用否定定义。

---

① ［美］欧文·M. 柯匹，［美］卡尔·科恩，逻辑学导论（第 13 版），张建军，潘天群，顿新国等译．中国人民大学出版社，2014，131.

一、课程与教学的定义

课程与教学作为课程与教学论的基本术语，有其特定的内涵和外延，其本质属性反映了课程与教学论所特有的研究对象。全面深入地分析课程与教学的定义需要进行词源学的考察，即从课程与教学发展的时间流变与空间特征进行解读。

（一）课程的定义

1. 课程的词源学考察

据学者考证，在中国，"课程"一词最早出现于南北朝时期翻译的佛经中。"北魏凉州沙门慧觉翻译的《贤愚经·阿难总持品第三十八》中说：'尔时有一比丘，畜一沙弥，恒以严敕，教令诵经，日日课程。其经足者，便以欢喜。若其不足，苦切责之。'"① 这里的"课程"指检查、考核功课的分量、内容和进程。在唐代，孔颖达对《诗经·小雅·巧言》"奕奕寝庙，君子作之。秩秩大猷，圣人莫之"句注疏："以教护课程，必君子监之，乃得依法制也。大道，治国礼法，圣人谋之，若周公之制礼乐也。"② 此处的"课程"是中国古代严格意义上的课程术语的来源，指有规定数量和内容的工作或学习进程。到宋代，朱熹在《朱子全书·论学》中多次提及"课程"，如"宽着期限，紧着课程""小立课程，大作功夫"。宋陈鹄在《耆旧续闻》卷二中也说道："后生为学，必须严定课程，必须数年劳苦。"③ 此处，"课程"的含义是指学习的功课内容及其进程。宋明以后直至清代，课程概念的变化表现为外延的不断窄化，使用范围逐渐集中于学校教育，专指一种制度化的安排和设计。如唐彪在《父师善诱法》中所言："先生教童子之法，其根基全在正二月间，此时宜屏绝外务，专心致志开导督责，令学生读书字句分明，课程悉循法度，此后训诲功夫俱易为力矣。"再如《六堂训课》中对课程进行了分类，分为经义课程、制义课程与书体课程。④ 近现代以来，课程的内涵不断演变，课程内容不仅包括传统的经学课程、文学课程，还增加了自然科学课程、社会科学课程，学者们对课程的解读呈现出多元化和个性化的趋势。

在西方，"课程"一词最早出现在英国著名哲学家、教育家斯宾塞（H. Spencer）于1859年发表的《什么知识最有价值》（*What Knowledge is of Most Woah*）一文中，指通过专门设计和系统组织的教学内容。Curriculum（课程）源于拉丁语 Currere，意为"跑""跑道"。以此为依据，西方最常见的课程被定义为"学习的进程"，或者"学校为学习者提供的教学

① 姜国钧. "课程"与"教学"词源小考——兼与章小谦先生讨论. 华东师范大学学报（教育科学版），2006（4）.
② 章小谦，杜成宪. 中国课程概念从传统到近代的演变. 华东师范大学学报（教育科学版），2005（4）.
③ 姜国钧. "课程"与"教学"词源小考——兼与章小谦先生讨论. 华东师范大学学报（教育科学版），2006（4）.
④ 参见璩鑫圭. 鸦片战争时期教育. 上海：上海教育出版社，1990：395，129.

内容"。前者从动态的角度定义课程，后者从静态的角度解读课程。现在，人们则更多地从动态和静态相结合的角度，把课程定义为"学校开设的教学科目及其进程"。

2. 课程的代表性定义

由于世界各国教育的不断发展，课程研究受到了前所未有的重视，主要表现为：课程研究队伍不断壮大、课程研究领域不断拓展、课程研究论著不断丰富。缘于此，课程的定义也纷繁复杂，比较有代表性的定义有以下五种。

（1）"科目进程"说

这种观点认为课程是指由特定的知识系统组成的教学科目①，或者把课程界定为为了实现各级学校的教育目标而规定的教学科目及其目的、内容、范围、分量和进程的总和。如我国古代的"六艺"（礼、乐、射、御、书、数），西方的"七艺"（文法、修辞、辩证、算术、几何、天文、音乐），以及现在学校课程设置中的语文、数学、外语、历史、政治等科目。这种解读属于课程的描述性定义，即从静态和动态两个方面描述课程，有助于形成通识性的理解。

（2）"计划"说

有学者指出：课程作为一种具有多方面来源的客观现象，作为一种学校借以实现其目标、完成其任务的主要手段和媒介，其本质内涵是指在学校教育环境中，旨在使学生获得的、促进其迁移的，进而促使学生全面发展的、具有教育性的经验的计划。② 还有学者认为：课程是一个有意图而可修订的计划，它亦是学习活动的计划或蓝图，包含正规及非正规的内容和过程，课程也是有组织的意图，课程的要素诸如目标、内容、评鉴等彼此是关联的，且为一致连贯的整体。③ 课程论专家塔巴（H. Taba）认为课程是学习的计划。这种解读拓展了课程的外延，把教学目标、教学计划、教学方法等包含在课程的内涵之中，试图从教学活动的角度对课程进行全面的解读。

（3）"经验活动"说

这种观点认为课程本质上是一种特殊的经验。如有学者指出：最广义的"课程"，是指受教育者在走向社会之前的过程中所经历的全部经验。但是我们通常所说的课程，是指学习者在学校的指导下获得的全部经验。④ 也有学者认为：学校课程是指学生通过学校教育环境获得的旨在促进其身心全面发展的教育性经验。学者林本和李祖寿指出：课程乃是指学生在学校安排和教师指导下的一切活动与经验。它包括课内教学、课外活动、家庭作业与社会经验。⑤ 美国著名课程论专家卡斯威尔和坎贝尔指出课程是儿童在教师指导下所获得的一切经

① 参见施良方. 课程理论：课程的基础、原理与问题. 北京：教育科学出版社，1996：3-7.
② 郝德永. 关于课程本质内涵的探讨. 课程·教材·教法，1997（8）.
③ 参见李子建，黄显华. 课程：范式、取向和设计. 香港：香港中文大学出版社，1994：21-22.
④ 吕达等. 独木桥？阳关道？——未来中小学课程面面观. 北京：中信出版社，1991：3.
⑤ 王云五. 云五社会科学大辞典·第八册·教育学. 台北：台湾商务印书馆，1970：131.

验。这种定义把重点放在学习者学习的实际效果上，关注学习者的学习体验和自我感悟。但由于学习经验的抽象性，导致在教学活动中难以对学习经验进行界定和操作。

（4）"媒体"说

课程是由一定育人目标、基本文化成果及学习活动方式组成的用以指导学校育人的规划和引导学生认识世界、了解自己、提高自己的媒体。① 这种观点从课程内涵的构成与课程工具性价值的角度，将课程界定为一种媒体，比较形象地体现了课程的特征。

（5）"包容"说

在课程定义纷繁复杂的背景下，研究者主张尊重各种不同的解读，建立一种包容的课程观念。如有学者指出：每一种有代表性的课程定义都有一定的指向性，即都是指向当时特定社会历史条件下课程所出现的问题，所以都有某种合理性，但同时也存在某些局限性。而且，每一种课程定义都隐含着作者的一些哲学假设和价值取向。对于教育工作者来说，重要的不是选择这种或者那种课程定义，而是要意识到各种课程定义所要解决的问题以及随之而生的新问题，以便根据课程实践的要求，做出明智的决策。② 黄政杰指出：理解课程不仅要分析已有的定义，还要形成自己的观点，并认为完整的课程概念，包含了学科、经验、目标、计划等内涵。王文科也指出，课程定义的多样化是由于研究者以及接受者的背景和所持立场的差异导致的，他们对课程大致有如下理解：以目的、目标、成果或预期的学习结果为导向；以学校为计划、实施课程的主体，而以学习者为对象；以团体或个别为实施的方式；以在校内或校外为实施的场所或地点；以提供科目、教材、知识、经验或学习机会为类型。

综上所述，尽管学者们对课程的界定见仁见智，但为我们更加全面地认识与理解课程提供了多元视角。基于此，我们认为界定课程需要遵循三个原则：一是整体性原则，即对课程的定义应该包含丰富的内容；二是操作性原则，即课程的界定应体现操作性，能够被大多数人理解和运用；三是开放性原则，即体现课程的生成性和包容性。因此，对课程的界定可以从广义和狭义去理解：从广义上看，课程本质上是一种教育性经验，是对主体产生积极影响的各种因素的总和；从狭义而言，课程专指学校场域中存在和生成的有助于学生积极健康发展的教育性因素以及学生获得的教育性经验。

（二）教学的定义

1. 教学的词源学分析

据考证，"教"和"学"二字在商朝就已经出现。"教"字最早出现在甲骨文中，如"丁酉卜，其呼以多方小子小臣其教戒"。"学"字在甲骨文中也有记载，如"壬子卜，弗酒小求，学"。"教"与"学"两字的连用最早见之于《尚书·兑命》："学学半。"孔颖达的

① 廖哲勋.课程学.武汉：华中师范大学出版社，1991：28.
② 参见施良方.课程理论：课程的基础、原理与问题.北京：教育科学出版社，1996：10.

解释是："上学为教；下学者，学习也。言教人乃是益己学之半也。"东汉学者许慎所著的《说文解字》中则记载："教，上所施，下所效也。""教学"一词指教师的"教"和学生的"学"出现在宋代，欧阳修在为胡瑗先生作墓表时写道："先生之徒最盛，其在湖州学，弟子来去常数百人，各以其经传相传授，其教学之法最备，行之数年，东南之士，莫不以仁义礼乐为学。"这里的"教学"二字即是指教师的"教"与学生的"学"的活动。

📢 教育名言

　　虽有嘉肴，弗食，不知其旨也；虽有至道，弗学，不知其善也。是故学然后知不足，教然后知困。知不足，然后能自反也；知困，然后能自强也。故曰："教学相长也。"
　　《兑命》曰："学学半"，其此之谓乎！（《学记》）

　　20世纪初，由于新式学校的兴起、赫尔巴特教学思想的引入、班级授课制的客观要求，教师的"教"受到了研究者的重视，如1912年颁布的《师范学校章程》规定教育学科包含"教授法"。这时"教学"主要指教师的"教授"。后来，著名教育家陶行知考察了许多学校后指出，学校不能只顾教师如何教，应该关注学生如何学，教的法子要根据学的法子；并将南京高等师范学校全部课程中的"教授法"改为"教学法"，从"教"走向"学"。① 中华人民共和国成立初期，由于受苏联凯洛夫《教育学》的影响，教学定义为在学校内有计划地实行着的工作，这个工作在于教师有系统地和循序地把知识传达给学生和组织学生的活动，使其自觉地、积极地和坚实地学会一定的知识、技能和熟练技巧，并且在积极的教学工作的基础上，使他们每一个人都养成与共产主义教养任务相适合的品格。② 随后，"教学"指教师的教与学生的学相统一的活动的定义一直沿用至今。

　　"教学"一词在英文中也有多种表达，相对应的词有learning、teaching、teaching-learning、instruction等。一般认为，作learning理解时，教学主要指学生的学习；作teaching解读时，教学是指教师传授知识、技能或者向他人传递信息的活动；作teaching-learning解读时，教学主要指教师的教和学生的学的交互作用；作instruction理解时，教学是指教师对学生学习的指导活动，强调教学的情境性。

　　2. 教学的代表性定义
　　目前，学界关于教学的定义多种多样，比较有代表性的有以下几种。
　　（1）统一活动说
　　有学者认为："所谓教学，乃是教师教、学生学的统一活动；在这个活动中，学生掌握

① 崔允漷. 课程与教学. 华东师范大学学报（教育科学版），1997（1）.
② ［苏联］凯洛夫. 教育学. 沈颖，南致善，译. 北京：人民教育出版社，1953：15.

一定的知识和技能，同时，身心获得一定的发展，形成一定的思想品德。"① 也有学者认为，教学就是教的人指导学的人进行学习的活动。进一步说，指的是教和学相结合或相统一的活动。② 与此相类似的观点还有教学是一个复合词，教和学不可分割，教为学而存在，学又靠教来引导。③

（2）广义说和狭义说

有学者从广义和狭义的角度对教学的定义进行了概括：一是最广义的教学，指一切学习、自学、教育、科研、劳动，以至生活本身，都是教学；二是广义的教学，教学已经不再是某些自发、零星、片面的影响，从内容到形式都体现出有目的、有领导、经常而全面的影响；三是狭义的教学，认为教学是教育的一部分和基本途径；四是更狭义的教学，教学是使学生学会各种活动方法和技能的过程；五是具体的教学，认为教学总是教师教和学生学的双边活动。④ 也有学者认为，广义的教学泛指那种知识的传授和经验获得的活动，是能者为师，不拘形式、场合，不拘内容，如"父传子""师授徒"等活动；狭义的教学是指学校教育中培养人的基本途径，即现在各级各类学校中进行的教学活动，这就是我们通常说的教学。另有学者认为，广义的教学是指教的人指导学的人以一定的文化为对象进行学习的活动；狭义的教学就是学校教学，是专指学校中教师引导学生一起进行的，以特定文化为对象的教与学的统一活动。⑤

此外，美国著名教育学家史密斯（B. O. Smith）对教学的定义也进行了归纳，主要包括五种定义。

第一，描述性定义。教学是传授知识或技能的活动。

第二，意向式定义。教学作为一种意向活动，是人们对教学的一种期望，期望教学能促进学习者的学习。教师教学的成功与否，在于人们对他教学的期望程度。人们希望教师能取得教学的成功，要求教师关注教学这一活动和教学活动中发生的事情，使教师对教学活动能做出评判并改进自己的教学行为。

第三，规范式定义。教学作为一种规范性行为，要求教学必须符合一定的道德规范。这种道德规范是教师在教学活动中必须遵守的条件，是使教学得以进行的活动中理智的数量——事实根据与推理运用的数量。训练和教导是教学的基本活动；灌输和条件反射居于教学内涵的边缘地带，与教学密切相关；恐吓、蛊惑、生理威胁和说谎等都不是教学。

第四，成功式定义。即通过教学活动，学生获得一定的知识和技能，形成一定的思想品

---

① 王策三. 教学论稿. 北京：人民教育出版社，2005：87.
② 参见李秉德. 教学论. 北京：人民教育出版社，1991：2.
③ 参见吴也显. 教学论新编. 北京：教育科学出版社，1991：2.
④ 王策三. 教学论稿. 北京：人民教育出版社，2005：84-85.
⑤ 黄甫全，王本陆. 现代教学论学程. 北京：教育科学出版社，1998：4.

德，为未来的发展奠定扎实的基础。

第五，科学式定义。这是对教学的精确性定义，即精确到运用一个概念时，大家都有一致的看法，强调教学的操作性和共识性。

由此可见，一般从广义和狭义两个层面来认识和理解教学。从广义上讲，教学是指教育者指导学习者所进行的一切有目的的学习活动。教育者的行为会使学习者的行为产生一些变化。从狭义上讲，教学特指在学校中教师引导学生进行的一切学习活动。通过教师的教来引导学生学习知识，形成技能、态度和能力，身心得到发展。

究竟什么是教学呢？我们认为，教学本质上是师生之间以对话、交流、合作为基础进行文化知识传承和创新的特殊交往活动。这种活动由教师、学生、课程教材、教学方法、教学手段、教学环境以及教学评价等要素组成。同时，各要素之间构成错综复杂的关系。研究这些关系，便是课程与教学论的主要任务。

二、课程与教学的关系

在教育研究中，课程与教学的关系比较复杂，学者们从不同的视角对课程与教学的关系进行了有益的探讨，概括起来，主要有大教学观、大课程观、相互独立观、相互作用观和整合观。

（一）大教学观

学者们从教学论的立场出发，认为课程是教学论的有机组成部分。课程专指教学内容，与教学目的、教学原则、教学方法、教学过程、教学组织形式以及教学管理等并列。有学者主张："把课程看作教学内容的安排，认为没有教学内容的教学论是空洞的，课程事实上接受着、也应该接受教学过程规律的支配。在教学论中阐述课程论，并不妨碍揭示它跟高一级规律的联系。"[1] 有学者指出，课程问题就是学校教什么和学什么的问题。通常称为教学内容。西方国家把它作为一门独立的学科进行研究，成为教学论的一个分支，叫课程论。课程论就是研究教学内容的理论。有学者也将课程论作为教学论的重要组成部分，并与过程论、目的论、原则论、主体论、方法论、环境论与反馈论并列。还有学者认为，课程是教学的方案，而教学则是课程的实施。两者之间既有区别又有联系。课程之所以是教学系统中的构成要素之一，就在于它是社会经验转化为学生个体经验的中介，但它又是独立于教师与学生个体之外的复杂系统。一般说各门课程都是以教材的形式体现出来的，各科教材又要通过具体的教学活动、通过教和学之间的相互作用，特别要依靠教师在教学过程中对它的再加工才能实现。

---

① 王策三. 教学论稿. 北京：人民教育出版社，2005：163-164.

（二）大课程观

学者们从课程论的立场出发，认为课程是一个内涵丰富、外延广泛的概念，是学校教育中的一个大系统，教学是课程领域的子系统，专指课程实施。如有学者指出课程论的研究范围应当包括课程设计和课程实践两个方面，前者就是课程编制，包括制订教学计划、教学大纲，甚至编写教科书也可算作编制课程的工作。后者就是教学。① 有学者直接提出了"大课程观"的思想，认为课程及其理论与教学及其理论，实际上不是，在价值追求上也不应该是相互独立和相互分离的。进而，我们认为，在当代对教学及其理论包含课程及其理论的已有观念的超越，其落脚点不能也不应该是"相互独立"论，我们应该而且可以努力加以建构的是一种崭新的观念：大课程论。② 有学者指出：课程过程是由课程规划、课程实施和课程评价三个阶段有机联系在一起而构成的。在课程实施阶段，诸如使用教学组织形式等传递学习经验的方式，既源自课程规划背景，又被投入操作之中。显然，课程实施实际上就是教学。

（三）相互独立观

研究者认为，教学论与课程论有各自独立的研究对象和范畴，它们是教育学下属的两个分支学科，需要分别进行深入研究。如有学者指出：课程论确有特定的研究对象。它与教学论的研究对象确有质的区别。所以，把课程论从教学论中分化出来形成一门独立的教育学科，是实践的需要，是科学发展的必然。③ 还有学者指出：课程论有它单独的研究对象和任务，如果放在教学论里讲，会受到一定的限制，会束缚这门科学的发展。④ 二者有各自的研究领域，没有必要把课程论包括在教学论之中，使它成为教学论的组成部分。还有学者认为：面向 21 世纪的课程论必须朝着独立化的方向发展，切实确保它独立的学术地位，真正从教学论中分离出来，成为与教学论并行的独立学科。⑤ 此外，还有学者明确提出和阐述了两者相互独立和相互分离的新观点，主张课程与教学是教育实践的两个领域。⑥ 有学者从制度层面分析了课程与教学的分离及其线性关系，"课程是学校教育的实体或内容，它规定学校'教什么'，教学是学校教育的过程或手段，它规定学校'怎样教'；课程是教学的方向或目标，是在教学过程之前和教学情境之外预先规定好的，教学的过程就是忠实而有效地传递课程的过程，而不应当对课程做出任何变革。这样，课程与教学就被割裂开来，二者机械

---

① 史国雅. 课程论的研究范围及指导原则. 山西教育科研通讯，1984（2）.
② 黄甫全. 大课程论初探——兼论课程（论）与教学（论）的关系. 课程·教材·教法，2000（5）.
③ 廖哲勋. 课程论的研究对象. 教育研究与实验，1985（2）.
④ 陈侠. 课程论的学科位置和它同教学论的关系. 课程·教材·教法，1987（3）.
⑤ 靳玉乐，师雪琴. 课程论学科发展的方向. 课程·教材·教法，1998（1）.
⑥ 刘要悟. 试析课程论与教学论的关系. 教育研究，1996（4）.

地、单向地、线性地发生关系"。①

（四）相互作用观

研究者认为，课程与教学并非相互独立的范畴，而是相互交叉、相互作用的关系，即教学包含课程的一部分，课程也包含教学的一部分，二者是平等交叉的关系。泰勒的《课程与教学的基本原理》就体现了这种观点。他提出课程与教学的四个基本问题，即：学校应该试图实现哪些教育目标？为实现这些目标学校应提供何种教育经验？如何有效地选择和组织这些教育经验？我们怎样确定这些目标正在得以实现？② 由此可见，尽管课程不同于教学，但这些问题构成了课程与教学两个领域的交集。有学者指出：课程理论与教学理论之间必然存在着各种联系和交叉重叠部分，课程理论必然会考虑到课程实施问题，而教学理论则肯定会涉及与教学方法相关的教学内容问题。有学者认为课程与教学之间是循环联系、相互作用关系，课程与教学彼此相互调适与改良。塞勒（Saylor）曾形象地描述这种循环关系③：①课程是一幢建筑的设计图纸，教学则是具体的施工。②课程是一场球赛的方案，教学则是球赛的进行。③课程可以被认为是一首乐谱，教学则是作品的演奏。二元循环联系模式意味着教学决策制定于课程决策之后，反之，课程决策则在教学实施和评价之后得以修改完善。总之，课程与教学之间是既相互独立，又相互作用、密切联系在一起的。

（五）整合观

有学者们认为，正确认识课程与教学的关系必须打破二元对立的思维模式，从整体的视角看待课程与教学的复杂关系，主张课程与教学密不可分，必须进行综合研究。有学者指出，课程与教学是内在联系和有机统一的，所以课程与教学应该统一起来，形成"课程与教学论"学科，主张以"解放兴趣"为核心进行教学论和课程论的整合，并认为课程与教学过程的本质是变革，教学是作为课程开发的过程，课程是一种教学事件。④ 有学者基于"课程"与"教学"概念考察的视角，主张整合课程与教学，认为"课程"与"教学"两个概念的共同原始概念或基本概念都是学习或习得，所以课程论与教学论所包含的内容因其根本相同而具有同构、同态或可互译的性质。⑤ 有学者指出：理论界正在试图开辟一条课程与教学一体化研究的新途径，并对一体化研究的背景及内容等做了专门论述；有的学者更

---

① 张华. 课程与教学论. 上海：上海教育出版社，2000：77.
② R. W. Tyler. Basic Principles of Curriculum and Instruction. Chicago and London：The University of Chicago Press, 1949, p. 1.
③ 李子建，尹弘飚. 反思课程与教学的关系：从理论到实践. 全球教育展望，2005（1）.
④ 张华. 课程与教学论. 上海：上海教育出版社，2000：87.
⑤ 张楚廷. 教学论纲（第2版）. 北京：高等教育出版社，2008：9.

是站在价值取向的高度上明确提出了课程与教学的整合观。①

　　此外，英国学者奥利弗（P. F. Oliva）在《发展课程》（*Developing the Curriculum*）一书中将课程与教学的关系归纳为四类②：一是"二元独立模式"，即课程与教学相互独立，互不相关，课程开发者与教学实施者之间是彼此独立的关系。二是"相互交叉模式"，即课程包含了教学的部分内容，同时，教学也蕴含了课程的相关要素，课程与教学之间存在一定的交集。三是"包含模式"，主要包括两种类型，即教学包含课程和课程包含教学，前者表现为"大教学观"，后者则体现为"大课程观"。四是"二元互动模式"，即课程与教学之间是相互作用、相互影响的关系，课程的开发、研制与实施需要考虑教学因素，同时教学的运作也要遵循课程的基本规律，二者是既相互独立，又密切相关的关系。

　　综上所述，随着课程与教学历史的发展，课程与教学内涵的不断丰富，课程与教学之间呈现出错综复杂的关系。那么该如何理解课程与教学的关系呢？首先，从发生学视角而言，尽管随着时间的变化，课程与教学的内涵在不断地演变，但在本义上，课程与教学均指学生的学习、经验习得，从而逐渐演化出学习内容、学习进程安排以及师生教学活动的统一等丰富的含义。其次，从实践的角度而言，在基础教育课程改革以及中小学教育教学实践中，课程主要表现为学校开设的教学科目、综合活动以及进程安排，教学则主要体现为教师的日常教学和学生的学习。尽管基于实践的解读窄化了课程与教学的外延，但实践中的课程与教学才是其本真的事实呈现，也才能体现课程与教学的具体性和操作性。最后，从理论的角度而言，课程与教学关系的众多解读只是学者们对课程与教学实践的抽象和概括，以及对课程与教学的概念演绎，从而出现了见仁见智的观点。

　　马克思主义唯物辩证法认为，事物的本质是蕴含在事物内部的、稳定的、必然的联系，必须全面地掌握和分析事物的现象才能够深刻理解事物的本质。基于此，遵循历史和逻辑、事实和价值相统一的原则，我们认为，课程与教学的关系是"一体多面"的关系。"一体"是指课程与教学的本质关系，即在本质上课程与教学是既相互独立又密切联系的关系，二者以促进学生的有效学习和持续性发展为宗旨；在实践中，课程与教学既具有自身的特征，同时又相互交涉，融为一体。"多面"是指课程与教学的关系观，即由于主体遵循不同的文化背景和分析视角，对课程与教学关系的看法必然观点迥异，从而呈现出"大教学观""大课程观""相互独立观""相互作用观"以及"整合观"等课程与教学关系观。

①　高文. 试论课程与教学的一体化研究. 外国教育资料，1996（6）.
②　P. F. Oliva. Developing the Curriculum. 3rd ed. New York：HarperCollions Publishers Inc，1992，pp. 9-13.

第二节
课程与教学论的研究对象与方法

🎯 **学习目标**

明确课程与教学论的研究对象；掌握课程与教学论常用的研究方法。

一、课程与教学论的研究对象

一般而言，课程是学校开设的教学科目及其教学进程，是学生通过学习后获得的一种教育性经验。教学是教师与学生以一定的内容为中介展开的精神性交往活动。课程与教学论是描述课程与教学现象，揭示课程与教学规律，并指导课程与教学实践的学科。需要注意的是，课程与教学研究和课程与教学论研究既有密切的联系又有明显的区别，前者是一种现实的实践活动，后者是对课程与教学问题的理性探讨和科学研究。因此，课程与教学研究的对象是各个学科的现实教学问题，课程与教学论研究的对象是既基于学科又超越学科的种种教学现象及其规律；课程与教学研究是一种工作研究或经验研究，课程与教学论研究则是一种范式研究或学理性研究。一般说来，从事课程与教学研究的人员可以是课程与教学理论工作者，也可以是课程与教学实践工作者或各地的教研员，还可以是有关的管理者。从事课程与教学论研究的人，主要是课程与教学理论工作者，他们致力于描述课程与教学现象，揭示课程与教学规律，探讨课程与教学论的内在逻辑与学科体系以及改进课程与教学实践。

从主客体关系的角度看，课程与教学论研究的客体是课程与教学，但不能笼统地说课程与教学是课程与教学论的研究对象，"客体是研究者的活动所针对的实际领域，是在进入主体的认识和范围之中的客观存在，但客体还不等于研究对象本身，只有当主体与客体发生相互作用时，才可能使客体进一步向研究对象转化⋯⋯只有当主体对客体做出某种认识上的选择、取舍时，研究的客体才能转化为研究的对象"[1]。著名科学家哲学家波普尔（K. P. Popper）说："科学和知识的增长永远始于问题，终于问题——愈来愈深化的问题，愈来愈能启发大量新问题的问题。"[2] 由此可见，只有当研究者对课程与教学现象产生困惑、生发出问题时，作为客体的课程与教学才进入了主体的研究视野。基于此，课程与教学论的研究对象就是课程与教学问题，进一步而言，包括课程与教学的理论问题和实践问题。课程与教学的理论问题是课程与教学论学科建构的基础，主要包括课程与教学论的发展历史、基本概念、理论基础、学科结构以及内在逻辑等问题；课程与教学的实践问题是课程与教学论研究的客观对象和现实基础，是课程与教学论研究永葆生机的源泉，一般是课程与教学实践提出的具体问

---

① 吴也显. 教学论新编. 北京：教育科学出版社，1991：9.
② 纪树立编译. 科学知识进化论—波普尔科学哲学选集. 北京：生活·读书·新知三联书店，1987：184.

题，如课程与教学活动的目的、课程与教学内容的选择和设计、课程与教学方法的运用、教师与学生、课程与教学评价等。

具体而言，课程与教学论的研究对象包括：教与学的关系、课程与教学的条件和课程与教学的操作。第一，教与学的关系是课程与教学的主要矛盾，是课程与教学论研究的核心问题。从活动的角度而言，课程与教学是一个有机的整体，包括目标、学生、教师、文本与环境等基本要素。在教育实践中，课程与教学的各个要素之间呈现出多维关系，如教师与学生、学生与学生、学生与文本、教师与文本等关系。其中，教与学的关系是最为根本的关系，它是其他关系存在的前提，是各类关系的价值导向，旨在促进教师的教和学生的学。第二，课程与教学的条件是课程与教学论的重要载体和支撑性因素。从外延范畴的角度而言，课程与教学的条件包括宏观条件和微观条件。前者是指一定社会时期的政治、经济、文化、科技、人口、地理等条件。课程与教学论的变革和发展一方面要以宏观的条件性因素为载体，并受其制约，另一方面也反作用于这些因素。后者包括课程与教学目标、教师与学生、课程与教学文本、教学环境、班级文化等条件。这些条件是保证课程与教学活动实施的直接因素，关系着课程与教学的质量。第三，课程与教学的操作是课程与教学论实现理论转化和提高实践指导作用的关键要素。课程与教学操作研究的内容一般包括课程与教学目标的制定、课程与教学内容的组织、课程与教学方法的选择、课程与教学过程程序的设计以及课程领导与教学管理等。

综上所述，教与学关系的研究形成了课程与教学原理，课程与教学条件的研究形成了课程与教学知识，课程与教学操作的研究形成了课程与教学技术。课程与教学原理是课程与教学本体论探讨的问题，其作用在于辨明课程与教学论的基本概念、构建课程与教学论的基本理论体系；课程与教学知识是认识论研究的问题，其作用在于帮助学习者全面而深入地理解课程与教学的基本内涵、原理等，从而更好地研究与指导课程与教学实践活动；课程与教学技术属于课程与教学研究方法论的范畴，其作用在于促进学习者掌握课程与教学研究的基本范式，更加有效地学习和研究课程与教学问题。由此可见，课程与教学论是由课程与教学本体论、课程与教学认识论和课程与教学研究方法论构成的有机整体。

二、课程与教学论的研究方法

课程与教学论的研究需要恰当的方法论指导。在研究中，一般包括实证主义方法论、理性思辨主义方法论和人文理解主义方法论。同时，研究课程与教学论还需要坚持理论联系实际的原则。在课程与教学论研究中，可供人们选择和运用的方法很多，在此仅列举一些较为常用的具体的研究方法。

👁 **信息窗 1-2**

"方法论" 新注释

结论1　方法论以人类认识活动中不同层次的对象与方法的关系为研究对象，着重揭示已有方法体系的理论基础、核心构成与研究对象性质的矛盾，以构建解决这一矛盾的新理论基础与核心为直接任务，发挥推动相应方法体系整体发展，继而推动人类认识水平质的飞跃和社会实践发展的方法论功能。

结论2　具有相对独立研究对象的方法论知识体系，以多层次、多类型的立体、多元、有机联系的形式存在。第一层次为哲学方法论；第二层次为系统科学方法论和数学方法论；第三层次为自然科学方法论、社会科学方法论和科学方法论；第四层次为各门具体学科方法论。

结论3　方法论研究具有鲜明的反思性与批判性，是人类群体自我意识在科学研究领域的突出表现，从研究性质看属元研究。

结论4　人们对方法论及其意义的认识过程是一个历史过程；方法论概念的内涵是随历史及人的认识能力和认识范围的发展而发展的，具有一定的历史性。

【资料来源】 叶澜 . 教育研究方法论初探. 上海：上海教育出版社，1999：14-18.

（一）文献研究法

文献是人类运用文字、图形、音频、视频等手段记载下来的人类认识成果，是人类智慧的集中展现。文献研究法就是在课程与教学论研究中，对相关的文献进行查阅、分析、综合与整理的过程，从而筛选出有助于研究开展的有关文献的一种方法。在课程与教学论研究中，文献研究法又具体分为文献计量法和内容分析法。前者是对文献的量化分析，通过对已有研究文献的描述性和相关性分析，揭示文献之间的数量关系；后者是对研究文献具体内容的整理，通过对某一研究的基本概念、理论基础、主要观点、存在问题以及发展策略等的归纳分析，整体把握该研究领域的全貌。按照内容性质划分，文献分为一级文献、二级文献与三级文献。一级文献是指原始文献，如期刊论文、会议文件、档案材料、原著原声等。二级文献是把分散的一级原始文献加以整理组织，使之成为系统文献，便于查找利用，如索引、书目、文摘等。三级文献是在二级文献的基础上将上一级文献内容分类整理的成果，如综述、评述、汇集等。课程与教学论的研究，需要加强对一级文献的挖掘与运用，同时充分利用二级文献和三级文献。

（二）观察法

观察是指人们对自然条件中的客观事物和现象的认识。"观"是看，"察"是分析研究。

它是一种有目的、有意识的认识活动，属于认识论范畴。观察的重要特点在于强调"自然状态"，即对观察对象不加任何干预和控制。

观察法是指研究者在自然状态下，直接用自己的感官或借助仪器等技术手段去感知和研究客观事物或者现象的发展过程以及现实状态的一种方法。在课程与教学论研究中，观察法主要用于在自然状态下，对日常课程与教学现象的观察和认识。观察的主要途径包括：参观、听课、出席学校的各类会议、活动以及追踪观察等。课程与教学论研究中如果没有研究对象的第一手原始材料，就无法进一步认识课程与教学现象的本质和规律。观察法分为两种，一种是广义的观察，即一般日常的观察，通过研究者的亲身感受或体验来获得有关研究对象的感性材料。日常观察带有一定的自发性、偶然性，是课程与教学论研究的基础和初级形式。另一种是科学观察，即研究者按照预定的计划，对观察对象的范围、条件和方法做出明确选择，有目的地直接观察处于自然条件下的研究对象的言语、行为等外部表现，搜集事实材料并加以分析研究，从而获得对问题较为深入的认识。

（三）调查研究法

党的十八大以来，以习近平同志为核心的党中央高度重视调查研究，围绕调查研究发表了一系列重要论述。这些论述深刻阐释了什么是调查研究、怎样做好调查研究等根本问题，为科学研究与实践工作提供了方法指导。课程与教学论研究的调查研究法是指，在课程与教学理论指导下，通过运用观察、访谈、问卷、个案分析等方式，搜集体现课程与教学现象的资料，从而对课程与教学的现状做出客观描述和科学阐释，并提出具体建议的一整套方法。调查研究法虽然包含多种形式，但主要遵循的步骤大体一致，即根据研究目的、性质和任务确定调查对象、时间和地点，选择相应的调查类型和方式；拟订调查计划，主要涉及调查问题是否明确、调查的操作程序以及怎样评价调查结果等；做好各项技术、组织和事务准备，包括培训调查员、资料和器材的购置与准备；制定调查问卷、访谈提纲；进行实验性调查（也称前期调查），获得对调查对象的初步认识，修改调查计划、工作方案和调查问卷、提纲等；实施调查，运用各种调查方式了解情况，获取资料；分析、整理调查资料，归纳和总结调查结果，得出调查结论；撰写调查报告，对所研究的问题进行阐述和解释，揭示课程与教学现象之间的内在规律，提出意见和建议等。

（四）实验研究法

课程与教学论的实验研究法是指研究者按照研究目的，合理控制或创设一定的条件，人为变革课程与教学研究对象，从而验证假设、探索课程与教学现象因果关系的一种研究方法。课程与教学论的实验研究法本质上是一种科学性实验，即按照一定的研究目的，在合理控制的条件下，课程与教学论研究者采取措施诱发一定的课程与教学现象在相同的条件下重复发生，通过反复观察并对以往实验结果加以核对，探索变量之间的联系，从而验证、丰富、修正和发展课程与教学理论。与自然科学的实验研究法相比，课程与教学论的实验研究法以教学主体从事的课程与教学活动为研究对象，旨在揭示处于不断成长中的青少年学生以及引导课程与教学活动的教师等主体在教学影响下全面发展的过程和规律。正是由于研究对象的特殊性，课程与教学论的实验研究法具有其相应的特性：其一，此类研究在特殊的社会关系（教学关系）和生动的教学情境中进行，具有很强的社会性和教育性；其二，充满了主体的情感因素，具有明确的目的和价值观，表现出研究对象的多元个性；其三，课程与教学现象具有复杂性和模糊性，实验研究法是将研究对象作为一个整体，用整体性的观念和综合性的方法处理实验变量，尤其是对教学主体思想品德、情感修养和个性塑造方面的研究。

（五）行动研究法

行动研究法中的"行动"是指主体的实践活动，"研究"是针对研究对象开展的探索活动。行动研究法即身处课程与教学实践的研究者、一线教师和课程与教学论专家、学者密切协作，以课程与教学实践中存在的问题作为研究对象，通过合作研究或者独立研究的方式，将研究成果应用到自身从事的课程与教学实践中去的一种研究方法。

一般而言，行动研究主要包括以下几个步骤：第一，发现问题。通过对实践的观察与思考，发现课程与教学中存在的问题。第二，制订计划。根据存在的课程与教学问题，做出总体规划，设定预期达到的目标，形成总体计划后，安排具体的行动步骤。第三，方案实施，即根据计划开展行动。第四，观察分析。运用各种手段搜集有关工作进行的资料，整理和阐释资料。第五，回馈反思。即通过整理和阐释资料，评价研究工作的质量，反思研究进程及其得失，并据此修正原有计划，进入更高一层的研究循环。行动研究是一个螺旋推进的过程，在研究过程中，允许计划甚至课题的调整与变更，强调对全程而非仅仅是结果的监控，注重持续的反馈和方案的及时修订。行动研究法具有较强的生命力和可操作性，已经践行于课程与教学的理论研究和实践工作中。

第三节
学习课程与教学论的意义与方法

🎯 **学习目标**

认识学习课程与教学论的意义；了解学习课程与教学论的原则与方法。

在哲学意义上，人类可以归为价值动物，具有积极的追求价值的意识。人类的任何活动都打上了价值和意义的烙印。一般而言，人们不会去从事那些自身认为没有价值和意义的活动。这意味着，人们对自己从事的活动的价值和意义理解得越深刻，就越能克服各种困难，追求并最终达成活动的目的。在此，我们着重探讨学习课程与教学论的意义和方法。

一、学习课程与教学论的意义

（一）树立现代课程与教学观

现代课程与教学观是以习近平新时代中国特色社会主义思想为指导的课程与教学观，也是课程与教学工作的根本指导思想。要想有效地开展教学工作，必须有科学的课程与教学观指导。每位教学工作者都会自觉或不自觉地受到一定课程与教学观的影响，差别在于是否自觉意识到。课程与教学观是对课程与教学的根本观点和看法，课程与教学观不同，对于课程与教学的本质、作用、意义与方法的认识就会大相径庭。因此，树立现代课程与教学观是教学工作者的头等大事。只有树立了科学合理的课程与教学观，才能把握课程与教学的正确方向，有效地从事课程与教学工作。

现代课程与教学观的科学基础是课程与教学规律。只有正确反映课程与教学规律的课程与教学观才是科学的课程与教学观。所以，课程与教学观是否合理，关键在于是否能够正确认识课程与教学规律。课程与教学论就是描述课程与教学现象，揭示课程与教学客观规律的科学。课程与教学论必然反映课程与教学的科学规律，提出科学的课程与教学原理和根本方法。所以，课程与教学论是课程与教学观的理论基础，要树立科学的课程与教学观，就必须研究和掌握课程与教学论。

（二）科学阐释课程与教学问题

课程与教学论作为一门独立学科，其基本任务在于描述课程与教学的客观现象，揭示课程与教学规律，指导课程与教学实践。课程与教学论具有独特的研究方式，在研究过程中，遵循课程与教学规律，通过科学的研究方式科学地阐释课程与教学问题，即通过"猜测"和"反驳"而进行的从旧问题到新问题的认识活动，其最终目的不是获得对于课程与教学问题的"终极诠释"或"绝对真理"，而是为了寻求更全面、更有效的诠释。

课程与教学论对课程与教学问题的科学阐释，意味着课程与教学论是以课程与教学问题为逻辑起点和对象，研究的主要任务就是对课程与教学问题提供超越日常习俗认识和传统理论认识的新诠释。因此，提出并界定课程与教学问题是课程与教学论中科学认识的基本功。同时，课程与教学论作为对课程与教学问题的科学解释，需要使用专门的语言、概念或符号；课程与教学论作为对课程与教学问题的科学诠释有其独特的理论视角、扎实的实践根据，而不是直接建立在感性经验与判断基础上，因而是一种理性的诠释。正是通过对课程与教学问题的科学诠释，课程与教学论的范畴才能持续不断地增长，才能满足不断发展的课程与教学实践的需要。因此，从事课程与教学论研究，一个基本的任务就是要促进课程与教学论知识的传承与创新，提供对于当代课程与教学问题切实、有效的诠释。

（三）升华课程与教学经验

课程与教学论对课程与教学问题的科学诠释必然会促进课程与教学论研究者对日常经验的超越和升华。人们对课程与教学问题的认识大致有两种基本形式：一种是习俗的形式，即人们在日常教学活动中对课程与教学问题自然形成的一些态度、看法、评价或信念。它们构成了日常教学经验。另一种是系统、科学的形式，即通常所说的"课程与教学论"。它诉诸专门的范畴、方法和表述方式，力图对课程与教学问题形成系统、合理与深入的认识。它们构成了课程与教学理论或学说。因此可以说，对课程与教学的科学认识，即课程与教学论，是对课程与教学的习俗认识即日常经验的一种历史性升华，是习俗性认识历史发展的必然。

现代社会必然要以科学的课程与教学认识来代替习俗的认识，以科学的课程与教学理论替代日常经验。在课程与教学实践活动中，这两种认识形式都是存在的，它们共同构成了课程与教学活动的认识论基础。课程与教学的习俗认识不仅大量地存在于课程与教学活动中，而且也存在于学校教育生活中。因为许多教师在分析和解决教育问题时，主要依据他们从习俗性认识中获得的日常教学经验。同时，由于课程与教学论的发展，课程与教学理论也走出了大学"象牙塔"，对学校、家庭以及社会日常生活产生了越来越大的影响。教师个体的日常经验固然重要，但已经不处于支配地位。教师还经常通过课程与教学论的学习和研究来重新审视自己的日常经验，并将其纳入自身的知识体系框架中。

（四）提高课程与教学质量

课程与教学工作是一项十分重要而又艰巨复杂的活动，但教育事业无论是现在还是将来，都直接关系着国家和社会的发展，因此，为了使教育教学同国家和社会发展要求相适应、使课程与教学活动符合课程与教学规律、不断提高教育质量，有关人员都必须深入研究课程与教学论。

研究课程与教学论有助于提高教育质量。一方面，课程与教学论是以现实中的课程与教学问题为研究对象，通过对问题的全面描述和深入剖析，揭示问题的症结所在，为课程与教学问题的解决提供依据和策略。另一方面，课程与教学论的研究不仅要总结经验教训，还要学习古今中外的先进课程与教学理论，构建和丰富课程与教学理论体系，为课程与教学实践提供科学有效的指导。因此，正是课程与教学论的理论性、实践性与科学性等品性，为课程与教学论现实功能的发挥提供了前提，并促进课程与教学质量的提升。

（五）深化课程与教学改革

课程与教学会随着社会的发展而发展，随着政治经济的变化而变化，所以课程与教学只有不断变革才能同社会发展的需要相适应。也就是说，课程与教学的稳定是相对的，变革是绝对的。课程与教学改革的有效推进需要课程与教学理论的指导，进行课程与教学改革，必须建立在对课程与教学现状的科学分析的基础上，揭示新的矛盾，提出科学的解决办法。课程与教学改革还需要经过科学论证和实验，这些都需要课程与教学论的指导。失去理论指导，仅靠经验行事或盲目冲动，违背课程与教学规律，改革往往会失败，也会给教育事业造成较大损失。

同时，课程与教学改革是勇于实践和富于创新的事业。改革就是要破除之前不合理的课程与教学制度、课程与教学内容和课程与教学方法等，甚至要走前人没有走过的道路。课程与教学改革也是严肃的、科学的事业，为促进课程与教学改革的不断深化，要按规律办事，沿着正确的方向前进。课程与教学工作者应坚持学习和研究课程与教学论，以确保课程与教学改革切实、稳步地推进。

二、学习课程与教学论的方法

课程与教学论不仅是一门理论学科，也是一门应用学科。因此，对课程与教学论的学习不仅要掌握其深厚的理论基础，积极关注与参与教学实践，而且还要坚持理论与实践相结合的原则，通过理论的学习，认识、理解与改进课程与教学实践。

🔊 教育名言

1. 或生而知之，或学而知之，或困而知之，及其知之一也。或安而行之，或利而行之，或勉强而行之，及其成功一也。（《中庸》）

2. 博学之，审问之，慎思之，明辨之，笃行之。（《中庸》）

3. 子曰："吾非生而知之者，好古敏以求之者也。"（《论语·述而》）

（一）加强课程与教学理论的学习

课程与教学论是一门富有理论性的学科。就学科发展的历史而言，课程与教学论的理论性主要体现在三个方面：一是课程与教学论的基本概念、命题和原理。基本概念是学科形成与发展的"细胞"，通过概念之间的相互连接又形成命题和原理。课程与教学论的基本概念、命题和原理构成了课程与教学论学科的基本结构。二是课程与教学论的发展历史。一门学科的历史体现了该学科的厚重感和文化底蕴。课程与教学论的发展历史是课程与教学论学科理论性的重要体现。三是课程与教学论的理论基础。在课程与教学论学科的形成和发展过程中，课程与教学论学科深受其他学科的影响，同时也对其他学科的发展发挥着积极作用。具体而言，哲学、社会学、心理学、人类学以及生态学等是课程与教学论学科的重要理论基础。

因此，在课程与教学论的学习过程中，一要扎实地掌握课程与教学论的基本概念、命题和原理，对课程与教学论学科形成整体的认识和理解；二要对课程与教学论学科的发展脉络形成清晰的认识，为课程与教学论学科的学习奠定坚实的史实基础；三要全面掌握课程与教学论学科的理论基础，形成分析课程与教学问题的理论视角和学科立场。

（二）积极关注与参加课程与教学实践

课程与教学实践是课程与教学论学科形成的重要基础，是课程与教学论学科发展的动力源泉，是课程与教学论研究的生命力所在。一般而言，课程与教学实践主要是指中小学课程与教学活动，涉及教学目标的设置、课程内容的筛选、教学方法的选择、学生学习活动、教师的日常教学、课程资源开发以及教学评价等方方面面的内容。而当前的基础教育课程改革是尤为重要的课程与教学实践。正是课程与教学实践的生动性、丰富性与开放性，为课程与教学论的学习和研究提供了广阔的平台。

在学习过程中我们需要积极关注与参加课程与教学实践。一方面，可以通过回忆联想，沟通理论与实践之间的鸿沟。因为每个学习者都拥有一段难忘的学习经历。在课程与教学论的学习中，我们通过对过去校园学习的回忆，为当前的理论学习提供经验基础。同时，我们还可以运用学到的理论分析与解释过去的学习经历、教学事件等。另一方面，我们可以深入中小学实践，开展课堂观摩、教学实习等活动，运用学到的理论知识描述课程与教学现象，揭示课程与教学问题，并为课程与教学实践的改进提供建议。因此，积极关注与参加课程与教学实践，有助于加深对课程与教学实践的感性认识和切身体验，促进课程与教学理论的学习。

[本章小结]

从广义上讲，课程本质上是一种教育性经验，是对主体产生积极影响的各种因素的总和。从狭义上讲，课程专指学校场域中存在和生成的有助于学生积极健康发展的教育性因素以及学生获得的教育性经验。

教学本质上是师生之间以对话、交流、合作为基础进行文化知识传承和创新的特殊交往活动。这种活动由教师、学生、课程教材、教学方法、教学手段、教学环境以及教学评价等要素组成，各要素之间构成错综复杂的关系。

遵循历史和逻辑、事实和价值相结合的原则，课程与教学的关系是"一体多面"的关系。"一体"是指课程与教学的本质关系，即课程与教学是既相互独立，又密切联系的关系，二者以促进学生的有效学习和持续性发展为宗旨，相互交涉，融为一体。"多面"是指课程与教学的关系，即由于主体遵循不同的文化背景和分析视角，对课程与教学关系的看法必然观点迥异，从而呈现出"大教学观""大课程观""相互独立观""相互作用观"以及"整合观"等课程与教学的关系观。

课程与教学论以课程与教学问题为研究对象，具体包括教与学的关系、课程与教学的条件以及课程与教学的操作。课程与教学论是由课程与教学本体论、课程与教学认识论和课程与教学研究方法论构成的有机整体。

课程与教学论的研究应坚持一定的方法论指导，具体的研究方法包括文献研究法、观察法、调查研究法、实验研究法和行动研究法等。

学习课程与教学论，有助于树立现代课程与教学观，科学诠释课程与教学问题，升华课程与教学经验，提高课程与教学质量以及深化课程与教学改革。在课程与教学论的学习中，一方面，要加强课程与教学理论的学习；另一方面，要积极关注并参与课程与教学实践。

总结 >

Aa 关键术语

课程	教学	课程与教学关系
curriculum	instruction	the relationship between curriculum and instruction

章节链接

本章内容是导论性质的介绍，旨在帮助学习者对课程与教学论形成整体性的认知和理解。第二章至第十章都与本章内容具有密切的联系，尤其是第六章"课程实施与教学过程"、第十章"课程与教学研究"与本章内容更密切相关。

应用 >

批判性思考

在中小学中，一些老师认为凭借自己丰富的教学实践经验就能够把课上好，没有必要花费大量的时间去学习课程与教学论等理论知识。对此观点，你是怎么理解的？

✎ 体验练习 ::

1. 如何理解课程与教学的关系？

2. 结合基础教育课程改革实践，你认为学习与研究课程与教学论的意义何在？

3. 结合自己的学习或研究经验，谈谈如何学好课程与教学论。

🔍 案例研究 :::

两种视角看学生

临近期末，又要撰写学生评语了。觉得肚子里没什么词儿，便请来几位同学，帮我先拟了草稿，也好让我看看他们眼中的同伴是什么样儿的。学生的积极性很高，讨论得也很热烈，结果也很让我吃惊。

——你很聪明、活泼、善良，虽然有点粗心，但做事积极，待人热情。你知道吗？老师、同学都把你当成好朋友，希望你也成为老师的朋友，上课不要太随便，有什么问题要举手提出，这是尊重老师、尊重朋友的表现。你会很出色的！

（写得多好！一个平时被唤作"大嘴"的爱插嘴的学生，老师或许难以发现他的许多优点，这个学生帮我找到了，同时也代我向他委婉地提出了批评和建议。）

——你下棋很棒，性情温和，从不与人争吵。就是内向了点儿，捧出你的心吧，有了烦恼，大家都会替你分担；学习有困难，大家都会帮助你的。到那时，你会发现，太阳会毫不吝啬地将光辉洒向每一个人。

（诗一般的语言向一个平常默默无言的伙伴伸出了友谊之手。即便是老师也未必能写得出这样的评语。）

——你是个能歌善舞的小姑娘，每次精彩的表演都能赢得大家阵阵掌声；学习从不马虎，总能博得大家羡慕的目光。即将迈进中学大门的时刻，老师、同学都相信：你会更棒的！

（平实的言语概括了学生的长处，也寄寓了美好的祝愿。）

一个个精彩的评语让我汗颜，也坚定了我的想法：多让学生当这样的"老师"，这绝不是老师懒惰的表现……

结合所学知识，请简要分析该案例体现了哪些教学思想。

📓 教学一线纪事 ▏▏

"15 分"的音乐天赋

在三年级音乐课上，我打开录音机，孩子们开始兴奋地"挥手挥脚"。这时，我看到坐在第一排的一个小女孩带着陶醉的表情，微闭着眼，随音乐尽情地挥舞着手臂。我很惊奇，因为两年来，她从未有过这样积极的表现。我示意她上来带大家做动作。当孩子们理解我的意图后，一阵哄乱，紧接着大笑。"老师，她数学才考 15 分!"

"老师，她什么也不行的!"她在哄笑中呆呆地站着，既不敢上来也不敢坐下。在我的制止下，哄笑停止了。我真诚地鼓励她上来。孩子们开始跟着她一起做动作。显然她的音乐表现出乎他们的意料，每个孩子都瞪大了眼睛。乐曲结束了，我摸摸她的头，竟然都是汗!从那天开始，我每节课都点名让她表演，她成了音乐课上名字被提起最多的孩子。

我不知道我现在所做的是否能带给她勇气和自信。我很自责，整整两年了，我竟然从来没有在意过她的存在!其实她有多好的音乐天赋啊!

拓展 >

☕ 补充读物 ▏▏

1　王策三. 教学论稿. 北京：人民教育出版社，2005.

　　该书是课程与教学论领域的奠基之作，系统阐述了教学论科学化的发展历程，指出了教学论的研究对象、任务和方法，剖析了教学论的基本范畴，是我国 20 世纪 80 年代中期以来经典性的教学论著作。

2　李秉德. 教学论. 北京：人民教育出版社，1991.

　　该书从系统论的角度对教学论进行了全面的探讨，构建了教学论的基本理论体系。教材编写吸收学科发展的最新成果，内容强调理论联系实际，解决教学工作中的实际问题以及注重教材的适用性。

3　施良方，崔允漷. 教学理论：课堂教学的原理、策略与研究. 上海：华东师范大学出版社，2000.

　　该书共分三部分十章，主要探讨了课堂教学的原理、策略与研究，对教学与教学理论、教学的基本问题等做了详细的阐述。该书内容丰富，通俗易懂，具有一定的系统性、科学性、理论性和实用性。

4　徐继存. 教学论导论. 兰州：甘肃教育出版社，2001.

　　该书共九章，内容包括教学论概观、教学论观念辨析、教学论之方法论考察、教学论与哲学人类学、教学论与社会学、教学论与心理学、教学领域的"理论与实践"、全球视野中的教学问题以及走向教学生活的教学论。该书将教学论面临的问题摆出来，努力寻求解决问题的途径和方法。

5　李森. 现代教学论纲要. 北京：人民教育出版社，2005.

　　该书由四个板块构成，共十八章。第一、二章是第一个板块，论述现代教学论的本体论问题。第三章是第二个板块，探讨现代教学的理论基础。第四章至第十七章是第三个板块，全面分析现代教学原理及实施方法。最后一章是第四个板块，阐述教学的现代化问题。该书构建了逻辑性强的新内容体系，吸收了国内外新的研究成果，丰富了教学论研究的内容。

6　钟启泉主编. 课程与教学论［M］. 上海：华东师范大学出版社，2008.

　　该书着重探讨了课程与教学的基本问题，内容包括：课程与教学的含义、关系，课程与教学的政策，课程与教学的目标和内容，课程与教学的开发和设计，课程与教学的组织与实施，课程与教学的改革，课程与教学的评价，以及当代课程与教学的研究等。

7　王本陆主编. 课程与教学论［M］. 北京：高等教育出版社，2009.

　　该书共分十三章，以课程论和教学论的基本概念和原理为主线，同时注意联系基础教育改革发展的新形势和新要求，具有较强的知识性、时代性和实用性。同时，该书注重从学生需求出发，增加了图表等直观性较强的表现方式，突出情境性和操作性。

第二章

课程与教学的发展历史

本章概述

本章内容由三节构成：第一节主要梳理与论述了我国古代和西方古代课程与教学的演变，第二节主要梳理与评述了我国近代和西方近代课程与教学的发展，第三节主要梳理与评述了我国现代的课程与教学和西方现代的课程与教学。

结构图

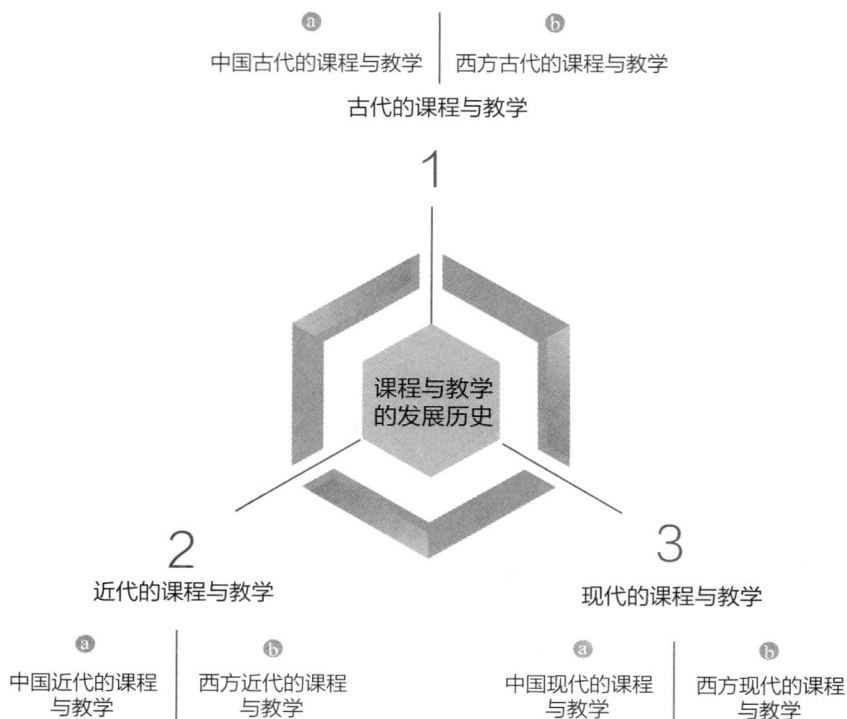

ⓐ 中国古代的课程与教学　ⓑ 西方古代的课程与教学

古代的课程与教学

1

课程与教学
的发展历史

2　近代的课程与教学

3　现代的课程与教学

ⓐ 中国近代的课程
与教学　ⓑ 西方近代的课程
与教学

ⓐ 中国现代的课程
与教学　ⓑ 西方现代的课程
与教学

学习目标

学完本章，你应该能够做到：

1. 了解中国古代和西方古代课程与教学的演变过程。

2. 认识中国近代和西方近代课程与教学的基本特点。

3. 理解中国现代和西方现代课程与教学的变革路径。

4. 掌握不同时代典型的课程与教学思想及实践案例。

5. 初步学会分析影响不同时代课程与教学变革的因素。

读前反思

1. 为什么要了解课程与教学的历史演变过程？

2. 你认为哪些因素会影响课程与教学的变化？

　　课程与教学是教育的核心要素，是培养人的载体和基本途径。自有教育活动以来，人们对课程与教学的思考与实践探索就一直没有停止，而且不同时代的课程与教学由于受政治、经济和教育制度等多种因素的影响，也会呈现出不同的特点。习近平总书记指出："历史总是向前发展的，我们总结和吸取历史教训，目的是以史为鉴、更好前进。"对课程与教学发展历史的学习，有助于我们把握课程与教学的发展脉络及规律，推动新时代课程与教学的高质量发展。本章将基于历史的线索和时代的脉络，着眼于课程与教学实践，观照课程与教学思想，对课程与教学的历史发展进行梳理和论述，从而为系统了解课程与教学的发展变化提供参照。

第一节
古代的课程与教学

一、中国古代的课程与教学

学习目标

了解我国古代和西方古代课程与教学的演变过程、实践特点和理论基础。

　　中国是四大文明古国之一。中国文明是世界上古老的、未曾中断的文明。中国不仅有着悠久灿烂的文化，而且有着丰富多样的教育实践。虽然我国古代没有形成系统、独立的课程理论和教学理论研究体系，也没有出现课程论和教学论的研究专著，课程与教学论更没有成为一门独立的学科，但课程与教学的思想和实践却早已有之。据文献记载，我国在原始社会末期就有了学校的雏形——五帝时代的"成均之学"，虞舜时代的"虞庠之学"。随着奴隶社会专门意义上的学校的产生，为了实现人才培养的目标，作为人才培养载体的课程内容和作为实施课程基本途径的教学已成为学校教育必不可少的组成部分。到了封建社会，随着儒家教育思想的影响和教育制度的完备，学校课程的内容也越来越丰富，教学的方式也更加多样。不过，由于不同时期受社会政治、经济以及教育制度的影响，学校的名称和功能以及课程的内容选择和教学方式也有着明显的差异。

（一）夏、商、西周的课程与教学

　　虽然我国在原始社会末期就已经有了学校的萌芽，但实际上原始社会的教育还不是专门的社会活动，并没有从社会生产和生活中明确地分化出来。教育的内容是零散的生活知识和生产技能，教育的手段主要是口耳相传以及观察模仿。到了奴隶社会，由于学校的出现，教育才成为一种专门培养人的活动，也随之产生了比较统一的教育内容或教学内容，也就是现在所说的一般意义上的课程内容或课程设置。所以，可以肯定地说，在"课程"一词出现以前，我国古代学校的课程在相当长的时期内实际上是教育内容或教学内容。

夏、商、西周是我国教育真正的开创时期，其标志就是学校教育的产生。[1] 这一时期也是我国古代学校分科课程设置的产生和发展时期，形成的课程主体就是"六艺"，即礼、乐、射、御、书、数。其中"礼、乐"为"六艺"之首，属于政治宗法与伦理道德课程；"射、御"为射箭和驾驭马拉战车的技术训练，属军事教育课程；"书、数"为识字和计数课程。如果参照学科中心课程的设计特点来评价，这可以被看成我国教育历史上最早的分科课程体系。尽管它与西方古代的课程以及近现代产生于西方的"百科全书式"的分科课程在内涵上并不一样。

这一时期，虽然学校的名称不一，但教育目标却基本一致，都是为了培养奴隶主的继承人。正如《孟子》所说："夏曰校，殷曰序，周曰庠，学者三代共之，皆所明人伦也。"具体来说，商代学校教祭祀、军事、乐舞和文字；西周教礼、乐、射、御、书、数。这样的课程体系也被人们看成一种文武兼备、知能兼求的课程设置，是中国古代人文课程体系的渊源。而且，西周的"六艺"课程在进行教学时，已经注意到了学生年龄的差异：就数的学习而言，六岁和九岁以后儿童所学习的内容是有所区别的，体现了因材施教的实践，尽管这一时期因材施教作为一条教学原则还没有被提出来。

（二）春秋战国时期的课程与教学

春秋战国时期，伟大的教育家孔子为了培养治国安民、文武兼备的"君子"，开私人讲学先河，并根据西周重要的课程实践范例"六艺"整理了教材"六经"——《诗》《书》《礼》《乐》《易》《春秋》。根据《史记·孔子世家》记载："孔子以诗、书、礼、乐教，弟子盖三千焉，身通六艺者，七十有二人。"这一课程内容偏重文化知识教育，注重道德教育和生活感悟。这一时期，随着社会经济和阶级关系的急剧变化，士阶层迅速成长，私人讲学开始盛行。孔子作为儒家学派的创始人，在长达四十余年的教学实践中积累了丰富的教学经验，《论语》是孔子教学思想的集中体现。他针对奴隶社会世袭制度，在教育目的上提出"学而优则仕"；在教育对象上主张"有教无类"；在教学内容方面提出"六艺"和"六经"；在学习态度方面，主张"知之者不如好之者，好之者不如乐之者"的乐学好学态度，"敏而好学，不耻下问"的虚心学习态度，"知之为知之，不知为不知，是知也"的实事求

---

[1] 参见毛礼锐，沈灌群．中国教育通史（第一卷）．济南：山东教育出版社，1985：47-74.

是态度，"人而无恒，不可以作巫医"的学贵有恒态度；在教学原则与方法方面，重视学习兴趣，主张"不愤不启，不悱不发，举一隅不以三隅反，则不复也"的启发式原则，"学而不思则罔，思而不学则殆"的学思结合原则，"学而时习之"的温故知新原则以及因材施教等原则。

战国后期出现的教育专著《学记》，不仅从教的角度论述了学校的课程安排和教学内容，阐述了教学过程中教与学的矛盾与统一，而且提出了一系列至今仍被人们重视的教学原则。比如，"是故学然后知不足；教然后知困"的教学相长原则，"导而弗牵，强而弗抑，开而弗达"的启发诱导原则以及"知其心，然后能救其失"的长善救失原则。这些原则无疑是中国古代教育思想的优秀遗产。

📢 **教育家语录**

见贤思齐焉，见不贤而内自省也。

——孔子

（三）秦汉时期的课程与教学

秦统一中国后，"焚书坑儒"的专制主义文化政策使先秦时期的官学和私学遭遇"摧残"。《礼记·王制》篇说："乐正崇四术，立四教，顺先王诗、书、礼、乐以造士。"《礼记·学记》篇说："比年入学，中年考校；一年视离经辨志；三年视敬业乐群；五年视博习亲师，七年视论学取友，谓之小成。九年知类通达，强立而不反，谓之大成。"可见，上述课程内容重人间世道的实用探求。

西汉建立不久便向儒学敞开大门。为了建立大一统教育，汉武帝采纳了董仲舒"罢黜百家，独尊儒术"的建议，主张设置"六经"课程，通过《诗》《书》对学生进行德育，通过《礼》《乐》对学生进行美育，通过《易》《春秋》对学生进行智育。另外，汉武帝专设"五经"博士，"五经"也成为官方制定的正式课程。随着生产力和科学技术的发展，东汉时期就有了艺术专科学校——鸿都门学，开设了律学、医学、武学、算学、书学、画学及音乐等课程内容。其中，医学、武学、算学等以自然科学课程为主。课程设置逐步呈现出多样化的特点。

（四）魏晋南北朝时期的课程与教学

魏晋南北朝时期，由于社会阶级矛盾尖锐，关系错综复杂，加之玄学风气盛行，道教、佛教广泛传播，以往占主导地位的儒家经学受到各种思想的冲击。在政治、经济和哲学的影响下，教育也出现了新的特点。比如，人才培养受到重视，教育理论争鸣氛围浓厚，各民族教育大融合。① 学者们围绕社会到底应该培养什么样的人才展开了百家争鸣。课程内容也随之有了新的拓展。颜之推为了培养"德周艺厚"的国之用材，主张儒、释、道等博闻兼综，应世经务。他在《颜氏家训》中提出设置五经、百家群书、杂艺、军事及宗教教育等课程。然而，尽管这一时期社会上玄风猛烈，道教、佛教盛行，但儒家经学始终是学校课程的主要内容。

到了北朝时期，魏道武帝初定中原"便以经术为先，立太学，置五经博士，生员千有余人"。《儒林传》中谈道，嵇康在批判经学教学弊端的基础上提出"越名教而任自然"，主张教学要顺应个体天性，自由发展。他提出独观、广求、易简、虚心、得意，反对迷信盲从和主观臆断，突破了儒学独尊的教学思想禁锢。

（五）隋唐时期的课程与教学

隋唐时期，随着国家的统一，政治强大，经济繁荣，教育发展也进入鼎盛时期。在"重振儒术"思想的指导下，以韩愈为代表，梳理了儒学，使儒家学说成为学校课程学习的主要内容。当然，这种课程模式与科举相结合，也制约了中国封建社会晚期学校课程的进一步发展。不过，"课程"一词也正是在这一时期得以发展。唐朝孔颖达在《五经正义》里为《诗经·小雅》中"奕奕寝庙，君子作之"一句注疏时写道："教护课程，必君子监之，乃得依法制也。"这是中国古代严格意义上的课程术语的来源。

隋代继承北周统治，提倡佛教，建立了以长老为中心的教学体系。隋炀帝大业二年（606 年）建立了科举制度。到了唐代，科举制度进一步完善，学校制度也更加完善。科举制度的建立使学校和科举并存，学生评价与社会选士评价紧密联系，并为宋元明清沿袭，成为主要选士制度。科举考试以《五经正义》为主要内容，以口试和笔试为考试形式，重知识轻智力，重结果轻过程。

由于唐代学校类型多样，除一般官学外，还有算学、律学、医学、天文学等学校，所以，课程内容也更加丰富。教学方法除讲授法外，还有观察法、测验法、组图法、调查法和实验法等。在教学实践中倡导知之、行之、安之的教学过程，采用因材施教、启发问答的教学艺术，遵循身体力行、言传身教的教学原则。在师生关系方面，主张圣人无常师，要向有专长的人学习。正如韩愈在《师说》中所言："弟子不必不如师，师不必贤于弟子。""闻道有先后，术业有专攻。"在学习态度方面，提出"业精于勤，荒于嬉；行成于思，毁于随"。

（六）宋元明清时期的课程与教学

宋明时期理学作为一种新的儒学思想体系，成为我国封建社会后期治国、治家、育人的

---

① 参见毛礼锐，沈灌群. 中国教育通史（第二卷）. 济南：山东教育出版社，1985：294-300.

标准。朱熹作为宋朝理学的集大成者，在《朱子全书·论学》中多次使用"课程"一词。他为了达到"读书穷理"的目的，整理编辑了教材《诗集传》《四书章句集注》《近思录》和《小学》。他对小学和大学分阶段系统地设置课程进行了论述，提出了"四书""五经"（即《大学》《中庸》《论语》《孟子》和《诗经》《书经》《礼经》《易经》《春秋经》），并详加注释。其中，"五经"成为封建社会后期学校的标准课程和教材，并成为元、明、清三代学校课程及科举考试的统一标准。

南宋教育家朱熹积累了几十年的为学与讲学经验，对儒家教育教学思想做了系统发挥和发展，在教学原则和方法方面做了精辟论述。比如，"论先后，知先行；论轻重，行为重"，并在前人基础上将知行合一演变为博学、审问、慎思、明辨、时习、笃行。"朱子读书法"之循序渐进、熟读精思、切己体察、着紧用力、居敬持志的观点对于今天的教学仍有重要的借鉴意义。明代教育家王守仁对华而不实的人文风气提出了尖锐的批评，反对专门教书、背书记诵的教学方法，主张对儿童教育采用诱导的方法；教学要立志为先、责善问难、静处体悟、事上磨炼、整体明了、顺兴鼓舞、随人分限、知行合一，"知是行的主意，行是知的功夫；知是行之始，行是知之成"。

🔊 教育家语录

读书之法，在循序而渐进，熟读而精思。

——朱熹

明末清初出现了西学东渐趋势。当时社会上反对"从天理，灭人欲"的禁欲主义，提倡"理欲皆自然"的自然主义；反对空疏无用的"理学"，提倡经世致用的实学。为了培养实才实德之士，主张课程内容教以自然科学、军事技术、工农业生产等。这样的课程设置再次突破了传统的"六经""四书""五经"与"六艺"，也进一步充实了我国古代的科技教育内容，为后来学校加强自然科学和技术的课程内容提供了重要的基础。

清初王夫之强调以实践为基础，理论联系实际，主张行知并进、施之有序、正志为本。他认为教与学是一对矛盾的过程，两者有区别，传授过程不等于学习过程，教学要考虑学生之间的差异；教与学要协作并结合起来研究，针对学生"敏顿之差"，教学必须各如其量，因材而授。颜元针对宋明理学的空疏提出"习行之学"，反对专门的读书，主张"动"的学习，乐学自悟、积渐不息、因机设教与师友讨论；教学要注重实习、实行，在具体事情的实践过程中完成。正像他在《总论诸儒家学》中说："使为教为学用力于辨读者一二，加功于习行者八九，则生民幸甚！吾道幸甚！"

从上述对我国古代课程与教学历史发展的简要梳理不难看出，我国古代的课程目标重视社会对人才的需求，轻视学生个体的需要。在社会本位目的观的指导下，历代的课程设置都是以培养统治人才为取向，而不是着眼于学生个体的身心发展和现实需要。就课程内容来说，以儒家经学为核心，以"六艺"为主要课程，重视文化知识和道德教育，轻视自然科学教育。尽管战国时期的墨子、魏晋南北朝时期的颜之推及明末清初的有识之士等提出要重视自然科学，但在儒家思想的影响下，统治阶级更重视文化知识与道德教育。

二、西方古代的课程与教学

从总体上来看，西方古代学校是以文法学校和修辞学校为主体的。学校教育的主要目的是培养统治阶级所需要的人才和对广大劳动人民进行宗教、道德和政治的教化。与这种教育目的相一致的课程内容主要是古典学科，教学组织主要是个别教学，教学方法主要是讲演和问答，师生关系等级森严，教学过程强调严格的纪律和严酷的体罚。但不同时期因社会政治、经济和教育制度的不同以及受哲学、宗教等的影响，学校的课程设置与教学方式也有明显的差异。

（一）古希腊与古罗马的课程与教学

1. 古希腊的课程与教学

西方最早的课程实践可追溯到古希腊时期。古希腊的课程分为雅典课程体系和斯巴达课程体系，前者因商业需要强调文法学习，后者因军事需要强调身体锻炼。雅典学校的课程体现了和谐教育的思想，主要设置了文化、艺术、体育等课程。斯巴达教育为使公民英勇善战，设置了跳跃、跑步、铁饼、标枪、角力等军事体育课程。

古希腊的教学思想最早起源于雅典的智者派。公元前5世纪，雅典是一个经济发达并已实行民主共和制的国家。由于公民要通过在集会上的演说和辩论才能参加城市事务的管理，因此，便出现了一种社会势力——智者派。这些人以游学的方式宣传雄辩术，传授知识，发表教学言论，同时，也为当地青年教授三艺（文艺、修辞学、辩证法）。伊索克拉底说雅典教出来的学生又都成为其他民族的老师；雅典文化的辉煌已逝，"希腊人"一词是一种精神面貌。这无疑是对雅典教育的充分肯定。雅典教育注重学生身心的和谐发展，课程内容涉及德、智、体各个方面，设置文法、修辞学和辩证法，教学方法有讲演、联系、辩难等。这些的确为古代课程与教学的发展提供了借鉴。

与实行君主政体、重视商业贸易的雅典截然不同，斯巴达因享受不到与外国交往带来的经济和智力上的进步，只能过着因循守旧的农业生活。同时，为了控制大批受其压迫的当地居民，斯巴达不得不把自己的国家组织得像个军营，让一切都服从军事管理。相应地，斯巴达教育把培养尚武精神作为学校教育的根本目的，主要进行体育锻炼和军事训练，附加音乐和舞蹈，但很少有文字教育。

在教学方法方面，苏格拉底的参与式对话法（也称产婆术或问答法）是最具代表性的教学方法。苏格拉底不相信知识或智慧可以由教师传授给学生。所以，他提倡教学中使用反诘、对话、提问和归纳等，通过层层追问使学生意识到自己想法的错误，以获得真正的知识。苏格拉底总是坚持说他没有教过任何人任何东西，他提出的问题学生可以回答，也可以不回答。实质上，他是用各种问题去诘问学生，学生回答不上来，便处于尴尬境地，感到自己很无知，从而产生学习和拥有真理的愿望，去思考各种普遍的问题。他的"产婆术"教学法是西方启发式教学的开端，对后世影响很大。

以柏拉图为代表的理念论认为，教育的最高目的就是激励学生，使之成为真理的探求者。教学过程要有助于学生完全意识到人性中内在的潜力，要让学生接触文化遗产中包含的智慧，通过将人类文化遗产以系统有序的、连续的、预成的课程传递给学生而为他们将来的生活做准备。柏拉图还提出了强迫儿童受教育的主张。他要求根据儿童的个人兴趣、爱好让他们分别进入国家办的文法学校、琴弦学校和体操学校学习，学习的内容包括阅读、书写、计算、唱歌、音乐、体操、骑马、射箭等。

实在论者亚里士多德则是博雅教育的提倡者。他认为教育是帮助人们追求幸福，即达到尽善尽美的手段。所以，他最早提出了体、德、智三育的划分，并注意到儿童身心发展的阶段性，首次提出按年龄划分受教育的阶段。亚里士多德认为，课程应顺应人类生长和发展的模式。他为 14 岁到 21 岁的青年设计了诸如算术、几何、音乐、语法、文学、诗歌、修辞、伦理学、政治学等强调智力的学科，而为 21 岁以后的人设计了更加复杂的智力学科，如物理、化学、心理学、逻辑学、形而上学等。他强调教学要效法自然，遵循合适原则，发掘儿童天性中的潜力。

教育家语录

思想如钻子，必须集中在一点钻下去才有力量。

——柏拉图

2. 古罗马的课程与教学

古罗马的发展经历了三个时期，即王政时期、共和时期以及帝国时期。这三个时期由于政治、经济和文化背景的不同，教育也呈现出显著的差异。共和早期主要是农民和军人的家庭教育，以培养农夫和军人为目标，类似于斯巴达教育。共和后期的小学教学内容主要是读书、写字、计算和《十二铜表法》（即罗马人的基本法）；教学方法偏重文字记诵；音乐和体育没有什么地位。共和后期的中学分为希腊文法学校和拉丁文法学校，分别学习希腊文和拉丁文；课程设置有地理、历史、数学和自然科学等；教学方法比小学灵活，有讲解、听写、背诵等几种；教学管理很严格，纪律严明，普遍实行体罚。帝国时期的小学教学内容仍然是读、写、算，文法学校重视文法和文字。为了借鉴希腊的人文科学，古罗马人也开始学习希腊语。面对贵族和富家子弟的文法学校有希腊文、拉丁文与修辞学等主要课程。古罗马对于希腊语的学习开创了学校中教学两种语言的先例和外语教学的先河。

相对于古希腊而言，古罗马的教育目标是培养政治家和管理者。为了培养多才多艺的"雄辩家"，后来的修辞学校（早期的高等教育机构）就特别设置了修辞学、辩证法、希腊语、数学、天文学和音乐等主要课程。作为古罗马雄辩教育倡导者之一的西塞罗认为，雄辩家应该拥有各种重要的知识和全部的自由艺术，主张从培养具有雄辩才能的政治家出发，拓宽课程内容，加强修辞学习和讲演能力训练。古罗马著名律师、教育家昆体良更是通过他的《雄辩术原理》（又名《论演说家的教育》），积极倡导学校应以培养演说家为目的，主张儿童的人文教育应从学习希腊文开始。昆体良的这部著作后来被称为古代西方第一部教育专著，是系统总结罗马教学成就和自己从教二十余年教学实践的结晶。昆体良把伦理学引入教学，明确指出儿童发展的广泛可能性。在教学方法上，他提出按模仿、理论、练习三个顺序递进，并对讲授法、问答法和练习法做了比较详细的论述。

总之，古罗马的课程设置和教学方式一方面继承了古希腊教育中课程与教学的传统，体现了希腊化教育的特点，但另一方面又体现了教育中的民族特色。应该肯定地说，古罗马学校中两种语言的学习以及积极普及法律教育的实践都对后来的教育发展产生了显著的影响。

（二）中世纪与文艺复兴时期的课程与教学

1. 中世纪的课程与教学

中世纪是一个在世俗社会基础上，拥立宗教社会，由圣职者构成第一等级的社会。这些圣职者不仅是教会的圣职人员，而且是国家的统治者。为维护他们的特权，他们创办了寺院学校、修道院学校，教拉丁语以及教堂歌曲，同时沿袭古希腊和古罗马时期的"七艺"课程以作为培养圣职者不可或缺的辅助手段。但此时的"七艺"完全被置于宗教和神学的支配下，以宗教为核心，内容十分狭窄。

这一时期，由于天主教会的兴起以及在社会上所形成的强势力量，宗教的和道德的素材在课程中取得了优势。由于宗教成为教会的精神支柱，学校几乎被教会控制，《圣经》成为禁锢人们头脑的工具，致使学校教学理论与实践都停步不前。学习内容侧重于宗教教义；学习方法是诵读牢记，但也有问答法。这个时期的经院哲学用理性去支持信仰，用哲学论证宗教教义，编造一种科学上的幻影。由于中世纪的神学教育是以宗教教义作为课程内容的标准，宗教教义不允许有丝毫改动，因而解释、传递成为教学的主要功能，学校教学方法大多是语言性的，如讲授、辩论、朗读、背诵和问答等。

2. 文艺复兴时期的课程与教学

文艺复兴时期，新兴资产阶级在意识形态领域展开了反对封建文化的斗争。他们反抗经院教育，从长期被埋没的古希腊、古罗马文献中发现了他们的高度文明，于是发起了文艺复兴运动，以求重建古希腊自由快乐的文化教育生活。他们批判经院教育，认为课程设置应考虑从培养"完美的人"出发，提出由科学知识构成的课程体系和适应人的个性能力发展的课程内容，打破了宗教对学校课程的垄断，破除了禁欲主义思想。学校课程也突破"七艺"固有的框架，学科门类逐渐增多。意大利人文主义者在复兴罗马文化的同时，复活了罗马公民的德行与政治，把尊崇古典视为对教育的根本态度。他们借助于拉丁文和希腊文学习古希腊和古罗马文学艺术，主要是文法、修辞以及哲学，以此训练学生的智力、精神，形成广博的学识和道德人格。德意志和北方的人文主义更关心宗教和公共事业，视课程为宗教改革和社会改革的手段，为培养贤明、雄辩、虔敬的公民，教以文法、辩证法、修辞。

这一时期在教学指导思想和教学方法上反对呆读死记，注重学生的学习兴趣，启发他们学习的自觉性、积极性，注重发展学生的潜力和实际操作能力，开始使用实验、测绘等新的教学方法。所以，启发性和实验性教学方法开始流行，启发学生积极性、自觉性以及智慧成为教学的趋势。

综观西方古代课程思想，古希腊的课程围绕如何培养完美的人设置课程内容，古罗马在借鉴古希腊人文科学的基础上，侧重于教授雄辩家所需的内容；中世纪的课程强调宗教和道德；文艺复兴时期的课程片面强调人文主义学科，旨在像古希腊和古罗马时代给年轻人设置古典文学那样提供全面的训练。总体来说，西方古代课程还没有科学的概念和系统的理论体系，也没有专门的术语和著作，一些零散的有关课程的论述仅停留在经验的描述和规定方面。相比之下，"三艺"等理智科目备受重视，"四艺"等实用科目处于次要地位。受生产力水平、生产方式和科学技术水平的影响，古代西方教学思想没有形成独立的学科体系，也没有专门的教学论著，教学思想仅产生于部分教学实践中，并未从哲学中分化出来。一些直观的、感性的教学经验都是个别哲学家或教育家的个人见解，缺乏系统的分析和科学的论证，也缺少理论层面的抽象、概括与升华。

第二节
近代的课程与教学

🎯 **学习目标**

了解我国近代和西方近代课程与教学的实践特点、变革路径和思想依据。

　　教育的发展及其特征总是与文化的发展过程密切相关。近代社会，随着中西方文化结构各个层面的显著变化，课程与教学也呈现出同步化转变的特点。

一、中国近代的课程与教学

　　在中国近代社会尤其是旧民主主义时期，"西学东渐""中体西用"社会思潮从明末清初就已经存在，并随着鸦片战争的爆发而扩大影响。受这种文化思潮的影响，近代中国教育制度、课程与教学思想及实践在鸦片战争前后就开始呈现出继承传统、引进和吸收西方课程的鲜明特色。

（一）中国近代的课程

　　鸦片战争后，"西学东渐"逐渐成为当时社会的主流思潮。随着西方近代课程的不断输入，也逐渐形成了我国近代课程"中体西用"的特色。五四运动后，新民主主义时期的课程在这种"效仿西方"基础上又显现出新的实践特征。

　　1. 旧民主主义时期的课程实践

　　鸦片战争后，教育制度在形式上虽然与前清时期一脉相承——有相当完备的学校系统，然而，除初等教育和部分私学进行了正常教学外，大多数官学已有名无实。晚清理学家认为，"以理学为本、以道德为本"是探讨课程变革的基本前提。同时，他们也非常强调教育必须满足晚清政权的现实需要。在他们看来，近代"千年未有之变局"表明朝廷急需的是"西学"。于是，以龚自珍、林则徐、魏源等为代表的地主阶级改革派开始提出改革旧教育的主张，并揭开了中国近代教育思想领域"中学与西学之争的序幕"①。

　　随着传统教育危机和改革呼声的不断高涨，中国的新式学堂开始发展。而这种新式学堂早期大多以教会学校的形式出现。1839年，美国传教士在澳门创办了马礼逊学堂。这是我国本土出现的第一所教会学堂。随后，教会学校开始兴盛并逐渐向内地辐射。早期的教会学

---

① 黄仁贤. 中国教育史. 福州：福建人民出版社，2003：291-292.

校一般以小学为主，课程除宗教外，也设有"四书""五经"等传统教育内容，并教授数学、物理、化学等自然科学知识。如1864年设立的北贝满女校，课程有四书、女儿经、算术、地理、历史、科学初步、生物、生理学等。1877年，山东文登文会馆将小学升为书院，设备斋、正斋两部，修业年限分别为三年、六年，实行课堂化的班级教学，开设较完备的西学课程，如宗教、数学、物理、化学、世界历史、世界地理、心理学、逻辑学、政治经济学、近代实用技术等。这种两部九级的学制划分、课堂班级教学和新式课程已具有近代学制及其课程体系的雏形。①

受教会学堂课程的影响，中国传统教育制度进行了一些改革。洋务运动时期举办的新式学堂和留学教育，开启了中国近代新教育的历程。张之洞是洋务派教育思想的代表，又是近代教育制度的重要奠基人。他的教育管理思想对19世纪末20世纪初的中国教育产生了重要影响。他在其著作《劝学篇》中提出的"中学为体，西学为用"的理论体系成为清末教育的指导思想。1862年，清政府在北京建立了我国近代第一所新式学校——京师同文馆，后又聘美国传教士丁韪良任总教习。丁韪良为京师同文馆制定了以西方近代科学为主的分年课程计划，标志着我国近代课程的萌芽。②戊戌变法后，清政府相继制定颁布了《钦定学堂章程》（亦称壬寅学制）和《奏定学堂章程》（亦称癸卯学制）。癸卯学制是中国近代史上最早颁布并实行的全国性新学制。这一时期的课程内容虽有更新，但却有浓厚的"中体西用"之特色。

2. 新民主主义时期的课程实践

五四运动标志着我国从近代社会的旧民主主义时期进入新民主主义时期。在这一进步思潮和美国教育思想的影响下，壬戌学制（"六三三"学制）于1922年颁布，随后又逐渐建立起与新学制相适应的各级各类学校课程体系，初步形成了我国近代学校课程模式。壬戌学制对中小学课程进行了改革：高中实行文理分科，开设各种职业课；初中设置选修科目；小学授课以分钟计算，同时加强了普通教育中数学和自然科学的教学。这一阶段的课程体系反映了五四运动后人们尊重科学和民主，反对封建的思想。

此外，在1922年学制及课程改革的推动下，国内兴起了课程研究的热潮。因此也有学者将中国课程理论的诞生时间定为20世纪20年代初期。③实际上，在课程理论兴起的前后几年里，如何改革中小学尤其是中学教育一直是当时教育界的热点问题。同一时期，以商务印书馆为代表的教育出版界认为必须根据学生的个性特征来编辑教材。为做到"处处为儿童的学习设想"，商务印书馆在教材内容的选择、编排、印刷等方面力求精益求精。他们专门聘请了当时优秀的、熟悉现代教育理念的教育家如蔡元培、张元济、高梦旦、蒋维乔来组

---

① 张传燧. 中国教学论史纲. 长沙：湖南教育出版社，1999：83.
② 吕达. 京师同文馆与我国近代课程的萌芽. 教育评论，1988（6）.
③ 张廷凯. 我国课程论研究的历史回顾：1922—1997（上）. 课程·教材·教法，1998（1）.

织教材编写。因此，商务印书馆出版的教材成为当时教科书编写的典范，获得了社会的广泛认同。

综上所述，我国近代课程是在借鉴西方国家经验的基础上移植改造而成，具有鲜明的"西学"特色。旧民主主义时期的课程具有鲜明的改良主义性质，是封建主义儒家思想和近代自然科学教育内容相结合的课程体系。新民主主义时期的学校课程加强了普通教育中数学和自然科学课程的设置，并开设职业课、选修课，逐渐形成了相对科学、民主的课程体系。

（二）中国近代的教学

中国近代的教学实践、教学理论与课程演进相似，出现了与古代截然不同的质的变化。教学目的、教学原则、教学方法、组织形式与教学评价等在"西学东渐"的实践探索中进入了多样化的发展阶段。

1. 教学目的

伴随中国教育教学理论在冲突与交流过程中逐渐从封闭走向开放，近代中国的教育教学目的也在不同时期具有不同的特点。早期的教会学校主要培养为宗教服务的传教士。而且伴随着帝国主义侵略进入中国，教会学校不可避免地成为帝国主义文化侵略的象征。洋务教育派主张培养"中学治身心，西学应世事"的洋务人才，既要求学生掌握传统的"四书""五经"与道德文章等有关做人、持家和治国的根本学问，又要求学生学习西方社会科学和自然科学技术知识，掌握富国强兵的技能和本领。而实际上洋务派的教学目的更偏重后者。戊戌变法后的维新派主张培养专门的技术人才和现代公民，强调"兴学养才""开民智""育新民"，以德、智、体、美并重为主要教学目的。以孙中山、蔡元培为代表的资产阶级革命派进一步深化了对教学目的的认识和论述。孙中山强调学校教学目的除读书识字、学问知识外，还应"注重于双手万能，力求实用"①。蔡元培关于教学目的的论述是从"养成共和国民健全之人格"的教育目标出发，提出了"五育并举""思想自由，兼容并包"和"尚自然，展个性"等主张。② 其中，"五育并举"和谐发展的教学目的对中国近代教学实践和理论都产生了深远的影响。从 20 世纪二三十年代开始，受美国杜威实用主义教育思想的影响，国内尝试开展教育教学实验的教育家们提出了讲求实际功用、注重个体发展的教学目的，如陶行知强调教学以生活为中心；黄炎培倡导要使学生掌握谋生的知识和技能；陈鹤琴"活教育"的教学目的在于培养做人的基本态度，养成优良的习惯，发现内在的兴趣，训练人生的最基本技能。③

近代学校教育一方面，高度重视科技知识的传授和生产劳动技能的培养；另一方面，还

---

① 孙中山．孙中山全集（第5卷）．北京：中华书局，1985：224.

② 陈学恂．中国近代教育文选．北京：人民教育出版社，1983：349.

③ 参见张传燧．中国教学论史纲．长沙：湖南教育出版社，1999：119-121.

注重培养人的个性、情感等品质。近代教育家们在从不同角度论述了德、智、体、美和谐发展的同时，还赋予了教育符合近代社会发展要求的新内涵。可以看出，近代教学目的无论是从理论研究还是实践取向上都已经开始具有了突出社会需要的实用主义价值和兼顾个体发展价值的特色。

　　2. 教学方式

　　辛亥革命前，教学方法主要受夸美纽斯和赫尔巴特教学思想的影响，其中赫尔巴特的"五段教学法"影响力较大。20 世纪 20 年代末，受杜威实用主义教学思想的影响，学校教学越来越注重如何让学生学会学习，设计教学法由此开始被推崇。国内教育家陶行知将"教授法"改为"教学法"，也反映出受实用主义"以学生为中心""做中学"等教育思想的影响。此外，革命根据地还引进了苏联教学体系，并进行了初步的实践探索。由于自然科学是近代学校教育中的主要课程，因而在教学方法上相对强调观察、实验等直观方法以及程序操作法、综合观察、作业与讲座等具体方法，改变了古代以学论教的局面。

　　3. 教学评价

　　科举考试在清末时期的教学评价中仍占据核心地位。然而以八股文为主要形式的评价标准使学校教学空疏无用而遭到越来越多的反对。科举制度于 1905 年被废除。这一改革意义深远，在"西学"思潮的影响下，人们开始重新思考教育教学评价的意义和目的。早期教会学校创办时期，"中华教育会"提出要在基督教教会学校推行公共考试计划。其步骤是：先收集在华各类教会学校和学院开设的学习科目；然后据此制定一个能包括每个学校要求的全面计划；制定出推荐给每门学科的教科书书单；根据学习年限的长短，设置不同的课程，并确定一定的程度标准，由各分会负责，每年或半年在各传教中心举行一次考试，检查一般的宗教内容和其他选修课程，并向所有达到本会要求的人颁发不同层次的文凭或证书。随着西方近代教育测量理论与方法的引进，北京、上海、南京等城市的少数学校开始运用教育测验的方法对学生成绩进行考评，但应用范围主要集中在知识、技能等智力领域。除此之外，还有传统的等级制和百分制记分法。

　　反观我国近代课程与教学的发展过程，在理论与实践上均呈现出鲜明的"西学"特色。尤其是 20 世纪 20 年代后，杜威的实用主义教育学理论等欧美进步主义教育学派的引入，以及随后国内兴起的教改实验浪潮，都对我国近代教育产生了极其深远的影响。

二、西方近代的课程与教学

　　从 17 世纪中期英国资产阶级革命开始到 19 世纪末，西方近代发展史历经了近三个世纪。这一时期，课程与教学实践都取得了显著的进步，尤其是夸美纽斯、赫尔巴特、斯宾塞等一批教育家的课程思想和教学理论不仅为本学科独立体系的形成与发展奠定了坚实的基础，同时也为课程与教学实践变革指明了方向。

（一）西方近代的课程

伴随着工业革命的爆发及资本主义社会生产力的发展，自然科学越来越受到重视，从而使西方近代学校课程也随之发生了重大变革。

1. 自然科学课程备受重视

随着自然科学的发展，古典文科教材中关于自然的种种推测已不符合实际。人们在批判传统人文学科的同时，越来越认识到自然科学的应用价值，并强烈要求学校增设支撑工业技术发展不可缺少的数学课程及物理学、化学、动物学、植物学等自然科学课程。如捷克教育家夸美纽斯大力提倡在国语学校除了开设读、写、算和教义问答之外，还要增加几何测量、自然常识、地理、历史、唱歌和手工技艺等；德国教育家赫尔巴特提出了多方面的兴趣及相应的课程，包括经验的兴趣（自然科学、物理、化学、地理）、思辨的兴趣（数学、逻辑学、文法）、审美的兴趣（文学、图画、唱歌）、同情的兴趣（外国语、本国语）、社会的兴趣（历史、政治、法律）、宗教的兴趣（宗教）；英国教育家斯宾塞提出了"什么知识最有价值"的重要命题，并认为科学知识最有价值。这些思想既是对当时社会发展需求的反映，也对欧洲学校课程改革产生了重要影响。

2. 课程结构打破古典主义格局

近代科学、文化的发展，将自然科学和数学引进学校课程，动摇了古典人文课程的结构框架，打破了古典主义教育大一统的局面。夸美纽斯主张在拉丁学校除"七艺"之外，还要增加物理、地理、历史以及拉丁语、希腊语、本民族语和一门现代外语课程。同时，他还指出，编写教科书应当简明扼要、系统连贯，从儿童的年龄特点出发，用儿童能够明白、理解的语言来表述。夸美纽斯还编写了《语言和学科入门》《世界图解》等经典教材。

在英国，弥尔顿提出教育培养的不是只知书本知识的学究，而是有实际知识、有道德、了解社会、能为国家和人民做贡献的人。因此他反对形式主义教育，为受过初步教育的青少年拟定了一个教育的蓝图，即实科中等学校的课程计划。该计划包括三个方面："其一是拉丁语、希腊语以及语法、修辞等语言文学课程，其二是政治、经济、法律、历史、地理、哲学、逻辑学等有关人文、社会科学各个领域的课程，其三是数学等纯科学和农业、建筑、机械、气象、航海、医学等应用科学，强调向有实践经验的人学习"①。弥尔顿要求青少年掌握的是百科全书式的知识，是当时人类社会已积累的一切最优秀的科学文化财富。

3. 课程内容逐渐得到充实

随着 19 世纪西欧民族国家的形成和民主政治的发展，出现了一些如现代母语和外国语、

---

① 袁锐锷. 外国教育史新编. 广州：广东高等教育出版社，2006：112.

公民科、历史和地理等新人文学科课程。为加强民族、国家之间的沟通与交流，民族语和外国语成为学校的必修课程。为加强人民对国家、社会、政治与经济的正确认识与理解，充分担负起国家的责任，公民科成为提高公民素养的课程进入学校课堂。同时，伴随民族国家独立和国民意识的增强，历史在学校课程中开始占据重要的位置。地理的学科意义也发生了改变：人们意识到经济的繁荣与文明的进步无非是人类致力于自然的结果，让儿童理解人与自然的关系才能真正理解人类活动的意义。所以地理在近代产业主义时代中也成为学校不可缺少的课程。

　　资本主义生产力的发展促使生产活动从家庭作坊走向工厂。顺应这一趋势的教育学者们如卢梭、裴斯泰洛齐、福禄培尔等均认为，要发展人的各种力量，使其成为能够满足生活的一切需要的自主自为的人，职业技术（劳动）的基本训练是不可少的；同时，他们还认为，只有通过直观的、实物的和实践的教学，儿童学得的知识、技能才能真正派上用场。杜威也主张学校要安排各种作业，如园艺、纺织、木工、金工、烹饪等，把基本的人类事物引进学校，作为学校的教材。

　　总的来看，近代西方课程已开始走出"文雅教育"的象牙塔，注重个人生活需要和社会发展的现实需求。一方面，课程科目从经院主义哲学的"大一统"逐渐走向科目设置的多元化。另一方面，课程结构打破了古典人文课程"大一统"的局面，逐渐增设了适合民族国家独立和发展需求的新人文学科课程。尽管近代学校课程科目繁多，但课程之间缺乏有机联系，课程结构体系仍不尽完善。

🔊 教育家语录

虔信与德行是教育的两个最重要的因素，可是最被忽视。

——夸美纽斯

（二）西方近代的教学

1. 教学目的

　　近代科学技术的发展和应用对社会劳动力及学校教育提出了新的要求。学校不再是培养演说家、政治家和教会人员的特有场所，它开始从家庭和上层社会走向市民社会。近代欧洲的"新教育运动"、美国进步主义教育运动中的"新学校"的办学宗旨真实地反映了近代学校教育教学目的的革新。欧洲的"新教育运动"源于 1889 年由英国教育家雷迪（Cecil Reddie）创办的欧洲第一所新学校——阿博茨霍姆乡村寄宿学校。在他的影响下，法国、德国等先后出现了一系列新学校。雷迪指出，开办新学校的宗旨是：造就人类一切能力的圆满发展；学校应成为一个真实的、实际的、儿童能在该处发现自己的小世界；我们要训练儿童的能力、智力和体力，以及手工的技巧与敏捷。① 新学校强调重视儿童的实际活动，强调教育与生活的联系，反对单纯地学习书本。

👁 **信息窗 2-1**

新教育运动就是 19 世纪末至 20 世纪初在欧洲出现的资产阶级教育改革运动。它的主要内容是建立与旧式的传统学校在教育目的、内容、方法上完全不同的新学校，因此也称新学校运动。

2. 教学原则

近代学校教育的变革促使教育家们从自然、个体等不同层面和角度来思考如何处理教学过程中的各种问题。夸美纽斯详尽地论述了教学过程中各个重要的教学原则，其中包括自然适应性原则、直观性原则、自觉性和积极性原则、巩固性原则、量力性原则和因材施教原则；第斯多惠认为教学应激励、唤醒学生的兴趣，提出启发性教学原则；卢梭和裴斯泰洛齐等人主张从儿童本性的发展顺序来展开教学，提出适应自然的教学原则、循序渐进的教学原则；赫尔巴特还分析并论证了教育性教学原则。他认为没有"无教学的教育"，相反也不存在"无教育的教学"。赫尔巴特认为道德教育的根本途径和手段是教学，教学如果没有进行道德教育，只是一种没有目的的手段；道德教育如果没有教学，就是一种失去手段的目的。这些教学原则不仅对学校教育具有指导价值，而且对于促进社会发展也具有进步意义。

🔊 **教育家语录**

教学的最高的、最后目的包含在这一概念之中——德行。

——赫尔巴特

3. 教学方法

16 世纪以后，由于自然科学的发展，一些学者开始信奉知识来源于人的感官，把人的感官看作知识的源泉。于是以夸美纽斯为代表的许多感官主义者，提倡教学应从感觉入手，从具体到抽象。这就是"直观性教学"，即在教学方法上强调通过观察、感知、练习来领悟事物的真相。19 世纪，斯宾塞大力提倡科学教育应顺应资本主义生产发展的需要，主张在文科中学中也要增加自然科学课程，以使学生获得有价值的和"确定的"科学知识。为此他继承了 16 世纪培根的科学研究方法，在教学方法上强调实验法、观察法和归纳法。同时

---

① 王天一，夏之莲等. 外国教育史（下册）. 北京：北京师范大学出版社，1985：166.

他又追随孔德，认为个人知识的起源与种族知识的起源是同一途径的。因此，儿童学习也应从实验到推理、从具体到抽象、从现象到理论。由此他提倡"比较、探索、实验"的教学方法。近代教学方法上的这些特点，使教学摆脱了古代以来的空洞说教，提高了教学的科学性和启发性。

4. 教学组织形式

在西欧历史上，直到 17 世纪，各国仍普遍沿用个别施教的教学方式，即教师面向学生个体单独授课。工业技术的变革促进了初等义务教育的普及，尽管受教育的人数增多了，但能专门从事教育的教师人数则十分有限。"一对一"的个别教学组织形式已不能满足当时社会发展的需要，教学组织形式的变革成为必然。

夸美纽斯顺应社会形势发展的要求，在把一切知识教给一切人的思想的指导下，率先探索和寻求一种有别于传统个别教学的新形式，即寻找一种教学的方法，使教员可以少教，但学生可以多学，使得学校因此可以减少喧嚣、麻烦和无益的劳苦，多一些闲暇、快乐和坚实的进步。夸美纽斯首先确立了学年制度，并按学生程度分成不同班级，教师面对全班授课，这就是当时的班级授课制。夸美纽斯断定，班级授课制具有极大的优越性：首先，它扩大了教育对象，有利于普及教育；其次，教师面对众多学生，工作兴趣大增，工作热情高涨，从而能够促进学生学习的积极性；再次，在学生方面，同伴群体在一起可以相互激励、互相帮助。班级授课制满足了社会进步及教育规模扩大的需求，成为几个世纪以来流行于世界各国的教学基本组织形式。

5. 教学评价

在西方近代学校中，1702 年剑桥大学实行书面考试，考试主要提交论文，教师进行主观评分。到 19 世纪，教育测验运动兴起，欧美各国开始进行新一轮的考试改革：笔试形式普遍采用，书面考试涉及的科目越来越多、规模越来越大，试卷的客观性也有所提高。1864 年，英国的菲雪尔公布数学、圣经等科目的标准对照表，并规定 5 分制评分标准；1897 年，美国的赖斯设计出拼字测验，并用于 20 所学校的 1.6 万名学生，标准化测验从此开始了。[1]

从以上分析可见，西方近代学校教育改变了传统的经院主义教育，摆脱了中世纪神学的控制。关注儿童的身心发展与注重自然科学等"百科全书"式知识的教学成为近代学校教学实践的重点。同时，近代西方还涌现出了一批伟大的教育家，形成了众多教学理论流派，初步构建了科学的教学理论体系。《大教学论》和《普通教育学》等论著的产生、"五段教学法"和班级授课制的确立更是具有里程碑式的意义。

---

① 李方. 课程与教学基本理论. 广州：广东高等教育出版社，2002：59.

第三节
现代的课程与教学

🎯 **学习目标**

了解我国现代和西方现代不同时期课程与教学的实践样态、变革路径和理论依据。

在现代社会，教育已然成为社会发展的重要组成部分。世界大国尤为重视教育，课程改革接连不断，教学思想蓬勃发展。可以说，课程与教学的现代化进程与国家社会的现代化密切相关。

一、中国现代的课程与教学

中国现代的课程与教学发展深受国家意志的影响与推动，与中华人民共和国的历史发展阶段是契合的。因此，我们可以将中国现代的课程与教学置于以下五个历史时期进行考察。

（一）社会主义过渡时期的课程与教学（1949—1956 年）

中华人民共和国成立以后，百废待兴，摆在国家面前的主要任务之一就是如何对待旧教育、旧学校，如何建设适合自己国情的新教育。1950 年 8 月，教育部颁布了《中学暂行教学计划（草案）》，取消了之前的"党义""童子军"与"军事训练"等科目，规定中学设政治、语文、数学、自然、生物、化学、物理、历史、地理、外语、体育、音乐、美术与制图 14 门课程，还规定了各科目的内在结构，明确了构成每一个科目的主要内容、每一部分内容的课时数以及实施的时间分配。这是中华人民共和国成立后的第一个教学计划，为以后教学计划的进一步修订和完善提供了雏形，在课程体系的确立过程中起到了奠基作用。

1952 年，教育部颁发《中学暂行规程（草案）》，提出中学的教育目标之一是使学生获得"现代科学的基础知识和技能"，首次明确提出"双基"的概念。同年颁发的《小学暂行规程（草案）》，把小学教育概括为"全面基础教育"，把小学教育目标表述为使儿童具有读、写、算的基本能力和社会、自然的基本知识；在课程内容方面，注意科学性和思想性的有机结合，强调基础性和基本性。这两个规程的颁布，明确了中小学校的教育宗旨，规定了全国统一的教学要求，初步形成了比较全面的中小学课程体系。随着全国统一的教学计划的颁布实施，各科教学大纲也陆续出台，但不少教学大纲都是以苏联大纲为蓝本修改编订而成的。

这一时期初步形成了较为全面统一的中小学课程体系，但主要是学习和借鉴苏联的模式，在一定程度上脱离了中国实际；课程设置不尽合理，部分学科间的相互联系和配合不够紧密；课程结构单一，只设必修课，不设选修课；课程变动过于频繁，教材又跟不上需要，致使教学工作不能完全按照教学计划执行。

这一时期，在教学实践领域，大量苏联的教育学著作被引进国内，国内还开设了大量学习苏联教育学的辅导班和讲座。其中，凯洛夫的《教育学》影响巨大，教育工作者几乎将其奉为"圣典"，不少师范院校也以之为教材或主要教学参考书，教育部甚至曾规定将凯洛夫的《教育学》作为机关干部每周业务理论学习的书籍。[①] 凯洛夫的《教育学》继承并放大了赫尔巴特以传授系统知识为旨趣的"三中心"，强调一般的课堂教学结构必须包括组织教学、检查作业、复习旧课、讲授新课、巩固新课和布置作业六个基本环节。这六个环节在我国演变为组织教学、复习提问、讲解新课、巩固新课和布置作业五个环节，成为中小学普遍的教学模式。

信息窗 2-2

传统教学的"三中心"是指：以教师为中心、以课堂为中心、以教材为中心。代表人物有：夸美纽斯和赫尔巴特等。

（二）社会主义探索时期的课程与教学（1957—1966 年）

20 世纪 50 年代中后期，随着中苏关系的逐渐恶化，我国开始探索适合中国国情的社会主义教育发展道路。1957 年，毛泽东在题为《关于正确处理人民内部矛盾的问题》的讲话中提出："我们的教育方针，应该使受教育者在德育、智育、体育几方面都得到发展，成为有社会主义觉悟的有文化的劳动者。"

1958 年至 1960 年，我国经济建设掀起了以高指标为主要标志的"大跃进"运动，这一运动很快波及了教育领域，并引发了一场"教育大革命"。1958 年 9 月，《中共中央、国务院关于教育工作的指示》中提出"党的教育工作方针，是教育为无产阶级政治服务，教育与生产劳动结合"，强调"在一切学校中，必须把生产劳动列为正式课程"，指出"必须在继续进行经济战线、政治战线和思想战线上的社会主义革命的同时，积极地进行技术革命和文化革命"。随着全国"经济大跃进"而展开的"教育大革命"批判"三中心"（教师中心、课堂中心、书本中心），主张用社会"大课堂"（田间、地头和工厂车间）代替学校"小课堂"，用以直接经验为主的所谓"实践知识"代替系统的科学理论知识，以"大跃

---

① 周谷平，徐立清. 凯洛夫《教育学》传入始末考. 浙江大学学报（人文社科版），2002（6）.

进"的精神来加快教育进度和发展速度。于是，全国各地中小学校兴起课程和教学改革的群众运动，大量缩短学制，精简课程，增加劳动，注重思想教育，还出现了多种学制的改革实验。在"教育大革命"的冲击下，全国统一的教学计划形同虚设，教材编写工作处于混乱状态，过多的劳动挤占了正常的教学时间，中小学的教学质量严重下降。

面对"教育大革命"给教育事业带来的危害，在1961年召开的中共八届九中全会上，党中央确立了"调整、巩固、充实、提高"的方针以纠正"教育大革命"中出现的问题。1963年3月，国家教育部制定了《全日制中学暂行工作条例（草案）》《全日制小学暂行工作条例（草案）》，对中小学课程实施统一管理，并首次提出了"国定制"与"审定制"相结合的教科书制度。同年5月，教育部颁布了中小学各科教学大纲，重新确立了各学科的性质、任务和基本的教学内容，强调"双基"的掌握和训练。紧接着，7月又颁布了《全日制中小学新教学计划（草案）》，确立"语、数"为小学核心课程，"语、数、外"为中学核心课程。这一系列措施不仅在当时对恢复教学秩序发挥了重要作用，而且对课程发展具有深远影响。

虽然受到"左倾"错误的影响，但这一时期的教学改革实验仍然取得了一定的成果。比较著名的有北京景山中学的"集中识字教学法"和上海育才中学的十六字经验"紧扣教材、边讲边练、新旧联系、因材施教"。

（三）"文化大革命"时期的课程与教学（1966—1976年）

1966年"文化大革命"爆发，全国绝大多数学校也都处于停课状态，教育事业和课程体系也遭到了极大的破坏。

1967年10月，《人民日报》连续发表社论《大、中、小学校都要复课闹革命》，提出学校或师生自定方案，自定课程，自选教学内容，自编教材。"复课"之后，"大串联"风潮有所平息，但是中小学教学计划毫无"计划"可言，课程设置很不完整，安排也是无章可循，学科课程受到严重的冲击，各地自编教材的依据和标准不统一，编审制度很不健全，基本上处于放任自流、各行其是的状态。政治化和革命化在课程内容中体现得尤为突出。同时，课程还片面地强调联系实际、为生产服务：多数地区取消了物理、化学和生物课，改为设置工业基础知识和农业基础知识；语文课则增加学大批判稿、小评论、工作总结，培养"三员一士"（创作员、故事员、广播员，土记者）；物理课简化为"三机一泵"（拖拉机、柴油机、电动机，水泵）；生物教材简化为"三大作物"（稻、麦、棉）。课程呈现出"革命化"和"实践化"的特征。

值得一提的是1969年开始于上海的"三算结合"的教学实验。所谓"三算结合"，即从小学一年级做起，教师利用算盘帮助学生认数和计算，把口算、珠算和笔算结合起来进行教学。其主要特征是将珠算引入小学低年级的数学教学，且不用口诀教珠算。"三算结合"

顺应了"学制要缩短""教育要革命"的呼声，为自己争取了生存的空间，并且在全国得到推广。这是这一时期最为突出的教改实验。

（四）拨乱反正时期的课程与教学（1977—1984 年）

1978 年 1 月，教育部颁发《全日制十年制中小学教学计划试行草案》，开始课程领域内的拨乱反正。这一草案恢复了 1966 年前实施的分科课程模式和开设的主要课程，颁布了全国统一的教学大纲，统一了学制，编写了全国通用的第五套教材。同时，教育部还颁发了各科教学大纲，明确了教材编写的指导思想：贯彻执行党的路线、方针、政策，为实现我国四个现代化培养又红又专的人才打好基础；提出了教材编写要处理好理论与实践的关系，精选基础知识，加强"双基"，注重智力培养的原则。

经过课程领域内的拨乱反正，课程发展已趋于正常化。1981 年，教育部对《全日制十年制中小学教学计划试行草案》中小学部分做了修订，调整了教学时间和课程设置，将"政治课"改为"思想品德"，恢复地理和历史课，增设了劳动课，外语课改为有条件的学校在小学四五年级开设。同年，根据邓小平同志"要办重点小学、重点中学、重点大学"的精神，教育部颁发了《全日制六年制重点中学教学计划试行草案》，规定从高中二年级开始开设选修课，并将劳动技术教育列入正式课程。这个计划首次提出分科性选修，分为侧重于文科、理科的两类教学计划，我国也由此开始形成高中二年级文、理分流的课程模式。

这一时期，教学改革实验取得了新的发展，如上海育才中学的十六字经验"紧扣教材、边讲边练、新旧联系、因材施教"。经过进一步提炼，十六字经验发展为著名的"八字教学法"（读读、议议、练练、讲讲）。卢仲衡的"三本教学法"经过多年的实验最终形成"自学—辅导教学法"，并开始在全国范围内推广。同时，一大批新的教学改革实验也开始涌现，著名的有邱学华的"尝试教学法"、黎世法的"异步教学法"和张熊飞的"诱思探究教学"等。这些实验项目大都立论新、起点高、内容丰富，对我国中小学的教学改革实验发挥着先导作用。

（五）社会主义建设新时期的课程与教学（1985 年以来）

随着现代化建设的全面展开，我国基础教育及其课程政策发生了一系列根本变化，开启了我国基础教育课程改革与发展的新时期，具有中国特色的基础教育课程体系也逐步建立。

1985 年出台的《中共中央关于教育体制改革的决定》指明了中国教育改革的方向。1986 年颁布的《中华人民共和国义务教育法》正式以法律的形式提出："义务教育事业，在国务院领导下，实行地方负责，分级管理。国务院教育主管部门应当根据社会主义现代化建设的需要和儿童、青少年身心发展的状况，确定义务教育的教学制度、教学内容、课程设置，审订教科书。"这为在我国确定基础教育课程的义务教育性质，实行课程教材多样化和三级管理政策提供了法律依据。为了确保义务教育的性质、目的和任务真正落到实处，国家教委大规模地开展了义务教育课程教材改革。1988年国家教委颁发的《义务教育全日制小学、初级中学教学计划（试行草案）》体现了义务教育的性质、任务和培养目标，改革了课程结构，调整了各学科比例，增加了课程的灵活性和多样性，成为当时编写义务教育教学大纲的依据。1992年正式颁布了《九年义务教育全日制小学、初级中学课程计划（试行）》。新计划将"教学计划"更名为"课程计划"，改变了"小学—中学"的分段设计而代之以"义务教育—高中"两阶段的统一设计，把全部课程分为学科类和活动类两大类课程，还留有空间允许地方根据实际情况和需要设置地方课程。1993年2月，中共中央、国务院颁布了《中国教育改革和发展纲要》，直接推进中小学教育由"应试教育"向"素质教育"转轨。其后，1996年，国家教委编制了同义务教育课程计划相衔接的《全日制普通高级中学课程计划（试验）》，第一次将"课程管理"部分单独列出，明确提出"普通高中课程由中央、地方、学校三级管理"，并规定了各级的管理权限。

1999年，国务院批转了教育部制定的《面向21世纪教育振兴行动计划》。该计划提出："2000年初步形成现代化基础教育课程框架和课程标准，改革教育内容和教学方法，推行新的评价制度，开展教师培训，启动新课程的实验。争取经过10年左右的实验，在全国推行21世纪基础教育课程教材体系。"由此，在世纪之交，为了顺应世界课程改革的潮流，为了解决先前课程改革遗留的问题，我国开始了面向21世纪的新一轮基础教育课程改革。2001年，教育部印发了《基础教育课程改革纲要（试行）》，这标志着新一轮基础教育课程改革的全面启动。新课程改革建立了新的"以人的发展为核心"的学校课程体系。

尽管"新课改"在实践中出现了一些问题，值得我们反思和改进，但在"新课改"的实践中，我国建立和完善了国家、地方与学校各司其职的三级课程管理体制，确立了"以人为本"的新的课程理念，形成了丰富多彩的课程类型和课程内容，探索建立了促进学生全面发展、促进教师不断提高、促进课程不断完善的发展性评价体系。具有中国特色的基础教育课程体系初步形成。

这一时期的教学改革实验也取得了突破性的进展并继续向纵深方向拓展。新的教学改革实验不断涌现，教学改革实验显现出多种类型，参与教学改革的学校和人员不断增加，教学改革的影响力度和影响范围不断扩大，从理论依据到实践运作均逐步形成体系，呈现出"百花齐放，百家争鸣"的繁荣景象。有些教学改革实验经过多年的艰辛探索，既吸收了当代西方教学理论的长处，又形成了鲜明的本土特色，是广大教育研究人员和一线教师智慧的结晶。其中具有代表性的有卢仲衡的"自学—辅导教学法"、邱学华的"尝试教学法"、黎世法的"异步教学法"、张熊飞的"诱思探究教学"、李吉林的"情境教学法"、王敏勤的"和谐教学"、张思中的"十六字教学法"、马承的"三位一体教学法"以及顾泠沅的"尝试回授—反馈调节"教学法，它们被誉为"中国九大教学流派"。

　　进入 21 世纪，新一轮课程改革在为基础教育整体发展提供新动力的同时，也为课堂教学的重建提供了广阔背景和重要契机。在倡导重建课堂教学的大背景下，如何使课堂教学焕发出应有的生机与活力，成为 21 世纪初课堂教学改革研究的主题。研究者们开始关注学生在课堂教学中的生存状态以及生活意义和生命价值的实现。在研究视野上，逐渐从"认知领域"扩展到"生活和生命领域"，倡导以一种更加全面的视角来关注和促进个体生命的多方面成长和发展，注重学生完满的精神世界的建构，提出了"让课堂焕发出生命活力""教学意味着生活""重过程、重体验、重探究""对话教学论"等命题。关注人、关注人的现实生活、关注人的生活意义和生命价值，成为这一时期课堂教学改革的核心价值取向。

　　党的十八大以来，立德树人作为教育的根本任务，为中国特色社会主义新时代的课程与教学改革指明了方向。为落实立德树人的根本任务，充分发挥课程与教学在人才培养中的核心作用，进一步提升综合育人水平，2014 年的《教育部关于全面深化课程改革落实立德树人根本任务的意见》指出全面深化课程改革，整体构建符合教育规律、体现时代特征、具有中国特色的人才培养体系。组织研究提出研制各学段学生发展核心素养体系，明确学生应具备的适应终身发展和社会发展需要的必备品格和关键能力。2016 年，发布了中国学生发展核心素养，它以培养"全面发展的人"为核心，分为文化基础、自主发展、社会参与三个方面，综合表现为人文底蕴、科学精神、学会学习、健康生活、责任担当、实践创新等六大素养，具体细化为国家认同等十八个基本要点。这对"立什么德"与"树什么人"的人才规格进行了明确规定。2022 年，为全面落实立德树人根本任务，进一步深化课程改革，教育部印发了《义务教育课程方案和课程标准（2022 年版）》。这标志着基础教育课程与教学改革进入全面深化阶段。新课改明确指出要以习近平新时代中国特色社会主义思想为指导，培养有理想、有本领、有担当的时代新人，建构具有中国特色、世界水准的义务教育课程体系。

　　总之，从中华人民共和国成立之初的全盘照搬，到"文化大革命"的盲目极端，到改革开放以来我国的课程与教学进入理性发展的轨道，现代课程与教学观念日益深入教育教学实践之中。

教育家语录

　　课堂是一种生活，怎样在这段时间里积极地、主动地展示生命活力，是我们的研究重点。

——叶澜

二、西方现代的课程与教学

20 世纪教育的一个最基本的特征是：教育在不断地进行改革，不断地发生着变化。[①] 课程与教学也在不断地变革过程中繁荣发展，走向现代化。这一进程可以具体分为以下三个时期。

（一）19 世纪末到 20 世纪 50 年代的课程与教学

19 世纪末 20 世纪初，第二次工业革命之后的西方国家飞速发展，以赫尔巴特为代表的传统教育思想难以适应新时代的新要求，西方世界兴起了以欧洲"新教育运动"和美国"进步教育运动"为代表的教育革新运动。新教育家和进步教育者以建立不同于旧式传统学校的"新学校"为先导，开展了各式各样的课程与教学实验。新学校破除了古典的传统课程体系，开设农艺、手工劳动等课程，以训练儿童的体力、智力和手工技巧，促进其身心的健全发展。

🔊 **教育家语录**

学校科目相互联系的真正中心不是科学，不是文学，不是历史，不是地理，而是儿童本身的社会活动。

——杜威

1896 年，杜威创办了"芝加哥实验学校"，把当时的手工训练、新教学方法以及学校与社会的联系等因素融合在一起。同时，杜威在实践的基础上发表了一系列重要的论文和著作，这不仅为进步主义教育奠定了理论基础，也对进步主义学校进行了宣传和鼓励。在他的影响下，进步教育实验风起云涌，如约翰逊创办的有机教育学校、沃特创立的葛雷制、帕克赫斯特的道尔顿制和华虚朋的文纳特卡计划等。在美国进步教育运动中，影响广泛而持久的事件是"中学与大学关系委员会"发起的"八年研究"实验。该实验开始于 1933 年，一直到 1941 年结束，历时八年，故称"八年研究"。其主要内容是在部分大学同意放弃入学考试的前提下，参加实验的 30 所中学按照进步教育的原则自由制订学校教学计划、编制课程、实施民主管理、鼓励教师参与实验研究并与学生合作开展各项实验活动。研究结果是：实验组的学生在大学中的各方面表现和成绩与对照组没有差别，而在一些方面（如适应能力、参与意识等）则高于对照组。在"八年研究"中，美国中学课程结构的改革被视为美国基

---

① 参见陆有铨. 躁动的百年：二十世纪的教育历程. 济南：山东教育出版社，1997：1.

础教育由传统走向现代的重要标志。

👁 信息窗 2-3

　　八年研究（Eight-Year Study）亦称"30 校实验"，是美国进步教育协会 1933—1940 年在中等教育方面开展的一项调查研究活动，因历时八年，故名"八年研究"。它旨在对进步主义学校毕业生和传统学校毕业生在大学的学习情况做对比研究，以了解两种不同类型的课程、教法的优劣。

　　这一阶段，传统的班级授课制成为众矢之的，各类教育实验纷纷采用活动教学的形式展开，著名的有蒙台梭利的"蒙氏教学法"、帕克的"昆西教学法"以及克伯屈的"设计教学法"。"蒙氏教学法"主张从日常生活训练着手，配合良好的学习环境、丰富的教具，让儿童主动学习，自己建构完善的人格。"昆西教学法"提出教学过程以儿童为中心，为学生安排各种活动；注重计算、测量、绘画、手工劳动等课程以及各门学科的相互联系；用报纸、杂志和活页读物代替教科书；强调理解，反对机械背诵，重视户外观察和实验室教学。"设计教学法"是通过设计活动来指导学生进行学习活动的一种方法，强调教师的任务在于利用环境引起学生的学习动机，帮助学生选择活动所需要的教材等。它主张废除班级授课制，打破学科界限，摒弃教科书。可见，这些教学实验具有共同的特征：把实践、活动、操作引入教学领域，加强教学与社会和生活的广泛联系，弘扬和发展学生的主动精神和学习兴趣，师生关系融洽，教学的灵活性和适应性加强，形式更为活泼。[①]

（二）20 世纪 50 年代到 20 世纪 70 年代的课程与教学

　　第二次世界大战结束以后，欧洲百废待兴，西方各国展开人才竞争，迫切要求提高教育教学质量。1958 年美国政府划拨巨资用于推行全国范围的课程改革。1959 年，美国科学院召集大约 35 位科学家、教育家和学者在马萨诸塞的伍兹霍尔开会，研讨如何改进中小学的自然科学教育。担任会议主席的布鲁纳在会议结束时作了题为"教育过程"的总结报告，提出了结构主义课程理论。布鲁纳认为，只有掌握了学科的基本结构才能更深刻地理解这门学科；只有把具体的事物放到知识的结构里去才容易记忆和便于运用；只有掌握了基本结构才能举一反三，有助于理解其他类似的事物。因此，"不论我们选教什么学科，务必使学生理解该学科的基本结构"[②]。这里，学科的基本结构有两层含义：一是学科的基本概念、基本原理以及它们之间的规律和联系；二是学科的基本方法和探究态度。在课程编制上，布鲁

---

① 裴娣娜. 现代教学论（第一卷）. 北京：人民教育出版社，2005：61.
② ［美］布鲁纳. 教育过程. 邵瑞珍，译. 北京：文化教育出版社，1982：31.

纳提出"螺旋式课程",即以与儿童思维方式相符的形式将学科结构置于课程的中心地位,随着年级的上升,不断拓宽和加深学科的基本结构,使之在课程中呈螺旋式上升的态势。

到 20 世纪 60 年代末,布鲁纳领导的结构主义课程改革推行了十年却并未取得理想的结果。美国教育界怨声载道,新课程被废止,结构主义课程也开始受到批判。即使曾经不遗余力地强调学科结构重要性的布鲁纳也承认自己过于理想主义,并在 1971 年出版的《教育的适当性》一书中主张课程内容应从"科学立场"转向"人的立场"。同时,在人本主义心理学的影响下,人本主义课程实验也在西方各国兴起,① 如美国罗杰斯的"融合课程"实验、英国的"纳菲尔德校本课程"实验、法国的"觉醒学科"课程实验、德国的"比勒菲尔德综合课程"实验等②。

这一时期,教学改革和教学实验接连不断,教学思想蓬勃发展,教学领域呈现出前所未有的繁荣,西方国家产生了许多具有国际影响的教学理论流派。同时,随着第三次科技革命的兴起以及心理学的深入发展,现代教学技术开始进入课堂,教学理论的科学化水平也进一步提高,对实践的指导作用日益显著。如在美国出现了斯金纳的"程序教学论"、布鲁纳的"学科结构教学理论"、布卢姆的"掌握学习理论"、奥苏伯尔的"有意义学习理论"、罗杰斯的"非指导性教学论"以及加涅的"认知加工学习理论"等。苏联则以赞科夫的"发展性教学理论"和巴班斯基的"教学过程最优化理论"最为著名。其他西方国家,教学理论亦形成一些流派,促进了世界范围内教学理论的繁荣,如德国瓦·根舍因和克拉夫基的"范例教学理论"和保加利亚洛扎诺夫的"暗示教学论"等。其中,尤以布鲁纳的"学科结构教学理论"、赞科夫的"发展性教学理论"、瓦·根舍因和克拉夫基的"范例教学理论"影响最大,被誉为"现代教学论三大流派"。

虽然这一时期流派纷呈、百家争鸣,但是多元发展态势之下也呈现出异中有同,主要表现为:价值取向上更为关注人的全面发展,理论基础大多具有心理学依据,思维方式也由线性的静态分析转向了非线性的系统综合。

教育家语录

教一门学科,不是建立一个小型的图书馆,而是要学生独立思考,积极参与获得知识的过程中来。

——布鲁纳

---

① 郭元祥. 西方各国国家课程的改革和启示. 外国中小学教育,1995 (3).
② 李定仁,胡斌武. 20 世纪西方课程实验的历史经验及其启示. 教育研究,2003 (3).

（三）20 世纪 80 年代以来的课程与教学

20 世纪 80 年代以来，科学技术日新月异，和平与发展成为新的时代主题。面向 21 世纪，培养跨世纪人才已成为世界性课程改革的共同趋势。尽管各国国情不同，教育体制各异，改革措施也不尽相同，但也表现出一些共同的特点或趋势。

1. 建立国家课程标准，统一中小学课程的质量要求

如英国议会 1988 年通过《教育改革法》，以法律的形式规定了国家课程和其他一些相应的管理措施；布什政府在 1991 年制订的《美国 2000 年教育战略》中提出了国家课程和教育标准；克林顿政府在 1993 年宣布的《2000 年目标：美国教育法》中也规定了国家课程标准的问题；新西兰国家教育部 1988 年也公布了新的《国家课程概略》，设计和规划了国家课程方案；西班牙、瑞典等国家也都纷纷设计或改革国家课程。[①]

2. 大力提倡课程设置综合化，适度减少分科课程

如美国在《普及科学——美国 2061 计划》中提出的课程改革注意自然科学、社会科学和数学知识的综合，并增加必要的技能训练。同时，每门课程自成开放性体系，在同一个单元将多学科综合起来进行教学。

3. 调整培养目标，立足培养跨世纪的人才

西方国家在培养目标上由过去培养目标的单一型逐步向综合型目标发展，以增强学生对社会的适应能力。

4. 课程内容进一步关注学生经验，同时反映社会、科技最新进展

如英国从 1980 年开始实施电子计算机教育计划；法国在 1985 年的教育改革中就把"科学与技术"课程作为科学启蒙教育的主要课程，强调"科学与技术"课程的目标在于使儿童获得有关科学活动和工艺活动的方法，增强儿童尊重事物存在的客观性，形成建立假设和证明等的科学品质以及培养儿童发明创造的兴趣等。

5. 积极变革教学方式，培养大批具有创新精神和实践能力的人才

如美国从 20 世纪 80 年代以后加大教育投入，教学技术日趋现代化。先进的教学技术不仅使学习内容更富有趣味，而且减少了教师讲授的时间，增加了学生在多学科学习中动手操作的机会，学生变被动学习为主动学习。法国自 20 世纪 80 年代以来，重视教学方法的改革，总的趋向是加强个别化教学，实现教学技术的现代化。

6. 拓展传统的教材观，加强课程资源的开发

当代课程观认为：教材是指具有特定结构，可供学生和教师阅读、视听和借以操作的材料，是帮助教师和学生认识世界、获得发展的一种媒体。它包括教科书（含电子教科书）、

---

① 徐辉. 当代世界基础教育课程改革的发展趋势. 西南大学学报（社会科学版），2009（3）.

教学挂图、图册以及与教科书配套的音像制品、计算机辅助教学软件、教学参考信息、教学辅导信息等。而"大教材"的外延已经远远超出我们传统意义上的教科书了。① 整体而言，西方国家这一时期的课程改革已经摆脱了之前"钟摆式"的反复，不再以某一流派的理论为主导，而是各取所长、有效整合，呈现出综合与平衡的趋向。

20世纪80年代以后，认知心理学已逐渐取代行为主义心理学占据了统治地位，以认知心理学为基础的建构主义教学理论兴起并风靡欧美各国。同时，基于多元智能理论的教学实践、班级中的差异教学实践、有效教学实践以及发展性评价实践和全纳教学实践也受到了西方各国教育研究者和一线课堂教师的广泛重视。无疑，建构主义教学以其与现代信息技术和后现代主义课程观的密切联系成为这一时期课堂教学实践热点中的热点。建构主义认为：学习是在社会文化背景下，通过人际的协作活动而实现的意义建构的过程；情境、协作、会话和意义建构是学习环境中的四大要素。其中，情境是意义建构的基本条件，教师与学生之间、学生与学生之间的协作以及对话是意义建构的过程，而意义建构则是建构主义学习的目的。因此，建构主义提倡在教师指导下的、以学习者为中心的学习。也就是说，建构主义既强调学习者的认知主体作用，又不忽视教师的指导作用，教师是意义建构的帮助者、促进者，而不是知识的传授者与灌输者；学生是信息加工的主体、是意义的主动建构者，而不是外部刺激的被动接受者和被灌输的对象。

本章小结

教育伴随着人类的生产劳动活动而产生。自从有了教育活动，也就有了一般意义的课程与教学实践。随着学校教育的出现，人类的课程与教学实践日渐丰富。学校的课程与教学实践孕育了课程与教学思想和理论，这些思想和理论又反过来影响课程与教学的变革和发展。由于受政治、经济和教育制度等多种因素的影响，不同时代的课程与教学呈现出不同的特点。

古代中国的课程与教学尽管在不同时期有着一定的差异，但总体上深受儒家思想的影响，注重儒家经典的学习，教学形式主要是个别教学。古希腊早期的课程与教学虽然可以分为重视人文学科的雅典体系和重视体育锻炼的斯巴达体系，但受柏拉图理想主义和亚里士多德现实主义的影响，学校课程内容体现了文理兼顾的特点，而教学方式既重视自由问答也强调严格纪律或体罚。

近代的课程与教学随着工业革命的兴起，出现了与古代具有显著差异的思想与实践，课程内容更加丰富，教学方式更加多样。近代社会对人才培养要求的提高以及不同课程与

① 徐辉. 当代世界基础教育课程改革的发展趋势. 西南大学学报（社会科学版），2009（3）.

教学思想流派之间在诸如教师和学生的地位、教学内容和教学方式等方面的争论，极大地推动了课程与教学理论研究的深化和实践变革的进程。

到了现代社会，由于经济的不断繁荣、技术革新的层出不穷以及知识陈旧率的不断加快，着眼于培养既有知识基础和实践能力又有创新意识和批判性思维的新型人才的教育改革运动风起云涌，课程与教学改革的浪潮也是一浪高过一浪。基于标准的课程改革运动和基于转变学习方式的教学改革实践成为这一时期基础教育发展的主旋律。

总结 >

[Aa] 关键术语

七艺	产婆术	六艺	六经
seven liberal arts	catechetics	six liberal arts	six classics

四书、五经	新教育运动
four books and five classics	new educational movement

八年研究	建构主义
eight-year study	constructivism

章节链接

本章内容是第一章导论中关于课程理论和教学理论部分内容的具体化，同时与本书第三章、第六章以及第八章中的部分内容有着密切的联系。

应用 >

批判性思考

1. 如何看待古代儒家经典作为课程内容的意义和局限？
2. 如何看待苏联的教学思想和实践对我国课程与实践的影响？
3. 我国新时期的基础教育课程与教学改革有何值得反思的问题？为什么？

体验练习

1. 请简要论述古代课程与教学的特征。
2. 请简要分析班级授课制作为教学组织形式的价值与局限。

🔍 案例研究 ||||||||||||||||||||||||||||||||||||||||||||||||||||||||||||||||||||||||||||||||||||||||

"循环小数"案例与反思①

师：老师先给同学们讲个故事。（学生兴致很高）

师：从前有座山，山上有座庙，庙里有个老和尚，老和尚在给小和尚讲故事。故事说的是：从前有座山，山上有座庙，庙里有个老和尚，老和尚在给小和尚讲故事。故事说的是：从前有座山，山上有座庙，庙里有个老和尚，老和尚在给小和尚讲故事。故事说的是……（台下一片哗然）

师：还想听下去吗？

生1：不想听了，老师继续讲下去内容还是一样。

生2：一直重复相同的内容。

生3：这样讲下去永远讲不完。

师：对，这个故事有一段相同内容依次不断地重复，我们叫作循环。今天我们来学习循环小数，联系刚才的故事，猜一猜循环小数有什么特点。

生1：小数中有相同的数字依次不断重复。

师：你的猜想有道理。它是在循环小数的小数部分有相同的数字依次不断地重复出现。哪位同学能说说无限循环小数的特点？

生4：无限循环小数的循环数字没有穷尽。

师：说得真好。谁能举个例子介绍？

生5：0.312 312 312 312。

生6：这是循环小数，但不是无限循环小数。

师：谁有办法把这个有限循环小数改成无限循环小数？

生7：在它后面加省略号。

师（表扬鼓励）：谁来举几个不同类型的循环小数？

生8：3.262 626 26…

生9：56.691 691…

生10：301.555 555…

师：这几个小数的循环部分都是从小数部分的第几位开始的？

…………

结合所学知识，请简要分析该教师是如何导入教学的，通过哪些方式调动了学生学习的积极性？

---

① 金晓丹．"循环小数"教学案例与反思．教育科研论坛，2007（2）．

📓 教学一线纪事 ||||||||||||||||||||||||||||||||||||||||||||||||||||||||||||||||||||||||||||||||||||

"0 的认识" 教学片段①

（老师在黑板上贴了一只可爱的小猴子）

老师：猴子妈妈因为小猴子爱学习，所以奖励给它两个桃子。（老师在小猴子面前贴上一个大盘子和两个新鲜的大桃子）

老师：你们看，小猴子是不是很开心呀？小猴子开始"吃"桃子了。（老师从盘子里取下一个桃子，这时让学生观察）发现了什么？

老师：可以用数字几来表示呢？

学生：可以用"1"来表示。（老师又取下一个桃子）

老师：小猴子又吃了一个桃子，这回该用数字几来表示呢？小猴子不知道了，同学们，让我们来帮助小猴子解决这个问题好吗？

拓展 >

☕ 补充读物 ||||||||||||||||||||||||||||||||||||||||||||||||||||||||||||||||||||||||||||||||||||

1　熊明安. 中国教学思想史 [M]. 重庆：西南师范大学出版社，1989.

　　该书从历史的角度探讨教学理论、教学过程、教学原则、教学内容、教学方法与教学组织形式等基本问题的产生、形成和发展变化情况，以及在各个不同历史阶段的教学活动中的表现，研究其发展变化的特点，揭示其内在规律。

2　吕达. 课程史论 [M]. 北京：人民教育出版社，1999.

　　该书以我国近代普通中学课程发展为线索，通过不同时期的纵向比较和不同国别的横向对照，反映出中国教育近代化的一个缩影，阐明了学校课程变革与经济和社会发展的辩证关系，进而以史为鉴，对我国当代课程改革提出了探索性构想。

3　张华. 课程与教学论 [M]. 上海：上海教育出版社，2000.

　　该书共分为八章，其主要内容包括：课程与教学的历史发展、课程开发与教学设计的基本模式、课程与教学的目标、课程内容与教学方法的选择等。

4　孙培青. 中国教育史（第三版）[M]. 上海：华东师范大学出版社，2008.

　　该书按各个社会形态的发展阶段分章，把各时代各阶级的教育制度、教育思想置于特定的社会经济、政治与文化历史条件下进行考察，揭示其内在联系。

5　吴式颖. 外国教育史教程 [M]. 北京：人民教育出版社，1999.

　　该书分为古代教育史、近代教育史和现代教育史三编，共 25 章。其中，古代教育史客观地展示外国古代教育实践与教育思想发展的轨迹和古代世界教育的多元化；近代教育史和现代教育史，分别论述外国近现代教育思想和教育实践的发展与演变。

---

① 罗昌州. 新课程数学教学案例三则. 教学研究，2005（11）.

6　田本娜. 外国教学思想史［M］. 北京：人民教育出版社，2006.

　　该书系统地论述了外国教学思想的发展历史，按历史进程分为"古代的教学思想""中世纪的教学思想""近代的教学思想""现代的教学思想"。

第三章

课程价值与教学目标

本章概述

　　本章主要介绍了课程价值和教学目标的含义、三种基本的课程价值取向，分析了课程价值取向对教学目标的影响，探讨了教学目标系统各要素及相互关系，论述了国内外具有代表性的教学目标分类理论以及新课程改革背景下教学目标的基本类型。

结构图

课程价值与
教学目标

1 课程价值

ⓐ 课程价值的含义

ⓑ 课程的价值取向

ⓒ 课程价值取向对教学目标的影响

2 教学目标

ⓐ 教学目标的内涵

ⓑ 教学目标的系统

ⓒ 教学目标的分类

学习目标

学完本章，你应该能够做到：

1. 说出课程价值和教学目标的含义。

2. 列举三种基本的课程价值取向及其课程流派代表。

3. 分析课程价值取向怎样对教学目标产生影响。

4. 论述教学目标系统的组成要素及各要素间的关系。

5. 总结国内外学者对教学目标分类的研究。

6. 举例说明新课程改革背景下教学目标的基本类型。

读前反思

斯宾塞认为"教育的目的在于为完满生活做准备，科学知识最有价值"、杜威说"教育的过程，在它自身以外没有目的，它就是它自己的目的"、布拉梅尔德主张"教育是社会改造的工具"，你如何看待这些论断？

√ 如果你是课程决策者，那课程设计该如何在知识、学生和社会之间寻求平衡？

√ 课程价值取向怎样对教学目标产生影响？会产生哪些影响？

√ 在以往的学习过程中，你发现教学目标容易与哪些概念相混淆？

√ 根据自己的教学经历，在教学活动中你会制定哪些不同层次的目标？

√ 在新课程改革的浪潮中，你对"三维教学目标"有哪些认识？

　　课程在长期的历史发展过程中，从最初哲学思辨的研究开始，一直发展到现今多种思潮并行的局面，可以说，在不同的历史进程中、在不同的时代中，课程的理论建设和实践发展都体现出了不同的特点、蕴含着一定的价值取向，对人的发展发挥着不同的作用。而教学过程作为课程思想实践的重要形式，在教学目标的设定上必然会体现出课程的要求和主旨意图，从而将特定的育人理念贯穿于实际，实现课程的功能和价值。

第一节
课程价值

🎯 **学习目标**

说出课程价值和教学目标的含义；列举三种基本的课程价值取向及其代表的课程流派。

　　课程实践在本质上是一种价值创造活动，而对价值问题的思考是课程建设的根本出发点和决定因素。任何国家在任何时期的课程建设都必须优先考虑课程价值和课程价值取向等问题。教学目标的拟定如果不考虑课程价值取向，就会缺乏科学价值论的引领，必然会陷入盲目和混乱状态。因此，课程价值的含义、课程价值的主要取向以及课程价值与教学目标的关系等问题对从事教育工作的理论研究者和实践者均尤为重要。

一、课程价值的含义

　　要把握课程价值的含义，首先需要理解什么是"价值"。"价值"（value）一词来自拉丁语 valere，意义广泛而模糊。《现代汉语词典（第 7 版）》中将"价值"解释为体现在商品里的社会必要劳动。从宏观上看，"价值"逐渐从日常用语扩展到经济学、社会学和哲学领域。就哲学意义而言，多年来学术界主要从"主体—客体"的逻辑关系来思考和界定价值。具体说来，主要从三个角度来阐述价值：一是以客体自身的功能或属性来规定价值，即突出和强调价值的"客观性"；二是以主体和主体需要来规定价值，即突出和强调价值的"主观性"；三是以主体和客体的关系来规定价值，即突出和强调价值的"关系性"。由于学术界注重从"主体—客体"的逻辑关系来思考和解释价值问题，故即使有些学者突出和强调了价值的主观性和客观性，但在总体上都强调价值成立于主体与客体的统一。所以，关于价值的基本提法是：价值是指客体的存在、作用以及它们的变化对于一定主体需要及其发展的某种适合、接近或一致①；价值是主体与客体之间的一种特定的关系，即客体以自身属性满足主体需要和主体需要被客体满足的一种效益和关系②。有学者提出："关于价值定义，现已大体得到公认：价值是客体中所存在的对满足主体需要、实现主体欲望、达到主体目的具有效用的属性，是客体对于主体的需要、欲望、目的的效用性，是客体对主体的效用。"③

在界定了价值的概念以后就需要将价值理论应用于课程领域，即课程价值问题上。课程是教育的基本问题，故早期的课程价值与教育价值密不可分。在英国，以洛克（J. Locke）为代表的形式教育论者认为：教育的目的在于发展学生的各种感官能力，形式学科（如希腊文、拉丁语、数学和逻辑学等）或古典人文课程最有价值。而以斯宾塞（H. Spencer）为代表的实质教育论者认为：教育的目的在于向学生传授与生活相关的广泛知识，与世俗生活密切相关的实质学科（如物理、化学、天文、地理、法学等）或现代自然科学课程最有价值。后来，赫胥黎（T. H. Huxley）在强调科学教育的同时批判了简单抛弃传统人文教育的做法，主张实现科学与人文的整合。在德国，文化教育学家斯普朗格（E. Spranger）从"文化价值观"出发，认为教育的任务在于传递文化、体验文化价值，因而文化课程最有价值。在此基础上，德国另一位文化教育学家李特（T. Litt）进一步将文化课程划分为价值体验、价值结构和价值类型三个层次。在美国，实用主义教育学家杜威认为：课程中的各个科目都有"内在价值"和"外在价值"，决定某一科目价值的标准是看它对于直接经验有多大的贡献。经过几十年的探索，在 20 世纪 70 年代形成了四个较具影响的课程价值论流派，即以彼得斯（R. Petres）为代表的"内在价值论"流派、以威尔逊（P. Wilson）为代表的"兴趣价值论"流派、以怀特（J. White）为代表的"主观价值论"流派和以巴罗（R. Barrow）为代表的"功用主义价值论"流派。有学者总结国外对课程价值的相关研究后认为，西方学者对课程价值理论的探讨主要关注以下四个问题④：第一，什么学习领域最有价值或较有价值？第二，这些学习领域有什么价值？第三，它们对谁有价值？第四，它们为什么有价值？其中，第一和第二个问题涉及课程价值的客体或对象，第三个问题涉及课程价值的主体，第四个问题则属于对课程价值的论证或辩护。

近年来，国内也陆续有一些学者研究课程价值问题，并从不同的角度对课程价值的概念加以界定。有学者认为：课程的价值是指课程能满足主体（人——教育者、受教育者和社会）的一定需要，亦即课程的存在、作用及其变化对一定主体需要及其发展的适应。通俗地说，课程的价值就是课程对人和社会的意义。⑤ 还有学者认为：课程价值是课程对个体

---

① 李德顺．价值论——一种主体性的研究．北京：中国人民大学出版社，1987：13.
② 李秀林等．辩证唯物主义和历史唯物主义原理．北京：中国人民大学出版社，1990：293.
③ 王海明，孙英．几个价值难题之我见．哲学研究，1992（10）.
④ 参见施良方．课程理论：课程的基础、原理与问题．北京：教育科学出版社，1996：285-286.
⑤ 陆志远．课程的价值与评价．海南大学学报（社会科学版），1994（1）.

（教师与学生）和社会发展的意义，是对个体和社会一定需要的满足。[①] 从以上定义可以看出，对课程价值的界定延续了价值定义在课程领域的具体应用，主要强调的是作为客体的课程对作为主体的人和社会需要的满足。

通过对国内外学者关于课程价值主要观点的梳理，我们认为：课程价值是指课程对人们某种需要的满足，它是课程内容自身具有的效用（内在价值）和课程作为工具所起到的作用（外在功能）的统一体。所以，课程价值包含内在价值和外在功能两个维度。课程的内在价值表现在以下三个方面：①课程作为学校教育内容的主要载体是历史文化的积淀和人类经验的总结，课程自身具有强大的逻辑力量，对受教育者的理性发展和心智成熟具有推动作用；②知识是构成课程体系的核心要素，课程实践通过知识的传承能够达到发展学习者能力的目的；③培养什么样的人是教育的永恒主题，尽管历史上各派观点纷呈、看法各异，但人格的培养和完善是大多数研究者所认可的目标。课程的外在功能体现在以下三个方面：①课程是一种社会性的价值活动，课程的社会本质是社会（统治阶级）对其未来成员（学生）加以控制（亦即社会控制）的一种中介；②作为独立的教育活动，课程本身并不直接参与社会的政治经济活动，课程的文化功能在继承和传递文化的过程中存在和运行，并对主流文化和价值观念进行保持和传递；③社会化是社会行为塑造的过程，学校课程体系极力强调课程内容在整个社会环境中的突出作用，试图把课程与社会发展结合起来，将课程视为促进学生处理社会问题的手段，从而促进学生的社会化发展。

二、课程的价值取向

课程的价值取向是课程主体在课程活动中根据自身需求进行价值选择时所表现出来的价值倾向性。[②] 由于主客体之间需要关系的复杂多样和不断变化，课程价值的内容和水平、表现形式和内容结构也呈现出流变性和多样性的特征，故在课程实践中必然表现出不同的价值取向。美国学者米勒曾把课程价值取向分为行为取向、学科取向、社会取向、发展取向、认知过程取向、人本主义取向和超个人取向。普瑞特则分别提出学术理性主义取向、认知过程取向、人本主义取向、社会重建主义取向和技术学取向五种课程价值取向。[③] 从历史与现实的角度考察和分析，在现代课程视域下上述的课程价值取向又可以归结为知识本位、学生本位和社会本位三种基本的课程价值取向。

---

① 徐万山. 论课程价值的实现. 中国教育学刊, 2008（2）.

② 参见刘旭东. 现代课程的价值取向研究. 兰州：甘肃教育出版社, 2002：19.

③ 马云鹏. 国外关于课程取向的研究及对我们的启示. 外国教育研究, 1998（3）.

（一）知识本位课程价值取向

知识本位课程价值取向关注的是学科知识本身，重点探讨学校教育应该选择什么知识、如何组织知识等问题，其中以主知主义、要素主义、永恒主义和结构主义等课程理论流派为代表。

主知主义随着近代资本主义的发展而逐渐兴起。该流派主要以斯宾塞和赫尔巴特为代表，他们认为课程的主要价值是向学习者传授人类长期积累起来的科学文化知识。这种课程价值取向的基础是近代以来迅猛发展的科学知识以及逐渐上升的功能主义，人类试图通过知识的积累达到征服自然和改造自然的目的，从而更多地谋取个人自身的利益。

斯宾塞提出科学知识最有价值的命题，认为教育的目的是"为完美生活做准备"，主张以科学教育取代古典教育，强调科学知识是学校教育必不可少的而且也是重要的组成部分。他根据人类完美生活的需要，按照人类活动的重要性将其划分为五个不同的层次，并依次排序为：直接保全自己的活动、间接保全自己的活动、抚养教育子女的活动、社会政治活动、闲暇爱好和情感活动。与人类活动的重要性相对应，按照知识价值的顺序他又把普通学校的课程体系划分为五个部分：第一，生理和解剖学；第二，语言、文学、逻辑学、几何学、力学、物理、化学、天文学、地质学、社会学等；第三，心理学和教育学；第四，历史学；第五，自然、文化和艺术。

赫尔巴特在观念心理学和实践哲学的基础上认为，课程内容的选择必须与儿童的经验和兴趣相一致。他将儿童的兴趣划分为两大类、六小类，即经验的兴趣（经验、思辨、审美）和同情的兴趣（同情、社会、宗教）。为了使教学对学生进行充分的知识训练，他认为必须设置广泛的课程，故以六种经验为基础制订了一个课程计划：根据经验的兴趣设立了自然、物理、化学和地理等学科；根据思辨的兴趣设立了数学、逻辑学和文法等学科；根据审美的兴趣设立了文学、唱歌和绘画等学科；根据同情的兴趣设立了外国语、本国语等学科；根据社会的兴趣设立了历史、政治和法律等学科；根据宗教的兴趣设立了神学。可见，斯宾塞和赫尔巴特的课程体系包含的是比较广泛的科学知识，其中自然科学知识占据着核心和主导地位。

要素主义产生于 20 世纪 30 年代的美国。要素主义课程流派主要以巴格莱、贝斯特和科南特等为代表。他们认为课程的价值就是传授共同的"文化要素"，主张文化的价值具有永恒性和客观性。在人类文化遗产中有着共同的、不变的文化要素，教育的使命就是把这些基本的文化要素传授给青年一代，授予他们社会所必需的"共同知识"和共同价值，从而使他们掌握社会所必需的起码的知识、能力和态度。

要素主义课程流派的观点主要包括以下五个方面：①课程的目的在于理智与道德训练。要素主义课程流派试图通过对公民进行理智和道德训练来保存人类文化遗产，促进社会的进步与民主。贝斯特认为，理智训练就是审慎地培养与基本技能和基础学科密切相关的思考能力：读、写、算能力关系到能够掌握文明所需要的各种复杂的技能、技巧，是重要的学习内容；基础学科包括历史学、哲学、数学和化学等是人类经过漫长探索的结果，对理智发展具有重要的意义。巴格莱列举了理智与道德训练的一些重要内容，如清晰而诚实的思想、具有尊重事实的观念和面对事实的意志、为别人着想、忠于职守、忠诚守信、勇敢以及不屈不挠等。②以"人类共同文化要素"为课程的内容。要素主义课程流派认为，要对人进行理智训练，应当以人类的共同文化要素为基本素材。共同文化要素包括共同思想、共同理解、共同准则以及共同精神等方面。这些宝贵的文化要素主要涉及"学习习惯和基本机能；知识，包括概念、含义、事实、原理、理论假说等；理想或情境化的准则；态度，包括理论观点、顿悟、兴趣、忠诚等"四个方面。③强调学科课程和教材的逻辑组织。要素主义课程流派强调给学生提供分化了的、有组织的学科课程。学科课程（教材）的编写要按学科固有的逻辑顺序循序渐进地编排。小学阶段学习的要素是阅读、说话、写作、拼音、算数以及以后的历史入门、地理、自然科学和生物科学、外语等。中学阶段要将小学阶段的各门要素加以扩大，使之更专门、更精深，如算术变成数学（包括代数、几何、三角、微积分），自然科学变成物理学、化学和地质学。④课程评价以严格的学业成绩标准为核心。要素主义课程流派反对进步主义教育完全放弃以严格的学业成绩标准作为升学的条件，坚持以严格的学业成绩作为课程评价的核心，如贝斯特指出，如果学生达不到标准，就要判不及格，让他留级；巴格莱提出，严格的考核可以发现尖子生，可以让特优者跳级学习。⑤教师权威下学生的接受学习。要素主义课程流派认为，教学过程是学生受严格训练和艰苦钻研的过程，因此主张教师在教学过程中对学生进行严格的管束。

永恒主义产生于20世纪30年代的美国，后来又遍及英、法等一些欧洲国家。永恒主义课程流派主要以美国的赫钦斯、阿德勒，英国的利文斯通和法国的阿兰等为代表。他们重视课程内容的永恒价值，把文化遗产放在极其重要的位置，力图以古典名著的力量来促进学生理性的发展。

永恒主义课程流派的观点主要表现在以下三个方面：①课程的目的在于促进学生的理性发展。永恒主义课程流派以"古典实在论"和"共同人性论"为基础，认为个人的完善是理性、道德和精神等诸方面均得到充分的发展，并将理性作为教育教学的最高目的。赫钦斯曾明确指出：理智的美德是由理智能力的训练而获得的习惯，不论学生是否从事沉思的生活或实际的生活，由理智美德所组成的教育是最有用的教育。① ②以"永恒学科"作为课程内容。永恒主义课程流派认为，教育的性质是不变的，"永恒"是教育的基本原则。因此，以历代伟大思想家的著作，尤其是古希腊和古罗马的经典著作为代表的永恒学科是学校课

---

① 参见单中惠.西方教育思想史.北京：教育科学出版社，2007：556-559.

程的主要内容。他们提出了从小学到大学的一整套课程计划：在小学，强调在进行读、写、算等基本训练的同时，要求儿童熟记一些经典著作中的某些段落；在中学，开设古典语言课程，为学生学习古典著作打下良好的基础；大学生必须阅读古代作家的名著，从中汲取那些永恒的营养。此外，他们还在学科之间划分了主次关系，把古典文科课程视为训练智慧的学科放在主要位置，把经验学科、职业技能等方面的学科视为附属品放在次要的位置。③教师指导下的学生主动学习。永恒主义课程流派认为，教育教学不能一味地迁就学生的愿望和兴趣，学生应该服从教师的管教，在教师指导下学习。他们特别推崇苏格拉底的问答法和读书法，反对灌输固有的概念和教条，认为教师要给学生的自然学习进程以协助，帮助学生领悟、判断和认识真理，引导学生自己学习和思考，从而促使学生的学习更有效。

结构主义作为一种哲学思潮产生于20世纪的欧洲。它的课程理论主要通过20世纪60年代的"学科结构运动"体现出来。结构主义课程流派主要以布鲁纳、施瓦布（K. Schwab）等为代表。其中，布鲁纳是"学科结构运动"的发起人，也是结构主义课程价值取向的典型代表，其主要观点体现在以下四个方面：①使学生掌握基本的学科结构。布鲁纳认为，无论教师选教什么学科，务必使学生理解该学科的基本结构。"学科基本结构"就是指某门学科中那些广泛起作用的概念、原理和法则等构成的体系。学生理解了学科的基本结构就容易掌握整个学科的基本内容，便于记忆和促进学习迁移，更容易理解其他学科内容，并可以促进儿童智力和创造力的发展。②编制螺旋式课程。布鲁纳以"学习准备说"和"学科结构价值论"为基础提出了编制螺旋式课程的主张。所谓螺旋式课程就是以适合儿童思维方式的形式，尽可能早地将学科基本结构置于课程的中心地位，并随着年级的提升使学科基本结构不断拓展和加深，这样学科结构就在课程中呈螺旋上升的态势。③倡导发现学习。布鲁纳认为："教育工作者的任务是把知识转化成一种适应正在发展着的形式，以表征系统发展顺序，让学生进行发现学习。"① 掌握学科基本结构最好的方法就是发现学习，发现学习就是不把学习内容直接呈现给学习者，而是通过学习者的一系列发现行为（如转换、组合、领悟等）发现并获得学习内容的过程。④课程评价的目的是指导课程建设和教学。布鲁纳认为，评价是一种智慧，它是指导课程建设和教学的。因此，课程评价的真正性质是对被评价的课程提出疑问并为改进课程指明方向。课程评价必须对课程建设做出一定的贡献；课程评价的成效必须与教学过程相结合，评价要产生作用还需要一个由课程学者、课程制定者、教师和学生等构成的完备组织。

通过以上分析可知，尽管知识本位课程价值取向内部存在诸多分歧，但普遍认为教育的主要目的在于向学生传授人类发展过程中积累的系统知识，强调知识的完整性，主张根据知识的逻辑顺序编排课程。知识本位课程价值取向从概念界定、理论推演到框架构建均具有严

---

① 陈琦，刘儒德. 当代教育心理学. 北京：北京师范大学出版社，2007：154.

密性和有效性，为学科课程奠定了坚实的理论根基。在这种课程价值取向下编制的课程体系体现了课程知识的整体性，保证了各学科领域知识的逻辑统一，有利于教师的教与学生的学，是在有效的时间内很好地完成课程目标与教学任务的重要保障。然而，其对知识严密的逻辑性与系统性的强调也带来了诸多现实困境，如过分强调知识的学术性、专门化与结构性；将知识奉为实践之本在一定程度上削弱了教育教学中教师与学生创造课程资源的能动性与主动性等。

（二）学生本位课程价值取向

学生本位课程价值取向强调以学生的兴趣和需要组织课程与教学，而不是按学科知识内在的逻辑体系施教，其中主要以经验自由主义和人本主义等课程流派为代表。

经验自由主义课程流派产生于 20 世纪初期。美国著名的教育家杜威在卢梭、裴斯泰洛奇、福禄培尔等教育思想家的基础上，通过系统的理论研究和实践探索，逐渐形成了独特的哲学观、心理观和社会观，并构建了完整的经验自由主义课程理论。①

杜威的课程理论观点主要体现在以下三个方面：①儿童与知识、社会相关联的课程设计。杜威认为，课程计划必须考虑要能适应现实生活的需要，课程内容应该从儿童当前的直接经验中去寻找。经验是人作用于环境和环境作用于人的双边过程。他主张通过"经验"把儿童与知识联系起来，从而确保知识和社会与儿童发生真正的作用。儿童在学校这样一个真实的社会环境中，能从其现有的心理经验出发，通过经验的不断改造，逐步达到学科所蕴含的经验的高度。②"主动作业"与"问题解决"的学习方式。杜威主张的"做中学"与"主动作业"是联系儿童、知识和社会三者之间的最好形式。主动作业是指，对社会生活中的典型职业进行分析、归纳和提炼而获得的各种活动方式，主要包括游戏和工作两大类，如园艺、烹饪、缝纫、印刷等。主动作业可以为儿童提供真正的动机和直接的经验，满足儿童的心理和社会生活的需要。此外，杜威在批判传统教育把教学方法与教材机械划分的基础上，主张学校应该鼓励儿童在行动中通过解决问题来求得知识，这就是"问题解决法"。从"问题解决法"的基本观点出发，他又形成了独具特色的"五步教学法"。③内在价值与工具价值相统一的课程评价。杜威将教育价值分为内在价值和工具价值，前者是指学生能在真正的生活情境中深刻了解事实、观念、原则和问题的重要意义，又名"欣赏价值"；后者指对特定情境目标的需要和满足程度，对需要和满足程度进行比较权衡，故又名"比较价值"。杜威反对传统教育把课程进行单一工具价值判断的倾向，主张在课程评价中将内在价值和工具价值统一起来。

人本主义课程流派兴起于 20 世纪 70 年代的美国，是针对学科中心的结构主义给教育带

① 靳玉乐，于泽元.课程论.北京：人民教育出版社，2012：105.

来的现实困惑而提出的，其代表人物主要有马斯洛（A. H. Maslow）和罗杰斯（G. H. Rogers）等人。他们秉持人本主义关于发展人的潜能和价值、发展"完整人性"、追求"自我实现"的基本理论，提出了如下的课程主张：①满足自我发展和自我实现需要的课程目的。人本主义者认为，教育的根本价值是实现人的潜能和满足人的发展，教育的根本目的是培养整体的、自我实现和创造性的人。[1] 因而强调课程的目的就是促进个人的成长和个人潜能的自我实现，进而促进人性的全面发展和人格的自我实现。而要实现这一目的就应该确立包含知识、能力和情感相互融合的课程目标，建立和实施包括社会体验性课程和自我实现课程相互平行的课程体系。②主张"意义学习"。罗杰斯将人类的学习分为无意义学习和意义学习两种类型，前者是一种机械学习，只涉及心智，不涉及情感和个人意义，与完整人格无关，因而学习者的学习效率极低，故又称为"颈部以上"的学习；而后者不仅涉及事实累积的学习，而且是使个体的行为、态度、个性和情感等发生重大变化的学习，故又称为"颈部以下"的学习。"意义学习能够把逻辑与直觉、理智与情感、概念与经验、观念与意义等结合在一起"[2]，采用这种学习方式有助于学生潜能的充分发展和健全人格的形成。③倡导以学生为中心的"非指导性教学"。罗杰斯对以教师为中心的传统教学进行了批判，提出了"非指导性教学"，主张通过自我反省活动和情感体验，在融洽的心理气氛中，自由地表现自我、认识自我，最终达到改变自我、实现自我的终极追求。"非指导"并不是不要教师指导，而是将教师直接的、灌输式的指导变为间接的、非命令式的指导。这种教学方式要求教学以学生为中心，教师扮演的是学生学习促进者的角色。教学过程注重情境性和学生的主动参与性。④学生自我评价和教师鼓励性评价相结合的课程评价体系。罗杰斯认为，标准化测验是对学生学习行为的强行干预。他反对各种测量和考试，注重教师和学生对课程的主观评估，主张将学生的自我评价和教师的鼓励性评价相结合。自我评价不是和别人进行比较，而是将自己前后不同的学习状况进行对照。这不仅可以避免因分数造成的学生心理压力和厌恶情绪，而且可以端正学生的学习态度，发展其独特性和判断性。教师的评价应该尽量考虑学生的心理需要和心理规律，以鼓励和表扬为主，发掘学生的优点、学习的潜能和优势，使学生易于理解和接受。

经过以上探讨可知，以经验自由主义和人本主义为代表的学生本位课程价值取向具有一些共同优点，如突破了知识中心、引入了学生的兴趣与爱好、强调课程内容要切合学生的实际生活、深入关注学生作为完整的个体存在而具有的生命价值、重视学生的学习动机与学习兴趣之间的关系、关注学生对实践意义的创造等。然而，学生本位课程价值取向过于强调以学生为中心，在一定程度上会削弱教师的地位和作用，容易形成学生的放任自流；在课程目标、内容、进程和评价等方面都以学生为中心，很可能影响学生系统知识的接受，使学生

[1] 参见单中惠. 西方教育思想史. 北京：教育科学出版社，2007：706.
[2] 陈琦，刘儒德. 当代教育心理学. 北京：北京师范大学出版社，2007：206.

在学习上走弯路，浪费学习时间。此外，由于学习本位课程价值取向是针对知识本位课程价值取向的不足与缺陷而提出的，因而变化的仅仅是形式，其实质依然是围绕着知识观而展开的探讨，根本上并没有改变课程的含义与实质。

（三）社会本位课程价值取向

社会本位课程价值取向强调以社会问题为中心，赞同打破传统学科课程的界限，通过对社会问题的分析而非以学生的经验活动来组织课程。这一课程价值取向以社会改造主义课程理论流派为代表。

社会改造主义课程理论流派产生于 20 世纪 30 年代的美国，其主要代表人物有康茨、拉格和布拉梅尔德（T. Brameld）等。他们的课程主张主要体现在以下五个方面：①改造社会的终极目的。改造主义课程理论者认为，教育的根本价值是社会发展。教育的根本目的在于社会改造，为实现社会发展的教育价值和改造社会的教育目的，教育必须引起一场意义深远的变革。因此，课程的最终目的是要发展学生改造社会的各种能力，如参加社会运动的能力、塑造新的社会秩序与社会文化的能力等，从而帮助学生积极参与社会的实践变革，使学生成为改造社会、推动社会发展的主人。②以社会问题为中心的课程组织。社会改造主义课程论者对当时课程领域的诸多问题提出了尖锐的批判，如康茨认为当时的课程主要传授过去的知识而无视现实社会中的问题；布拉梅尔德指出，现存学校课程学科之间过于分化，各学科的教材之间相互独立。鉴于此，他们主张打破原有学科课程的界限，实现一种整体课程观，强调课程应该从社会中产生，以"社会改造"为中心来构建核心课程。③民主的学习过程。布拉梅尔德认为，民主的目的只有通过民主的过程才能真正得到实现，学校教育应该成为一种民主的过程。为此，他将学生的学习过程分成四个较为民主的阶段，即证实阶段—交流阶段—协商阶段—民主阶段。[①] ④劝说的教学方法。社会改造主义者批判了传统教学法，如布拉梅尔德主张"劝说法"，认为教师应该劝说学生去改造他们所生活的社会，劝说使学生清楚地了解社会改造的重要意义和必要性，让他们形成"社会一致"理想并为实现这一理想做准备。⑤教师应该担当起社会改造的责任。康茨认为，教师应该成为联系社会与学校之间的桥梁，主动思考社会未来的发展方向，向学生和社会阐明社会发展的前景，并鼓励学生去实现这种前景。教师不仅要关心学校事务，而且要在相互冲突的目标和价值中做出选择，在有争议的政治、经济和道德等问题上保持自己的立场。因此，教师应该敢于参与社会政治，勇于承担社会改造的责任。

以社会改造主义课程理论流派为代表的社会本位课程价值取向强调课程的社会价值，提出了社会改造的课程终极目的，主张加强社会与课程的联系，要求师生担负起教育变革的

---

① 参见单中惠. 西方教育思想史. 北京：教育科学出版社，2007：519-522.

重任，这些无疑具有一定的积极意义。但它过于夸大了学校课程的社会功能，容易忽视系统知识的学习和传播，而走向极端就会弱化课程的个体发展功能。

以上几种课程价值取向分别强调了课程某一方面的价值，但同时又排斥或忽略了其他方面的价值，因而难免产生非此即彼、以偏概全的极端化、片面化的错误。在这个问题上，马克思主义的科学价值论可以给我们带来十分重要的启示。在马克思主义的哲学视野中，价值是人的需要和满足需要的对象之间的关系。马克思说："'价值'这个普遍的概念是从人们对待满足他们需要的外界物的关系中产生的"①。马克思认为价值不单纯是客体的属性，也不单纯是主体的需要，而是客体的属性在多大程度上能够满足主体的需要。在课程领域的价值关系中，价值主体是人和社会，价值客体是满足人成长和社会发展需要的整个课程体系。评价一个课程体系价值的大小，必须看它在多大程度上满足了人和社会发展的需要，而满足的程度越高，其价值越大，反之则越小。由于不同时代、不同社会与不同个体对课程的需求存在着极大的差异，即使同一时代、同一社会甚至同一个体对课程的需求也有不同层次的要求，这就决定了课程的价值必然呈现出不同的层次和类别。现实中不同类型的课程就是通过分别适应人和社会的各种不同教育需求而产生和分化的。值得指出的是，虽然作为课程价值主体的人和社会不能等同，但两者有着质的统一性。人是构成社会的基础，社会是人存在的组织形式，人与社会是不能各自孤立地存在的。因此，马克思主义历来反对把人的发展和社会的发展割裂开来、对立起来或机械地认识，而主张把人的发展与社会的发展看成对立统一的过程。马克思说："因为人的本质是人的真正的社会联系，所以人在积极实现自己本质的过程中创造、生产人的社会联系、社会本质，而社会本质不是一种同单个人相对立的抽象的一般的力量，而是每一个单个人的本质，是他自己的活动，他自己的生活，他自己的享受，他自己的财富。"② 从马克思主义的观点来看，课程的价值应该体现为社会发展价值和个人发展价值的辩证统一。而把课程价值划分为知识本位、学生本位和社会本位这三种基本价值取向，主要是出于理论分析的需要。在实践中它们是一个统一的整体，不可能将其僵硬分开。党的二十大报告指出："万事万物是相互联系、相互依存的。只有用普遍联系的、全面系统的、发展变化的观点观察事物，才能把握事物发展规律。"我们要善于通过历史看现实、透过现象看本质，把握好全局和局部、当前和长远、宏观和微观、主要矛盾和次要矛盾、特殊和一般的关系，不断提高战略思维、历史思维、辩证思维、系统思维。所以，任何将三者分离或对立的课程价值取向都是片面的，在实践中是站不住脚的。

① 马克思恩格斯全集：第19卷. 北京：人民教育出版社，1963：406.
② 马克思恩格斯全集：第42卷. 北京：人民教育出版社，1979：24.

三、课程价值取向对教学目标的影响

　　课程价值是作为主体的社会和学生与作为客体的课程之间需求关系的反映，它在本质上是一种课程主体在课程实践中的价值判断活动。不同的课程价值取向主导下的课程目标、课程设计、课程实施及课程评价等相对不同，课程价值取向正是通过对课程体系内诸多因素的作用最终对教学目标产生重要影响。

　　首先，要理解课程价值取向对教学目标的影响就需要厘清教学目标的来源。①教学目标是教育目的和培养目标在教学领域的转化，而教育目的和培养目标的基本依据是社会对人和教育的要求，所以教学目标也必然是社会要求的体现；②教育教学的目的是要促进学习者身心等方面的发展，教学目标也必然要考虑学习者的身心发展特点和规律以及他们的学习兴趣和需求；③教育教学需要通过一定的媒介和载体进行，这个媒介和载体就是教学内容，这就涉及了主要由知识构成的学科。因此，社会、学生和学科是教学目标确立的三个基本依据。美国学者泰勒根据学生、社会、学科这三个来源，提出尝试性的、一般性的教育目标，然后用教育哲学和学习理论两个筛子对其进行过滤，从而得出精确的、具体化的教育目标（见图 3-1）。

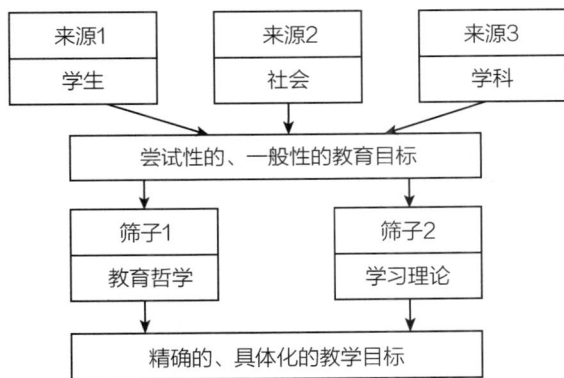

图 3-1　泰勒确定教学目标的过程

　　其次，课程价值取向以课程目标、课程设计、课程编制和课程评价为中介对教学目标产生重要影响。不同课程价值取向之间、同一课程价值取向内部不同流派之间对学生、社会和学科的认识不同甚至相悖，这必然导致它们之间教学目标的差异。从宏观上看，知识本位课程价值取向将传授知识视为教育的根本价值，强调知识逻辑性与整体性，其教学目标在于向学生传授人类发展过程中积累的系统知识；社会本位课程价值取向将社会需要视为教育的根本价值，强调教育目的应该从社会出发，满足社会的需要，其教学目标在于推动社会的变革与发展；学生本位课程价值取向把学生的需要视为教育的根本价值，强调学生的兴趣和爱好，其教学目标主要在于促进学生身心健康和谐发展。从微观上看，在知识本位课程价值取向内部，主知主义强调科学知识的重要性，其教学目标主要在于培养适应社会发展需要的人才；要素主义重视"人类共同文化要素"，其教学目标主要在于培养理智与道德兼备的人才；永恒主义注重古典学科的"永恒价值"，其教学目标主要在于培养和发展人的理性；结构主义强调学科基本结构的重要性，其教学目标致力于通过学科基本结构的掌握发展学生的智力。

在学生本位课程价值取向内部，以杜威为代表的经验自由主义注重学生的经验、兴趣和爱好，教学目标主要在于让学生通过经验改造体会教育生长的过程；以马斯洛、罗杰斯为代表的人本主义认为，教育应该满足学生自我发展和自我实现的需要，其教学目标主要在于发展"完整人性"和追求"自我实现"。在社会本位课程价值取向内部，以我国儒家为代表的伦理政治的课程价值取向注重人伦和道德修养，其教学目标主要在于培养能够维护封建阶级和封建统治的治世人才；而社会改造主义注重社会核心问题，其教学目标在于培养学生参与社会变革、改造社会、推动社会发展的各项能力。

第二节
教学目标

🎯 **学习目标**

论述教学目标系统的组成要素及各要素之间的关系，总结国内外学者对教学目标分类的研究。

合目的性是人类实践活动的本质特征，这种目的性在教学活动中表现为教学目标。教学目标是教学价值理性的集中体现，其解决的是"到哪里去"的问题，它规定着一切教学活动的方向，影响和制约着教学活动的诸因素。从某种意义上说，教学目标是教学活动的第一要素。因此，正确认识教学目标的内涵、科学掌握教学系统、理性了解教学目标的分类是课程与教学论学习中的重要内容。

👁 **信息窗 3-1**

教师教育课程标准（试行）的基本理念

一、育人为本

教师教育课程应引导未来教师树立正确的儿童观、学生观、教师观与教育观，掌握必备的教育知识与能力，参与教育实践，丰富专业体验；引导未来教师因材施教，关心和帮助每个幼儿、中小学学生逐步树立正确的世界观、人生观、价值观，培养社会责任感、创新精神和实践能力。

二、实践取向

教师教育课程应强化实践意识，关注现实问题，体现教育改革与发展对教师的新要求；教师教育课程应引导未来教师参与和研究基础教育改革，主动建构教育知识，发展实践能力；引导未来教师发现和解决实际问题，创新教育教学模式，形成个人的教学风格和实践智慧。

三、终身学习

教师教育课程应实现职前教育与在职教育的一体化，增强适应性和开放性，体现学习型社会对个体的新要求；教师教育课程应引导未来教师树立正确的专业理想，掌握必备的知识与技能，养成独立思考和自主学习的习惯；引导教师加深专业理解，更新知识结构，形成终身学习和应对挑战的能力。

一、教学目标的内涵

要把握教学目标的含义首先要理解什么是"目标"。布卢姆认为"目标就是预期的结果"，泰勒认为"形形色色的行为方式的变化就是目标"。《现代汉语词典（第7版）》中把"目标"解释为想要达到的境地或标准。目标的英语是 objective，原意是指流水线上生产出的产品，把这个词引入教育领域后，其语义变为用预期达到的教育结果来支配教育行动的思想。[①] 因此，可以说，教学目标是在具体情景下学生学习行为变化的预期结果。也就是说，在某一特定的情景下，学生通过学习发生了预期的变化，达到了预期的要求或标准。比如，通过一定的教学活动，学生掌握多少语言知识、达到何种运算水平以及运动技能达到何种程度等。

教学目标的内涵具有两个基本特点：①它是教育主体的一种预期，体现了学校教育是一种有目的、有组织与有计划的活动。尽管并非所有的教学目标都是预设的，但在教学活动中预设的目标仍然占有重要的位置。②教学目标制定的主体是教师，所指向的主体是学生，是对学生发生各种变化的一种规定，即教学目标最终要促进学生的身心发生有益的变化。

与教学目标密切相关的概念有教育方针、教育目的和培养目标等。教育方针是指国家为了发展教育事业，在一定的阶段内，根据社会和个人发展需要而制定的具有战略意义的总政策或总的指导思想，具体内容包括教育的性质、地位、目的和基本途径等。教育方针是由党和国家在不同的历史时期，根据特定形势需要而制定的；它具有行政性和法规性权威，主要规定教育为谁服务、培养什么样的人、通过什么途径培养人等；它具有浓厚的时代性，不同

---

① 李森. 现代教学论纲要. 北京：人民教育出版社，2005：113.

的时代会制定适应不同时代需要的教育方针；它处于最抽象层次，体现的是教育与社会和人的最一般的关系，是确立教育目的、培养目标和教学（课程）目标的基本依据和原则，如教育必须为无产阶级政治服务，教育必须与生产劳动相结合，教育必须为社会主义、为人民服务，教育必须与社会实践相结合等。

教育目的是指教育活动的总目标，是指一定社会培养人的总体要求。教育目的反映了教育在人的培养规格、努力方向和社会倾向等方面的要求，主要回答教育"为谁培养人"和"怎样培养人"两个问题。前者是教育活动的质的规定性，后者是关于教育对象的质的规定性。如我国现阶段的教育目的是培养青少年、儿童在品德、智力、体质等方面全面发展，使他们成为有理想、有道德、有文化、有纪律的社会主义事业的建设者和接班人。教育目的是根据不同社会的政治、经济、文化、科学与技术发展的要求和受教育者身心发展的状况确定的，它反映一定社会对受教育者的要求，是教育工作的出发点和最终目标。从国家或整个社会的角度来看，教育目的是总体性的、高度概括性的，它为各级各类学校指明了一个总的方向，对各种形式的教育和教学活动都有指导和制约作用。

培养目标是根据教育目的和各级各类学校的性质和任务，制定的各级各类学校的具体培养要求。教育目的是整个国家各级各类学校必须遵循的统一的质量要求，培养目标则是某级或某类学校的具体要求，后者是前者的具体化。在总的教育目标的指导下，职业教育和高等教育的培养目标同基础教育的培养目标是不同的；同是基础教育，小学、初中、高中三个阶段的培养目标也有差别，而这些差别与学校的类型和级别有关，体现出各自学校的特点。

教学目标是学校教学活动所达到的预期结果或标准。它是学校培养目标的进一步细化，是为了实现学校培养目标而设置的。由于教学目标总是以一定的课程内容为媒介，其确定与课程内容的选择和组织紧密地联系在一起，因此，教学目标与课程目标是不可分割的。"从教师与学生的角度看，或从课程的实施过程看，课程目标也就是教学目标，两者是一致的。"[①] 可以说，教学目标（或课程目标）受培养目标的制约，是培养目标的具体化。

从以上的讨论中可以看出，教育方针是这些概念中最抽象的概念，教育目的、培养目标和教学（课程）目标都是它的下位概念，处于其下的不同层次。教育方针处于最高层次，对教育目的、培养目标和教学（课程）目标起着指导、支配和制约的作用，是教育目的、培养目标和教学（课程）目标制定的依据之一。教育目的一方面受制于教育方针，以教育方针为指导，同时又制约着培养目标，是制定培养目标的依据之一。某一概念既受制于其上位概念，同时又制约着其下位概念。最下位的目标实现了，才能使其上位的目标逐一得到实现，并最终实现总的教育目的，从而全面贯彻党的教育方针（见图3–2）。

---

① 李方. 课程与教学基本理论. 广州：广东高等教育出版社，2002：123.

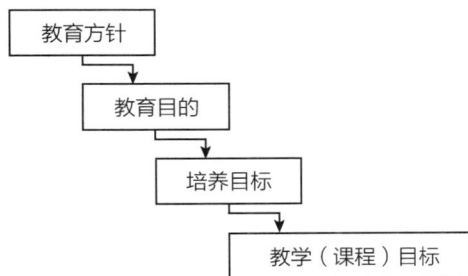

图 3-2 教学目标与相关概念的关系

二、教学目标的系统

《现代汉语词典（第7版）》中将"系统"解释为同类事物按一定的关系组成的整体。在哲学意义上，系统是指由相互联系、相互作用的若干要素构成的具有特定结构和功能的有机整体。① 将"系统"一词引入教育领域，其语义变为了达到共同的目的，具有相互作用、相互联系的诸多教育要素构成的统一整体。② 因此，教学目标系统可以理解为：为了实现一定的教学目的，由教学目标各要素（如教学总目标、学校教学目标、课程目标、单元目标和课时目标等）构成的具有递进关系的统一整体。

在教学系统中，教学总目标就是教学目的，即把教育者培养成一定社会需要的人的总要求。它对以下各个层次的具体教学目标具有指导和制约作用。教学总目标一般包括实质性目标、发展性目标和教育性目标三种分项目标。实质性目标即通过教学使学生掌握一定的知识和技能技巧；发展性目标即通过教学使学生的体力和智力得到健康发展，在情感态度方面有所变化；教育性目标即通过教学使学生受到思想政治教育，形成正确的世界观、人生观和价值观，培养健全的人格。

学校教学目标是教学总目标在各级各类学校教学中的具体化。从纵向施教机构（学校级别）来划分，学校教学目标包括幼儿学校教学目标、小学教学目标、中学教学目标和大学教学目标等。从横向类别结构（学校类别）来划分，学校教学目标包括普通学校教学目标、职业学校教学目标、成人学校教学目标和特殊学校教学目标等。

任何一种或一级学校教学中都必须以若干课程为载体，所以课程目标是指课程本身要实现的具体目标和意图。它规定了某一教育阶段的学生通过课程学习以后，在品德、智力、体质等方面期望达到的程度。课程目标是学校教学目标在各学科教学中的具体化，是各学科

① 孙正聿. 哲学通论（修订版）. 上海：复旦大学出版社，2005：292.
② 陈旭远. 课程与教学论. 北京：高等教育出版社，2012：183.

课程标准中具体规定的各门课程的目标。

一门课程包含若干个单元，单元即各门课程中相对完整的划分单位，它是课程编制者或教师根据自己对这门课程或概念体系结构的总的看法而对这门课程做的分解和逻辑安排。教师一般都按照单元来组织课程的教学，而每个单元都有各自不同的目标。单元目标是指某门课程各单元教学的具体要求。它是课程目标的具体化，对指导教师的教学实践具有直接的规范和指导作用。

课时目标是对每个课时教学的具体要求，即每一堂课的教学目标。课时是教学活动的基本单位，一个单元的教学往往需要几个连续的课时来完成。因此，每个课时目标是对单元目标的进一步具体化。正是一个个课时目标的实现才为单元目标的实现奠定了扎实的基础，从而保证了教学目标（或课程目标）的落实。

通过以上分析可知，在教学目标系统中，各要素之间是相互联系、缺一不可的关系。没有教学总目标，学校教学目标及其以下的各具体教学目标就失去了存在的理由和方向。反之，没有各具体教学目标的连续达成，教学总目标也就难以实现。教学总目标正是通过课时目标、单元目标、课程目标与学校教学目标的连续达成而完成的（见图3-3）。

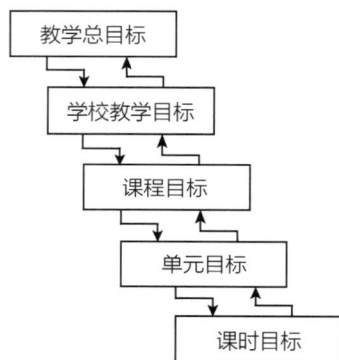

图3-3　教学目标系统

三、教学目标的分类

教学目标分类是指，人们运用分类学的理论将各个具体教学目标按由简单到复杂、从低级到高级的分类形式进行有序的排列与组合，从而形成有序的系列。关于教学目标分类的研究，国内外学者都进行了不懈的努力，形成了各具特色的理论。在新课程改革背景下，我国教学目标分类研究有了新的进展，呈现出新的发展态势。

（一）国外教学目标分类研究

几十年来，各国的教学论专家和心理学家都根据自己对教学目标的理解和科学分类的方法，对教学目标提出了各种不同的分类设想。如美国学者布卢姆、加涅，苏联教学论专家巴班斯基等人都提出了各自的教学目标分类理论。

1. 布卢姆等人的教学目标分类理论

从 1948 年起，美国学者布卢姆就和一些同事对教学目标分类体系的课题开展了大规模的研究。他们根据教学目标分类的对象和应遵循的原则将教学目标分成认知、情感、动作技能三大领域，每一个领域的目标又由低级到高级分成若干层次。布卢姆本人的贡献主要在认知领域。他于 1956 年出版了专著《教育目标分类学》一书，将认知教学目标从低到高依次分为知识、领会、应用、分析、综合、评价六个层次。布卢姆的合作者克拉斯沃尔于 1964年提出了情感教学目标分类体系，并根据价值内化的程度将情感教学目标分为接受、反应、价值的评定、价值的组织、价值或价值系统的性格化五个层次。关于动作技能的分类先后出现了几种分类方法，如辛普森于 1971 年提出的七级分类，哈罗于 1972 年提出的六级分类，基布勒提出的四级分类。其中，辛普森的分类是目前应用较为广泛的分类体系。他将动作技能教学目标分为知觉、准备状态、引导下的反应、机械化、复杂的外在反应、适应和创作七个层次。

布卢姆等人从横向（领域）和纵向（层次）两个维度，提出了一个十分详细的教学目标分类体系（见表3-1）。[①]

表 3-1　布卢姆等人的教学目标分类体系

一、认知领域的目标		
层次	一般目标举例	行为动词
1. 知识：个别事物和共同事物的记忆，方法和过程的记忆，或对形式、结构或背景的记忆	知道普通名词； 知道具体事实； 知道方法与过程； 知道基本概念； 知道原则	界定、描述、指出、标明、列举、选择、说明、配合、背诵
2. 领会：指一种了解或领悟，个人因此知道沟通的内容，能够利用所沟通的材料或观念而不需联系其他材料或实际见到材料如何应用才能理解	了解事实与原理； 解释文字资料； 解释图与表； 转译文字资料为另一资料形式； 估计资料中可能获取的结果； 验证方法与过程	转换、区别、估计、解释、引申、归纳、举例说明、猜测、摘要、预估、重写

① 李森. 现代教学论纲要. 北京：人民教育出版社，2005：123-126.

续表

层次	一般目标举例	行为动词
3．应用：应用抽象思维于特殊和具体的情境中。抽象思维的形式可能是一般的观念、程序的法则或综合的方法等，也可能是必须加以记忆和应用的专门原理、观念和理论等	应用概念及原理于新情况； 应用定律及学说于实际情况； 解答教学应用问题； 制作图或表； 表现方法与过程的正确使用	改变、计算、示范、表现、发现、操纵、修饰、操作、预估、准备、产生、关联、解答、运用
4．分析：剖析一项信息，找出其构成的要素或部分，使得观念中相关的层次更为清楚，并且使得观念与观念的关系更为明白	认出未说明的假说； 认出在推理上的逻辑谬误； 区别真正事实与推论意见； 评鉴资料的相关性，分析一项作品（艺术、音乐、文艺)的组成结构	细列、图示、细述、理由、分辨好坏、区别、指明、举例、说明、猜测关联、选择、分开、再分
5．综合：将许多元素或部分加以组合以形成一个整体，包括安排和结合各个片段、部分或元素，以构成一种更清楚的形式或结构	写出一个组织完善的论文纲要； 做一次组织严密的讲演； 写出一部富有创作意义的作品； 提出一个实验计划； 统整来自各方面的资料形成一个完整计划以解决问题； 从分类事物中形成一个新方案	编纂、组成、创造、计划、归纳、修饰、重新安排、重建、重组、重改、重写、总结
6．评价：能对于用来达到特定目的的材料和方法给予价值的判断，或能对于材料和方法满足标准的程度给予质和量的判断	判定所写材料逻辑的一贯性； 判断资料支持结论的正确性； 运用内在标准评判作品的价值（艺术、音乐、文学）； 运用外在标准评判作品的价值（艺术、音乐、文学)	鉴别、比较、结论、对比、检讨、分辨好坏、解释、指明、阐释、关联、总结、证明

二、情感领域的目标

层次	一般目标举例	行为动词
1．接受或注意：学习者对于某种现象和刺激的感知情形，亦即他们愿意接受或注意的状态	注意听讲； 显示已了解学习的重要； 显示对人类需要及社会问题的敏感性； 参与班级活动	发问、选择、描述、追踪、给予、把握、指明、找出、命名、点出、应用
2．反应：指一种积极的注意。学习者设法从做中学习，以求专心致志。换言之，学习者除了感觉外，还设法做某些事	完成指定作业； 遵守学校规则； 参与讨论； 完成实验室工作； 主动参加特殊工作； 显示对功课的兴趣	遵守、支持、编纂、使一致、讨论、书写、帮助、标明、表现、实习、呈现、阅读、背诵、报告、选择

续表

层次	一般目标举例	行为动词
3．价值的评定：一种抽象的价值概念，一部分得自个人自己的评价或评估的结果，但是大部分是一种透过缓慢的内在化或接受之后的社会性产物，成为所谓态度	显示对现在民主过程的信仰； 欣赏优美文学（艺术、音乐）； 欣赏科学（或其学科）在日常生活中所居地位； 显示对别人福利的关怀； 显现解决问题态度； 显现对改进社会的承诺	完成、描述、细分、解说、追踪、形成、初创、邀请、参加、验证、提议、阅读、报告、选择、分享、研究、工作
4．价值的组织：将许多价值组成一个体系，确定各种价值的彼此关系并将各种价值组成一个体系。已建立的体系会因新价值的融入而改变	承认民主生活中自由与责任平衡的需要； 承认解决问题系统规则的重要； 接受自身行为的责任； 了解并认知自身的能力及限度； 形成一个与自身能力和兴趣信仰相协调的生活计划	坚持、改变、安排、联合、比较、完成、申辩、说明、归纳、指明、统整、修饰、命令、组成、准备、关联、合成
5．价值或价值系统的性格化：经由内在化过程，各种价值在个人价值层次体系上有所属位置，并组成某种内部相互一致的体系，从而支配行为表现的方式。除非个人行为受到威胁或挑衅，否则不再兴起情绪或情感。它的最高层次是形成哲学观或世界观	表现具备良知； 显示现在独立工作时的自我信赖； 实践在团体活动中的合作态度； 使用客观方法解决问题； 显示勤勉、谨慎与自我训练精神； 保持良好的健康习惯	建立、分辨、影响、倾听、修改、表现、实践、提议、提高品质、重改、服务、解决、应用、验证

三、动作技能领域的目标

层次	一般目标举例	行为动词
1．知觉：借感官注意到物体、性质或关系的历程。知觉是导致动作活动的"情境—解释—动作"的连锁的基础	口述仪器各部分名称及其机能； 复诵仪器操作方法	描述、使用、抄写、理解、解释、研习
2．准备状态：对某种特定行动或经验尝试去适应或准备的程度，可包括心理的、身体的及情绪的准备	评量身体的起始动作； 调查反应的意愿	选择、建立、安置
3．引导下的反应：学习者在教师引导下或为了反映自我评量，依据范例或标准来评判其行为表现	描述所观察的样本； 表演工具正确的使用方法	制作、复制、混合、依从、建立
4．机械化：所学的反应成为习惯。其行为表现已达到某一种自信和熟练程度，其行为是对刺激能选择可能的且合宜的反应	正确快速装置仪器； 表现正确的切片标本制作； 迅速正确打字	操作、装卸、练习、变换、修理、固定

续表

层次	一般目标举例	行为动词
5. 复杂的外在反应：能表现一套动作形式的行为而获得技能，以最少的时间和精力顺利而有效地完成行动	完成精确解剖动作； 迅速排除仪器的故障； 演示开车技能； 连贯游泳姿势	组合、修缮、专精、解决、折叠
6. 适应：在需要身体反应的问题情境中改变动作活动，以应付新问题情境	迅速有效地修理仪器； 根据已知的能力或技术编制一套现代舞	改正、计算、示范
7. 创作：根据在技能领域所发展出来的悟性、能力和技能，创造新的动作行为或处理教材的方式	改良实验装置； 发现新的实验方法； 创造新的表演方法	制造、设计、发展、筹划、编辑

　　布卢姆是第一个将分类学理论运用到教育领域的人。以他为代表的教学目标分类理论主要有以下特点：①兼顾了教学领域中认知、情感和动作技能三大领域，纠正了传统教学偏向认知层面的倾向，将教学目标由注重"知识"转向注重"理智的能力和技能"。②它是一个有层次结构的系统，各类目标按照学生行为由简单到复杂的顺序呈现出明显的层次性。它都是从较低层次的目标到较高层次的目标逐渐提升，较高层次的教学目标以较低层次的教学目标为基础，并且包含了较低层次的教学目标。这既可以使教师在教学中兼顾各个层面的教学，又可以使教师明确教学的一般程序和具体步骤。③它以外显行为作为教学目标分类的统一基点。在布卢姆看来，虽然内隐心理活动与外显行为是有区别的，但内隐心理活动可以通过外显的行为表现出来。从认知领域的教学结果来看。知识的获得可以通过再认、再现等行为表现出来；各种智慧能力与技能的获得都可以通过相应的行为表现出来。并且，外显行为是可以观察测量的，所以以外显行为为基点建立的分类理论有助于确定和描述可观测的教学目标，有利于教学评价。可以说，布卢姆的教学目标分类理论使教育工作者有史以来第一次可以系统地评价学生的学习。[①] 但是，布卢姆等人的教学目标分类理论也存在一些问题并因此招致批评。比如，在认知领域中，"评价"这一目标不一定高于"综合"目标；情感领域中，"价值评定"也并非在"接受"之后，学生可能先有"价值评定"，而后才"接受"某事物。

　　随着教育理论的发展，为了使布卢姆等人的教学目标分类理论能够更好地指导教育实践，很多学者都对这一分类体系进行了修订和改进。其中，最正规的修订工作是由当代著名课程理论与教育研究专家安德森（L. W. Anderson）和曾与布卢姆合作研制教学目标分类学的克拉斯沃尔共同主持的。这一研究团队还包括了著名教育心理学家梅耶（R. E. Mayer）和

① 参见［美］L. W. 安德森，L. A. 索斯尼克. 布卢姆教育目标分类学40年的回顾. 谭晓玉，袁文辉，等译. 上海：华东师范大学出版社，1998：1.

测验评价专家阿来萨（P. W. Airasian）等近十位专家，他们历时数年才完成这一工作。新修订的目标体系有许多特色，而其中最具特色的是将认知领域的目标体系由原来的一维分类改为二维分类。具体来说，它将原来单独作为一个维度的"知识"层次分为"知识维"和"认知过程维"两个维度，其中，知识维度中又具体分为四个水平——事实性知识、概念性知识、程序性知识和元认知知识；认知过程维度是对原来的各项指标进行改进，突出意义学习和学生对自身经验的领悟，以此凸显认知过程理解和创造的特点（见表3-2）。

表3-2 布卢姆认知目标分类二维修订

知识维	认知过程维					
	记忆	理解	应用	分析	评价	创造
事实性知识						
概念性知识						
程序性知识						
元认知知识						

2. 加涅的教学目标分类理论

加涅是美国当代著名的教育心理学家。在长期的研究中，他发表了许多关于学习和教学的论著，如《学习的条件》（1965）、《教学设计原理》（1974）、《学习的条件和教学论》（1985）。在这三本著作中，加涅将学习心理学的成果应用于学生的学习过程。他认为学习的结果，即教学活动所追求的目标，就是学生的五种能力：智慧技能、认知策略、言语信息、动作技能和态度（见表3-3）。

表3-3 加涅的教学目标分类体系[①]

学习结果类型	例子	前提条件
智慧技能：对照所知的某些现存条件，知道如何完成一项活动的能力	求直角三角形的斜边	下属的智力技能：求平方和、平方根的规则，直角、邻边等概念
认知策略：内部组织起来的，用以指导自己的注意、学习、追忆和思维的能力	想出一套关于非小说书籍的新颖的范畴	对上一级范畴加以归类和构造上一级范畴的规则
言语信息：语言化的信息或知识	陈述"个体的发育重现了种系的发展阶段"	主语—动词—宾语的句法规则，转换这些关系的规则，先前组织好的信息（知识）

---

① 张大均. 教学心理学. 重庆：西南师范大学出版社，1997：102.

续表

学习结果类型	例子	前提条件
动作技能：单个动作反应的系列被合成的更为复杂的外显行为，反映在身体运动的速度、精确度、力量和连续性上	踢从手中抛出而未落地的球	拿住球、抛球、对准球踢等部分技能，整个动作的执行路线
态度："反应倾向"或以"反应准备"为特征的状态	在汽车接近停车灯时，选择"小心"的行为	有关通常运用停车灯的规则，有关出现停车灯的交通情境的信息

加涅的教学目标分类理论有两个显著的特点：①以能力和倾向作为其目标分类的统一基点，保证了各种相同的学习结果出现在不同的学科里、各种不同的学习结果出现在同一学科中，使分类理论摆脱内容的制约而客观地反映学习者获得的能力。②依据习得各种能力所需学习条件的异同得出教学目标分类。他认为，不同种类的习得结果需要不同的学习条件，包括内部和外部两方面的条件。内部学习条件是指，学习者本身具有的，影响习得能力的变量，如已经习得的能力。外部学习条件是指，由教学提供的，用以支持和加强习得能力的变量，如告知学习者目标、刺激回忆先前的学习、呈现刺激、提供"学习指导"等。这一目标分类理论从一个新的视角开辟了建立教学目标理论的途径，它在教学设计中起到了其他教学目标分类理论所不可替代的作用。

3. 巴班斯基的教学目标分类理论

苏联著名教育家巴班斯基强调教学目的的整体性，认为教学过程必须执行三种职能，即教养职能、教育职能和发展职能，并由此把教学目标分为三类：教养性目标、教育性目标和发展性目标。①教养性目标包括知识和技能两个亚类，知识包含事实性知识、概念知识、规律性知识和理论知识；技能主要有学习—组织技能、学习—信息技能和学习—智力技能。②教育性目标分为形成道德的、劳动的、审美的和伦理的观念、观点和信念，形成在社会中相应的行为方式和活动方式，形成理想、态度和需要系统以及体格锻炼等几个亚类。③发展性目标包括发展学生的思维、意志、情感、认识兴趣和能力等几方面的内容。

巴班斯基关于教学目标的分类实际上仅仅提供了一个分类框架，较为笼统，还没有将教学目标细化为可操作的类目，不便于对教学活动进行综合考查。但是，苏联的研究成果对我国教学理论和教学实践影响很大，也有一定的时代意义和参考借鉴价值。

4. 鲍良克的教学目标分类理论

南斯拉夫著名教学论专家鲍良克认为，教学论的研究对象是教养的规律。教养作为基本的教育学范畴和职能之一，它包含着知识和能力两个方面。他对教养的分析，实质上是对教学目标的分类，并初步建立了一个教学目标分类体系（见图3-4）。鲍良克认为，知识有不同的质量，它与对事实概括掌握的程度有关，所以可以按质量将其进一步划分为五个等级：

记忆性的知识、再认性的知识、再现性的知识、运用性的知识、独创性的或创造性的知识。关于能力，他根据人活动范围的不同将其划分为四类：感觉和知觉能力、体力的或实践的能力、表达能力和智力能力。

作为南斯拉夫教学理论的重要代表人物，鲍良克对教学目标的分类与其他分类理论相比，在分类依据上有所不同，但在类目上并无大的扩展，且分类也不够全面。

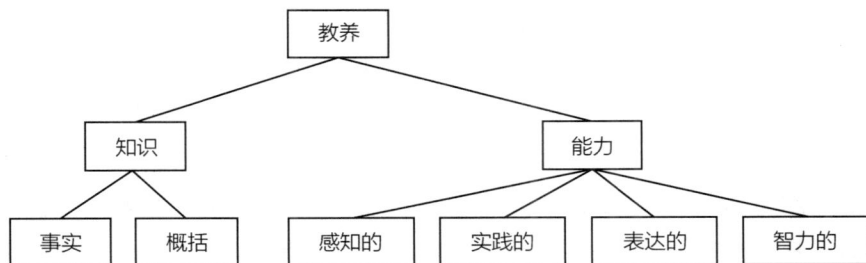

图3-4　鲍良克的教学目标分类体系

5. 梶田叡一的教学目标分类理论

日本著名教育家梶田叡一认为，布卢姆提出的教学目标分类理论较适合欧美国家，而各国社会文化背景和教育传统不同，因此不能照搬。他借鉴布卢姆的理论，结合东方人的意识，提出了具有东方特色的教育目标分类理论。他认为，学校教育至少要包含三种类型的教学目标：达成目标、提高目标和体验目标。达成目标是指，要求学生必须掌握的、具体的知识和能力。它是任何学生都应达到的要求。提高目标是指，要求学生向某个方向不断深化、提高和发展的目标。体验目标不是以学生产生的某种行为变化为目的，而是以产生特定的内在体验、感受为目的。这三类目标都包含认知、情感、动作技能领域的一系列目标，并有具体达到的要求（见表3-4）。

表3-4　三种目标类型①

目标类型	达成目标	提高目标	体验目标
认知领域	知识、理解等	逻辑思维能力、创造性等	发现等
情感领域	兴趣、爱好等	态度、价值观等	感触、感动等
动作技能领域	技能、技术等	熟练等	技术成就等

梶田叡一的分类理论汲取了布卢姆教学目标分类理论的体系，在此基础上他又将三个领域的目标具体分成达成目标、提高目标和体验目标，体现了同中有异的思想，具有较大的

① 钟启泉. 现代课程论（新版）. 上海：上海教育出版社，2006：360.

借鉴和参考价值。

（二）国内教学目标分类研究

20世纪80年代以来，我国教学理论界对教学目标进行了理论探讨和实践探索。在理论研究方面，李秉德和唐文中的分类研究较具代表性。在实践方面，上海青浦区、辽宁阜新市、河南新乡市、陕西西安市、湖南岳阳市、重庆沙坪坝区等都对教学目标分类进行了多年的实验研究。

李秉德等人从三个主要维度对教学的一般目标进行分类。①教育目标的组成部分，即德育、智育、体育、美育、劳动技术教育，简称为德智体美劳。②教育教学所要形成的学生个性心理要素，包括知识、智能（智力、能力、创造力）、价值（理智的、道德的、审美的）、情意（情感、动机、态度、意志）和行为（动作技能、行为规范、行为习惯）。③各部分和各要素的发展水平。而从这三个维度进行分类就可以形成一个完整的三维立体结构（见图3-5）。

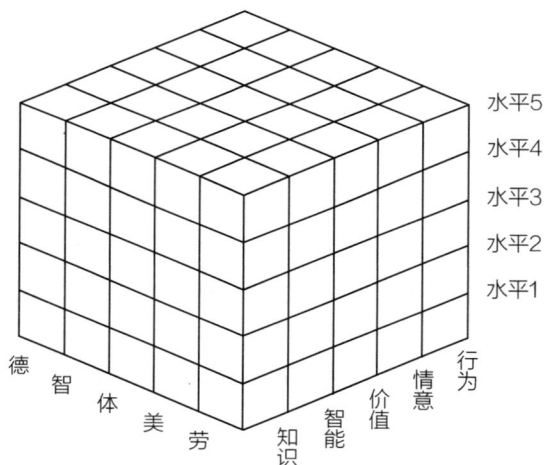

图3-5 教学目标分类模型

唐文中在主编的《教学论》中认为，在教学理论研究中，教学的基本任务可以从两条线索去理解：一条线索是从教学是学校的中心工作、是完成教育目的的基本途径去理解，那么，教学的任务就应包括德育、智育、体育、美育、劳动技术教育五个方面；另一条线索是从教学所具有的价值和功能方面去理解，那么，教学的任务就应该包括向学生传授基本知识、使学生获得技能技巧、培养学生的情感态度、发展学生的智力与创造力、使学生形成良好的心理与行为习惯五个方面（见表3-5）。

表 3-5　教学基本任务的两维明细表格

	德育	智育	体育	劳动技术教育	美育
基本知识	马列主义理论、世界观、法律及道德知识	各门学科基本知识	体育、卫生保健知识	劳动技术知识	审美、欣赏美的知识
技能技巧	人际交往技能技巧	读、写、算和实验操作技能技巧	体育运动和卫生保健技能技巧	劳动技能技巧	表达美的技能技巧
情感态度	理想、信念、价值观的形成	认知动机、兴趣、智力活动的意志	体育运动的兴趣和意志的形成	劳动的态度、兴趣	审美价值、兴趣、情操
智力与创造力	独立判断、评价是非的能力	思维的批判性、独创性，独立发现问题、解决问题的能力	发展创新体育运动技术、保健技术的意识与能力	创造性劳动的能力	创造美的能力
心理与行为习惯	道德行为习惯、个人交往风格	智力和创造性活动的习惯	体育运动和卫生保健习惯	劳动习惯	审美和创造美的习惯

　　在教学实践中，不少省市都开展了对教学目标体系进行构建的研究。例如，辽宁阜新市形成了以内容维度为主的内容——行为两维分类的三个序列、六个模块、十八个水平层次的目标分类体系（见表3-6）；上海青浦区在数学教改实验中，认为教学目标分类应从三个方面去考虑，即教与学的水平、教与学的行为和教与学的内容；山东省"单元达标教学"课题组对教学目标分类的研究是在布卢姆等人研究的基础上进行的，构建了以行为维度为主的行为——内容两维分类体系，如将认知领域的教学目标分为记忆（原型、本意、变式）、理解（领会、阐述、应用）、运用（归纳、分析、转化）、综合（联系、概括、评价）四个层次，情感领域的目标分为接受（觉察、默认、认可）、偏好（愿意、满意、偏爱）、信奉（专注、选择、追求）、适应（平衡、习惯、泛化）四个层次等。

表 3-6　教学目标分类体系①

序列	模块	内容要素		水平分类
知能序列	认知教育	基础知识	①特定事物的知识（事实、现象）	识记
			②处理特定事物的知识（经验、规律、方法）	理解
			③普遍事理和抽象概念（概念、原理、结构）	
		基本技能	①技能（模仿—熟练—情境切换）	简单应用
			②技巧（模仿—熟练—自动化）	
		基本能力	①一般能力	分析综合评价
			观察能力（准确—条理—敏锐）	
			记忆能力（准确—持久—敏捷）	
			思维能力（深刻—灵活—条理—独创）	
			想象能力（生动—丰富—现实）	
			②学科能力	

---

① 李建刚等．义务教育教学新体系——单元达标教学实验与研究．济南：山东教育出版社，1994：120.

序列	模块	内容要素	水平分类
知能序列	动作（操作）教育	①基础动作（操作）	基础知识
		②动作（操作）知识	
		①动作（操作）技能	基本技能
		②动作（操作）技巧	
		①一般动作（操作）能力	基本能力
		②学科动作（操作）能力	
思品序列	政治思想教育	①政治信仰（立场、态度、理想、信仰）	社会认知 是非判断 自我教育初步形成
		②思想观念（人生观、世界观）	
	道德品质教育	①道德规范（国民公德、法纪观念、行为规范、责任义务）	
		②心理品质（志趣、意志、审美、情操）	
学习修养序列	学习情感	①学习情绪（注意—反应）	接受反应追求
		②学习动机	
		③学习态度（专一、严谨、求实、求是）	模仿操作内化
	学习策略	①课程学习方法	
		②学科学习技能	
		③认知策略	

（三）教学目标的基本类型

我国对教学目标的探索经历了一个长期的历史发展过程。20 世纪 90 年代之前，由于我国教学论中关于教学目标的理论研究一直较为薄弱，加之受到苏联教学论的影响，教育界普遍重视的是"双基"教学目标，即"基础知识"和"基本技能"的掌握程度。20 世纪 90 年代后，我国的理论研究有了较大进展，各地开展了一系列实验研究，并相互取长补短，在发展竞争中各自提出了自己的教学目标框架体系。2001 年 6 月，《基础教育课程改革纲要（试行）》规定，各学科的课程目标都应该包括知识与技能、过程与方法、情感态度与价值观三个方面内容。2022 年，新一轮课程标准颁布实施，我国的教学目标理论和实践研究必然会随之发生一些新的变化。

2022 年 4 月，教育部印发《义务教育课程方案（2022 年版）》，规定国家课程标准要坚持正确的政治方向和价值导向，加强思想性；要坚持素养导向，体现育人为本；要注重学段衔接与科目分工，加强课程一体化设计。这就明确规定了各学科的课程目标都应该围绕核心素养展开。例如，语文课程的目标有文化自信、语言运用、思维能力、审美创造；劳动课程的目标有劳动观念、劳动能力、劳动习惯和品质、劳动精神；科学课程的目标有科学观念、科学思维、探究实践等方面。

课程标准对课程的分目标也提出了具体的要求。例如，物理课程标准对科学探究分目标提出了以下四点具体要求：①有科学探究的意识，能发现问题、提出问题，形成猜想与假设，具有初步的观察能力和提出问题的能力；②能制订简单的科学探究方案，有控制实验条件的意识，会通过实践操作等方式收集信息，初步具有获取证据的能力；③能分析、处理信息，得出结论，初步具有对科学探究过程和结果做出解释的能力；④能书面或口头表述自己的观点，能自我反思和听取他人意见，具有与他人交流的能力。

核心素养培养作为"新课标"规定的课程理想，需要将其转化为具体的教学目标，方能转化为学生习得的核心素养，实现当前义务教育课程实施的总体目标。同时，每个目标领域都包括不同的水平层级。

本章小结

课程价值是课程的内在价值和外在功能的统一整体，课程价值取向在本质上是一种价值判断活动；在现代课程视域下，课程价值取向具有知识本位、学生本位和社会本位三种基本类型；不同的课程价值取向对学生、社会和学科的认识存在差异，故在教学目标上的表现也就不尽相同。

教学目标是在具体情景下学生学习行为变化的预期结果；教学总目标、学校教学目标、课程目标、单元目标和课时目标构成了教学目标系统；国外学者如布卢姆、加涅、巴班斯基等人都提出了各具特色的教学目标分类理论；我国学者如李秉德、唐文中等在理论领域和实践领域都进行了长期的探索，并在新课标背景下达成了围绕核心素养确立总目标和学段目标的共识。

总结 >

Aa 关键术语

课程价值
curriculum value

教学目标
teaching objective

🔗 章节链接

本章主要介绍了课程价值与教学目标，是第一章"课程与教学论"研究意义的体现，同时与第五章"课程资源与教学内容"具有一定的关系。

应用 >

✏ 批判性思考 ▪▪

1. 结合实际，如何评价布卢姆的教学目标分类体系？

2. 结合实际谈谈你对我国新课标所倡导的"核心素养"的认识。你认为"核心素养"在实践中存在哪些困惑？如何去解决这些困惑？

✎ 体验练习 ▪▪

1. 填空题

（1）课程价值是_____与_____构成的统一整体。

（2）现代课程价值取向可以分为_____、_____、_____三种基本类型。

（3）教学目标系统主要由_____、_____、_____、_____、_____五个层次构成。

（4）美国教育学家布卢姆等人将教学目标分为_____、_____、_____三大领域。

（5）我国新课程改革倡导的"三维目标"是指_____、_____和_____。

2. 简答题

（1）教学目标、培养目标和教育目的之间有哪些区别与联系？

（2）简述现代课程视域下三种基本的课程价值取向及其代表性课程流派。

（3）简述课程价值取向对教学目标的影响。

（4）简述教学目标系统的组成部分及相互关系。

🔍 案例研究 ▪▪

教育目的演变历程

自中华人民共和国成立以来，我国的教育目的经历了一个长期的发展过程。1978年，人大会议通过的宪法中规定：教育必须为无产阶级政治服务，教育必须同生产劳动相结合，使受教育者在德育、智育、体育几方面都得到发展，成为有社会主义觉悟的有文化的劳动者。1999年，《中共中央、国务院关于深化教育改革全面推进素质教育的决定》规定："以培养学生的创新精神和实践能力为重点，造就'有理想、有道德、有文化、有纪律'的、德智体美等全面发展的社会主义建设者和接班人。"2001年，《国务院关于基础教育改革与发展的决定》提出："坚持教育必须为社会主义现代化建设服务，为人民服务，必须与生产劳动和社会实践相结合，培养德智体美等全面发展的社会主义事业建设者和接班人。"

请比较三者的不同之处，并谈一谈其发展特点。

教学一线纪事

一班的 A 老师正在上"为你打开一扇门"一课，突然，从窗外传来一阵急促的"的嘟……的嘟"声。这声音犹如一块巨石落入平静的水面，教室里顿时喧闹起来。紧接着，像有谁下了一道命令"向左看齐"，所有的学生都向左边看去。这是怎么回事？还没等老师喊出话来，坐在靠窗边的同学已经站起来，趴在窗台上向外张望，其他的同学更是着急，他们有的站在椅子上，有的一蹦一跳，脖子伸得老长。平时上课就坐不住的同学索性冲出座位，涌到窗前。他们你扒我，我推他，争先恐后地向外张望，原来是两辆红色的消防车由南向北从窗前驶过……教室里恢复平静后，A 老师灵机一动，便放弃了原来的教学内容，而让同学把刚才的所见、所闻、所想说出来、写下来。结果，同学们个个情绪高涨，说得头头是道，写得也很精彩，乐得老师满脸堆笑。

拓展 〉

补充读物

1　施良方 . 课程理论：课程的基础、原理与问题 [M]. 北京：教育科学出版社，1996.

　　该书重点论述了四个方面的基本问题：一是课程的三大基础学科对课程理论的影响和意义；二是课程编制的要素、过程及原理；三是课程探究模式的理论和特点；四是课程理论的基本问题及发展趋势。该书是教育学专业，尤其是课程与教学论专业学生的必备参考用书。

2　裴娣娜 . 教学论 [M]. 北京：教育科学出版社，2007.

　　该书系统地探讨了教学论的基本范畴和发展趋势，内容包括教学与教学论的历史发展进程、教学目标、教学过程、教学组织形式、教学研究、现代教学论发展的趋势及其反思等。

3　李森 . 现代教学论 [M]. 北京：人民教育出版社，2011.

　　该书共十七章，包括现代教学的理论基础，现代教学过程，现代教学原则，现代教学目的，现代教学主体，现代课程，现代教学方法、策略、手段、模式、组织形式等内容。

4　李亦菲 . 三维目标整合教学策略 [M]. 北京：北京师范大学出版社，2011.

　　该书系统地探讨了新课程改革中三维目标整合的基本问题，内容包括：对新课程三维目标的概念辨析和理论基础、以教学实践为核心的三维目标整合模型、促进三维目标整合的课程目标解读和教学策略等。

5　[美] 罗伯特·J. 马扎诺，约翰·S. 肯德尔 . 教育目标的新分类学 [M]. 高凌飚，等译 . 北京：教育科学出版社，2012.

　　该书探讨了修正布卢姆教育目标分类法的必要性、知识的类型、思维的三个系统、新分类法与知识的三个领域、新分类法与教育目标及思维技能等内容。同时，该书还全面介绍了马扎诺的分类体系，有助于学习者从多个角度认识和研究教育目标及其分类。

第四章

课程开发与教学设计

本章概述

    本章在认识课程开发和教学设计基本关系的基础上，明确了课程开发的含义，分别从课程开发的内容角度介绍了宏观、中观与微观层面的课程开发，从课程开发主体的角度介绍了国家、地方与校本层面的课程开发，并对课程开发的基本模式——目标模式、过程模式和情境模式等做了介绍；最后在认识教学设计含义的基础上，介绍了教学设计的基本原则和教学设计的一般过程与操作。

结构图

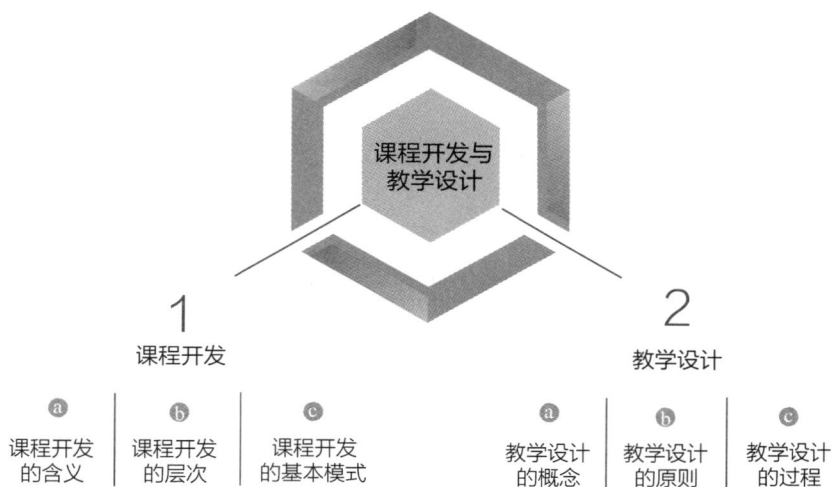

课程开发与教学设计

1 课程开发

ⓐ 课程开发的含义　　ⓑ 课程开发的层次　　ⓒ 课程开发的基本模式

2 教学设计

ⓐ 教学设计的概念　　ⓑ 教学设计的原则　　ⓒ 教学设计的过程

学完本章，你应该能够做到：

1. 认识课程开发和教学设计的意义。

2. 知道课程开发的层次。

3. 了解课程开发的几种模式。

4. 明确教学设计的基本原则。

学习目标

在现实的课程与教学实践中，老师们认为课程开发就是编写一本教材，教学设计就是编写教案。新教师对这些问题更没有形成正确的认识。在阅读本章前，请先就下面现象思考：课程开发是什么？课程开发究竟要开发什么？教学设计是什么？

读前反思

　　案例1：某校要求教师每人都要开发一门校本课程，大家非常踊跃。一位教师说："我开发一门课，课名叫'中国传统文化'，下学期我就把这门课的教材编写出来。"

　　案例2：一位新教师上一堂语文课"包公审驴"，他在黑板上贴一张包公的图片，问："这是谁呀？"学生答："包公。"教师又在黑板上贴了一张驴的图片，问："这又是谁呀？"学生答："驴。"教师接着问："包公和驴是什么关系呀？"学生的答案五花八门，有的说："包公骑驴。"有的说："驴是包公的宠物。"……就是没有学生回答"包公审驴"。教师只好自己说："我们今天讲'包公审驴'。"事后，在与这位教师交流时，我问他为什么那样导课，他说："我是照着一份优秀教案讲的，我也不知道教案为什么那样写。"

　　课程开发是一个连续性的活动过程。它要研制一套可操作的计划，是一个包括课程标准、教材以及课程实施、课程评价等在内的课程计划的过程。这个过程是一个连续的动态过程，不仅涉及宏观的规划过程，还涉及微观的教学行动计划。当这个开发过程进入解决"如何教学"的问题时，教师就会加入具体的教学活动，即进行教学设计。可见，课程开发是一个总体性的活动，是一个从宏观到中观再到微观的开发过程，这一开发过程内容的微观化、具体化就落实为教学设计。

第一节
课程开发

学习目标

理解课程开发的含义；明确课程开发的层次；了解课程开发的基本模式。

一、课程开发的含义

（一）课程开发的由来

　　1923—1924 年，课程科学化运动的重要代表人物、美国著名教育学者查特斯（W. Charters）和博比特（F. Bobbint）分别出版《课程编制》（*Curriculum Construction*）和《怎样编制课程》（*How to Make Curriculum*）两部论著之后，"课程编制"一词开始广泛流行于西方的教育书刊。1935 年，美国学者卡斯威尔（H. Caswell）和坎贝尔（D. Campbell）合著的《课程开发》（*Curriculum Development*）问世后，"科学开发"概念引起人们的关注。20 世纪 50 年代后，欧美用 curriculum development 一词逐渐代替以前常用的 curriculum making 或 curriculum construction。1974 年，在日本东京召开的课程开发国际研讨会明确了课程开发的概念及其方向，从此，作为"编订、实验、检验—改进—再编订、实验、检验……这一连串作业过程的整体"① 的"课程开发"在学界流行开来。

　　我国教育界在 20 世纪 20 年代到 40 年代常用"课程编制"或"课程编订"这两个术语。一直到 20 世纪 80 年代以后，在一些课程研究的书中才逐渐开始使用"课程设计""课程开发"这些术语。目前，用法仍然不一致。

---

① 钟启泉. 现代课程论（新版）. 上海：上海教育出版社，2006：361-362.

对课程开发的概念界定，已有的研究和认识可谓众说纷纭。一直以来，课程开发常与"课程编制""课程设计"等术语混同使用。这一方面是因为课程开发是由"课程编制"或"课程设计"等词发展、演进而来的，另一方面也反映了它们之间的密切关系。

（二）课程开发的相关概念辨析

1. 课程设计与课程开发

课程设计是在"有"的基础上进行的活动，即在已经确定了设置哪些课程的基础上制定课程目标、选择和组织课程内容；课程开发则是在"无"的背景下展开的活动，即在尚未确定设置什么课程的背景下开展活动，它始于"形成什么课程"的问题。所以课程开发首先关注形成课程的背景、价值取向和条件。在教育目标的大前提下，课程开发进行前期计划和安排，即进行人才培养的课程理念建构、课程总目标的研制、形成和改进课程设计以及课程实施和课程评价等方案。可见，课程开发包含了课程设计。

2. 课程编制与课程开发

curriculum development 中的 development 一词含有开发、发展、创建和形成的意思。我国学者在翻译使用时，既有译作"课程编制"的也有译作"课程开发"的。20 世纪 90 年代以前，我国教育界使用"课程编制"这一术语较为普遍，含有对课程要素、课程内容的组织方式、组织结构的侧重。就像课程类型中涉及的学科课程、活动课程、潜在课程等是从课程的组织结构方式上划分出来的类型一样。目前，使用"课程开发"比较常见，而对这两个术语的基本理解都集中在课程计划的形成过程。

3. 课程开发的基本特征

在具体的课程研究和实践中，课程开发通常被理解为一个从课程规划到课程实施、课程评价的过程。它是一种从宏观到中观和微观的课程运作活动，其侧重于如何形成课程、如何保证课程的实施并取得效果。因此，课程开发具有如下基本特征。

（1）原发性

这是指课程开发始于"形成什么课程"这一问题，这也是课程建设系统工程的起始活动，所以首先需要解决课程开发的依据问题，研究形成课程的价值取向，进而建构课程的理念。

（2）系统性

这是指课程开发的整个过程不仅要解决"形成什么课程"的问题，还要依次解决"形成的课程是怎样的""怎样形成这样的课程""所形成的课程有效性怎样"等问题。因此，它涉及观念中的课程向现实中的课程的转化、课程的实施及其效果检测等行动方案的研制，而每一个问题解决方案的研制又需要对背景条件、对象要素与相关活动等多种内容进行研究，使课程开发成为一个复杂的活动系统。可见，课程开发的系统性是指，课程开发中的权力、人员与程序等基本要素之间，价值取向与目的目标之间彼此相互关联，形成一个层次分明、目标一致的具有内在运行机制的统合性结构系统。

（3）连续性

课程开发从一开始就沿着形成多种课程行动计划的方向展开，这些行动计划就是不断地解决问题，不断改进和完善行动的计划。

（4）层次性

作为一个系统工程，课程开发不仅有宏观层面的总体设计，也有中观层面能够直接指导课程实施的中层设计，还有指导课程具体实施行动的表层设计。

二、课程开发的层次

如前所言，课程开发作为一个系统工程具有层次性的特征。课程开发的课程规划、课程实施以及课程评价等的研制是由相关的教育人员、机构和团体实施的，他们要根据一定的价值取向、需求、条件和标准，选择文化内容作为教育内容，按照一定的方式组织成具有一定结构的课程内容以及设计和实施这些内容的活动方式和检测工具，以保障选择的文化内容能有效地转化为学生的学习经验。为此，来自不同层面的教育人员、机构和团体进行课程开发所依据的思想和目的、所指向的具体适用范围等均具有不同的层次，体现了课程开发的层次性和多样性。

（一）课程开发的内容

从课程开发内容的角度来看，主要有宏观课程开发、中观课程开发和微观课程开发三个层次。

1. 宏观课程开发

宏观层次的课程开发主要解决课程的基本理论问题，如课程的价值、目的、主要任务与基本结构等。解决这些基本的问题，既包括系统的课程开发，也包含学科课程的开发。因此，宏观层次的课程开发涉及不同层次内容的基本理论问题，因而呈现出多层级的层次性。

宏观课程开发的结果一是要构建课程的价值取向，形成课程理念；二是形成课程的基本政策，包括课程宗旨、课程目的、选择课程内容的指导原则等。具体物化为中央政府、地方政府或学区教育行政机构制定的正式文件，包括维持整个课程系统的政策、特定课程或具体课程的指导原则，为制定专门的课程标准指明方向的文件和为形成课程做出的总体设计。一般而言，宏观课程开发的主体是国家，主要开发成员由课程研究专家学者、中小学骨干教师组成。在我国，宏观层次的课程开发是国家层面对课程的开发，面向全国中小学教育，开发形成的课程文件是有关的课程计划。

2. 中观课程开发

中观课程开发的重点是研制课程标准或相关的指导性文件和教材。中观课程开发既有国家层面的开发，也有地方层面、学区层面或者学校层面的开发。不同教育行政体制的国家，要求不尽相同。就我国而言，中观课程开发是由国家主持进行的，一般由政府的教育官员、政府委托的教育和学科专家学者及中小学骨干教师组成开发成员组，在课程计划总体规划的具体课程规定下，根据课程计划中的课程宗旨和目的，结合各具体课程的学科性质与特点以及学生的特点等，设计具体课程的课程标准或指导文件，在此基础上选择并确定具体的课程内容，按照一定的价值取向和结构方式组织课程内容、编制教材，如我国各学科课程标准和教科书、教学参考材料等。

作为学科课程标准，其基本内容主要包括：课程的性质与地位、课程的基本理念、课程标准的设计思路、课程目标（包括总目标和阶段目标）、课程实施建议（包括教材编写建议、课程资源开发与利用的建议、教学与评价建议等）以及附录（包括课程内容、课内外学习建议、拓展学习建议及教学的背景材料等）。

一般情况下，中观课程开发主要提供一个基本的指南，指明课程的具体目标，框架性地设计课程内容板块，确定课程教学与评价的原则性指导意见。这种文件能够给学校留有较大的余地，学校可以自行决定具体教学时间、自主选择和使用教学材料以及进行灵活的评估等。可见，地方、学区课程中观开发的结果一般是课程指导性文件或课程包，各学校以此为指导或从中进行选择、组合，如我国各省的综合实践课程指导意见。

3. 微观课程开发

课程开发作为一个连续性的活动，课程计划的设计、课程标准的研制、教材的编写都是连续性开发活动的不同节点。同时，它的连续性还体现在课程实施领域。当课程开发进入教学时，课程开发就进入了微观层面。详尽的课程计划、课程标准以及教科书都必须通过学科教师的再开发才能得以落实。教师在上述两类文件的指导下，从学生和自己的实际出发，兼顾多方面因素，灵活而富有创造性地设计课程的学年计划、学期计划乃至课时计划。正是在微观层次上，宏观的课程政策及文件、中观的课程标准和教材才能转化为教师的具体实践活动，从而促进理想课程的实践转化。

（二）课程开发的主体层次

从课程开发主体的角度看，主要有国家课程开发、地方课程开发与校本课程开发三个层次。

1. 国家课程开发

国家课程开发是指，由国家教育行政机构主持的课程开发活动。它由国家教育行政部门和课程专家组成类似"课程中心""课程开发委员会"统一的工作机构。该工作机构对中小学课程进行统一研究和编制，即以国家或社会本位的价值取向为导向，负责研拟国家的课程政策、编制适用于全国中小学的课程计划、确定涉及全国中小学的必修科目、研拟课程标准、编制教学材料和制定统一的评价要求等。这类课程开发确定了全国范围内所有中小学课程的基本内容、提出了全国范围内所有中小学课程学习必须达到的基本要求，从而保障了国家层面或社会层面对人才的基本的共同性要求，也反映了国家的教育标准。

综观国家课程的开发，可以认为，国家课程开发具有如下特点。

（1）统一性

这一层次的课程开发是由国家集中进行的统一开发活动，无论是具体开发机构的组建，还是开发的指导思想、内容范围的确定都是由国家教育行政部门统筹集中，开发出的课程在全国范围内统一使用并给以统一要求，并且国家负责全国学科教材的审查、地方课程工作的指导检查、考试评价制度的制定等工作，以达到课程内容的全国统一、课程管理的全国统一。

（2）基础性

总体而言，这一层次的课程开发是基于具体开发机构对学科性质和特点的基本认识、针对国家社会对人才的基本要求的分析进行的，其开发结果是对学科的基本要求的反映，也是对国家社会对人才的基本要求的反映，注重作为社会公民基本素养的培养要求。

（3）强制性

国家课程一般强调国家意志和整体利益，追求全国范围内课程的基本统一，特别是在多元化的社会中，统一的课程才更利于全面基础的开发和决策。因此，国家课程一经开发，即在国家法律或行政文件的支持下采用自上而下的推广路线在全国范围内强制实施，任何学校都需以此课程为基本。

2. 地方课程开发

地方课程开发是指，由地方教育行政部门主持的课程开发活动。它是由地方教育行政部门（如省、市、县等教育行政部门）组织学科专家、课程专家开发适用于本地区范围内学校的课程。它是在保证国家课程基本要求的基础上，根据地方的经济、文化发展实际和地域特点开发的具有地方特色的课程。这类课程反映了地方经济文化对当地学生素质的地方性基本要求，通常会形成地方课程方案、地方课程教材与学校课程指导意见等文件。一般而言，地方课程开发具有如下基本特点。

（1）地域性

地方课程开发由地方教育行政部门主持进行，课程开发集体由当地课程专家、学科专家和各学校抽调的骨干教师组成，课程内容紧扣当地经济文化发展实际和地域特点，在课程内容的选择和结构的组织上紧密联系地方发展实际对学生素质的基本要求，因此具有多样化的本土特色。

（2）中介性

地方课程开发要以国家课程标准为基础，以具有地方特色的教育思想和课程理念为指导，以地方经济文化发展实际和地域特点为依据，因此，地方课程开发在国家课程和校本课程之间起到承上启下的作用。具体而言，它一方面是对国家课程的再开发，起到补充国家课程的作用；另一方面又兼顾了地方的特色，反映了地方发展对学生的要求，是校本课程开发的重要依据，对校本课程开发起指导和调控的作用。

3. 校本课程开发

校本课程开发是指具体由学校主持的课程开发活动。它是学校行政部门组织本校教师进行的、基于本校的实际且适用于本校的课程开发活动。它是学校在国家课程标准、地方课程方案的指导下，结合本校的实际情况（包括师生和其他课程资源的情况等），研制本校整体课程计划和个别课程计划的过程。这类课程开发充分地调动学校教师主动积极地参与学校课程建设，充分发掘和整合学校的育人力量，有利于提高课程开发的实效性。

校本课程开发有两个层面的开发，一是校本的课程开发，二是校本课程的开发。前者是指学校对国家课程、地方课程的校本开发，即对国家课程、地方课程的再开发，是以国家课程或地方课程开发的结果为基础，结合学校的实际进行选择、改编和拓展，以更加适应于学校和学生的实际。其中，选择即是在众多的课程方案中选取较适合于学校和学生实际的方案作为实施蓝本；改编则是在综合考虑课程目的、课程内容的选择和组织、学生学习准备、课程材料资源等因素的基础上，增加、删减或重组学校已有课程，使之更加适应学校课程实践的情境；拓展则是结合时代发展的新需求对已有国家课程或地方课程进行补充、延伸和发展。① 后者是学校原发性课程的开发，是学校在国家课程、地方课程的基础上，根据学生的实际情况，依托本校教师和本校课程资源额外开发的具有独特性的课程，其适用范围仅限于本校。综合以上两个层面，我们认为校本课程开发普遍具有如下特点。

（1）校本性

校本性是指校本课程开发成员为本校教师，课程资源校本化（包括对国家课程资源和地方课程资源的再挖掘和利用、学校独特课程资源的选择和利用等），课程适用对象限于本校，课程开发依据学校的实际。

（2）整体性

整体性是指校本课程的开发是一个完整的课程开发过程，需要对校本课程进行全局、整体的规划，其结果不止于开发教材，而是一个对校本课程进行规划、编制、实施和评价等的整体准备活动，也即要提炼校本课程的开发理念、确立校本课程的目标、选择和组织校本课程内容，收集学生选择校本课程的意见、编制校本课程实施和评价活动与方案等。其开发过

---

① 参见汪霞. 课程理论与课程改革. 合肥：安徽教育出版社，2007：151.

程是一体化的，开发结果是整体性的。

（3）发展性

发展性是指校本课程开发能够对教师专业发展、学校发展与学生多元化发展等起到积极的促进作用。在校本课程的开发过程中，对开发人员的高素质要求必然促进教师不断学习、反思、研究和创新，从而促进教师的专业成长；教师的不断成长又积极地推动着学校的发展，促进学生的多元化发展。

（4）独特性

这是指在基于学校教师、学生和学校实际的校本课程开发中，学校的特色、学生的差异得到充分的重视，教师的创造性得到充分发挥，学校特色和文化传统等得到充分发扬，从而使学校在国家统一目标的指引下能够朝着特色方向发展，使学生能够得到个性化发展。

（5）保障性

这既是指校本课程的开发要求教师具有较高的研究能力、课程开发能力、专业思维和教学业务素质等，也指学校层面的课程领导力和政策保障度等。如果缺乏人力、物力、财力与制度的保障和资源的有效支持，校本课程开发是难以实现的。

三类课程开发关系密切，国家课程开发是基础，地方课程开发是中介，校本课程开发是具体落实。所以在这三级课程的开发过程中需要正确处理三者的关系。

第一，国家课程开发作为总体开发要考虑全局性、基本性、基础性和指导性。

第二，地方课程开发要处理好国家课程标准与地方课程方案的关系，在反映国家课程标准对学生基本要求的基础上，要结合地方社会发展的现实需求、具有地域特色的课程资源和学生特点，突出基本性、现实性与地域性相结合的特点。

第三，校本课程开发既要处理好与国家课程、地方课程的关系，又要突出学校发展的特色、学生发展的个性和特殊性，还要充分发挥学校固有文化的教育性。

三、课程开发的基本模式

课程开发模式是指在课程开发过程中，课程开发者根据一定的思想和理论，选择和组织课程内容、编制课程实施方案、制定课程评价原则等形成的一种形式系统。20世纪以来，课程开发的基本模式主要有目标模式、过程模式和情境模式。

（一）目标模式

目标模式是指以目标为基础和核心的课程开发模式。20世纪初，美国工业界盛行科学化目标管理，受其影响，教育界出现了"教育功效化运动"和"教育科学化运动"，而它直接影响了当时的课程研究。研究者将科学的思想方法和技术应用于课程开发，博比特和查特斯首创了课程开发的目标模式，拉尔夫·泰勒将其系统化形成了典型的目标模式——泰勒模式。

拉尔夫·泰勒于 1949 年出版了《课程与教学的基本原理》一书，他在集其他学者研究之大成的基础上，经过"八年研究"的经验总结，将课程开发的目标模式系统化。随后，在进一步的研究中，该模式不断得到修正、补充和完善。

1. 目标模式的核心思想

在《课程与教学的基本原理》一书中，泰勒提出并阐述了课程开发的四个基本问题：学校应该达到哪些教育目标？学校应该提供哪些教育经验才能达到这些目标？这些经验如何才能有效地加以组织？如何确定这些目标正在得到实现？这四个问题明确地指出了课程开发的基本程序，即确定教育目标—选择学习经验—组织学习经验—评价教育计划。

2. 目标模式的基本特点

总体上看，目标模式具有如下基本特点。

第一，强调目标。在目标模式中，目标是课程开发的出发点和核心，是课程开发的基础。它为课程开发指明了方向，是选择、组织学习经验的指南，是开发评价工具和程序的标准。

第二，重视逻辑。无论是目标的确定还是学习经验的选择和组织都十分重视认知过程。其中，学科知识的逻辑、学生心理发展的逻辑成为选择和组织学习经验的原则。

第三，引入评价。在课程开发过程中，评价与目标结合，评价不是目的而是达到目的的手段，并且贯穿于教育计划的形成过程，对预定教育目标的实现程度进行基本判断，并作为修订和完善教育计划的依据。

（二）过程模式

过程模式是指以过程为基础和核心的课程开发模式。它是由英国著名课程论专家斯滕豪斯在批判目标模式的基础上确立起来的。他认为，目标模式适用于行为技能的训练，但课程把知识及其学习作为满足预定目标的尝试没有考虑知识的不确定性、学习的个性化和创造性，误解了知识的本质；目标模式通过目标的明晰化来改善实践的尝试，虽然理论上是符合逻辑的，却不能真正改进实践。正是在对目标模式反思的基础上，斯滕豪斯于 1975 年出版了《课程研究与开发导论》，该书构建了过程模式的理论框架。

1. 过程模式的核心思想

斯滕豪斯以英国著名教育哲学家彼得斯（R. S. Peter）的知识理论为基础，即在知识以及教育本身具有内在价值的认识基础上把课程开发的重点放在课程活动的展开过程中。他认为课程开发的任务是以"含有内在价值"的标准为依据，选择活动内容，建立关于学科的过程、概念与标准等知识形式的课程，从而使之与宽泛的目标保持一致。它不是先制订出一套"计划""处方"，然后予以实施和评价，而是集研究、开发和评价为一体的活动，是一个连续不断的过程。

2. 过程模式的基本特点

总体而言，过程模式主要有如下特点。

（1）强调过程本身的育人价值

由于过程模式以彼得斯对知识与教育过程的内在价值理论为基础，因此，过程模式强调通过对知识和教育活动过程的内在价值进行开发，即充分分析、讨论和确定知识的内在价值与有价值活动的标准及其结构。课程开发关注具有内在价值的教育活动过程本身。

（2）课程开发过程即研究过程

过程模式关系教育过程的调适。课程开发的过程就是在教育活动过程中不断挖掘其内在价值，评价和修正具有内在价值的知识及其结构关系。这一过程要求教师经历研究的过程。即教师的课程开发就是对课程问题卓有成效的研究，教师即研究者。

（3）强调师生的探索创造

过程模式的课程开发结果即是编写一种课程说明，详细说明内容和过程中的各种原理，由教师自己在实际的教学情境中去运用和灵活处理。这就为教师和学生留下了足够的空间，有利于鼓励教师对课程实践进行反思、批判和创造，鼓励学生自由自主地探索具有教育价值的知识。师生在交互作用中成为学习的伙伴，充分发挥各自的自主性，共同探索教育过程，并获得教育过程赋予的价值。

（三）情境模式

情境模式是以文化情境为基础和核心的课程开发模式，又称环境模式或文化分析模式。它是由英国一批学者提出来的，其主要代表人物是丹尼斯·劳顿（D. Lawvton）和斯基尔贝克（M. Skilbeck）。它以文化分析主义课程理论为基础，在特定的文化结构背景下，严格选择公共文化，并通过文化分析和解释做出全面的课程决策。

1. 情境模式的核心思想

劳顿和斯基尔贝克的思想一脉相承，共同构成情境模式的整体理论。其中，劳顿基于选择并传播公共文化的课程本质思想认为，课程开发的重要任务是在人类文化中选择那些能够传播和发扬各种文化之精华、维护大众文化之精髓的"公共文化"作为课程内容，且须以系统的、有组织的知识形式——学科结构体系为依据。为此，以分类法和解释法为具体方法的文化分析是课程文化选择的基本保障。斯基尔贝克的课程开发则在劳顿的理论基础上，更深入和具体化到学校的教育情境之中，即在一定的文化结构之中，结合学校的具体教育情境，把课程开发作为一种使师生理解各种文化、传播文化的符号系统进而修正和改造自己经验的手段。这客观上将社会宏观文化和学校微观文化紧密地结合起来作为课程决策的依据，其基本过程为：情境分析—情境中的目标拟定—基于情境的课程方案制定—解释和实施—过程和结果中的评价和改进。

总体而言，情境模式主要具有以下特点。

（1）综合性

情境模式综合了目标模式和过程模式，有目标的拟定，但不基于"手段—目的"的分析，而是基于对课程过程中各要素与问题的分析，用系统的思想进行课程开发，把课程开发看作一个整体，在特定的情境下考察过程中的各个要素和问题。

（2）情境性

重视文化的情境性，既重视分析课程的外部文化情境，包括社会与文化的变迁、社会价值观、教育政策和制度的变革、社会资源等；又重视分析课程内部文化情境的具体情况和特殊性，包括学生的身心发展、兴趣、需求和能力，教师的知识、能力、经验、态度与价值观，课程现状，学校氛围与结构关系，校内外资源的配合等。而课程开发正是建立在对某种文化结构分析的基础上。

第二节
教学设计

🎯 **学习目标**

明确教学设计的意义；掌握教学设计的基本原则；知道教学设计的程序。

教学设计作为课程开发的活动是课程开发的微观延续和深入，也是课程开发与课程实施的中间过程，是教学实践过程的前提性环节，所以教学设计质量的好坏直接影响到教学过程的展开及效果。

一、教学设计的概念

作为一种专业领域的活动，教学设计古已有之，这主要是人类对教与学活动的经验性筹划和安排。作为一门正式的学科，教学设计则是一门年轻的学科，在其发展过程中，人们对教学设计的认识是多种多样的。其中，对教学设计取向的定位造就了三种代表性的教学设计。

（一）作为科学的教学设计

以科学为取向，教学设计作为设计的一个下位概念，具有设计的普遍性特点。它是针对一定的目标，因对象、内容和情境的不同而变化，是由一系列周期组成的、更多依赖于并面对定义不良问题的创造性过程。[①] 为此，教学设计就有着理性的教学设计、创造性的教学设计和融理性与创造性为一体的教学设计。其中，理性的教学设计过程是一种合乎逻辑的、理性的、系统的技术过程，强调规则和程序；创造性的教学设计强调过程的艺术性、创造性，依赖于独特、复杂和变化的情境，重视设计者的直觉性、悟性和丰富的思想性，教学设计就是一种工艺或艺术；融理性与创造性为一体的教学设计是特定情境中解决结构不良问题的动态过程，它重视科学性与艺术性、理性与创造性的融合。

（二）作为技术的教学设计

以技术为取向，教学设计是将所有教学设计问题的解决概括在一个作为系统的设计模型中，即依据一定的学习与教学理念，开发和运用各种产品形态的媒体与技术，以提高学习与教学能力的系统化的实践知识。[②] 这种教学设计与计算机、多媒体、网络等现代信息技术的应用密切联系，所以充分发挥这些技术在教学设计中的潜力，在一定程度上能够降低教学改革的成本。随着人们认识的进一步加深，特别是 20 世纪 90 年代以后，此类取向的教学设计开始在学习有效性的境域中使用。

（三）作为系统的教学设计

以系统为取向的教学设计经历了三个发展阶段：作为联系科学的教学设计、作为系统科学的教学设计、作为综合系统的教学设计。其中，作为联系科学的教学设计强调教学设计是理论与实践之间的桥梁，是在系统方法基础上联结学习心理的基础研究与具体教学问题解决的"处方"。作为系统科学的教学设计把系统观点作为教学设计的主要思维方式，而创设达到预期目标的教学系统是其根本目的。随着对系统的深入认识，全局性、联系性、动态性、开放性、不确定性与复杂性等系统思维成为教学设计的创新性思维方式。作为综合系统的教学设计把教学系统设计提升到教育系统设计的高度，将作为联系科学的教学设计和作为系统科学的教学设计进行有机整合。

综观教学设计的多样化认识，可以看出这些认识都不同程度地包含了一些共同性特征：

---

① ［德］诺伯特·M. 西尔，［荷］山尼·戴克斯特拉 . 教学设计中课程、规划和进程的国际观 . 任友群，等译 . 北京：教育科学出版社，2009：7.

② ［德］诺伯特·M. 西尔，［荷］山尼·戴克斯特拉 . 教学设计中课程、规划和进程的国际观 . 任友群，等译 . 北京：教育科学出版社，2009：9.

系统观、学习和教学理论、问题解决等。为此，我们认为，教学设计是在一定的理论指导下，运用开放的系统方法，对教学的相关因素进行分析，形成促进学生有效学习的资源开发、实施、评价及其完善的方案的过程。

二、教学设计的原则

在教学设计过程中，为使教学设计方案能为学生的终身可持续发展起到积极的作用，整个过程应该遵循如下基本原则。

（一）基本性

基本性主要表现在如下三个方面：一是指教学设计的出发点是促进学生的有效学习，这是教学设计的根本目的，任何教学设计都应以此为基本导向。二是指教学设计要关乎教学的基本问题，即在具体的教学情境中教什么和怎么教的问题，其依据是教学背景和多学科理论等。在教学设计中应关注学生群体和个体的需要，明晰学习内容的多样性和适切性，重视不同性质和类型的学习活动过程与特点，并在相关学科的思想方法和研究成果指导下设计以促进学生的有效学习为目的的计划和行动方案。三是指教学设计要具有一定的预设性，即教学设计是在分析教学背景的基础上形成的促进学生有效学习的方案。这一过程并非直接面对具体的教学情境，而是基于对一般性问题和相关理论的预案，虽然与实际的教学情境可能会有所不同，但若在动态的、情境化的教学活动展开之前没有预设，教学活动可能是缺乏导向的、散乱的，因而难以促成学生的有效学习。

（二）现代性

现代性是指教学设计观念的现代性和技术的现代性。其中，教学设计观念的现代性是指，教学设计者在设计过程中要以现代的学生观、知识观和教学观为设计理念，把学生看作有生命意识、社会意识、独立人格和有潜力的人，他们在与环境交互作用的过程中构建出知识，而教学则是课程创生和开发、师生积极互动并发展的过程。教学设计技术的现代性是指，在教学设计中要充分利用现代信息技术，如多媒体、网络等，及时准确地获取和把握教学设计所需要的资料信息，生动灵活地创设学习情境。

（三）开放性

开放性是指教学设计具有生成性和情境性，即教学设计虽是对教学目标、实施、评价以及完善的预设，但不能囿于预设，而应该根据教学的实际情境灵活变化，在具体情境中生成适宜的方案。这就要求教学设计将目标定位于更大的社会价值范围，无论在教学设计技术的应用还是教学设计结果中都能留出足够的余地，以利于教学适应独特、复杂与变化的具体情境。

（四）系统性

系统性是指以系统的思维方法为指导进行教学设计，从而使之具有整体性和全局性。教学设计要把教学看作一个系统，既要重视社会大系统给学校提出的人才要求，充分考虑和利用社会系统提供的教学资源，如教师自身的素质、教材、设备设施等，又要重视教学内部系统的作用，认真考察教学系统内部教师、学生、教材和环境条件等相对静态的构成要素，充分研究教学目标、教学内容、教学方法、教学媒体、教学组织形式和教学效果等动态性过程要素，使其能够在相互依赖、相互制约的过程中彼此协调以达到系统作用的整合效果。为此，教学设计需要运用系统理论的思想和方法，把教学作为一个整体来进行设计：按照教学本身的系统性，既考察教学与其外部系统多种要素之间的关系，确定教学活动发生和展开的可能条件；又在系统中考察教学的各个构成要素，从各要素的相互作用中寻找规律性，以发现教学内部要素的优化条件，促成从外到内整体的教学设计的完成，切实做到教学设计既关注从教学目标到实施再到评价和完善的系统过程，又关注教学设计中具体细节的处理。

三、教学设计的过程

教学设计既然是一个系统工程，就不可能有一个适用于整个设计过程的普遍性方法，教学设计的方法根据设计的内容、对象而有所不同。

由于设计取向不同，教学设计一般有三种模式，即认知取向的教学设计模式、行为取向的教学设计模式与人格取向的教学设计模式。不同的教学设计模式反映不同的教学设计理论和理念倾向，这实际上是对教学设计操作的一种宏观层面的规范，而不是表达教学设计的具体流程。然而，就教师而言，在一定的思想理念的指导下，更重要的则是进行微观层面的教学设计，即关涉教学设计的一般程序。为此，本章在兼顾多种教学设计模式的基础上，以系统思想为根本指导，认为教学设计的一般过程是：教学背景分析—教学目标设计—教学过程设计—教学评价设计。

（一）教学背景分析

教学背景分析是对教学展开的条件或前提进行分析，主要包括学习需要的分析、教学内容的分析和学生情况的分析。

1. 学习需要的分析

学习需要是指学生的主观学习需要和社会客观的学习需要的综合。前者是指学生作为一个有生命意识、社会意识和独立人格的人所具有的需要，包括学生健康成长和参与社会生活的基本需要；后者是指社会发展对人才的基本素质要求，包括健身、认识自然与社会、审美、社交、了解自我、掌握劳动技能、升学就业等方面。对学习需要进行分析最直接的材料是课程标准，因为课程标准将两方面的学习需要与具体学科结合起来，对学生在一定阶段、学习领域应该和可能的学习提出了统一的基本要求，从学科的角度既体现了社会对人才素质的要求，又反映了学生作为独立个体的主观需求。为此，教学设计首先要研究课程标准，以准确把握学习需要，为后续的教学设计明确方向。

2. 教学内容的分析

教学内容的分析是基于对学习需要的分析而确定的教学内容，并对教学内容进行加工、组织的过程，它为设计教学任务做准备。一般而言，对学科性质定位的分析和解读是教学内容分析的第一要务。教材是教学内容分析的主要材料，因为教材是在课程标准的指导下编写而成的，是课程标准中的要求的具体化，所以，教学内容的分析首先是对教材的分析。为此，教学设计需要对教材内容进行梳理，明确内容的前后联系、深广程度，理解并明晰地把握教材编写背后蕴藏的意图，在把握教材的总体编写意图和编排体系的基础上，明确教学的重点。教师要重视对教学内容的相关资源的开发和分析，如对图书、历史、社会生活经验等蕴含的与教材内容相关的素材的分析，明确这些素材与教材内容的关联度，并确定它们对教材内容所起的补充、完善、拓展或颠覆等作用，从而把握教学中对这些材料的利用度、利用方式等。教师要对教学内容的性质加以归类分析，以便在教学设计时对教学方式和活动做出决策。

3. 学生情况的分析

学生情况的分析是指对学生多方面特点的分析，包括对学生学习风格、发展水平、学习速度、学习起点、学习态度、学习方法与意志状态等的分析。其中，对学习起点和发展水平的分析是基本。学习起点主要是学生已有的基础，包括学生在学校、家庭和社会生活中已经获得的知识与能力基础；发展水平是学生身心的成熟度，只有在一定的身心成熟度上学生方能进行相应的学习。教师只有经过深入的了解和分析，准确把握学生各方面的情况，才能客观地确定教学的起点，把握教学的深度和广度，明确教学的难点，增强教学设计方案的针对性，做到因材施教。

（二）教学目标设计

通过对教学的背景分析，我们可以把握学习的主客观需要，明确教学内容的范围、广度、深度和结构关系，确定教学的起点、难点和重点。这为教学目标设计提供了条件准备。

1. 教学目标设计的理论基础

教学目标设计是指，在一定的教育目标分类理论的指导下，以教学背景分析为基础，确定和表述教学目标的过程。为此，进行教学目标设计首先需要掌握一定的教学目标分类理论。本章仅就当前教学目标设计中涉及的两种基本分类做简要梳理。

（1）三大领域的教学目标分类

教学目标分类是教学目标设计的参考框架，学者们从不同的角度对教学目标进行了多种形态的分类。

美国教育心理学家布卢姆等人的教育目标分类理论主要是教学目标的分类，他们将教育目标分为认知、情感和动作技能三大领域，每一领域又分为若干具有层次关系的阶梯式目标。如认知领域的目标按照由低到高的层级关系具体分为知识、领会、应用、分析、综合和评价六个层次类型；情感领域的目标按照由低到高的层级关系具体分为接受、反应、价值的评定、价值的组织和价值或价值系统的性格化五个层次类型；动作技能领域的目标按照由低到高的层级关系具体分为知觉、准备状态、引导下的反应、机械化、复杂的外在反应、适应和创作七个层次类型。

（2）新课程的三维目标分类

当下我国进行的基础教育课程改革从关注学生整体发展的角度出发，构建了课程的三维目标，即知识与技能目标、过程与方法目标、情感态度与价值观目标。其中，知识与技能目标重视学生基础知识的掌握和基本技能的形成；过程与方法目标重视学生的学习过程经历和思维过程的体验；情感态度与价值观目标注重学生的人生体验，强调学生对自然、社会和自我的关系体验。三维目标虽是分设，但彼此密切联系，相互依存和渗透成为整体，共同促进学生的整体发展。

2. 教学目标设计的原则

设计教学目标要考虑多方面的因素，但基本原则是一致的。

（1）基本性

基本性是指教学目标要紧扣课程标准，反映学科的基本要求，是全体学生应达到的基本标准。它既要切合学生身心发展的基本特点和规律，也要符合社会对人才的总体要求。

（2）整体性

整体性是指教学目标要体现人的整体发展的需要，即涵盖知识与技能、过程与方法、情感态度与价值观等多方面目标，重视并处理好各类目标之间的关系，既加强各类目标之间的内在联系，又妥善处理目标的多维分层问题，做到三维目标协调整合、相互依托。其中，"知识与技能"是经历过程、掌握方法、体验情感、养成态度和形成价值观的基础积淀；"过程与方法"是获得知识、形成技能的保障手段，也是培育情感态度与价值观的手段和途径；"情感态度与价值观"是获得知识和形成技能的动力系统，是过程与方法的维持性系统。三维目标互为起始、过程和结果，因此，教学目标的设计不只是并列式分解，还应在分解的基础上融合为整体，使其在密切联系中相互促进，共同达成对学生的整体要求。

（3）适中性

适中性是指教学目标的难度要适中，既要适应课程内容的要求，又要适宜于学生的成熟水平。教学目标不宜过高或过低，要充分考虑和研究学生的最近发展区，把目标设定在最近发展区上，使学生经过努力、克服困难后能达成目标，即切实做到"跳一跳，摘到桃子"。这样既可以避免因目标过低而难以引发学生的学习动机，又给予学生充分的信心和努力的空间。

（4）明确性

明确性是指教学目标表述要准确、明晰，即目标的行为主体应定位于学生，要对学生的表现、行为等都做出确切的规定。

3. 教学目标设计的过程

明确教学目标设计的条件和原则是教学目标设计的前提。而在此基础上的教学目标设计一般经历如下过程。

（1）确定目标取向

这里的取向是指目标的内容取向。教学目标的内容取向一般有社会取向、学生取向和学科取向。其中，社会取向是指教学目标忠实于社会的需要，致力于促进社会的发展；学生取向是指教学目标忠实于学生个体的需要，致力于促进学生个体的发展；学科取向是指教学目标忠实于学科内容，重视学科的内在体系。在确定目标取向时要综合三种取向，将教学目标定位于借助教学内容，通过促进学生个体的发展而推动社会的发展。目标取向的确定能为具体教学目标的确定指明方向。

（2）确定目标内容

此环节是要经过一系列的分析活动，确定教学目标的内容构成。

首先，要综合教育目的、学生需要和学科内容的特点，明确教学目标的内容领域，即学生应该完成哪些方面的学习任务。

其次，在明确目标内容领域的基础上，就各领域内容进行上下位的具体分解，寻找教学目标体系中较为具体的目标。具体分解过程可以循着如下路线展开：教育目标—课程总目标—学科目标—年级目标—单元目标—课时目标。

最后，结合具体课时的教学内容，采用逆推法进行教学内容分析，确定课时教学目标。具体做法是由要达成的单元目标出发，推出实现这一目标学生应具备的条件（如知识、能力等），再由此条件推出满足条件的次级条件（如知识、能力等）……直至推到教学的起点。

（3）组织目标

此环节是对上一环节确定的较为庞杂的目标内容的整理和组织，以形成具有层次性、系统性的目标整体。这种整理和组织主要包括以下活动。

首先，确定起点目标。这涉及对学生的社会性特征、预备技能和目标技能的分析。如前所述，学生的学习习惯、学习态度、学习方法、成熟程度、班级水平等都会影响学生的实际学习结果。因此，了解学生的这些特点，有助于分析学生可能的学习结果；同时，将学生已有的预备技能同将要达成的目标技能相比较，有助于发现二者之间的联系，从而预期学生可能的学习结果，而这两种学习结果的综合就是起点目标。

其次，目标体系化。这是在分析各项目标关系的基础上，将各项目标组合成具有一定结构关系的体系。具体而言，即是理清各目标之间或平行，或先后，或递进，或相对独立的关系，并将其组织成整体目标，这有助于教学目标有计划、有条理地实现。

（4）表述目标

在确定应有的教学目标之后就是目标的表述环节。具体的教学目标就是学生学习结果的行为表现，所以目标表述是否得当影响着师生对目标的把握和转化程度，影响着教学评价。如何表述教学目标呢？教学目标是具体课堂教学要达到的要求，其表述的总原则是：明确、具体、可见和可操作。在明确、具体、可见和可操作的目标表述原则下，目标的具体表述因目标内容的性质不同而有所不同。但目标内容的性质又不外乎行为性目标和表现性目标。所以，行为性目标的表述需用可见和可操作的行为动词对行为主体、行为对象、行为条件和行为结果等做出明确要求；表现性目标重在学生的体验过程，虽然表述对象仍然是学生的外在行为表现，但由于其内部过程较为复杂，一般采用能愿动词加表现情景的形式加以表述，不强调学生在参与教学活动后应该展示的行为结果，而是确立学生所经历的情景，只规定学生必须参加的活动，无须规定学生从活动中得到什么结果，因为它指向学生个性化的创造性表现。

（三）教学过程设计

教学过程设计是指对具体教学活动过程的设计，它是教学诸要素在一定时空中的协调组合。作为活动过程，教学活动的关键是教学手段，包括以教学内容为主的信息性手段、以教学方法为主的精神性手段等，所以教学过程的设计也包含这些内容和具体教学流程的设计。

1. 教学过程设计的原则

教学过程是教师指导下的学生学习过程，教学过程设计就是对教师指导下的学生学习过程的设计。在这个过程的设计中，我们需要遵循如下基本要求。

（1）合律性

这是指设计的教学过程符合学生的认知规律和学习心理过程。一般而言，学生的认知过程是循着从简单到复杂、从感性到理性、从形象到抽象的过程展开的，教学过程也要符合这样的发展规律，紧扣学生的认知和学习心理过程来设计，以适应并促进学生的发展。

（2）自主性

这是指设计的教学过程要有助于学生的自主学习。教学过程的核心是学生的学习活动，教学过程的设计就要给足学生自主学习的空间，努力使学生在教学过程中充分发挥自己的独立性、主动性。

（3）探究性

这是指设计出的教学过程要有助于学生积极主动地探究问题，能够在此教学过程中积极地展开思维活动，能够不断地给自己提出问题或循着教师引发的问题去思考、探究并解决问题。

（4）合作性

这是指设计出的教学过程能够给学生创造合作的情境和氛围，让学生在分工协作中获得学习成就感，体会到合作的意义、感受到合作的愉快和成功，并由此推动学生积极的实质性参与。

2. 教学内容的设计

教材是教学内容的重要资源，是教学内容的基本素材，而教师是对这些素材以及其他素材进行融合性加工和组织的条件性资源。由此可见，教学内容是教学素材与教师主观加工的结果。因此，教学内容设计需要重视如下问题。

（1）核心知识和能力确定

这是指教师在深入分析和理解教材的基础上，确定教材内容中所蕴含的学生需要获得的核心知识和需要形成和发展的核心能力。为此，教师对教材的钻研需要做到熟、深、透。其中，"熟"即是对教材具体内容非常熟悉，做到了如指掌；"深"即是指对教材内容理解深刻，不仅能对具体内容加以分析和综合，而且能对教材进行整体把握，能够进行结构性理解，还要能从学科的高度、从学科思想方法的层面统领具体内容，确定此学科在具体教材内容中的核心知识和能力；"透"即是对教材内容的钻研结果能做到深入浅出。

（2）教材内容建模

这是指教师基于教材内容的研究，即对教材内容进行序列化、结构化。其间，教师首先需要对教材内容进行区分，包括内容的性质、类型等；其次要明确内容之间并列、递进、包含、因果等联系，确定其在教学内容体系中的上下位关系，以正确安排教学内容的顺序。

（3）学习内容转换

这是指在前两个活动的基础上，教师结合学生的情况，将教学内容转化为学生学习内容的设计活动。在此过程中，教师须以学生的身心发展水平、社会性特征和个别性特征等为依据，对教学内容进行调整和加工，使其成为学生能够学习并获得的内容。

3. 教学方法的设计

教学方法是教学过程中师生为达成教学目标而采用的活动方式和措施。教学方法设计的关键就是教学方法的选用。要选用合适的教学方法，首先必须对常用的教学方法有充分的了解和掌握。

（1）常用的教学方法

教学方法可以根据不同的标准做出不同类型的划分。就我国教学实践而言，常见的教学方法有：语言性方法、体验性方法与研究性方法。

第一，语言性方法。语言性方法是以语言为载体展开教学的方法，主要包括讲授法、问答法和讨论法等。

讲授法，是教师通过语言向学生系统讲授教学内容的方法。主要包括讲述、讲解、讲读和讲演等几种具体方式。虽然这些方式被普遍运用，但因其特点而各有侧重。其中，讲述重在叙述和描述，适用于所有学科的教学和较低段的学生；讲解相对更适用于数理类学科和较高学段的学生；讲读重在阅读、朗读，是边讲边读、边读边讲，主要适用于语言类学科和各学段学生；讲演重在表现，具有煽动性、感召力，主要针对各学段学生的专题性教学内容。

问答法，是指师生通过启发性问题的问与答来进行教学的方法。这种方法强调问题的启发性，即问题对学生的思维具有启发作用。为此，问答法重视教师对问题的内容和表述的精心设计，它深刻影响学生的思维方向、路线、深度和广度，其基本要求是善于提问、精于提问和巧于提问。

讨论法，是指在教师引导和组织下，学生围绕一定的问题各抒己见，以辨明真伪、提高认识的方法。这种方法强调全员的参与，可以采用辩论、小组讨论等方式。讨论法的适用需要重视如下问题：讨论主题具有开放性；讨论要有充分的准备，包括时间、信息资料、人员安排、讨论的启动等；重视引导讨论过程，使讨论始终围绕学习主题进行；适时终止讨论并做出讨论小结，以避免因开放而导致讨论的无休止，并确立正确的观点和认识。

第二，体验性方法。体验性方法是在教师引导下，学生通过直接或间接的体验来获得知识、形成技能、发展情感、养成品德的教学方法，主要包括演示法、情境法、操作法等具体方式。

演示法，是指通过教师的示范直观地展示实验或活动的过程，学生间接地体验并掌握知识、技能和操作程序，从而达成对问题的认识的教学方法。这种方法强调教学的直观性，所以一般会利用相关的教具、模型。因此，在利用演示法时首先需要事先做充分的准备，包括准备演示材料、工具和预演示；其次要做好演示指导，即对学生提出演示过程中需要观察什么、怎么观察、思考什么问题等提示性要求；最后演示要有效配合语言讲授。

情境法，是指教师在创设的教学情境中，引导学生身临其境地感受和体验，从而使学生加深对教学内容的学习和内化的教学方法，包括情感的体验、过程的体验和方法的体验。角色扮演、情境再现、项目完成等都是情境法的具体方式，这些方法重视学生在情境中的直接体验，强调学生在情境中产生的理解和情感共鸣，适用于过程与方法、情感态度与价值观等目标内容的教学。为此，教师需精心创设情境：一是创设问题情境，使学生在情境中能够自然地发现问题、找到解决问题的线索，并能依据这些线索解决问题；二是创设情感体验情境，使学生能在情境中受到感动、产生共鸣，并得以升华。因此，教师创设情境需要密切联系学生的生活现实。

操作法是指教师指导学生运用相关知识解决问题的教学方法，包括实验、练习等具体方式。这种方法强调学生动手、动脑，有利于加深学生对学习内容的理解，有助于学生形成、巩固和提高相关的技能技巧。为此，教师一是需要把握练习的数量、针对性和适当的指导方法；二是重视实验的准备和过程的引导，使之既能真正发挥实验对教学内容的验证性作用，加深学生对教学内容的理解，又能使学生在实验过程中形成缜密的思维特点，养成认真负责的科学态度。

第三，研究性方法。它是指学生在教师的引导下通过独立的探索或研究，学习知识、形成技能与发展能力的教学方法，又称探究法或研究法。这种方法强调学生的探索性、独立性，它是在教师引导下自主分析问题并解决问题的过程，这就要求教师创设出有利于学生探索研究的情境，如为学生创设产生问题的情境，提供相关资料和培训研究方法，指导学生通过阅读、观察、实验、调查、讨论和思考等活动自主发现结果或结论，达到学习的目的。

（2）教学方法选用的原则

在长期的教学实践中，教学方法得到了丰富的积累，这些方法都各有优劣。因此，对教学方法的选用需要综合考虑多种因素。

第一，紧扣教学目标的要求。教学方法的选用要以达成教学目标的程度为依据，使教学方法能够在实现教学目标上具有针对性。

第二，体现教学内容的性质和特点。不同的教学内容需要采用不同的教学方法，教学内容的不同性质和特点要求一定的教学方法与之相适应。

第三，适应学生的特点。教学方法的选用既要考虑是否适应学生的年龄特征，又要考虑学生的个性差异，只有这样才能有效地促进学生的学习、提高学习的效果。

第四，反映教学方法的特点。任何教学方法都有自己的适用条件和范围，包括适用的学科内容、教学对象、时间和场地的要求等，教学方法的选用需要充分了解各种方法的特点才能使教学方法发挥其应有的作用。

第五，结合教师的素养。在考虑教学目标、学生特点和教学方法特点的情况下，教师对教学方法的驾驭能力非常重要，如果教师素养不够，很适宜的方法也未必能够发挥应有的作用、产生良好的教学效果。因此，对教学方法的选用还须考虑教师的能力水平和特点，以保证教师能灵活有效地使用教学方法，达到应有的效果。

第六，综合运用。由于教学是一种动态的、情境性的活动，每一次教学都有其核心教学目标和围绕达成目标的具体内容，这些内容需要适宜的方法来实现，因此，一堂课并非只能孤立地使用某种教学方法，相反，需要考虑多方面的因素，灵活而综合地运用多种教学方法，在相互作用中共同促进学生的学习，正所谓"教有常法，但无定法"。

4. 教学流程的设计

教学目标、教学内容、教学方法等设计最终都要落实到具体的教学活动过程之中。教学流程设计是指将教学各要素统整在连续的活动情境之中，使其彼此作用，共同实现教学目标的过程。它主要涉及教师活动、学生活动、教学目标、教学内容与教学方法等在时间和空间上的组合和安排。其中，时间上的组合主要是指教师和学生进行教学活动的时间顺序，空间上的组合主要是指教师和学生进行教学活动的内容层次关系和展开逻辑。它主要由条目式或表格式文字表述和教学流程图组成。

（1）条目式或表格式文字表述的主要内容

条目式表述首先以"阶段目标+学习活动"的方式预设教学过程的具体步骤，然后对每一个步骤中师生的具体活动加以描述，其中渗入教学方法和教学内容的组合。表格式表述分别以教学目标、任务内容、教师活动和学生活动为表格项目制作表格，然后按教学过程展开的时间顺序对上述项目内容加以描述。这两种表述方式的主要内容基本一致，即教学活动的时间序列、教学目标、教师活动、学生活动、教学内容与教学方法运用等基本一致。

（2）教学流程图

教学流程图是利用一定的图形，简明扼要地勾勒教学流程的具体展开情况。一般教学流程图的图示符号有以下五种（见图4-1）。

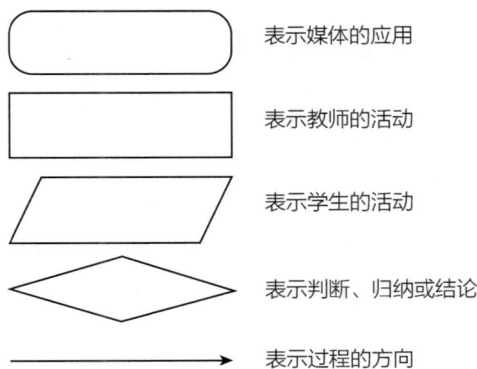

图4-1　流程图示符号

上述图例可以根据教学过程的展开情况进行灵活组合，由此可形成常见的教学流程图的基本形式：示范型、逻辑归纳型、逻辑演绎型、探究发现型、练习型和控制型等。

（四）教学评价设计

教学评价设计是指对具体一堂课或一个教学单元的教学效果诊断的设计和对整个教学

方案评价的设计。在具体的教学实践中，对教学效果的诊断一般是通过即时练习来完成的。为此，教师需要对练习的具体内容、方式等进行设计。对教学设计方案的评价一般是以教师的自我反思来实现的。为此，教师需要通观整个设计方案，分析学生、教学内容、教学方法等，重新审视教学目标、教学内容、教学方法、教学流程等与学生的适应度，兼顾教学其他因素的作用，对已经完成的设计进行反思。

至此，教学设计就到了最后环节——形成教学设计方案，以作为教学过程的实施依据。完整的教学设计方案样式如下例所示。

《最后一课》教学设计

一、学生分析

这是一篇传统的经典篇目，有出色的写作技巧与深刻的主题表现，作者都德是法国 19 世纪后半叶杰出的小说家，作品以普法战争法国惨败、割地赔款这一历史事件为背景。以爱国主义为题材的作品，古今中外不胜枚举，但这篇小说却别出心裁，既没有揭露敌人罪行，也未直接描写法国人民的反抗，而是巧妙地选取一所普通小学中最后一堂法语课来反映尖锐的民族矛盾，把沦陷区人民对祖国的眷恋、热爱和对侵略者的仇恨都倾注在最后一课中。

需要注意的是，这篇文章所写的故事与学生的实际生活有一定距离，初一年级的学生不大容易体会主人公的悲愤与沉痛。同时，因文章篇幅较长，学生容易被故事情节吸引，而忽略了对细节的咀嚼品味和深层次寓意的探究，教师应注意引导。

二、教学理念

1. "长文短教"，抓住文章重点，突出文章精髓。这篇文章的篇幅较长，可学点、可教点较多，教学设计时教师的取舍尤为重要。所以教师应力求抓住主要的内容，突出精华的部分，在有限的课时内达到理想的学习效果。

2. 读写相联系，以读促写作。这篇小说在写作技巧上有许多值得借鉴的地方，如以小男孩为主人公的叙述角度、生动细腻的心理描写和细节描写、诙谐幽默又不乏表现力的语言等。教师在教学时应力求将阅读教学与写作教学有机地结合起来，综合地提高学生的读写能力。

三、学习目标

1. 知识能力目标：①通过听读，了解小说的故事情节；②通过人物的语言、动作与心理活动描写把握人物的思想感情；③抓住重要语句，理解其深刻含义。

2. 情感目标：领会文章中强烈的爱国主义思想和感情。

3. 发展目标：学习本文出色的语言、动作、心理描写，引导学生创新写作，激发学生的想象力，发展其思维能力。

四、教学方法

文献法：指导学生在预习时搜集作品的写作背景，了解作家。

诵读法：通过默读、品读理清思路、熟悉情节，并用简要的语言复述出来。

探究法：在边读边议的过程中，分析人物的思想感情发展与变化，体会人物的内心活动进而理解人物的品质、个性特征及社会意义。

创新法：启发学生展开想象的翅膀，进行写作迁移。

五、教学过程

（一）导入新课——激发兴趣完成积累

一个民族有一个民族的语言，一个国家有一个国家的尊严，学习民族语言就是维护国家的尊严，就是爱国主义精神的具体表现。今天我们要学习的就是一篇反映爱国主义题材的作品《最后一课》。题目为什么叫"最后一课"呢？请同学们跳读，用课文原句回答。（原句在第 11 段中）

作者于 1873 年写下了这篇文章，你知道这段历史吗？本文的体裁是什么？师生交流：本文写于 1873 年，反映的是 1870—1871 年普法战争后发生的故事。

本文作者是谁？都德是法国 19 世纪后半期一位杰出的小说家，一生共创作了 13 部长篇小说，2 部回忆录，1 部剧本和 4 部短篇小说。《最后一课》是都德爱国主义短篇小说的代表作之一。

出示投影仪，检查课前预读情况。

注音：哽（　　）　赚（　　）　踱（　　）　捂（　　）　惩罚（　　）

　　　祈祷（　　）　诧异（　　）　婉转（　　）

（二）听读——整体感知理清思路

1．听读课文，感知主要人物

放录音，学生边听边思考本文主要写了哪几个人物，让学生在听读的过程中去了解。

小结：小弗朗士、韩麦尔先生是本文的两个主要人物，课文正是通过小弗朗士在最后一课中的见闻与感受以及韩麦尔先生的高度民族责任感来表现法国人民深厚的爱国热情。

2．默读全文，说说文章思路

指导学生集中注意力默读全文，不动唇、不指读，边读边思考，了解这篇小说的故事情节。以"最后一课"为重点，让学生分组讨论并用简要的语言表达文章的思路。故事情节可能有如下三种划分方式：

（1）课前、课上和下课；

（2）上学路上、上课之前、上课经过、宣布下课；

（3）上课前、上课时。

小结：以上故事情节的三种划分法都有道理，但比较而言，第一种更为妥当，因为它将故事情节分为三个部分——课前、课上和下课，突出了"课上"的情景；第二种将故事情节分为四个层次——上学路上、上课之前、上课经过和宣布下课，其中一、二部分意思相同，可以合并，都指上课之前，不必单独划开；最后一种划分法将故事情节分为两个部分——上课前、上课时，但不包含"下课"的情景，缺少了故事的完整性。所以课文按第一种分法为好。第一部分（1—10）：写上课前，小弗朗士在路上所见的典型环境和课堂气氛。第二部分（11—23）：写最后一课的经过，重点写了法语课，其次还写了习字课、历史课与拼音课。第三部分（24—29）：写下课时的情景。

（三）品读——体味语言感悟思想

1. 品读小弗朗士的语言、动作，体会心理活动的描写

边读边用笔勾画出人物的语言、动作与心理活动等重要语句，了解人物的思想感情。按小弗朗士的三个思想感情变化分成三组，每组回答一个问题：

（1）从贪玩、不爱学习到热爱法语；

（2）从怕老师到理解、同情并敬爱老师；

（3）从幼稚不懂事到热爱祖国。

小结：小弗朗士是个顽皮的孩子，学习上不严格要求自己，怕老师骂就想逃学。但在最后一课上，他的思想感情发生了急剧的变化。这种变化的原因是多方面的，例如，他原本就不是个坏孩子，他贪玩，但"还能管住自己"；他有一个好老师，韩麦尔先生的一言一行对他有着巨大的教育作用；但更重要的是亡国的惨痛带来的巨大震撼，是"最后一课"的典型环境，是普鲁士侵略者对法兰西人民民族感情的无情伤害，促成了小弗朗士心灵深处爱国主义思想的萌醒。

2. 品读韩麦尔先生的语言、动作与神态等的描写

品读后集中讨论、学生评析、教师小结归纳，可以从以下三个重点问题入手：

（1）韩麦尔先生为什么在最后一课穿上节日盛装？

（2）"监狱大门"和"钥匙"分别比喻什么？整句的含意是什么？

（3）韩麦尔先生的动作、神态表现了他怎样的感情？

小结：韩麦尔先生是一位有40年教学经验的、循循善诱的、受人尊敬的老师。他是一位把自己的职业和祖国命运紧紧联系在一起的爱国者。他怀着巨大的悲痛，穿戴那套只在督学视察或发奖日子才穿戴的绿色礼服和绣边丝帽，体现了他崇高的爱国感情。在对自己工作的深深自责和对阿尔萨斯人的弱点的直率批评中，他高度的民族责任感得到了细腻的表现。他的关于牢记祖国语言的精辟见解，表现出他对战胜侵略者的执着信念。"法兰西万岁"这几个饱含激愤的大字，表现了他对祖国必胜、法国人民必胜的坚定信心。

（四）运用——激活思想创新写作

1. 激活思想

（1）小结全文：这篇小说以小弗朗士在法国沦陷时"最后一课"中的见闻感受为线索，通过人物的语言、表情、动作和心理活动的描写，表现了法国人民崇高的爱国主义精神。

（2）提问：同学们学习了《最后一课》后受到了哪些教育？（要求学生用自己的语言表述）

学生明确：失去国土的法国人民这样热爱他们的民族语言，这样热爱他们的国家！他们伟大的爱国主义精神是永远值得我们学习的！我们要热爱中华民族的语言，我们要热爱中华人民共和国！同时，在写作上，我们要学习本文通过典型环境，运用语言、表情、动作、心理活动的描写突出典型人物的典型性格的写法。

2．创新写作

续写提示：

（1）题目设计为"最后一课之后"。

（2）紧承文末一句话，围绕爱国主义的主题展开合情合理的想象。如愤怒的人们久久不愿离开教室，人们高呼："我们要法语，不要德语！""打倒普鲁士！""法兰西万岁！"……普鲁士兵凶神恶煞地冲进教室，与人们厮打起来……人们含恨离去……几天后，大人、小孩、男人、女人聚集在一起，韩麦尔先生又给人们上法语课……

（3）结构要完整。

（五）教学反馈

1．填空

《最后一课》的作者是法国作家_____，这篇小说描写的故事发生在法国同_____国之间的战争后，法国阿尔萨斯地区遭受普军侵占，小弗朗士在最后一堂_____课上的见闻和感受，表现了法国人民在国土沦陷时的_____心情和强烈的_____精神。

2．选择

（1）对我不上学的原因分析正确的一项是（　　）。

    A．我去得晚，迟到了怕被韩麦尔先生责骂

    B．我热爱大自然，想到野外去玩玩，欣赏春天的美景

    C．韩麦尔先生说还要问我们分词，可是我连一个字也说不上来

（2）上学路上，天气那么暖和、那么晴朗，画眉鸟在树林边婉转歌唱，草地上普鲁士兵正在操练。这些景物描写对表现主题起到的作用是（　　）。

    A．反映了小弗朗士无忧无虑、纯真幼稚的心理状态

    B．描写了阿尔萨斯的美丽风光，使文章更为优美，突出了爱国的主题

    C．为以后小弗朗士思想感情的转变做铺垫

    D．突出了文章轻松的基调，同时写出了小弗朗士是一个兴趣广泛的孩子

3．练习

用"惩罚……懊悔……祈祷"连成一段（或几句）话，表达一个完整的意思。

（六）教学反思

本课是一篇教读课文，依据"读写说"综合教学实验方案的指导思想与原则，本教案在教学中充分突出了学生发展的本体地位，努力实现积累、运用、实践、创新的实验目标，用三个教学板块强调了"读写说"的综合教学。其中，第一个教学板块力图将学生置于阅读的主导地位，以调动学生的积极性和主动性为出发点，让学生边读边议，在听读中理清思路，注重了学生的读与说，如在"默读全文，说说文章思路"这个教学环节中学生必须说，这就培养了学生说的能力。第二个教学板块注重把学习方法的传授落实到具体的课文分析中，使学生掌握阅读分析的方法，达到"教是为了不教"的教学效果。而第三个教学板块中"激活思想"这一教学环节注重了对学生情感的引导与培养，使教材的思想性得以充分体现；"创新写作"则将学生的语言运用能力置于实践中，发展了学生的智力，开启了学生创新思维的源泉，真正突出了"写"的重要性。根据本教案教学，我发现学生能大胆表述、勇于思考，有效地培养了学生的整体感知能力，激发了学生的想象力和创造力，为学生形成良好的阅读习惯打下了一定的基础。

[本章小结]

教学设计是课程开发的衍生性活动。课程开发是一个从课程规划到课程实施、课程评价的过程，包括宏观、中观和微观三个内容层次，包括国家、地方和校本三个主体层次，其基本开发模式有目标模式、过程模式和情境模式等。

教学设计是在一定的理论指导下，运用开放的系统方法，对教学的相关因素进行分析，形成促进学生有效学习的资源开发、实施、评价及其完善的方案的过程。教学设计要遵循基本性、现代性、开放性和系统性原则，主要经历教学背景分析—教学目标设计—教学过程设计—教学评价设计等基本环节，并在综合运用多种方法的基础上形成教学设计方案。

总结 >

Aa 关键术语

课程开发
curriculum development

教学设计
teaching design

章节链接

本章主要介绍了课程开发与教学设计，与第三章"课程价值与教学目标"中的教学目标部分有密切的关系，与第五章"课程资源与教学内容"中教科书内容的组织部分有密切的联系，与第六章"课程实施与教学过程"中教学过程的基本环节部分有密切的关系。

应用 >

批判性思考

在课程开发与教学设计实践中，教师真正参与的课程开发是微观层面的，尤其是校本课程的开发。不少教师以为校本课程开发就是编写教材，把教学设计等同于教案编写。正如前文所述，课程开发和教学设计是一个从宏观到中观再到微观层面的连续开发过程，教材编写是课程开发的一个内容结果，课程开发不仅限于教材，还涉及多项内容的开发。开发是一个研究的过程，教案只是教学设计出的具体行动方案，是教学设计的结果；教学设计不仅要求形成教案，而且要有研究和形成这一方案的过程。

您认为课程开发和教学设计的本质是什么？

体验练习

1. 如何理解课程开发？作为一名中小学教师，试着结合你所教的学科开发一门校本课程。

2. 结合中小学的一个具体教学内容，设计一个完整的教学方案。

案例研究

以下是某小学语文教师对《理想的风筝》的教学过程设计。

1. 激情导入，揭示课题。

"同学们，春天来了，你们在这个季节里放过风筝吗？这时候，作者常常不由自主地想起他的老师来。今天我们学习《理想的风筝》。"（板书课题）……面对课题，你有什么疑问吗？（如《理想的风筝》写的是什么内容？谁的理想？什么样的理想？……）

2. 初读课文，整体感知。

①请运用"边读边想"的方法自由读课文，画出自己喜欢的语句和段落，

想一想，你读懂了什么，有不懂的地方请与同桌交流。

②检查、积累字词，理解意思。

③学生读课文，提出问题，教师归纳。

3．再读课文，合作探究。

①找出描写春天景色的语段。

②学习描写刘老师工作和生活的有关语段。

4．品读课文，体会感情。（一个年过五十的残疾老师对生活有着那样纯朴、强烈的爱与追求，一个活泼的少年又该怎样呢？)

5．总结扩展，布置作业。

①默读课文。

②你想对刘老师说些什么？

③教师总结。

④作业：运用课文中的表达方法写一篇以"我最＿＿＿的人"为题的短文。

请运用所学理论对该教学设计进行分析：该设计体现了什么样的教育理念？教师运用了何种教学方法、教学策略？还有哪些不足？

📝 教学一线纪事 ┉┉

让地理课程在动态中创生

在地理课"长江源流概况"的教学设计中，教师考虑到知识点琐碎，要求识记的内容多，在短时间里识记这些互不相关、枯燥乏味的知识对年龄尚小的初中学生而言有一定的难度。因此，教师利用初中学生好胜心强的心理，用游戏的方式设计课堂教学活动，寓学习于活动中。

利用多媒体投影长江水系图，闪现长江干流，指导学生观察长江干流的形状（提示：一波三折，像一条腾飞的巨龙），鼓励学生在白纸上画出长江干流的轮廓。

利用多媒体投影长江水系图，点击长江发源地、主要支流、上中下游分界点、水利枢纽、流经的省区、流经的地形区等，指导学生观察它们的位置和形状，然后对照长江水系图将以上各项内容逐步标注到自己画好的长江干流图上。

将事先准备好的两幅或四幅长江干流图张贴在黑板上，将学生按座次分成两组或四组进行"添枝加叶"比赛：要求学生将前面第二步的内容画出来，把长江水系图补充完整；每组每次去一人在长江干流图上画一项内容，看哪一组画得又快又好。

拓展 >

☕ 补充读物 ||||||||||||||||||||||||||||||||||||||||||||||||||||||||||||||||||||||||||||||||||||||||||||||||||

1　崔允漷 . 校本课程开发：理论与实践［M］. 北京：教育科学出版社，2000.

　　该书以问题解决为导向，全书共分为四个部分——政策研究、理论研究、实验研究和案例研究，系统地介绍了校本课程开发的理论与实践。

2　吴刚平 . 校本课程开发［M］. 成都：四川教育出版社，2002.

　　该书在大量占有国内外相关资料的基础上，从国际背景、理论、操作技术、国外经验、中国化探索以及前景展望等方面对校本课程开发进行了比较详细的阐述。

3　王嘉毅 . 课程与教学设计［M］. 北京：高等教育出版社，2007.

　　该书对课程与教学设计的相关问题进行了系统研究，包括学生发展与课程和教学设计、有效学习与课程和教学、课程与教学目标设计、教学过程的设计以及研究性学习的设计与开展等内容。

4　盛群力 . 现代教学设计论［M］. 杭州：浙江教育出版社，2010.

　　该书详细介绍了当代国际教学设计理论，每一章介绍一位国际著名教学设计研究专家（或者一个机构）的一种代表性理论。该书特别介绍了联合国教科文组织主持的教师信息化素养标准研究构想。

5　［美］R.M. 加涅，W.W. 韦杰，K.C. 戈勒斯，等 . 教学设计原理（第 5 版）［M］. 王小明，等译 . 上海：华东师范大学出版社，2007.

　　该书内容新颖，反映了数字时代的信息技术对教学设计的影响，从系统论的角度提出了教学系统设计的若干模型，重点介绍了 ADDIE（分析、设计、开发、实施、评价）模型，进而从多个角度详细阐述了教学设计的整个过程。

第五章

课程资源与教学内容

【本章概述】

　　课程资源的开发问题是在我国基础教育课程改革日益深入的时代背景下提出来的。随着国家、地方、学校三级课程管理政策的实施，地方、学校和教师也相应地被赋予了一定的课程开发权利，课程资源的开发问题已经成为课程与教学论研究的新的重要领域。课程资源开发有助于促进教师专业水平的提升，有助于促进学生的成长和学校的发展。课程资源开发的方法主要有体验法、探究法、陶冶法、故事法和反思法。

　　教材内容的选择要依据课程目标、学生的兴趣与身心发展水平以及社会发展需要；教科书内容的组织要遵循学科逻辑与心理逻辑的统一、直线式与螺旋式组织的统一、纵向组织与横向组织的统一；教科书内容的呈现要尊重学生的兴趣，具有启发性，有利于促进学生知识的建构。

结构图

课程资源的内涵与分类
- ⓐ 课程资源的内涵
- ⓑ 课程资源的分类
- ⓒ 新课程资源观的基本理念

1

课程资源与教学内容

2 课程资源的开发
- ⓐ 课程资源开发的价值
- ⓑ 课程资源开发的方法

3 教科书内容的选择、组织与呈现
- ⓐ 教科书内容选择的依据
- ⓑ 教科书内容的组织原则
- ⓒ 教科书内容的呈现方式

学习目标

学完本章，你应该能够做到：

1. 明确课程资源的主要类型。

2. 了解课程资源开发的方式与途径。

3. 掌握教学内容有效呈现的方法。

读前反思

课程资源的开发问题是在我国基础教育课程改革日益深入的时代背景下提出来的，随着国家、地方与学校三级课程管理政策的实施，地方、学校和教师也相应地被赋予了一定的课程开发权责。目前，利用和开发课程资源的能力已成为衡量教师教学能力的重要标志。请思考以下问题。

1. 担任教师多年之后，如何避免成为一个只传授教材内容的"课本教师"？

2. 在平常上课的过程中，教师怎样培养自己的课程资源意识？怎样有意识地借助各种资源促进课堂教学？

3. 你平常所使用的教材有吸引力吗？你认为应该如何编写出富有吸引力的教材？

第一节
课程资源的内涵与分类

学习目标

明确课程资源与教学内容的区别。

在新一轮基础教育课程改革中，为了增强课程对地方、学校和学生的适应性，国家不仅设置了包括国家课程、地方课程和校本课程在内的国家基础教育课程计划框架，而且强调学校和教师创造性地实施新课程，形成具有良好适应性的丰富教学模式，而这些课程目标的实现在很大程度上取决于课程资源的状况。可以说，课程资源的作用比以往任何时候都更加重要了。

一、课程资源的内涵

"课程资源"这一概念是在我国基础教育课程改革日益深入的时代背景下提出并为人们所熟知的。2001年，教育部颁发的《基础教育课程改革纲要（试行）》明确提出了要积极"开发并合理利用校内外各种课程资源"，以推进课程改革。

那么，到底什么是课程资源？我们首先有必要从资源的概念进行分析。"资源"一词在《现代汉语词典（第7版）》中的释义为生产资料或生活资料的来源，包括自然资源和社会资源。资源有来自自然界的各种实物，如山川河流、矿产生物，也有人类社会文明的产物，如知识、风俗；有看得见、摸得着的物质存在，也有非物化形态的客观存在。教育资源是构成教育系统的基本因素，是教育系统中支持整个教育过程，实现一定教育功能的各种资源。教育技术学研究认为，学习资源是学习者进行学习的物质基础，是与学习者有意义联系的一切客观条件。这些观点为我们认识课程资源提供了参考。

课程资源的含义是什么？目前国内教育学界主要有以下四种观点：①课程资源是指形成课程的要素来源以及实施课程的必要而直接的条件。[1] ②课程资源是指富有价值的、能够转化为学校课程或服务于学校课程的各种条件的总称。[2] ③课程资源的概念有广义和狭义之分。广义的课程资源指有利于实现课程目标的各种因素，狭义的课程资源仅指形成课程的直接因素来源。[3] ④课程资源是课程设计、实施和评价等整个课程编制过程中可资利用的一切人力、物力以及自然资源的总和。[4]

---

① 教育部基础教育司组织编写. 走进新课程：与课程实施者对话. 北京：北京师范大学出版社，2002：87.
② 范蔚. 实施综合实践活动对课程资源的开发利用. 教育科学研究，2002（3）.
③ 吴刚平. 课程资源的理论构想. 教育研究，2001（9）.
④ 徐继存，段兆兵，陈琼. 论课程资源及其开发与利用. 学科教育，2002（2）.

综合上述对课程资源内涵的阐释，课程资源在构成上应包括形成课程的来源和实现课程的条件两方面要素。作为课程资源的各种要素，有些成为学校课程的因素来源，如知识；有些则为学校课程的实现提供了良好的条件，如各种物力资源。此外，并不是所有的资源都能成为课程资源，只有那些进入学校教育情境中，与学校课程联系起来的资源才是现实的课程资源。据此，我们认为，课程资源是指进入学校教育情境中的学校课程的各种因素来源和实现条件的总和，是任何课程得以实现的前提和基础，客观地存在于课程的全过程。

如果把课程资源的存在视为一种像生态系统一样的系统的话，我们就可以勾勒出课程资源系统的大致轮廓，描绘出这一系统的虽稍显粗略却又生动的图景。这一系统是由人、材料、工具、设施、活动五种要素构成的，这些要素有些是在自然环境和社会环境中本身具有的、可直接加以利用的资源，有些是为达成一定的教育或教学目的而特地设计出来的资源。人的思想观念、活动方式，材料的物理特性、化学特性，工具的形态、功能，设施的形状、大小、用途，活动的方式、场所等构成了极为丰富的、可为课程发展所用的资源形态。这样，在不同的地方、不同的学校，甚至不同的学生家庭就会有不同的课程资源。这一课程资源系统的各个要素之间不断发生着信息和能量的转换，从而使资源不断地进行排列组合，生发出无限多样的资源形态。当然，我们可以把世间万物都当作课程资源，但只有可以被引入课程领域的资源才可以被视为现实的课程资源。①

二、课程资源的分类

为了更好地理解和认识课程资源，以利于更好地利用和开发，我们首先必须进一步弄清课程资源的类别，掌握不同类别的课程资源的内在特点。

（一）校内课程资源和校外课程资源

根据来源的不同，我们可以把课程资源分为校内课程资源和校外课程资源。其中，校内课程资源是指学校范围之内的课程资源，包括：校内的各种设施、场所，如图书馆、实验室、学校风景和学校建筑等；校内人文资源，如教师文化、学校历史与传统等；班级文化与管理制度；与教育密切相关的各种活动，如学术讲座、社团活动、文艺演出、体育比赛等。校外课程资源是指学校范围之外的课程资源，包括学生家庭、社区和整个社会中各种可用于教育教学活动的设施和条件以及丰富的自然资源，如公共图书馆、博物馆等。这些都是可以为教学服务的校外课程资源。

由于课程资源的性质与利用的便捷性不同，在校内外课程资源的开发与利用上，应以校

---

① 段兆兵. 课程资源的内涵与有效开发. 课程·教材·教法，2003（3）.

内课程资源为主，以校外课程资源为辅。

（二）自然课程资源和社会课程资源

根据课程资源的性质差异，可分为自然课程资源和社会课程资源。大自然中的一切资源都可以为教学所用，自然界中可以开发利用的资源也是异常丰富的，如可用于生物课程教学的各类动物、植物（学到"花"的结构这一部分，就可以让学生到花园或从家里摘一些鲜花作为课堂观察的资源）；可用于地理课程教学的山地、丘陵、沟壑、大江、小河等；可用于艺术课程教学的自然景观、摄影、图画和优美的电视艺术节目；可用于物理课程教学的各种电器机械设备等。

同样，社会课程资源也是丰富多样的，如图书馆、博物馆、展览馆等无疑是重要的课程资源；城市的布局形象、街道的文化装饰等可以成为陶冶学生情操的课程资源；社会的政治活动、经济活动、科技活动等也可以成为课程资源（如法院、医院、超市、工厂、企业都可以成为学生学习、参观和调查的场所）；影响我们生产生活的民俗、节日、宗教仪式和传统礼仪等也与教学活动有直接的关系，因而也是不可缺少的课程资源。

（三）文字资源、实物资源、活动资源和信息化资源

根据呈现方式的不同，课程资源可分为文字资源、实物资源、活动资源和信息化资源。

书籍以文字形式记录着人类活动的信息，直到今天依然是重要的课程资源。除了教材之外，各个专业领域中的经典作品和名著都是学生需要利用的重要的课程资源。

实物资源具有多种形式：第一类是自然物质，如花草树木等；第二类是人类创造出来的物质，如生产工具、机械设备等；第三类是为教育教学活动专门制作的物品，如标本、教学仪器、教学课件等。实物形式的课程资源具有直观、形象、具体的特点，是常用的课程资源。

活动资源的内容非常广泛，包括教师的言语活动和体态语言、班级集体和学生社团的活动、各种集会和文艺演出、社会调查和实践活动以及师生之间交往等。充分开发与利用活动课程资源，有利于打破单一的课堂接受教学模式，使学生在掌握知识的过程中增进社会适应和社会交往能力，培养参与度，养成健全的人格。

以计算机网络为代表的信息化资源具有信息容量大、智能化、虚拟化、网络化和多媒体的特点，起着延伸感官、扩大教育教学规模和提高教育教学效果的作用，是其他课程资源无法替代的。随着教育现代化进程的不断推进，信息化课程资源的开发与利用已势在必行，它将是富有开发与利用前景的资源类型。

（四）显性课程资源和隐性课程资源

根据存在方式的差异，课程资源还可分为显性课程资源和隐性课程资源。显性课程资源

是看得见摸得着的，是可以直接运用的课程资源，如教科书、计算机课件、教具和自然界与社会中的实物资源等。隐性课程资源是指以潜在的方式存在的对教育活动产生影响的因素。隐性课程资源有两类：一类是以潜在的方式对教育教学活动施加影响的课程资源，如师生关系、学校风气、班级文化等；另一类是未被教育者开发和利用的课程资源，这类课程资源常常被教育者忽视，如社区公共服务机构，包括图书馆、博物馆、科技馆、少年宫、养老院等。另外，校内的一些教育资源，如学校空间布局、校园的美化、教室的装饰也是可挖掘的隐性课程资源。这些课程资源具有隐蔽性、潜在性的特点。

三、新课程资源观的基本理念

随着基础教育课程改革的深化，教育者需要树立新的课程资源观念，才能推动课程与教学高质量发展。具体而言，需要形成如下基本理念。

（一）教材不是唯一的课程资源

与纸张印刷时代的要求相适应，教材一直是我国学校教育的主要课程资源，以至于人们常常误以为教材就是唯一的课程资源，一提到开发和利用课程资源，就想到要订购教材，或者编写教材。但是从时代发展的要求来看，尽管教材（主要是教科书）直到现在依然是重要的课程资源，但它不是唯一的课程资源，而且其相对作用呈减弱的趋势。所以在认识上要打破教材作为唯一课程资源的认识局限，合理构建课程资源的结构和功能，即使在教材的开发和建设方面，也需要进行结构性的突破，体现时代发展的多样化需求。[①]

教材是素材性课程资源的重要载体，但其结构单一以及落后于时代要求的问题也很突出。因此，新课程要求教材的开发和利用不能仅仅局限于学科知识，应有利于引导学生利用已有的知识与经验，主动地探索知识的发生与发展，以利于培养学生的创新精神和实践能力、收集和处理信息的能力、获取新知识的能力、分析和解决问题的能力以及交流与合作的能力，同时也应有利于教师创造性地开展教学活动。教材应符合课程标准的要求，遵循学生的心理发展特点，精选学生终身学习必备的基础知识与技能，从学生的兴趣与经验出发，及时体现社会、经济、科技的发展，尝试以多样、有趣、富有探索性的素材展示教育内容，并且能够提出观察、实验、操作、调查、讨论的建议。现代信息技术的飞速发展和网络技术的广泛应用给学校教育带来了新的发展机遇，也使学校教育面临严峻的挑战。学校课程以及课程内容的载体（特别是教材）将越来越不是学生学习的唯一渠道，课程与教材的内涵与外延将发生越来越大的变化。显然，把教科书当作圣经一样来解读是陈旧的、过时的观念。今

---

① 吴刚平. 中小学课程资源开发和利用的若干问题探讨. 全球教育展望，2009（3）.

天的教材已经不仅仅是学生课桌上的书本，那些有利于学生学会学习、学会思考、学会合作、学会创新和发展的资源在新的教育价值观的引导下，将会逐步占据主导地位。课程资源结构的重点在发生变化，学校成为课程资源开发的重要力量，网络资源异军突起，这些都为课程资源结构的优化提供了动力。

（二）教师自身是重要的课程资源

米勒认为，教师应该是课程的创造者。为了证明他的观点，他引入了"教师作为研究者"的概念。教师作为研究者就是让教师以研究者的身份关注自己的教学实践，以批判反思的眼光进行课堂研究。因此，这是一种"反思性实践取向"的研究，教师在某种意义上是作为课程创编者而起作用的。教师不仅决定课程资源的鉴别、开发、积累和利用，而且教师自身就是一种重要的资源。

1. 教师的生活体验

长期以来，教师的生活体验很少被纳入课程研究的视野，事实上，它是一种特殊的课程资源，在课程运行中具有不容忽视的价值。

体验在汉语中有三种解释：亲身经历，实地领会；通过亲身实践所获得的经验；查核、考察。也有词典直接解释为：通过实践来认识周围事物；亲身经历。体验是许多研究领域关注的对象，哲学、心理学、美学、教育学等分别从不同的角度对其进行了研究并做出了相应的界定。从体验的发生、过程、时间和结果来看，体验首先是人的亲身经历，是人对某些活动、情境的亲自参与或融入；其次，这种参与中必然伴随着人的内心感受、体会及相应的思想、情感；最后，人在经历之后往往会有意或无意地回顾自己的经历，对其进行品味、分析、思考并形成一定的情感、判断和认识。也就是说，体验是亲身经历、参与的生活事件，是经历过程中的内心感受和经历后的体悟与反思的统一体。事实上，体验就是人的生命历程，是生命存在的一种方式。

教师的生活体验就是教师的生活经历及对它们的体悟、思考和认识，包括教师的生活事件、心理、行为历程和思想感悟。根据存在的状态，我们可以把它分为彼此关联的四部分：①事实层面。即教师的生活经历及当时或之后的所为、所想等基本事实，是存在于教师记忆中的"历史"，他们是教师形成意义体验的基础。②表象层面。即教师在现实生活中通过言谈举止、为人处世等有意或无意地展示出来的部分，是教师生活体验积累结果的外部显现。③语言层面。即教师对自己的生活体验进行的口头或书面的描述或总结概括，它是对教师生活事实及意义体验的表达。④意义层面。即教师对自己的生活事实反思后的理解、意义阐释及形成的感悟、认识或价值观念，是教师身心投入地对自己的生命历程进行自觉观照思考后的理性概括，是教师对事实层面体验的升华，是其表象与语言层面体验的思想根源，即教师理念层面的"真我"。这四部分是有着内在逻辑联系的统一体，它们共同构成了教师完整的生活体验，构成了教师的生命整体。①

2. 教师的文化素养和人格修养

教师的文化素养主要体现在教师对教材的活化使用上。专业教师对自己所传授的学科知识有全局的把握，并且能够准确地掌握每一部分知识在全局中的地位；了解该学科发展的历史趋势及推动其发展的因素；了解该学科对社会、人类发展的价值以及在人类生活实践中的各种表现形态；能够把学科知识和人类关系与现实世界的关系联系起来。因此，教师可以根据自己对教材的理解，使教学内容不局限于教材，在突出重、难点的基础上，把教学内容生活化，并且根据学生已有的水平、学生的兴趣爱好与学生的个性特点设计出不同的课程来完成教学目标。

教师本人的品德和人格修养也是重要的课程资源。品德又可以分为品质和德行。教师是学生的榜样，教师的教学形象、言语形态、人格力量和情感品质都是学生模仿的对象，因此，培养学生良好的品德修养往往要从教师做起。一名具有良好品德修养的教师能够在不知不觉中为学生营造出一个富有品德的氛围，最终把自己的品德（包括德的知识、德的情感、德的意义、德的信念与德的行为）内化为学生的素质。

（三）学生也是重要的课程资源

在传统课程观中，学生一直处于被忽视的地位，不少教师在潜意识中仅把学生当作"容器"来看待。巴西教育家弗莱雷如此描述这种课程观：学生是仓库，教师就是储蓄者；教师发出公报，进行储蓄，学生耐心地接受、记忆和重复，师生之间缺乏交流，这就是"银行式"的教育概念。在这种教育概念的支配下，学生活动被允许的范围至多只是接受、归档和存储教师所存放的东西。就这样，学生在课程实施中的能动性被忽视与荒废掉了。如果没有学生这一课程资源的广泛支持，再好的课程改革设想也很难变成现实。学生作为重要的课程资源，主要表现在以下四个方面。

1. 学生的生活经验

学生对生活的直观认识在进行正规的学习之前就已经存在了，而且他们也积累了许多生活经验，这些真实的生活经验是学生课堂学习的坚实根基。陶行知指出："没有生活作中心的教育是死教育。"② 也就是说，把知识和学生经验结合起来的教学才是有价值的，教学无法脱离学生的经验。建构主义学习观认为，学生会基于自己的独特经验对外部信息进行选择和加工，并对新的信息进行编码，建构他们自己的理解，并赋予经验以意义。因此，教师在教学设计和实施时均要考虑与利用学生的生活经验。

---

① 赵荷花. 教师的生活体验：一种不容忽视的课程资源. 教育探索，2007（5）.
② 陶行知. 陶行知全集（第二卷）. 长沙：湖南教育出版社，1985：289.

🔊 **教育家语录**

儿童的痛苦与挫折也是一种重要的成长和教育的资源。如果要是一点伤害都不受，不尝一点痛苦就长大的话，我反而会感到苦恼不已……遭受痛苦，是他应该学习的第一要事，也是他最需知道之事……儿童即使跌倒，他也不会摔断他的腿；即使他用棍子打了一下自己，也不会打断他的胳臂；即使抓着一把锋利的刀子，他也不会抓得太深，弄出很深的伤口……我从来没有听说过哪一个孩子仅凭自己的力量把自己弄死了，或者弄成残废了，或者把自己给重伤了。

——卢梭，《爱弥儿》

2. 学生的兴趣与爱好

杜威说："兴趣标志着在个人与他的行动的材料和结果之间没有距离。"[①] 美国心理学家布鲁纳也认为，学习最好的动力是对学习材料的兴趣。兴趣是对学习内容的一种认识的倾向，是学生学习的动力，是学习积极性中最现实和活跃的心理成分，它能够调动学生学习的积极性。当一个学生对某一学习内容发生兴趣时，他总是能愉快、主动地去获取知识。因此，兴趣对于新知识的建构和有意义学习的达成具有一定的促进作用。教师应关注学生的兴趣与爱好，注意培养其学习的直接兴趣及间接兴趣。

3. 学生的思维差异

思维是人脑对客观现实概括的和间接的反映，它反映的是事物的本质和事物间规律性的联系。皮亚杰的认知发展理论认为，学习是一种认识过程，在这个过程中，个体知识的获得其实就是原有知识不断同化新的知识，从而形成新的认知结构的过程。新旧知识在头脑中发生积极的相互作用和联系，导致原有知识结构的不断分化和重新组合，使个体获得新知识。由于学生个别差异很大，带有不同的经验，受不同环境的影响，他们原有的知识结构就存在很大的不同，而且新旧知识在不同个体的大脑中相互作用和分化组合的程度也不尽相同。因此，学生在思维上必定存在差异性。从某种层面上说，教学就是引导不同思维的碰撞，促使教师和学生从不同角度思考问题。他们可以在不同思维的交流与对话中取长补短，拓宽视野，扩展思维。因此，在教学中，教师必须充分利用这种有效资源，照顾到学生的思维差异，提出具有针对性的措施，将学生的思维差异转化为一种课程资源。

4. 学生的错误

学生的错误是学生在认知过程中的偏差或失误。尚处于生长和发展中的学生犯错误是

---

① ［美］约翰·杜威. 学校与社会：明日之学校. 赵祥麟，等译. 北京：人民教育出版社，2004：172.

不可避免的。实际上，学习就是一个产生错误、发现错误、认识错误、改正错误的过程。在这个过程中，学生获得新的知识，提升认知能力。波普尔曾指出：如果不敢去碰几乎不可避免错误的那种困难问题，那就不会有知识的增长。① 可见，错误也是实现知识增长的重要动力。因此，学生的错误也是一种很好的课程资源，善于发掘并利用学生各种各样的错误会给教学带来勃勃生机和活力，同时也会促进学生的认知和发展。

第二节
课程资源的开发

学习目标

了解课程资源开发的价值与方法。

课程资源开发实质上是探寻一切可能进入课程、能够与教育教学活动联系起来的资源，在课程目标指导下由各个开发主体进行的一种教育活动。在新课程理念下，课程资源开发成为学校活动的重要内容。如果学校只是机械照搬和实施预定课程，而没有学校和教师的创造性开发，就没有学校教学的创新，就没有教师的专业成长，也不可能有学生生动活泼地发展。因此，课程资源开发具有多重价值。

一、课程资源开发的价值

（一）促进教师专业水平的提升

教师参与课程资源开发能促进教师的专业发展，因为介入课程资源开发以后，教师会面临新的教学观念、材料和策略的挑战。让教师参与课程开发能增进教师对学校课程乃至整个学校的归属感，可以提高教师的士气，提高教师的工作满足感和责任感，使教师对教学工作有更多的投入。从某种意义上说，课程的变革过程不仅仅是变革教学内容和方法的过程，而且也是变革人的过程，是促进教师专业成长的过程。

1. 促进教师的精神、观念成长

课程资源开发是教师专业发展的重要途径。有研究者认为，教师参与课程开发为其自身精神领域、知识领域、技能领域的提高提供了发展的空间。② 课程开发对教师的精神世界有重大的影响。马克思主义认为，人在改造客观世界的同时也在改造自己的主观世界。课程开发的实践会给教师带来一系列新的观念。

---

① ［英］卡尔·波普尔. 客观知识——一个进化论的研究. 舒炜光，等译. 上海：上海译文出版社，1987：197.
② 傅建明. 校本课程开发与教师专业发展. 教育发展研究，2002（5）.

　　课程资源开发过程实际上也是培养教师专业合作精神的过程。传统意义上教师职业的一个重大特点是专业个人主义，这种特性使教师长期处于孤军奋战的境地。课程开发是教师、校长、家长、学生与社区人员广泛参与的活动，因而必然要求教师与教师之间、教师与校长之间、教师与学生之间、教师与家长之间、教师与社区人员之间、教师与课程专家之间进行广泛的合作，长此以往，自然就有利于教师合作精神的形成和发展。

　　2. 有助于教师的技能发展

　　课程资源开发能促进教师各种技能的提升，主要表现在以下两个方面。

　　（1）有助于提高教师研究能力

　　课程资源的开发本身就是教师参与科研的过程，它要求教师充当研究者的角色。在课程资源开发中，教师不仅要研究学校、学生、自己，还要研究课程制度、课程理论、课程开发方法等；教师不仅要研究问题的解决，还要研究交往、协调的方法等。课程开发强调教师的行动研究，即要求教师思考和系统地评定在一个教室或学校中正在发生什么，从而采取行动去改进或改变某种情景或行为，并用一种不断改进的观点去督察和评估这种行为的结果。在不断追问和思考的过程中，教师的研究能力逐步提高。

　　（2）有助于提高教师的学科教学能力

　　教师参与课程资源开发也可以提高教师的学科教学能力。一般而言，学科教学都是站在一门学科的基础上，若只看到整体课程的一个方面，就不可能对课程有一个总体的把握，而只有站在整个课程结构的高度，才能对所教学科有一个全面的、整体的认识；也只有站在整个课程发展与改革的高度，才能提高自己驾驭课程的能力，从而对所教学科有一个符合学生实际的安排。

　　3. 有助于教师的知识更新

　　教师的知识一般可以分为三大类：本体性知识、条件性知识与实践性知识。本体性知识是指教师所具有的特定的学科知识，如数学、物理、化学、语文、外语等，教师一般在大学学习中获得这些知识。条件性知识是指教师所具有的教育学（包括教育与教学的一般原理、课程与教学的知识、课程评价的知识等）和心理学（教材的呈现顺序、学生的心理、知识的结构等）知识。条件性知识一般是动态的，可以通过系统地学习而掌握，但更多的是在课程实施过程中逐渐地了解和习得，需要动态性地去把握和领会，并在实践中加以发展与加深。实践性知识是指教师在实际的教育教学工作中所具有的关于客观现实的背景知识。这类知识更多的是来自教师的教育实践，具有明显的经验性成分，是教师经验的累积，它只能在教师的具体实践中获得。

　　从知识方面看，实践性知识的获得是教师专业发展的重要标准，其专业发展主要是获得更多的实践性知识。实践性知识的获得主要通过教师对自身教育教学实践的反思，而反思正好是课程开发所特别强调的。这样课程开发本身就为教师实践性知识的获得提供了一个平台。

（二）促进学生的成长

学校一切工作都是以学生发展为中心的，学生的发展指的是全体学生的发展和每个学生的全面和谐发展，涉及知识、技能、智力、能力、情感、道德、审美与个性特长等多方面的内容。学生的良好发展是培养目标顺利达成的重要标志，也是学校办学水平和教育质量的主要指标，而课程的开发将有助于促进学生的成长。

1. 有助于实现学生的"社会参与"

课程资源开发利用有助于实现教学活动中真正的"儿童参与"。传统的儿童观认为：学生在学校的唯一任务就是学习，只有学生学成毕业走向社会之后才能参与社会生活；儿童对知识技能的获得是靠教师的传授；人们要求儿童胸怀未来、关注世界，但对身边的社区、具体的生活环境则可以熟视无睹。课程资源开发的重要价值之一就是要实现"儿童参与"。儿童可以运用各种课程资源和参加各种活动，尽早地参加与自己有关的社区发展的调查、规划、建设之中，参与学校的建设。这样，他们从小就可以去感知和体验人与环境的关系，个人与他人的关系以及个人与社会的关系；他们就可以增强自己的角色意识，理解经济可持续发展、环境可持续发展与社会可持续发展的深刻内涵。他们将不再只是社会生产生活的旁观者，而是积极的参与者，这样就能尽量找回丧失的社区感和用户利益主义，"从小培养他们理性地认识科学、技术、环境规划的意义"；让他们从小学会用合理的方式利用当地资源，提高谋生的能力；从儿童时代就培养他们对地方的感情和对当地环境和社区的热爱。我们熟悉的教育是面向世界而不是面向局部，强调竞争而不是合作，着重成功而不是完成，而且它是抽象的，与丰富的资源没有联系。①"儿童参与"的教学则是充分利用当地可利用的各种课程资源，使学生在探究性的活动中提高观察、领悟和理解能力，认识到人类生存的深层价值，发展自身的创造力、思维力，学会计划、活动、操作、组织等技能，提高综合素质，使他们更好地适应未来的社会。

2. 有助于学生角色的更新与适应

转变学生的学习方式、实现学生角色转换是对现行教学方式和学习方式的扬弃。根据有关专家的比较研究，我国传统的课程功能强调基础知识和基本技能，注重课业成就。因此我国的学生学习刻苦，"双基"扎实，书面考试成绩出色，但批判性思维、创造精神、实践操作能力较弱，远不如一些西方国家的学生。中国学生习惯在教师的指导和带领下做事，他们能够把教师布置的一些具体任务完成得非常完满，但离开了教师则显得不知所措，无所适从。这种情况与我国学生在长期的学习活动中所处的被动角色有关，接受式教育使他们养成了依赖型、服从型、被动型、接受型的性格。在新的课程开发理念和课程开发实践中，学生

---

① ［英］罗杰 A. 哈特. 儿童参与——社区环保中儿童的角色与活动方式. 贺纯佩，等译. 北京：科学出版社，2000：174.

将逐渐成为自主学习者、知识探究者、合作学习者和社会实践的积极参与者。

（1）自主学习者角色

传统课堂教学模式基本上是灌输—接受，学生的学习方式基本上是听讲—背诵—练习—再现教师传授的知识。老师讲，学生听；老师念，学生记；老师提问，学生回答；老师出题，学生完成。在这样的教学活动中，学生一切听从老师安排，完全处于被动接受的状态，学习方法机械、呆板，独立意识和创造精神受到压抑。新课程改革强调要"改变课程实施过于强调接受学习、死记硬背、机械训练的现状"，倡导学生主动学习。新课程改革更强调学生要成为一个自主的学习者，自觉地担负起学习的责任，不断挖掘潜在的独立学习的能力。对于学习目标的确立、学习内容的选择、学习活动与学习进度的设计、学习结果的评价等学习过程的各个环节，学生有参与决策甚至自主决策的权利。

（2）知识探究者角色

探究，就是探索、研究，意思是多方寻求答案，解决疑问，探求事物的性质、发展规律等。学校课程实践中的"知识探究"活动与"教师讲授，学生听讲"这一经典的教学实践活动相对立。在传统的教学活动中，学生主要进行背诵、记忆。文科自不必说，理科也是采取题海战术，在做大量习题的基础上加深印象、形成模式、烂熟于心，其结果是探究兴趣全无，创新意识被禁锢。而课程资源的开发必然要求学生自主探究。在探究过程中，学生就会逐渐培养良好的学习方法、思维能力和探索精神。在教师的指导和帮助下，学生通过观察、实验、操作、调查、信息搜集与处理、表达与交流等探究活动，自主寻求或自主建构答案、意义或理解。

（3）合作学习者角色

课程资源开发需要学生的支持、参与和合作，它特别对合作学习提出了更高的要求。合作学习指的是学习的组织形式，是指学生在小组或团队中为了完成共同的任务有明确责任分工的互助性学习，它相对的是"个体学习"。合作学习被西方教育学者称为"近十几年来最重要和最成功的教学改革"。它在促进学生知识和技能的获取、情感和态度的发展等方面具有显著的教学效果。在课程资源开发和利用中，学生通过合作共享知识信息，全员互助共同处理问题、解决过程中遇到的各种困难。同时，合作学习将个人之间的竞争转化为小组之间的竞争，有助于培养学生的合作精神、团队意识和集体观念，促进学生间良好人际关系的形成。

（4）社会实践的积极参与者角色

在传统教学体制下，迫于升学压力，许多学生所学内容往往只限定在课本和考试范围内，活动空间只限定在课堂和学校。大量的作业和练习挤占了学生所有的课余时间，"两耳不闻窗外事，一心只读圣贤书"，他们没有机会接触社会、思考人生、了解世界。针对这一状况，新课程突出强调课内、课外有机结合，强调加强课程内容与学生生活以及现代社会和科技发展的联系，沟通学校教育和社会生活的联系，把教育扩大到学校以外的、与学生实际生活有关的各种环境中去。为此，学生必须由闭门读书的学子向社会生活的积极参与者转变。他们必须树立"在生活中学习，通过生活学习，为了生活学习"的理念。在课本知识的学习中，学生要注重理论联系实际，使理论知识的学习更好地、更密切地与现实生活、与自己的生活经验联系起来，从而更加深刻地理解所学知识的生活意义和社会意义。同时，学生还要努力走出课堂、走出课本，走向自然和社会，积极投身社会实践，在实践中了解世界、关注环境、融入社会，不断增强社会责任感，提高运用所学知识解决实际问题的能力。

（三）促进学校的发展

学校办学实力的增强，教育质量的提高，校风、教风、学风的端正，学校优良传统的发扬光大，学校办学特色的形成等都是学校发展的重要表征。学校更新的核心内容是办学指导思想的更新，即需要认真思索和回答"把学生培养成什么样的人？""把学校办成什么样的机构？"等问题，处理好"成人"与"成才"的关系，突出学校教育以"育人"为根本职责的特点。课程开发的理念和实践将会促进学校的更新和变革，将会进一步拓展学校的社会资源，使学校形成鲜明的办学特色，形成浓厚和富有个性的学校文化。

1. 有助于拓展学校的教育空间

课程资源开发利用有助于激发和调动社会力量办学的积极性，调动更多的力量参与学校教育。社会存在着极为丰富的可以开发与利用的教育资源，这些社会课程资源可以分为三类：①人才资源。全国各地离退休的具有高级职称的专业技术人员，大量的在工作岗位的科技人员，特别是学生家长，他们组成了极为丰富的人才资源。②法规资源。包括法律、法规、制度、各种规则、标语等。这些资源有的对课程实施具有直接的作用，有的具有潜在的价值。法规资源参与课程是指学校和教师运用法规为课程活动提供资源保障，确保各种社会资源都能为教育教学服务。③管理资源。包括管理机构及其运作等一系列内容，就是通过管理手段使社会资源直接或间接地、自觉或不自觉地进入课程，参与教育教学的全过程，并发挥积极的作用。学校还可以采用联合、共建等形式利用社会的资金、人才、设备进行实验实习、科学试验等为教育教学服务。这将极大地提高社会力量参与办学的积极性，使他们也能为课程活动服务。现代教育已经成为开放的教育，全民办教育、全社会办教育的理念已深入人心，因此，课程资源开发的主体也将由学校单一型向多元型转变，从而为社会培养大批的人才。

2. 有助于形成学校的办学特色

《中国教育改革和发展纲要》（以下简称《纲要》）指出：中小学"要面向全体学生，全面提高学生的思想道德、文化科学、劳动技能和身体心理素质，促进学生生动活泼地发展，办出各自的特色"。《纲要》还指出：学校"必须从我国的国情出发，根据统一性和多样性相结合的原则，实行多种形式办学，培养多种规格人才，走出符合我国和各地区实际的发展教育的路子"。抓"特色"就是要求学校多样化和个性化发展，这是学校教育改革和发展的一个内在规律。要彰显学校的办学特色，其中重要的策略就是进行课程开发，实现课程的多元化。其中，校本课程开发就是一个很重要的方面。所谓校本课程就是指适合学校实际和学生需要的课程，它强调尊重和满足学生的差异性特点和多样化需求，为学生提供更多的课程选择权利。[①] 多样化的校本课程可以满足学生不同的兴趣、爱好和需要，为学生个性特长的发展提供有利的条件；具有本校特色的校本课程可以使学生分享学校独有的文化传统和课程内容，如校史、校训、校歌等，从而在态度、情感、价值观方面受到熏陶；而以满足学生的实际需要和完善学生的个性为目的的校本课程，能够充分体现学校教育中的人文关怀，能够反映学校"以学生发展为本"的办学理念，能够促进学校教育水平的真正提高。

校本课程是学校自己开发的课程，而且不属于升学考试的范围，教师作为课程开发的主体，参与开发校本课程的系列实践活动，如调查研究、课程资源的开发利用、教材编制、课程实施和评价等，使教师的聪明才智得到充分发挥，并在能动的实践中，更新课程观念，锻炼并提高课程开发及教育科研的能力，增强自主意识和创造精神。校本课程作为对国家课程的补充，强调尊重学校师生的独特性与差异性，融入了学校自己的教育哲学思想，因而有助于学校办学传统和特色的创建与发展。[②] 在追求特色时，学校就会在达到统一要求的同时"求异"，就会认真思索本校的办学宗旨、办学传统和发展路线、学校发展的有利条件与不利条件等，从而找准学校发展的起点和路径，而不是盲目模仿和攀比，这对学校发展有着积极的意义。

3. 有利于形成具有个性的学校文化

学校文化是对现代社会文化反复选择、提炼后加以吸收和统整，并融合了学校科学人文精神和个性特色的一种特殊的现代文化结构。它是学校特有的精神环境和文化氛围，是学校办学理念、办学目标、学校传统、校风校貌的综合体现。学校文化是一所学校持续发展的灵魂，是学校生命所在，只有优秀的学校文化才能孕育出优秀的学校教育。

课程开发实践对学校文化提出了挑战，也为学校文化重建提供了契机，可以说课程开发本身也是学校文化重建的重要内容之一。课程改革中课程开发理念的确立，凸显了学校的自主性和文化性。尤其是学校通过开发校本课程，可以重新审视自身特有的教育资源与环境，并根据本校师生特色，确立自己的办学宗旨和办学理念，明确学校的发展方向，实现有特色的个性化教育。从另一方面来说，学校文化也是课程改革的载体，课程改革的根本依托在于学校文化重建，学校文化的重建是新课程深层次的改革。建设具有新理念、新精神、新制度的新型学校文化是推进新一轮课程改革的根本保证。

---

① 吴刚平. 校本课程开发. 成都：四川教育出版社，2002：68.
② 吴刚平. 校本课程开发. 成都：四川教育出版社，2002：67.

二、课程资源开发的方法

教师要进行课程资源开发首先要确立强烈的课程意识和资源意识。所谓资源意识简单说就是"什么是课程资源"的意识。所谓"课程资源开发意识"是指面对各种资源时考虑它对课程教学有什么价值和意义，怎样才能把它挖掘出来使它为课程教学服务的意识。具有良好的课程资源开发意识是进行课程资源开发与利用的基本前提。缺乏这些意识即使身边存在大量的课程资源，教师也会"视而不见""听而不闻"。同时，教师要有效地进行课程开发还必须借助相应的途径，具备相应的方法。

（一）体验法

从课程资源的角度看，教材无疑是学生知识的重要来源，但教材并不是唯一的知识载体，因为知识最终是来源于实践的。教师完全可以根据课程目标，有针对性地组织学生参与一些实践活动，使学生在实践活动的过程中，自觉地把间接的理论知识与直接的感受和体验结合起来，运用体验法进行教学。体验法以培养学生具有独立、自主、创新等主体精神为目标，以营造教学氛围、激发学生情感为主要特点，以学生自我体验为主要学习方式。体验法力求在师生互动的教学过程中，让学生达到认知过程和情感体验过程的有机结合。体验法通过让学生在一个开放的环境中体验乐趣、体验"生活"、体验自主、体验过程、体验创新、体验成功，通过体验使学生充分感受到蕴藏于这种教学活动中的欢乐与愉悦，从而培养学生的学习情感，培养学生的创新精神和实践能力，从而达到促进学生自主发展的目的。

那么到底如何运用体验法呢？新课程标准中强调体验教学，为此新课程提出了体验性目标，强调"观察""实验""探究""调查""实践""模拟制作"及"设计"等活动，而且强调学生的自身经验，鼓励学生对教科书的自我解读、自我理解，尊重学生的个人感受和独特见解。可见，体验不仅是理解知识的需要，更是激发学生生命活力、促进学生成长的需要。

1. 激情导入，引发体验

认知是产生情感的基础，情感是形成行为的前提。激情导入通过充分展现情景，以情动人，引起学生的注意力及兴趣，让学生以较快的速度进入自主学习的状态，并实现认知目标。

2. 自主探索，尝试体验

学生是学习活动不可替代的主体，又是教育活动中复合主体的重要组成部分，没有学生学习的主动性，没有学生在教学中的积极主动参与，教学就可能蜕变为"驯兽式"的活动。学生主体性发展的最高水平是能主动、自觉地规划自身的发展，成为自己发展的主人，而运用现代教育技术提供的大量图片及事实能为学生创造一个自主探索、尝试体验的环境。

3. 再创情景，互动体验

互动包括"师生互动""生生互动"和"人机互动"。在课堂教学中，教师根据教学和教材的要求，发挥网络媒体的功能对教学信息不断进行调控，让学生一边上机一边学习，既可人机互动进行独立探索及体验，又可以根据自己的学习能力选择不同层次的内容进行学习研究，充分获取信息，还可以通过小组协作进行交流或师生之间交互辅导，充分发挥师生群体与计算机在课堂教学活动中三边多向与多种形式的交互作用，使课堂充满生气与乐趣、充满对智慧的挑战，使课堂焕发出生命的活力，学生的体验得到强化。

4. 巩固延伸，实践体验

学生通过课内和课外的一系列体验活动，自己去感受、去发现、去评价，从不断建构属于自己的知识逐步发展体验学习的能力。"做中学"可以带给学生真实的体验，激发学生实实在在的学习行为，让学生追求实实在在的学习成果。采用这种方式，教师要注意分析课程目标，确定适合学生身心特点的实践活动类型；在实践活动过程中，教师要加强引导并给予活动必要的调控；结束后，教师还应及时组织学生进行个人体验总结。

（二）探究法

课程资源开发利用这种方法改变了以往直接将教材内容"填鸭式"地"倒"给学生的方式。学生通过主动探究性活动作用于多种资源，在解决问题的过程中，学生多方面的能力得到了提高。同时，该模式打破了在课程资源开发利用方面传统的教师主导、学生被动接受的单一格局，师生处于共同协作的地位，教师只是在某方面、某一环节进行必要的指导，更强调以学生为主体。例如，问题既可以是学生自己生成，也可以由教师直接提供；既可以来自学科，也可以源于与学生密切相关的家庭、社区；既可以是针对某一具体学科的问题，也可以是融合各门学科知识的综合性问题。课程资源开发突破了教材的局限，走出课堂，走入学生的实际生活，使学生在问题的探究过程中确立了主体地位，从而转变了以往被动的学习状态。在这一模式中，教师要组织学生围绕一定问题，指导学生通过观察、调查、操作、实验等活动，使学生在解决问题的探究过程中强化创新意识、提高创造能力以及增强合作精神。

（三）故事法

课程开发中的故事法实际上就是故事教学法，也就是教师在课堂上根据所讲授的内容穿插一些相关的、简明短小的故事，以说明、注解、强调所讲内容，或者干脆就用故事内容代替讲课内容，吸引学生注意，激发学生的听课兴趣，启发学生思考，让学生直接从故事中悟到蕴含的道理、掌握其中的知识技术，这是一种深入浅出、化繁为简、寓教于乐、喜闻乐见的教学方法。故事法特别适合低年级学生的课堂教学，因为故事是儿童认识世界的门户，它对孩子的吸引力是无穷的。故事有很多，如童话故事、寓言故事、社会生活经验小故事、英雄人物故事、科学家故事、益智故事等有教育教学价值的故事，喜欢听故事几乎是从幼稚园小朋友到中学生的普遍心理。

不过，在实际运用这一方法时必须注意以下问题：①所用故事必须具有较强的针对性。教师讲述的故事不能脱离教学内容，讲述要简明扼要，一开始就要把学生的思路带入一个新的知识环境中，让学生对所要学习的新内容产生认识上的需要。②故事教学一定源于教材、超越教材、回归教材，故事教学万不可甩开教材。教材上有的重难点，故事中要以丰富的情节予以展现，要注意内容和形式的完美结合。③要对教学内容有一定的启发性。讲述的故事要对学生接受新内容有启发性，讲述时应从学生的知识、能力、思想实际出发，采用揭示矛盾、设置悬念、提出问题等方法，从生疑、质疑入手，让学生能由此想到彼、由因想到果、由表想到里。④讲述要具有科学性。科学与否要看它是否能引起学生对新教学内容的注意，是否激发了学生对新教学内容的理解。在讲述语言的设计上要讲究科学性、生动性和幽默性，使新课一开始就能够紧扣学生的心弦。

值得注意的是，在课程资源的利用和开发中，故事法只是一种补充形式，不是每节课都可实施，要区别对待。而且利用故事推进教学要求教师丰富自身的知识，只有知识储备量丰富了，故事的选材才会更灵活，教学也就更得心应手。

（四）反思法

在新课程的理念下，教师自身就是一种重要的课程资源。课程资源的开发不仅仅要关注教材和学生，更要从教师自身着手，特别是要加强教师的自我反思。过去的教师处在被研究者地位，现在教师要成为研究者、成为反思性的实践者，把自己作为研究的对象，研究自己的教学观念和实践，反思自己的教学实践，反思自己的教学观念、教学行为以及教学效果。通过反思、研究，教师不断更新教学观念，改善教学行为，提升教学水平；同时形成自己对教学现象、教学问题的独立思考和创造性见解，使自己真正成为教学研究的主人，提高教学工作的自主性和目的性，克服被动性、盲目性。学会反思是每个教师职业成长的必经之路。

同时，反思不仅有利于教师的个人成长，也为教师集体备课、资源共享、交流体会提供了一个具有实际意义的信息平台。因此，在课程资源的开发和利用中，我们积极倡导教师写好教学反思。"教学反思"思什么？显而易见，这个问题是值得每个一线教师关注的问题。我们认为，教学反思应该"思"以下两个方面的内容。

第一，思教材。如今，教科书作为教与学的工具已不再是简单完成教学活动的纲领性权威文本，而是以一种参考提示的形式出现，给学生展示多样的学习方法和丰富多彩的学习参考资料；同时，教师不仅仅是教材的使用者，还是教材的建设者。

第二，思学生。在课堂教学过程中，很多老师不喜欢那些插嘴打诨的同学，然而，这些学生的提问和回答可能对教学有着积极的建设性意义。因此在课堂教学中，教师可以将学生的问题记录下来作为以后教学的宝贵素材和资源。

第三节
教科书内容的选择、组织与呈现

🎯 **学习目标**

把握教科书内容选择的依据和组织呈现的原则。

教科书是最重要的课程资源，选择什么样的内容教给学生，这将在很大程度上影响教学的目标和教学的价值。因而，如何选择、组织和呈现教学内容也是课程与教学理论必须关注和研究的重要问题。

一、教科书内容选择的依据

教科书内容的选择并不是毫无目的和没有根据的，而是有目的和有计划的。教科书内容的选择要同时考虑三个要素，那就是课程目标、学生的兴趣与身心发展水平以及社会发展需要。

（一）课程目标

课程内容是为实现课程目标服务的，课程内容的选择应该遵循目标定向原则，即根据课程目标确定课程内容。课程目标作为课程编制过程中首要的组成部分，对课程内容的选择起着指导作用。课程内容的选择必须依照目标，即有什么目标便有什么内容，要让目标和内容取得一致。

（二）学生的兴趣与身心发展水平

课程的基本目标就是促进学生的发展，因此，课程内容的选择必须考虑学生本身的情况，必须以对学生的研究为依据。

第一，学生的兴趣是课程内容选择的重要依据。毫无疑问，课程是为学生服务的，课程内容的选择应该考虑学生的兴趣和需要。课程内容无论如何选择、如何设计、如何实施，最终目的是使学生的潜力得到最大限度的发挥。所以在选择内容时，必须意识到选择出来的课程内容如果不能被学生吸收就失去了其应有的价值和意义；相反，如果选择课程内容时能够注意到学生的兴趣、需要，并尽量与之相符合，就能有利于学生更好地掌握学科内容，有利于学生的乐学。

📢 **教育家语录**

抛弃把教材当作某些固定的和现成的东西，当作在儿童的经验之外的东西的见解；不再把儿童的经验当成一成不变的东西。

教材只不过是精神的食粮，是可能具有营养作用的材料。它不能自己消化；它不能自动地变为骨骼、血和肉。

——杜威，《学校与社会：明日之学校》

第二，学生的身心发展水平与特点是课程内容选择的重要依据。课程既然是为学生服务的，课程内容的选择就要从学生的实际出发，特别是以学生的身心发展水平为依据。现代儿童心理学和发展心理学研究表明，不同年龄阶段的儿童身心发展水平不同，在记忆、思维、想象和语言等方面具有不同的特点，即儿童心理发展具有一定的阶段性特点。例如，与成人相比，儿童在感觉登记的性质和操作上要差些，因为成人在感觉登记时会采用一种序列编码的策略，把感觉登记的信息及时转移到短时记忆中，而儿童则没有运用这种策略。心理学的这些研究都从一定程度上为课程内容选择的容量、深度与广度等提供了科学依据。

（三）社会发展需要

课程一方面为学生发展服务，同时又是教育的核心，体现一定的社会价值。因此，课程内容的选择除了要从儿童的实际出发，还必须考虑社会发展的需要。

学生个体的发展总是与社会的发展交织在一起。教育面对的不仅仅是学生当前的生活，还应该考虑学生未来生活的需要。因此，在选择课程内容时就必须考虑现实社会与未来社会的需求，使学生在未来的社会生活中能有所作为。课程史上有许多课程专家主张课程要依据社会发展需要而定。例如，塔巴（Taba）根据学校的社会功能、社会需要、知识和学科的性质提出了六项课程选择的原则，其中位列第一、第二项的是内容的有效性、重要性与社会现实的一致性。劳顿也认为，确定课程内容选择的标准时要考虑"社会现实"，他提出了三项重要原则：①社会的效用。有些教材如自然科学等将会给人们在复杂的工业技术社会里求得生存提供一个必要的基础。②社会责任感。有些教材如政治学、社会学等在任何民主社会里都具有激发人们的社会和政治自觉性的重要意义。③家长与社会的压力。家长与校外各种团体要求对课程内容有一些发言权。

二、教科书内容的组织原则

教科书在选择一定范围的知识内容后就需要对其进行有序的组织和安排，而为了更系统地教给学生和促进学生更好地学习，也就相应地需要遵照一定的组织原则。具体而言，在教科书内容的组织过程中，需要遵循以下基本原则。

（一）学科逻辑与心理逻辑相统一的原则

教科书的内容是按照学科内在逻辑还是按照学生心理顺序组织是教育史上争论激烈的问题。所谓学科逻辑就是指按照学科本身的系统和内在的联系来组织教科书内容。所谓心理顺序就是指按照学生心理的顺序和特点来组织教科书内容。

学科中心课程的弊端

杜威针对学科中心课程进行了深刻批判：

在学校里，这些学科中的每一门都被归到某一类去。各种事实从它们原来的地位中割裂出来，并根据一般原理重新排列。把事物归了类，并不是儿童经验的事情；事物不是分门别类地呈现出来的……一句话，已经归了类的各门学科是许多年的科学的产物，而不是儿童经验的产物……于是，各门科目提供了一个永恒的和在一般的真理的基础上安排好的世界；在那个世界里一切都是经过衡量的和精确的。因而引出的教训是，不顾和忽视儿童个人的特点、狂想和经验……把每个论题再分为若干科目，把每个科目再分为若干课时，每个课时再分为若干特殊的事实和公式……让儿童一步一步地去掌握每一个这些割裂开来的部分，最后他便经历了整个的领域。

传统教育主张根据学科的内在逻辑顺序来组织教科书内容，强调学科固有的逻辑顺序的排列。按照学科逻辑来组织教科书内容，首先把学科内容按照内在的逻辑顺序安排成若干组或若干类，之后学生便按照这样的顺序进行学习。例如，地理课教材，在教材开篇，首先要说明学习地理学科的意义，由此将地理同其他学科区别开来；然后，从比较简单到比较复杂的单元，提出科学的抽象名词，如极地、赤道、黄道、地带，一个一个地加以说明并做出定义；之后再以同样的方式提出更具体的事实，如大陆、岛屿、海岸、海角、岬角、地峡、半岛、海洋、湖泊、海滨、内海、海湾等。

当然，这种号称"逻辑的"方法并不是完美的，它也会带来一些消极影响：①这种完全按照学科逻辑来组织的教材与儿童已有的经验缺乏密切的联系。学生对所学习的东西缺乏有效理解，往往使其成为单纯形式的、僵死的和贫乏的东西。②容易导致学生失去学习的内在动机。完全按照学科逻辑组织教材往往会导致学生在学习中缺乏内在的动机，不利于学生内在兴趣的培养。这是因为，严格的逻辑形式实际上体现了专家、学者的研究，即传统教材上的定义、划分、分类等是把专家们取得的各种结论加以浓缩提炼而成的，这是把内行专家的终点当成初学者的起点，是极不合理的，甚至是荒唐可笑的。它忽视了儿童在各个发展阶段心理特征、已有经验和认知发展水平的差异。

📢 **教育家语录**

如果不与儿童经验相结合，就可能致使教材成为单纯的形式和符号。从某种意义上说，过高地估计形式和符号的东西是不能的。真正的形式、实在的符号乃是掌握和发现真理的方法……当一种符号是从外界引进的，而不是被引导到原始的活动中去，便是一种空洞的或纯粹的符号。它是僵死的和贫乏的东西。那么，任何事实，无论算术、地理或语法，如果不是从儿童生活中由于本身的缘故占有重要的地位的东西逐渐被引导进去，就被迫处于这种境地……但是，把别人知道的那些事实出其不意地提供出来，一味地要求儿童学习和强记……它始终是折磨心灵的无用的古董，是加给心灵的可怕的重负。

——杜威，《学校与社会：明日之学校》

教科书的呈现要尊重学生的心理顺序，提出这种主张最具代表性的教育家就是杜威。在杜威看来，教材必须利用学习者本能的各种需要或兴趣，以学习者已经具有的经验准备作为起点。对于年幼的学习者来说，教材"应当尽可能地以学生直接的亲身经验，作为统觉的基础"，把新的种种事物和事件同较早的种种经验理智地联系起来。如果教学中一味地强制儿童按学科的逻辑体系一上来就学习概括的、抽象的知识，结果就很容易使学科知识成为远离儿童本能需要或兴趣、脱离儿童已有的社会生活经验的空洞无物的文字符号。而这正是杜威所说的"教育中最大的浪费"，学校的最大浪费是由于儿童完全不能把在校外获得的经验完整地、自由地在校内利用；同时另一方面，他在日常生活中又不能应用在学校学习的东西。那就是学校的隔离现象，就是学校与生活的隔离。

（二）直线式与螺旋式相统一的原则

所谓直线式组织就是把教科书的内容按照线性方式来排列，组织成一条在逻辑上前后直接联系的直线，前后的内容基本上不重复。螺旋式则要在不同阶段上根据课程目标使教科书内容不同程度、不同层次地重复出现。

直线式和螺旋式这两种教科书内容的组织形式在现代教学理论中仍然以不同的方式出现。例如，根据苏联教育家赞科夫的理论，教师所讲的内容不要原地踏步，而要不断呈现新的内容，使学生对教学内容保持较高的兴趣。而在布鲁纳看来，教科书内容的组织应该采用螺旋式方式组织，应该首先向学生呈现学科的基本概念和基本原理，并在以后的学习中不断重复和加深，直到学生掌握这门学科知识为止。

一般来说，在教科书内容组织的过程中，直线式组织与螺旋式组织各有其利弊。就有利方面而言，直线式可以避免不必要的重复，使教学内容一步步深化；螺旋式则容易照顾到学生认识的特点，加深学生对教材内容的理解和掌握。就各自的弱点而言，直线式组织方式的弱点在于不利于学生加深对所学内容的深入了解，而螺旋式组织的弱点在于可能导致学习的进度减慢。

（三）纵向组织与横向组织相统一的原则

所谓纵向组织是指将各种课程要素按纵向的发展序列组织起来。由于人的身心有发展的阶段序列、学科知识有逻辑演进的序列、技能的形成有先易后难的序列，所以教科书内容就有纵向组织的必要，其中"序列"是纵向组织原则的核心概念。传统序列原则可以追溯到几百年前，夸美纽斯曾经指出，要按由简到繁的序列安排学习活动。例如，儿童应在研究本乡本土之后才学习州和国家以及异国的知识，在学习乘法之前要先学加法和减法。

横向组织原则认为教科书内容的组织应该摆脱传统的形式和结构，采用跨学科的方法来组织教科书内容。即横向组织意味着打破固定的学科界限和传统的教材内容，强调广度而不是深度，关心知识的应用而不是知识的形式，通过整合加强学科间的联系，加强教科书内容与个人兴趣和需要的联系，加强课程与校外经验和社会需要的联系。

应该承认，教材内容的纵向组织和横向组织两者之间并不是完全对立的。在教科书的编制过程中，两种方法都有各自的优势，应该合理地运用。

三、教科书内容的呈现方式

（一）内容要生活化

教科书内容在组织的过程中要遵循生活化原则，即将教材内容与社会实践以及学生的日常生活有机联系起来。陶行知批判传统教科书不是为生活编的，是以"文字"为中心而不是以生活为中心的：文字中心之过在以文字当教育，以为文字之外别无教育。以文字做中心之教科书，实便于先生讲解，学生静听。于是讲书、听书、读书便等于正式教育而占领了几乎全部之时间。它使人坐而言，不使人起而行。教育好比是蔬菜，文字好比是纤维，生活好比是各种维生素。以文字为中心而忽略生活的教科书，好比是有纤维而无维生素之蔬菜。吃了不能滋养体力。

教育家语录

没有生活做中心的教育是死教育。没有生活做中心的学校是死学校。没有生活做中心的书本是死书本。在死教育、死学校、死书本里鬼混的人是死人——先生是先死，学生是学死！先死与学死所造成的国是死国，所造成的世界是死世界。

——陶行知，《教学做合一之教科书》

（二）呈现方式应当有利于学生进行知识的建构

教科书呈现的内容应该有较大的开放性和可塑性，尽量避免以绝对权威的面孔出现，应当让学生认识到教科书内容不是绝对的真理和需要去迷信和崇拜的东西。教科书呈现的内容不是让学生被动地不加思考地全盘接受的教条，而是提供给他们需要思考和分析的材料，提供学生了解本学科知识的引子。因此，教科书内容可以允许学生质疑、反思和批判。教科书内容还应该更多地提供给学生一些开放性的问题和可以探究的活动，让学生去反思和探究。关于探究活动的指导，在教科书中可以不做详细的规定，而是让学生自己设计方案，进行探究。但是，这并不意味着教科书可以推卸引导和帮助学生的责任，相关的背景材料、提示和建议仍是必要的，而且是需要精心设计的。这样，学生就可以通过教科书内容的学习以及自主探究活动实现知识的自主建构。

（三）要选择好的语言

教科书的内容不但要有好的内容，也要有好的语言。好的语言，最重要的就是"有意义"的语言。陶行知以20世纪二三十年代的语文教科书为例，批评当时有些教科书内容是用没有意义的文字构成的，如下所示：

甲家书馆	乙家书馆	丙家书馆
大狗叫。	小小猫，	小小猫，
小狗跳。	快快跑。	小小猫。
叫一叫，	小小猫，	快快跑，
跳两跳。	快快跑。	快快跑。

陶行知又以刘姥姥赴贾母宴会时在席上低着头引得大家哄堂大笑的几句话为例，说明语文课应该选择好的语言，如下所示：

老刘，老刘，

食量大如牛，

吃个老母猪，

不抬头。

在陶行知看来，这样现成的好文学在以文字为中心的教科书中竟找不着地位，而"大狗叫，小狗跳"的无意义的教科书居然几百万部地推销出去，所以中国教科书"虽以文字为中心，却没有把最好的文字收进去"。

另外，教科书要选择好的语言还必须考虑语言的"美"，而"美"的语言应该简洁、诙谐、幽默和有艺术感。

本章小结

课程资源开发的成效和水平直接影响着教学的质量。一方面，它可以超越狭隘的教育内容促进学生素质的发展，改进学生在教育活动中的存在方式，让师生的生活和经验进入教学过程，让教学"活"起来；另一方面，它可以改变学生在教学中的地位，使之从被动的知识接受者转变成为知识的共同建构者。此外，它还可以开阔教师的视野，激发教师的创造性，促进教师的专业成长。而教师课程资源开发技能的高低对于转变课程功能和学习方式也有重大意义。

总结 >

Aa 关键术语

课程资源	教学内容	教科书	探究法
curriculum resources	teaching content	textbook	inquiry method

章节链接

本章主要介绍了课程资源与教学内容，与第四章"课程开发与教学设计"中的课程开发部分具有密切的关系；同时与第六章"课程实施与教学过程"中的教学过程部分也密切相关。

应用 >

　　✎ 批判性思考 ⋯⋯⋯⋯⋯⋯⋯⋯⋯⋯⋯⋯⋯⋯⋯⋯⋯⋯⋯⋯⋯⋯⋯⋯⋯⋯

　　　在中小学我们经常见到这样的情形：一旦有公开课、实验课、教研课等，多媒体教学大多成为教师表现的亮点。很多教师认为应用了先进的信息技术，制作了精美的课件就是最大限度地使用了资源。在课件的制作过程中，有很多教师把注意力放在图片的选用、路径的设置和背景音乐等方面，花费了大量的精力，教学资源看上去得到了开发和利用；有的老师欣喜于多媒体呈现的形象化、便捷性，课前用收集到的图片、视频精心制作 PPT 讲义，上课时大部分时间花在"点击式"呈现上，教师沿着课前准备好的顺序，主导着课堂。有的讲授式课堂成为基于多媒体的"教师的独白"，有的讨论式课堂成为基于多媒体的"师生问答"。结构化的课件表面上节省了教学时间，提高了授课效率，实际上是一种新型的"灌输式"课堂，最终导致了学生资源的闲置。

　　　反思：在课程资源开发过程中，应当如何应用多媒体技术，同时注重学生的参与性？

　　🖊 体验练习 ⋯⋯⋯⋯⋯⋯⋯⋯⋯⋯⋯⋯⋯⋯⋯⋯⋯⋯⋯⋯⋯⋯⋯⋯⋯⋯⋯⋯⋯⋯⋯⋯

　　　1. 有学者提出"教师即是课程"的观点。请结合所学知识对该观点进行评析。

　　　2. 请简要阐述课程资源开发的价值。

　　　3. 请结合实例，谈谈教科书内容选择的依据有哪些。

　　🔍 案例研究 ⋯⋯⋯⋯⋯⋯⋯⋯⋯⋯⋯⋯⋯⋯⋯⋯⋯⋯⋯⋯⋯⋯⋯⋯⋯⋯⋯⋯⋯⋯⋯⋯

让语文学习活起来

　　下面是一位语文教师所列的语文教学活动，读完请思考后面的问题。

　　要想把语文教"活"，就得让学生动起来。搞好语文活动就是教活语文，它是提高素质的有效途径。根据本校条件和学生实际，我拟定以下可选择使用的语文活动。

　　1. 早读课前三分钟演讲，年级不同，演讲内容有别：

　　初一上：说故事（日记中的故事，侧重自己）。

　　初一下：说故事（侧重身边）。

　　初二：说诗词（背古诗、释意思、析写法）；说事理（介绍稀罕物、新发现）。

初三：说名言（说……）；说感受（写评论）。

2．语文擂台

每周张贴一份试题，学生"攻擂"答题。

测试题也可让学生自编。也可以是字谜、对对子等趣味题。

3．质疑竞赛：学生就教材质疑，课代表收集后计分，教师解答。

4．段落读写：一节课搞段落教学，一节课进行段落写作练习。

5．每周一测：利用星期天让学生自拟测试题。交换答卷批改。

6．精段赏析：针对文中精段写赏析文字，就语言、写法、内容等谈理解。

7．课外学习小组：以同村邻近同学为单位，结伙共读、讨论、促学。

8．摘录本（浪花集）：摘录政治、历史、地理等教材中的故事、名言等。

9．分组检查：每班分若干小组，任命一名组长负责检查全组作业、背诵默写；小组长的作业由课代表查，课代表的作业由老师查。

10．"我写你读"：同学的日记交换阅读。

11．"我有一悟"（黑板报展现）：语文学习中的感悟。

12．课文名句赏析：写出对课文名句的理解和运用。

13．小说接龙：老师写一个开头，按座位依次接着写续文。

对该语文教师所列的"语文活动"，你有何感受？作为中学语文教师，我们还可以利用和开发哪些课程资源？

教学一线纪事 ‖‖‖

值得一试的"游园式"教学①

我们学校里有一处景点，面积虽不大，却也有些特色：有池塘、小桥、小亭、绿廊、石凳、草坪、翠竹、绿藤、花圃、水杉、翠柏、红枫等。在喧闹的校园里，这里也算是一个难得清静的去处，因此我常常去那里走走。

有一次几个学生见我在这儿闲逛，也一同过来。闲谈的时候，我故意往语文学习上引，我问："这里的景物不错吧？你们看到眼前这些景物，能想起什么诗句呢？"几个学生一边看，一边想，联想到很多相关的诗句，例如："小桥流水人家""乱花渐欲迷人眼""曲径通幽处""天光云影共徘徊"等。我当时的感

---

① 尚庆学．值得一试的"游园式"教学．文学校园，2011（4）．

觉是，身处园林中，再吟诵着这些诗句，真的有一种切身的美妙享受。

这件事给了我很大的启发——这种看看、想想、说说的"游园式"方法能不能用在我们的语文教学中呢？此后，我有意识地做了一点尝试，经常带学生到景点里来，引导他们观察思考，结果很受学生欢迎。我的做法主要有以下几种：①吟诵风景诗；②用简洁的词语来描述各种景物；③从景物的特点上感悟出一种精神或道理；④与景物进行对话；⑤学写咏物短诗；⑥写精短散文；⑦联想诗句。

这位语文教师巧妙利用、开发校园环境资源，促进语文教学，达到了较好的教学效果。这给我们提供了重要启示：课程资源无处不在，我们需要用慧眼去发现。

拓展 >

补充读物

1 ［美］威廉·F. 派纳等 . 理解课程［M］. 张华，等译 . 北京：教育科学出版社，2003.

该书论述了美国课程领域经过"概念重建"之后的发展概况，对"政治课程理论""种族课程理论""性别课程理论""现象学课程理论"等做了全面而透彻的剖析。同时，对课程开发实践的诸多问题等进行了别开生面的研究。

2 韩雪屏，王相文，王松泉 . 语文课程教学资源［M］. 北京：高等教育出版社，2007.

该书共分上、中、下三编。上编概括地说明了课程资源的概念与分类等。中编是对语文课程的基本资源——语文教科书的分类研究。下编是对语文课程相关资源的应用研究。

3 陈国明，张挥 . 信息化环境下中学课程资源的共建共享［M］. 北京：北京师范大学出版社，2012.

该书以教育信息化建设为脉络，串联信息化课程资源共建共享的经验和成果，并以个案的方式具体介绍了学校的特色和做法，从多个角度切入反映信息化课程资源共建共享的历程。

4 吴刚平，李茂森，闫艳 . 课程资源论［M］. 北京：北京师范大学出版社，2014.

该书在课程资源视域下对知识观、教学观、教师观、学习观和评价观进行反思，探讨了课程资源建设的挑战与机遇、从教材扩展到课程资源的开发和利用课程资源的基本思路等内容。

第六章
课程实施与教学过程

本章概述

  本章分为两个部分：第一部分是课程实施，包括课程实施的内涵、取向以及影响因素等内容；第二部分是教学过程，包括教学的构成要素，有效教学与有效教学行为，教学过程的本质与规律，教学模式、方法与策略，教学组织形式和教学工作的基本环节等内容。

结构图

课程实施与
教学过程

1 课程实施

ⓐ 课程实施
的内涵

ⓑ 课程实施
的取向

ⓒ 课程实施的
影响因素

2 教学过程

ⓐ 教学的构成要素

ⓑ 有效教学与
有效教学行为

ⓒ 教学过程的本质
与规律

ⓓ 教学模式、方法
与策略

ⓔ 教学组织形式

ⓕ 教学工作的
基本环节

学完本章，你应该能够做到：

学习
目标

1. 理解课程实施与教学过程本质的基本内涵。

2. 识记并理解课程实施的取向及影响因素。

3. 识记并理解教学的构成要素、有效教学、有效教学行为、教学本质、教学规律、教学模式、教学方法、教学策略与教学组织形式等概念。

4. 能够运用本章所学的关于课程实施的取向与影响因素的理论观点，分析当前我国基础教育课程改革中关于九年义务教育课程设置与实施的缘由。

5. 能够运用有效教学行为、教学本质、教学规律、教学模式、教学方法、教学策略、教学组织形式等知识，结合自身的教育教学工作或身边的教学案例进行反思，并在尝试中不断提高自己的课程实施与教学能力。

读前
反思

读下面两则案例，请试着回答：可以这样上课吗？这样上课与我们熟悉的课堂有什么不同？利弊各有哪些？学生会喜欢吗？教学效果会怎样？这样的课堂需要什么样素质的教师？

　　教育改革是通往未来战略制高点的根本出路，而课程改革是教育改革的重中之重。回顾世界课程改革的历史，有许多轰轰烈烈的课程改革计划不是昙花一现，就是与理想相去甚远，最终以失败告终。究其原因，大多是课程改革的倡导者往往只关注课程改革的蓝图，而忽略了课程实施。因此，为了提高课程改革的成效，我们必须对课程实施与教学进行重点关注和研究。

第一节
课程实施

学习目标

理解课程实施的内涵、课程实施的取向以及影响因素。

一、课程实施的内涵

　　对"课程实施"问题的研究始于20世纪60年代末对"学科结构运动"的反思。目前，对课程实施内涵的看法，归纳起来主要有两种观点：①课程实施是将预期课程方案（课程计划）付诸实践的过程。如有学者认为：课程实施是指把新的课程计划付诸实践的过程。课程实施的研究所关注的焦点是课程计划在实际上所发生的情况，以及影响课程实施的种种因素。[①] 也有学者认为：课程实施是把某项改革付诸实践的过程，它不同于采用某项改革（决定使用某种新的东西），实施的焦点是实践中发生改革的程度和影响改革程度的那些因素。[②] ②课程实施就是教学。这是持"大课程论观"学者的观点。他们认为，课程实施的内涵是教学，只有当教师在课程方案的基础上进行教学，课程才可能得以实施，教学与课程是内在统一的。20世纪的教育研究体现出课程与教学分离的特征，而"课程实施的内涵是教学"就是试图整合课程论与教学论，解决课程与教学分离的困境。由此看来，对课程实施含义的理解，既应该考虑在课程计划付诸实践过程中的种种影响因素（不局限在教学中），又应该考虑到课程实施的主体工作是通过教学来完成的。因此，我们把课程实施的含义理解为：通过协调课程实施中的诸多因素，将课程计划纳入具体教学实践中，通过教师与学生之间的互动，不同层次地落实课程计划的过程。

　　为了更好地理解课程实施的概念，我们需要区分两组相关概念。

---

① 施良方. 课程理论：课程的基础、原理与问题. 北京：教育科学出版社，1996：128.
② 江山野. 简明国际教育百科全书·课程. 北京：教育科学出版社，1991：156.

第一组，课程编制、课程设计（计划、规划）与课程评价。从外部角度来看，课程编制是一个上位概念，包括完成整个课程设计的所有环节；课程设计、课程实施与课程评价是课程编制的下位概念（见图6-1）。课程设计主要是指课程计划的制订，具体包括确定课程目标、选择和组织课程内容以及涉及的相关因素；课程实施主要是实施课程计划，课程计划是课程实施的对象；课程评价考查课程实施的有效性及其教育价值，课程计划、课程实施为课程评价提供内容。

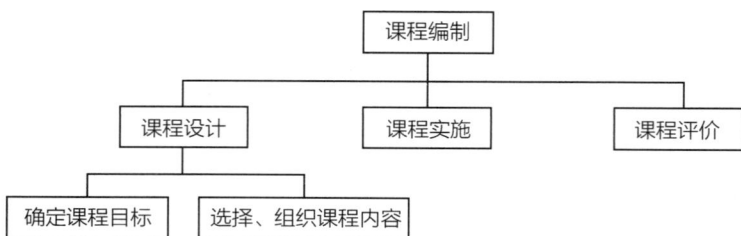

图6-1　课程设计的相关概念关系图

第二组，课程采用、调适与应用。从课程实施内部角度看，课程实施包括课程采用、调适与应用。课程采用指做出使用课程计划的决定，采用不等于完成，采用也有程度限制：有完全严格采用；也有表面上采用；实施过程中不一定完全按照课程计划进行，可以有一定的调整与改变。调适指在初步实施阶段，不断通过反馈调整课程的实施。最终应用的方案才是课程实施的方案。

美国课程论学者古德莱德将课程区分为五个层次，他认为，不同层次的课程具有不同的含义：①观念层次的课程。这是尚处于观念之中的课程，主要由研究机构、学术团体和课程专家所倡导。这类课程是否产生实际影响要看它是否被采用。②社会层次的课程。这是由教育行政部门规定的课程计划、课程标准和教材，也就是列入学校课程表中的课程，即正式的课程。该层次的课程远离学习者，课程目标、教学科目的确定是一个社会政治化的过程，国家和地方经常通过各种政策法规和课程指南来确定教学科目、教学内容、教学时间、教科书和其他材料。③学校层次的课程。该层次的课程被限定于日、周、学期与学年的确定的时间里，通常以学科的形式组织起来。这些学科源于主要的知识和认知领域，对每一学科而言，不同年级有不同的课题和主题。这类课程大部分源于国家和地方确立的"社会层次的课程"，学校有关人员根据学校的特色和需要对其进行选择和修改，由此形成学校层次的课程。④教学层次的课程。这是教师规划并在课堂上实际实施的课程。教学层次的课程既体现了教师对课程的理解，也体现了教师在课堂上对课程的实际运作。⑤体验层次的课程（experiential curriculum）。这是学生实际体验到的课程。尽管经历了同样的课程学习，但不同的学生会获得不同的学习经验或体验。

从古德莱德区分的五个课程层次来看，课程实施如果是自上而下的策略，课程实施的层次就是上述五个层次的依次展开，而课程的最终完成是由教育对象内化了的体验课程来决定，也就是以学习者的学习效果来做判断。

二、课程实施的取向

对于课程实施本质的不同理解，体现了人们不同的课程价值取向，在实践中具体表现为课程实施采取不同的取向。美国课程学者辛德等人在迈克·富兰研究的基础上，将课程实施的取向分为三种：忠实取向、相互调适取向、缔造取向。

（一）忠实取向

忠实取向把课程实施过程看成忠实地执行课程方案的过程。根据这一取向，预期课程方案的实现程度就是衡量课程实施成功与否的基本标准，符合程度越高则课程实施越成功。忠实取向的逻辑思路是一种线性过程，课程专家在课堂外制订课程计划，教师在课堂中实施课程计划，人们根据预先规划的结果来评价课程。如果教师严格按计划教学，则能对课程变革做出公正的评价；如果没有严格地执行课程计划，那么就不能对课程变革做出公正评价，因为它没有被真正实施过。忠实取向认为，课程实施的关键是作为课程传递者的教师能否严格按照预期的课程计划实施教学。所以，在课程实施前应对教师进行适当的培训；在实施过程中应对教师的行为进行有效支持与监督。忠实取向研究的基本问题是预定课程计划的实现程度以及确定影响的基本因素。因此，它提倡以量的研究作为基本方法论，认为问卷调查、访谈、观察以及文献分析等是进行此类研究的有效方法。

（二）相互调适取向

相互调适取向认为，课程实施过程是课程变革计划与班级或学校实际情境在课程目标、内容、方法与组织模式等诸方面相互调整、改变与适应的过程。它又可分为两种倾向：实用性倾向和批判性倾向。前者更接近忠实取向的研究，后者则注重互动和相互影响。相互调适取向把课程变化过程视为一个复杂的、非线性的和不可预知的过程。教师认为课程实施过程中发生的一切都是课程变革中的有机组成部分，教师在课程实施中根据实际情境的需要对课程计划进行积极的改造是课程实施成功的关键。这类研究要求更为宽广的方法论作为基础，既包括量的研究，又包括质的研究。在具体方法上，教师认为个案研究、参与式观察、访谈、自陈式问卷调查以及文献分析是了解实施过程的有效手段。

（三）缔造取向

课程缔造取向也称为创生取向。它认为真正的课程是教师与学生联合缔造的教育经验，课程实施本质是在具体教育情境中缔造新的教育经验的过程。在缔造过程中，设计好的课程方案仅仅是一种课程资源，借助这种资源，师生建构和发展教育经验。而这种经验因师生的价值观、兴趣与个性特点的不同而不同，课程专家无法完全预料和规定。缔造取向强调师生在课程实施中的创造性，但这一取向对教师和学生的要求比较高。它以质性研究为方法论基础，在具体方法上提倡个案研究、深度访谈与行动研究。

三、课程实施的影响因素

纵览国内外关于课程实施影响因素的研究成果，可以将课程实施的影响因素分为宏观因素（如国际教育改革思潮、民族文化传统、国家教育体制、科技发展水平等）、中观因素（如学校教育制度与教学物质条件、课程改革计划与方案等）和微观因素（如课程计划的适切性、学校内部的教学制度与规范、教师素质、学生学习基础特征等）。下面，主要讨论影响课程实施的课程方案、课程实施的主体和文化背景三个方面的因素。

（一）课程方案

成功的课程实施来自切实的课程方案。设计课程方案时要考虑各方面的实际情况和实施课程时所需要的资源，同时，课程方案本身的特点对课程实施也有着重要的影响，所以要注意课程方案设计的合理性。而且课程方案的制订要先于课程的启动和推广。2001 年 6 月，教育部颁布的《基础教育课程改革纲要（试行）》，2022 年 4 月教育部印发的《义务教育课程方案（2022 年版）》，以及一系列学科课程标准等文件就是指导基础教育课程改革的重要方案。

（二）课程实施的主体

课程实施的主体主要为教师、学生和校长，另外还包括各类各级教育行政部门、社会人士和其他专业人员。如在我国的新课程实施中，许多专家到课程改革实验区进行指导，参与课程改革实验。本部分内容主要就教师、学生和校长对课程组织与实施的影响进行分析。

1. 教师

教师是直接的课程实施者，教师参与课程实施的积极性与主动性对课程实施的成败起着重要作用。任何课程理论与方案只有被教师充分理解和转化，才能被合理有效地运用于教学实践，体现其理论与实践价值。在一定程度上而言，没有教师积极主动地参与，课程改革就难以获得预期的效果。

2. 学生

在新的课程理念的指导下，学生作为课程实施的重要参与者和一种重要的课程资源，他们对于课程实施进程的影响也受到越来越多的关注。因为学生对于课程方案的态度会影响课程实施。同时，每一位学生都有不同的人生规划和学习目标，对于课程改革，他们可能有着与课程专家和教师不同的理解。

3. 校长

学校是课程实施的主要机构，学校在课程开发、实施中的地位不容忽视。校长是学校课程实施的领导者，他们对于课程改革的影响正成为许多课程学者研究的热点。校长的影响涉及课程实施的方方面面：①根据新的课程方案，协调国家课程、地方课程和校本课程，规划学校具体实施的课程方案。②选择或自主开发课程内容（教材）。③课程实施规章制度的制定，如教师的任课情况、课时安排与课程的实施步骤等。④提供思想与物质方面的支持。校长是激发教师群体动力的关键，他们能够给予教师实施新课程思想上的支持；校长重视课程实施有助于解决课程实施所需的设备、材料、空间和时间问题，给予课程实施物质上的支持。⑤处理好有争议的课程问题。⑥组织学校文化的建设。课程的成功实施离不开学校合作性文化的建设，离不开校长与教师之间的交流与合作。

（三）文化背景

课程实施的文化背景一般包括课程改革的社会环境、时代特征、人们对课程改革的价值判断和学校社区的文化资源等。

成功的课程组织与实施应对社会环境有敏锐的把握，充分了解社会的结构、传统和权力关系，为课程改革争取有利的政治和经济支持。这部分因素包括国家和地方政策的变化、财政拨款、技术支援与舆论支持等。新课程方案的顺利实施需要得到教育系统之外的各方力量的支持。比如，寻求政府的政策保障和倾斜以及在学校建设、改革经费、用人制度等方面的支持；通过新闻媒介宣传课程改革以获得社会各方的理解和合作。当前，我国基础教育课程改革已经进入深水区，迫切需要进一步创建深化改革的社会文化背景，在政策、经费、全民教育观念、教师人事制度与学校评价制度等方面做进一步的完善与建设，以有效保障与促进课程改革继续前行。

第二节
教学过程

学习目标

了解教学的构成要素；理解教学过程、教学模式、教学策略的含义；熟悉教学的基本环节。

一、教学的构成要素

教学是指教师的教和学生的学所组成的一种人类特有的人才培养活动。教师通过教学活动，有目的、有计划、有组织地引导学生积极自觉地学习和加速掌握文化科学基础知识和基本技能，促进学生多方面素质的全面提高，使他们成为社会所需要的人。

教学可以看作由若干要素组成的一个有机系统。在这个系统中，各种要素各司其职又相互作用、相互联系，构成一个整体，而整个教学过程就是由多个要素相互作用而展开的动态运行过程。其中关于教学构成要素的观点主要有以下五个。

三要素：包括教师、学生、教学内容。

四要素：包括教师、学生、内容和方法。

五要素：包括教师、学生、内容、方法和媒体。

六要素：包括教师、学生、内容、方法、媒体和目标。

七要素：包括教师、学生、目的、课程、方法、环境和反馈。

按照教学诸要素的逻辑关系，有学者认为，教学需要回答以下问题：教学活动为谁而组织？为什么要组织教学活动？教学目的凭借什么去完成？教师怎样根据并运用课程教材促使学生学习，从而达成教学目的？基于此，我们认为教学的基本要素包括六个方面。

第一，教学目标。教学目标伴随着整个教学活动过程。清晰明确的教学目标在教学活动中起着导向、调控、测评与激励的作用。

第二，教学主体。教师和学生是教学过程中既相对独立又密切联系的组成部分。首先，教师和学生是两个相对独立的成分，二者在教学过程中有着显著的差别，各自有着自己的职责和任务，双方不能相互替代。其次，教师和学生又是相互联系、相互制约的。教师的教引导着学生的学，而学生的学又决定着教师的教。

第三，教学内容。在教学过程中，教师对学生的教育影响主要是向学生传递人类已有的科学文化知识，丰富学生的知识与能力，促进学生的全面和谐发展。教学内容的基本载体是课程计划、课程标准、教材、教学参考资料、教学辅助读本与电子文本、练习册等。

第四，教学方法和手段。教学方法和手段是完成教学任务、实现教学目标的基本保障，包括观念形态的教学方法、教学策略、教学艺术等，也包括物质形态的技术手段、教学媒体等。

第五，教学环境。教学环境是影响教学活动的客观条件，一般包括物质环境和精神环境两个方面。物质环境涉及教学场地、教学设备、图书资料与校园环境等；精神环境包括校风、班风、人际关系与教学氛围等。

第六，教学评价。教学评价是对教学过程中教师的教学行为和学生的学习行为及其效果进行价值判断的活动。

二、有效教学与有效教学行为

课堂教学的有效性是我国教学实践中亟须解决的问题，也是近年来课程与教学论领域研究的一个热点。什么样的教学是有效教学？决定课堂教学是否有效的重要因素是什么？怎样才能提高课堂教学的有效性？对这些问题的分析是全面理解有效教学的关键。

"有效"是指一件物品或一项活动达到预期所要的积极的或肯定的结果的程度。"效"有大有小，获得"效"所付出的代价也有大有小。当付出的代价小而获得的"效"大时，我们就说其"有效""高效"。相反，当付出的代价大而获得的"效"小或者获得的不是我们所期望的"效"时，我们就说"低效""无效"甚至"负效"。只要存在教学活动，肯定就存在"效"，只是这种"效"可能是"有效""高效"，也可能是"负效"，但不可能存在绝对的"无效"。现实中，有教师指出某种教学"无效"，其实是指实际的教学效果离我们所期待的教学效果相差太大的情况。

有效教学是指有效率、效果与效益的教学活动。教学效率考虑的是教学效果与所付出的成本之间的关系；教学效果是指教学结果中与预期教学目标相符的部分，它考查的重点是学生，是对教学活动结果与预期目标吻合程度的评价。教学效益是指课堂教学所占用、消耗的资源与取得的有用成果之间的对比关系；教师如果在单位时间内占用和消耗同样的资源，取得了更多的有用成果，则说明课堂教学效益良好，反之则差。概括起来，有效教学是指教学遵循教学活动的规律，以尽可能少的时间、精力和物力的投入，取得尽可能多的教学效果，从而实现特定的教学目标，满足社会和个人的教育价值需求。

教师在教学时会有意无意地追求一种成就感。这种成就感来自学生的成长发展。要获得这种成就感，有效教学与有效教学行为也就成为教师的一种必然追求。

学生的成长发展应该是判断教学行为有效性的根本标准，但是由于学生的成长发展是一个漫长的过程，且影响因素无法精确考量，所以短时间内很难以学生的成长作为判断教学行为有效性的标准。由于教学目标是人们对学生成长质量和规格的表述，所以教学行为的判断应依据教学目标，凡是有助于教学目标完成的教学行为都是有效教学行为。

　　对于有效教学行为的表现和标准，学者们做了深入研究。如有学者在对西方有效教学研究的文献进行归类统计后指出，有效教学研究中出现频率较高的 12 个特点如下（括号内的数字为出现频率)①：清晰的表达（10）；灵活的方法（8）；教学有热情（6）；强调目标与任务定向（6）；能够引起学生的学习兴趣（5）；善于创造良好的课堂气氛（4）；积极利用评价促进学习（4）；对学生有高的期望（4）；课堂管理有效（4）；强调解决问题（4）；善于提问（4）；具有良好的个人品质（4）。

　　对于影响课堂教学有效性的因素，有学者将其分为积极因素与消极因素。积极因素在教师、学生、教学内容与教学环境等方面分别体现为：教师的积极因素通过教师的教育观念、政治思想道德水平、智力和智慧、科学文化水平、教学能力与心理状态表现出来；学生的积极因素通过学生的一般特征、起点能力、学习策略与方法、学生的参与表现出来；教学内容的有效性通过价值取向、内容多少、呈现方法表现出来；良好的教学环境通过物化环境和人文环境表现出来。消极因素主要体现在：教师在课堂上理论脱离实际，缺少实践环节；只重教书，不重育人；教学方法单一，教学气氛沉闷；教育教学观念陈旧。

　　有研究者归纳总结出教师课堂有效教学行为，并以此作为课堂教学有效性的标准，其中，每一种具体行为又细分为不同层次：①在教学目标方面，有效教学的教学目标是有价值，体现高期望，并且清楚、具体、可操作，同时适合学生需要；全面、综合、深刻；具有明确考核内容和方式。②在教学活动方面，教师能够设置教学情境；活动目标明确，与学习内容一致；通过小组活动、师生互动、生生互动来开展，并将活动与作业相结合。③在教师教学能力方面，教师能清晰准确地交流；运用提问与讨论技术；经常变换教学方法；训练学生的学习方法使其具有元认知能力；同时运用教学资源、信息技术进行教学。④在教学反馈方面，教师能为学生提供反馈；与学生经常进行沟通和交流，并能进行课堂反思、课堂评价；通过合适的作业、考试、测验获得反馈。⑤在教学组织与管理上，课堂有明确的课堂纪律；教师能创建一种健康、有益的学习氛围；教师能有效分配、利用课堂时间；能组织与管理教学过程；管理学生行为与物理空间（见图 6-2）。

---

① 参见裴娣娜. 教学论. 北京：教育科学出版社，2007：216-217.

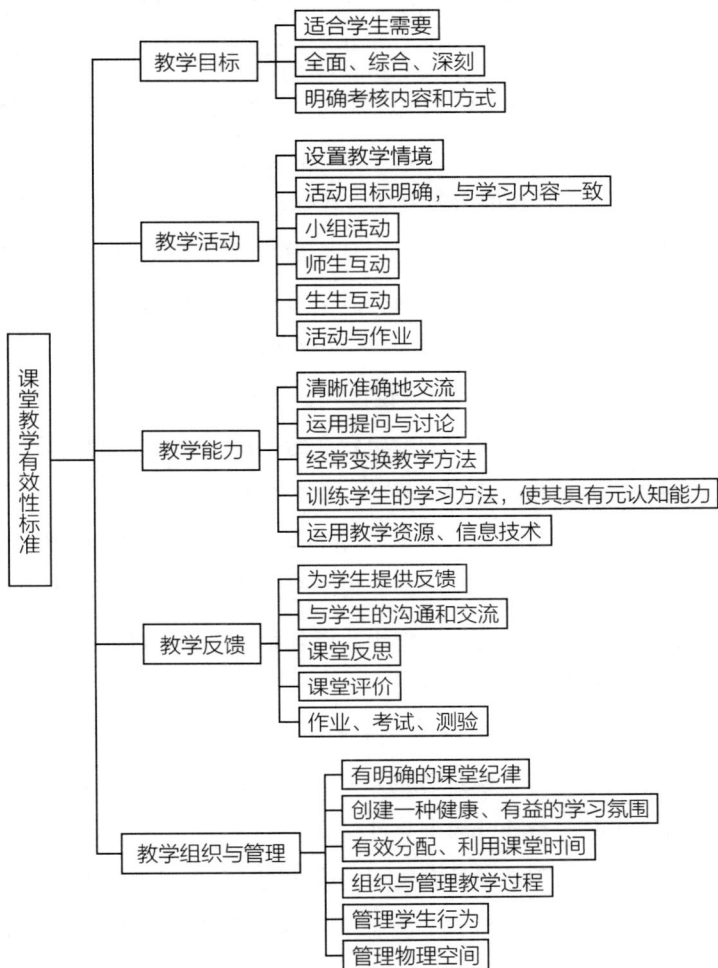

图 6-2　课堂教学有效性标准

三、教学过程的本质与规律

（一）教学过程的本质

教学的基本构成要素通过一定的结构原则，在具体的教学环境下发生相互作用，表现出一系列的教学过程功能。对于教学过程的本质，古今中外的人士进行过深入的探讨。对此，有学者作了如下总结。

中华人民共和国成立以来比较流行的看法是把教学过程视为一种认识过程。持此观点的人先后提出"特殊认识说""认识—发展说""发展说""情知说""审美过程说"等观点。①

"特殊认识说"认为，教学过程是学生以理解、掌握已有的文化科学基础知识和基本技能为基础的认识过程。这一过程不同于人类一般的认识过程，具有自己的特殊性。

"认识—发展说"把教学过程的本质概括为教师领导下的学生认识过程，并进一步认识到尽管认识活动是整个心理活动的中心，是个性全面发展的基础，但是它仅仅是人的心理活动的一部分，不能代表整个教学过程。全面的教学过程本质观应该是：教学过程不仅是教师领导下的学生的特殊认识过程，同时也是促进学生全面发展的过程。

"发展说"认为教学过程不只是一个认识过程，更不是单一地认识客观世界、获取知识的过程，它更应该是一个培养学生和促进学生发展的过程。发展说把教学过程理解为：教学过程是包含了认识过程，并以认识过程为基础的学生全面发展的过程。

"情知说"认为，教学过程是一个完整的动态体系，由情感因素和认知因素两部分组成。其中，情感因素起动力作用，认知因素介入学习活动，承担对知识的接受、储存和转化的任务，并通过个体所具有的能力起反应作用。该观点认为教学过程的本质是以心理活动为基础的情感过程和认知过程的辩证统一过程。

"审美过程说"从教学过程应该具有审美特性和以这种本质观理解教学过程的意义两个角度来阐发教学过程本质，认为教学过程的本质不仅是教师指导下学生个体的一种特殊的认识过程和发展过程，也是一种特殊的审美过程。

把教学视为一种特殊的认识活动具有较高的概括性，但容易忽视教学的实践性特征。一些学者把教学过程视为一种实践过程。如教师实践说认为教学过程是教师教学生学习的过程，是教师教会学生应该怎样学习的过程。其实质是教师根据一定的需要，有目的地通过各种手段作用于学生，变学生自发的或既成的学习方式为教师所认可的、应该采用怎样的学习方式的实践活动过程。把教学过程看作一种实践过程，强调了教学活动的实践性，具有一定的合理性，但是它对教学过程本质的揭示是从教师教的角度出发的，对学生学习活动过程的关注不够。

所以，简单地把教学过程视为一种认识过程或实践过程都是不恰当、不准确的。教学过程是一个包括认识和实践两个方面的活动过程，是认识与实践相统一的过程，是人类认识全过程的一种特殊形式。正如有学者认为：教学过程是学生在教师的指导下，对人类已有知识经验的认识活动和改造主观世界、形成和谐发展个性的实践活动的统一。把教学过程既视为一种认识过程，又视为一种实践过程，比起以前的教学过程本质观更具合理性。但是这种教

① 李森. 现代教学论纲要. 北京：人民教育出版社，2005：79-81.

学过程本质观对教师的教授活动过程和学生学习活动过程中的认识和实践,孰重孰轻、孰主孰次认识不够。

学术界围绕教学过程是一种认识过程还是一种实践过程,或者是认识和实践相统一的过程进行了有益的探讨和争鸣。有学者另辟蹊径,从教学过程的基本构成要素及其相互关系的角度揭示教学过程的本质,认为教学过程是由教师、学生和教材三种基本因素相互作用所构成的一个动态的统一过程。教学过程是师生双方有目的、有计划地以教材为中介,通过教师的教和学生的学共同完成预定任务的统一活动过程。这种观点被人们称为"双边活动说"。"双边活动说"认为,把教学活动作为一个整体来看,教学是师生双方共同参与的认识和实践活动,教师和学生都是活动中的认识者和实践者,都具有一定的认识和实践能力。"双边活动说"的观点是对教学过程本质的深入认识,但没有区分出教师教授活动与学生学习活动的不同性质。

教学过程的本质是多层次、多侧面的,通过对不同学者观点的比较,可以归纳出目前得到认同的教学过程本质的特征:①教学过程是教师教学生认识和实践的过程,在教师的教授活动中实践活动是主要的,认识活动从属于实践活动;在学生学的活动中,主要是认识活动过程;②教学过程是一种特殊的交往过程,教学过程应是师生之间以对话、交流、合作为基础进行文化传承和创新的特殊交往活动过程;③教学过程是教养和教育的统一,教学永远具有教育性;④教学过程不是一个价值中立的过程,学生在此过程中不仅掌握知识、发展能力,而且形成思想品德和价值观念。

(二)教学过程的规律

教学规律是指教学中那些不以人的意志为转移的客观事物(教学内部诸因素之间、教学与其他事物之间)内在的、必然的、本质性联系。由教师代表社会所提出的要求和学生原有的知识、能力和发展水平之间的矛盾是推动教学过程发展的动力,是教学中的基本矛盾。同时,教学过程各要素之间也形成了各种矛盾。对这些教学矛盾的分析和认识,就形成了支配教学过程的基本规律。这些基本规律主要包括四个方面。

1. 教学认识过程简约性规律

教学的简约性首先是指,在教学中教师指导学生在有效的时间里,尽可能多地学习人类文明成果。其次,用有效的手段增强简约性。例如,动物的成长过程,有的是一年、有的是几十年,教师在教学中做介绍,通过教学录像只需要几十分钟。特别是计算机辅助教学得到重视后,一些范围广、时间长的知识以及宏观或微观的现象都能在较短的时间内展示,增强了教学的简约性。再次,教学活动的组织化促进了教学的简约性。教师在组织教学活动时,根据学校教学目的,制订教学计划将各门课程综合编排,提供给学生的是系统知识。教师就在组织化的教学活动中，进一步促进了教学的简约性。

另外，教学的简约性也表现在学生层面：学生主动学习间接知识，借助直接经验加强对间接知识的了解，尽可能多地继承人类文明的知识成果。学生在教学中学习的知识基本上是前人或他人所获得的，从而不需要经历知识的原始积累过程，这也体现了教学的简约性特征。

2. 教学与发展相互制约规律

教学的目的是促进学生的发展，学生的发展有赖于教学的影响，二者相互依存、相互制约、相互促进。首先，教学影响学生的发展。学生的发展分为生理和心理两大方面，教学对此均产生影响。其一，教学影响学生的生理成长。生理成长是学生发展的物质基础，缺少这一点，其他发展则无意义。其二，教学影响学生心理的发展。学生心理的发展所包含的不仅是知识量上的变化，还包含获取知识能力的变化，认知能力的变化，情感意志、兴趣爱好等方面的变化。其三，教学影响学生的知识水平和思维能力的发展，更重要的是教学促进学生思维水平的发展。

其次，发展影响教学。教学影响发展，但它也受制于学生的发展，学生的发展水平制约着教学。一方面，学生的身心发展水平和智力水平制约着教学；另一方面，学生非认知心理的发展水平，如意志、性格、理想与兴趣等个性方面的发展水平对教学的影响也是客观存在的。

3. 教和学相互依存规律

在教学过程中，教师和学生这两个主体之间的关系是各种关系中的一种。教师的教是为了学生的学，学生的学又影响着教师的教，两者相互依存，缺一不可。他们之间既相互矛盾又相互统一，任何一方的活动都以另一方为条件。首先，在活动中教师起着主导作用，只有通过教师的组织、调节和指导，学生才能迅速地掌握知识，并促进自身的发展。教师的主导作用是指教师在教学过程中处于领导者、组织者和教育者的地位，他受社会、国家的委托，根据一定教学目标对学生施加影响，促进其全面发展。其次，学生在教学过程中居主体地位。教师对学生的指导和调节只有当学生本身积极参与学习活动时才能起到应有的作用。教师对学生的影响只是外因，而学生主动学习才是内因，外因通过内因才能起作用。因此，教学活动要顺利开展，就必须要求教和学之间的积极配合、协调一致。再次，教师与学生的关系是双向的，这种相互影响是客观必然的。教师对学生的影响以显性为主，隐性为辅；学生对教师的影响以隐性为主，显性为辅。

4. 教学目的、内容受社会需要制约规律

从表面上看，教学目的与内容是人为选定的，具有主观性。但深入分析，教学目的的确定与教学内容的选择受客观因素的制约。其一，教师的一言一行反映着社会的要求，他的一举一动都在为社会服务，故选择社会需要的教学内容是一种必然。其二，确定教学内容的标准具有时代性。不同的时代会从当时特有的视角，审视和挑选有历史认同的或有时代特征的教学内容以充分反映社会的需要。有学者认为：虽然必定有部分教学内容相当稳定，但整体上讲，它必然随着时代的发展而变化；尽管可能在某个历史阶段由于社会发展相对缓慢而致使教学内容陈旧落后，但放在整个历史长河中看，教学内容仍是随着时代发展而变化的；尽管不同学科内容演变的速度不同，但那只是程度上的差异。由此可见，教学目的与内容受社会需要的制约。

四、教学模式、方法与策略

（一）教学模式

教学过程是多方面、多层次与多因素组成的完整而复杂的过程。教学过程中各因素以及各因素之间的联系构成了各具特色的教学模式。

教学模式就是在一定的教学思想指导下，围绕着教学活动中的某一主题，形成相对稳定的、系统化和理论化的教学范型。[①] 我们可以理解为：在一定教学理论指导下，为设计和组织教学而在实践中建立起来的关于教学活动的一套基本结构或者是开展教学活动的一套方法论体系。教学模式包括五要素：理论依据、教学目标、教学程序、实施条件与教学评价。教学模式具有操作性、整体性、简约性与变革性的特点。

教学模式有一个发展的历程。在古代，由于生产力水平低下，在学校教学中只有一种简单的、松散的教学模式雏形。到了近代，随着生产力的发展和教学经验的丰富，教育学逐渐发展为一门独立形态的学科，出现了比较完整的教学模式。当前，随着世界各国教育改革的逐步深入，国内外的教育家们创立了许多不同的教学模式，其中有些已经对我国的教学实践产生了深刻影响。

根据教学科目特点，考虑到教学目标的达成，教师只有根据实际的教学条件针对不同的教学内容灵活地选择各种教学模式进行教学，才能起到好的教学效果。每一种教学模式都有一定的教学特点和适用性，需要灵活选用。下面，分别介绍国内外影响较大与实践性较强的教学模式。[②]

1. "传递—接受式"教学模式

该教学模式源于赫尔巴特的四段教学法，后来由苏联凯洛夫等人进行改造传入我国，并在我国广为流行。现在许多教师在教学中仍在使用这种教学模式。该模式以传授系统知识、

---

① 李秉德. 教学论. 北京：人民教育出版社，1991：256.
② 吴小玲. 教师如何做好课堂教学设计. 长春：吉林大学出版社，2008：149-164.

培养基本技能为目标，其着眼点在于充分挖掘人的记忆力、推理能力与间接经验在掌握知识方面的作用，使学生比较快速有效地掌握更多的信息。该模式强调教师的指导作用，注重教师的权威性。

该模式的基本教学程序是：复习旧课—激发学习动机—讲授新课—巩固练习—检查评价—复习巩固。复习旧课是为了强化记忆、加深理解，加强知识之间的相互联系。激发学习动机是根据新课的内容，设置一定情境和引入活动，激发学生的学习兴趣。讲授新课是教学的核心，在这个过程中主要以教师的讲授和指导为主，学生一般要遵守纪律，紧跟教师的教学节奏，按部就班地完成教师布置的任务。巩固练习是学生在课堂上对新学的知识进行运用和练习解决问题的过程。检查评价是教师通过学生的课堂和家庭作业来检查学生对新知识的掌握情况。复习巩固是为了强化记忆和加深理解。

2. "自学—辅导式"教学模式

"自学—辅导式"教学模式是在教师的指导下，学生自己独立进行学习的模式。这种教学模式能够培养学生的独立思考能力，在教学实践中也有很多教师在运用它。这种教学模式基于先让学生独立学习，然后根据学生的具体情况，教师进行指导。它承认学生在学习过程中试误的价值，培养学生独立思考和学会学习的能力。此模式在我国有较为丰富的实践，如中国科学院心理所卢仲衡主持的"自学辅导教学"实验研究，黑龙江胥长辰在"自学式"教学基础上提出的"学导式"教学法，内蒙古李敬尧在赤峰市倡导并实验的"导学式"教学法，上海育才中学段力佩创建的"茶馆式教学法"，上海嘉定中学钱梦龙进行的"导学教学法"改革等。

"自学—辅导式"教学模式的基本程序是：自学—讨论—启发—总结—练习巩固。教师在教学中根据学生的最近发展区，布置关于新教学内容的学习任务组织学生自学，在自学之后让学生交流讨论，以发现他们所遇到的困难；然后教师根据自学情况对学生进行点拨和启发，总结规律，再组织学生进行练习巩固。

3. "探究式"教学模式

"探究式"教学模式以问题解决为中心，注重学生的独立活动，着眼于学生思维能力的培养。该模式是由美国教育家克伯屈于1918年从杜威"做中学"的教育思想出发而提出的，又称"问题教学法"。"探究式"教学模式的基本程序是：问题—假设—推理—验证—总结提高。首先创设一定的问题情境，提出问题，然后组织学生对问题进行猜想和做假设性的解释，再设计实验进行验证，最后总结规律。在"探究式"教学模式中，教师一定要尊重学生的主体性，创设一个宽容、民主、平等的教学环境；教师要对那些打破常规的学生予以一定的鼓励，不要轻易对学生说对或错；教师要以引导为主，切不可轻易告知学生探究的结果。国外着眼于探究的具有较大影响的模式有布鲁纳的发现式教学模式（发现式教学模式包括四个环节：带着问题观察具体事实—建立假设—形成抽象概念—把学到的知识转化为能力）、萨其曼探究训练教学模式（萨其曼提出的探究训练模式分为三个程序：呈现阴暗情境—提出假设和收集资料—提出结论）和美国的兰本达"探究—研讨"教学模式（兰本达提出的"探究—研讨"教学模式的一般程序是选择实物材料—发现问题—进行研讨）等。①

🔊 **教育家语录**

如果学生不能筹划他自己解决问题的方法（自然不是和教师、同学隔绝，而是和他们合作进行），自己寻找出路，他就学不到什么；即使他能背出一些正确的答案，百分之百正确，他还是学不到什么。

——杜威

4. 范例教学模式

范例教学模式比较适合原理、规律性的知识，它是德国教育心理学家瓦根舍因（Martin Wagenschein）提出来的。范例教学的基本过程是：范例性地阐明"个"案—范例性地阐明"类"案—范例性地掌握规律原理—掌握规律原理的方法论意义—规律原理的运用训练。范例教学模式主张选取蕴含本质因素、根本因素、基础因素的典型案例，教师通过对范例的研究，使学生从个别到一般、从具体到抽象、从认识到实践理解，掌握带有普遍性的规律、原理的模式。所谓范例性地阐明"个"案，指用典型事实和现象为例说明事物的本质特征；所谓范例性阐明"类"案，是指用在本质上与"个"案一致的事实和现象来阐明事物的本质特征；范例性掌握规律原理是指从大量的"类"案中总结出规律和原理，在总结归纳的过程中要注意准确表述规律或原理，对规律原理的名称要清楚；掌握规律原理的目的和意义在于运用，因而教师要让学生掌握规律、原理的方法论意义；为了了解学生对规律和原理的掌握程度，从而获得反馈信息，规律原理的运用训练是教学中必不可少的环节。

5. 自主学习教学模式

20 世纪 70 年代，美国教育心理学家巴特勒提出教学的七要素，并提出"七段"教学模式，在国际上影响很大。该模式的基本教学程序是：设置情境—激发动机—组织教学—应用新知—检测评价—巩固练习—拓展与迁移。

他的教学七步骤中的情境是指学习内外部的各种情况，内部情况是学生的认知特点，外部情况是指学习环境；它的组成要素有：个别差异、元认知与环境因子。动机是学习新知识的各种诱因，它的主要构成要素有：情绪感受、注意、区分与意向。组织教学是将新知识与旧知识相互关联起来，它的主要构成要素有：相互联系、联想、构思与建立模型。应用是对新知识的初步尝试，它的构成要素有：参与、尝试、体验与结果。评价是对新知识初步尝试

---

① 吴立岗，夏惠贤. 现代教学论基础. 南宁：广西教育出版社，2001：221-234.

使用之后的评定，它的组成要素有：告知、比较、赋予价值与选择。重复是巩固练习的过程，它的组成要素有：强化、练习、形成习惯、常规、记忆与遗忘。拓展是把新知识迁移到其他情境中去，它的构成要素有延伸、迁移、转换、系统与综合。

6. 加涅教学模式

加涅把人的学习过程等同于电脑对信息的加工处理，其学习理论的要点是：注意、选择性知觉、复诵、语义编码、提取、反应组织、反馈。该模式的基本教学程序参照了电脑加工信息的步骤（环境—接收器—登记—编码—反应器执行监控—效应器—环境），提出九步教学程序：引起注意—告知目标—刺激回忆先决条件—呈现刺激材料—提供学习指导—引发业绩—提供业绩正确程度反馈—评价—增强保持与迁移。

加涅认为这九个阶段可以分为三个部分，即准备、操作和迁移。准备包括接收、预期、提取到工作记忆中，对应的教学事件是引起注意、告知目标、刺激回忆先前的知识；操作包括选择性知觉、语义编码、反应、强化，对应的教学事件是呈现刺激材料、提供学习指导、引发业绩、提供反馈。迁移包括提取知识和技能一般化，对应的教学事件是评价行为、促进保持与迁移。

7. 建构主义教学模式

以建构主义的教学理论为依据，学者们提出了著名的三大模式：支架式教学模式、抛锚式教学模式、随机式教学模式。支架式教学模式分为五个环节：搭脚手架—进入情境—独立探索—协作学习—效果评价。抛锚式教学模式建立在有感染力的真实事件或真实问题的基础上；确定这类真实事件或问题被形象地比喻为"抛锚"，因为一旦这类事件或问题被确定了，整个教学内容和教学进程也就被确定了（就像轮船被锚固定一样）。抛锚式教学由五个环节组成：创设情境—确定问题—自主学习—协作学习—效果评价。随机式教学模式包括五个基本环节：呈现基本情境—随机进入学习—思维发展训练—小组协作学习—学习效果评价。

（二）教学方法

1. 教学方法的定义

教学方法是教育研究者以及教师和学生非常熟悉的词语。在实践中，大家一般都知道其大体意思，但对其内涵及外延的理解却有差异。凯洛夫在《教育学》一书中指出，教学方法就是"教师的工作方法"[①]。佐藤正夫认为："教学方法是引导、调节教学过程的最重要的教学法手段。它是教学中旨在实现课程（学科课程）所计划的教学目标，旨在接受一定的教学内容（教养内容、教材），师生所必须遵循的原则性的步骤。"[②] 我国学者对教学方法的

---

① ［苏联］凯洛夫. 教育学. 沈颖，南致善，等译. 北京：人民教育出版社，1953：156.
② ［日］佐藤正夫. 教学论原理. 钟启泉，译. 北京：人民教育出版社，1995：243.

内涵也有不同的理解，现列举几种影响较大的界说。

其一，教学方法是指教师在教学过程中为了完成教学任务所采用的工作方式和在教师指导下的学生的学习方式。

其二，教学方法是为达到教学目的，实现教学内容，运用教学手段而进行的、由教学原则指导的、一整套方式组成的师生相互作用的活动。①

其三，教学方法是为完成教学任务而采用的办法。②

其四，教学方法是教师和学生为实现教学目的、完成教学任务所采用的相互作用的手段和一整套工作方式。③

其五，教学方法是在教学过程中，教师和学生为实现教学目的、完成教学任务而采取的教与学相互作用的活动方式的总称。④

教学方法的定义可以从以下三个方面来理解。

第一，它是指具体的教学方法，从属于教学方法论，是教学方法论的一个层面。教学方法论由教学方法指导思想、基本方法、具体方法、教学方式四个层面组成。

第二，教学方法包括教师教的方法（教授法）和学生学的方法（学习方法）两大方面，是教授方法与学习方法的统一。教授法必须依据学习法，否则便会因缺乏针对性和可行性而不能有效地达到预期的目的。但由于教师在教学过程中处于主导地位，所以在教法与学法中，教法处于主导地位。

第三，教学方法不同于教学方式，但与教学方式有着密切的联系。一方面，教学方式是构成教学方法的细节，是运用各种教学方法的技术。任何一种教学方法都由一系列的教学方式组成，可以分解为多种教学方式。另一方面，教学方法是一连串有目的的活动，能独立完成某项教学任务，而教学方式只被运用于教学方法中，并为促成教学方法所要完成的教学任务服务，其本身不能完成一项教学任务。

教学方法包括教师教的方法（教授法）和学生学的方法（学习方法）两大方面，是教授方法与学习方法的统一。目前在使用教学方法的概念时，沿用传统的理解，就是指"教师的工作方法"。

2. 教学方法的分类

教学方法的分类就是把各种教学方法按照一定的规则或标准，将它们归属为一个有内在联系的体系。

---

① 王策三. 教学论稿. 北京：人民教育出版社，2005：239.

② 王道俊，王汉澜. 教育学：新编本. 北京：人民教育出版社，1999：244.

③ 沈适菡. 实用教育学. 北京：北京师范大学出版社，1991：445.

④ 李秉德. 教学论. 北京：人民教育出版社，1991：197.

（1）国外学者有关教学方法的分类

●巴班斯基的教学方法分类

依据对人的活动的认识，巴班斯基认为教学活动包括三种成分，即知识信息活动的组织、个人活动的调整、活动过程的随机检查。他把教学划分为三大类：第一大类，"组织和自我组织学习认识活动的方法"；第二大类，"激发学习和形成学习动机的方法"；第三大类，"检查和自我检查教学效果的方法"。

●拉斯卡的教学方法分类

拉斯卡分类的依据是新行为主义的学习理论，即刺激—反应联结理论。依据刺激在实现预期学习结果中的作用，他将教学方法分为四种：第一种，呈现方法；第二种，实践方法；第三种，发现方法；第四种，强化方法。

●威斯顿和格兰顿的教学方法分类

依据教师与学生交流的媒介和手段，威斯顿和格兰顿把教学方法分为四大类：第一大类是教师中心的方法，主要包括讲授、提问、论证等；第二大类是相互作用的方法，包括全班讨论、小组讨论、同伴教学、小组设计等；第三大类是个体化的方法，如程序教学、单元教学、独立设计、计算机教学等；第四大类是实践的方法，包括现场和临床教学、实验室学习、角色扮演、模拟和游戏、练习等。

（2）中国学者有关教学方法的分类

●五类教学方法①

按照教学方法的外部形态以及相对应的学生认识活动的特点，有学者把中国中小学教学活动中常用的教学方法分为五类：第一类是以语言传递信息为主的方法，包括讲授法、谈话法、讨论法、读书指导法等；第二类是以直接感知为主的方法，包括演示法、参观法等；第三类是以实际训练为主的方法，包括练习法、实验法、实习作业法等；第四类是以欣赏活动为主的教学方法，如陶冶法、体验法等；第五类是以引导探究为主的方法，如发现法、探究法等。

●层次构成分类模式②

有学者认为，从具体到抽象，教学方法是由三个层次构成的。

第一层次：原理性教学方法。它解决教学规律、教学思想、新教学理论观念和与学校教学实践直接联系的问题，是教学意识在教学实践中方法化的结果，如启发式、发现式、设计教学法与注入式方法等。

第二层次：技术性教学方法。它向上可以接收原理性教学方法的指导，向下可以与不同学科的教学内容相结合构成操作性教学方法，在教学方法体系中发挥着中介性作用，例如，

讲授法、谈话法、演示法、参观法、实验法、练习法、讨论法、读书指导法与实习作业法等。

第三层次：操作性教学方法。它指学校不同学科教学中具有特殊性的具体方法，如语文课的分散识字法、外语课的听说法、美术课的写生法、音乐课的视唱法和劳动技术课的工序法等。

（3）我国中小学常用的教学方法

目前，我国中小学常用的教学方法从宏观上讲主要有：以语言形式获得间接经验的教学方法；以直观形式获得直接经验的教学方法；以实际训练形式形成技能、技巧的教学方法等。这些教学方法之所以经常被采用，主要是因为它们都有极其重要的使用价值，对提高教学质量具有特定的功效。

● 以语言形式获得间接经验的方法

这类教学方法是指以教师和学生口头语言活动及学生独立阅读书面语言为主的教学方法。它主要包括：讲授法、谈话法、讨论法和读书指导法。

讲授法是教师运用口头语言向学生描绘情境、叙述事实、解释概念、论证原理和阐明规律的一种教学方法。

谈话法，又称回答法。它是通过师生的交谈来传播和学习知识的一种方法。其特点是教师引导学生运用已有的经验和知识回答教师提出的问题，借以获得新知识或巩固、检查已学的知识。

讨论法是在教师指导下，由全班或小组围绕某一个中心问题，通过发表各自意见和看法，共同研讨、相互启发、集思广益地进行学习的一种方法。

读书指导法是教师有目的、有计划地指导学生通过独立阅读教材和参考资料从中获得知识的一种教学方法。

● 以直观形式获得直接经验的方法

这类教学方法是指，教师组织学生直接接触实际事物并通过感知觉获得感性认识，领会所学的知识的方法。它主要包括演示法和参观法。

演示法是教师把实物或实物的模型展示给学生观察，或通过示范性的实验，用现代教学手段促进学生知识更新的一种教学方法。它是一种辅助的教学方法，经常与讲授、谈话与讨论等方法配合使用。

参观法是根据教学目的要求，组织学生到一定的校外场所——自然界、生产现场和其他社会生活场所，让学生通过对实际事物和现象的观察、研究获得新知识的方法。

● 以实际训练形式形成技能、技巧的教学方法

这类教学方法是以形成学生的技能、行为习惯与培养学生解决问题能力为主要任务的一种教学方法。它主要包括练习法、实验法和实习法等。

练习法是在教师指导下，学生巩固知识和培养各种学习技能的基本方法，也是学生学习过程中的一种主要的实践活动。

实验法是学生在教师指导下，使用一定的设备和材料，通过控制条件的操作，引起实验对象的某些变化，并从观察这些变化中获得新知识或验证知识的一种教学方法。它也是自然科学学科常用的一种方法。

实习法是学生在教师的组织和指导下，利用实习场所开展实习工作，以掌握一定的知识和技能，并综合运用所学知识的一种教学方法。

3. 教学方法的选择、运用及其意义

（1）教学方法选择的基本依据

科学、合理地选择和有效地运用教学方法，要求教师能够在现代教学理论的指导下，熟练地把握各类教学方法的特性；能够综合地考虑各种教学方法的各种要素，合理地选择适宜的教学方法并能进行优化组合。教师需要依据教学目标、教学内容、学生的实际情况、教师的自身素质以及教学环境条件来选择恰当的教学方法。

（2）教学方法的运用

教师选择教学方法的目的是要在实际教学活动中有效地运用。首先，教师应当根据具体教学的实际、教学方法的针对性和局限性，对所选择的教学方法进行优化组合和综合运用。在教学方法的综合运用上要做到：教法与学法的统一；讲习知识的方法与训练智能的方法的统一；常规教学方法与现代化教学手段的统一。其次，发扬我国各科教学方法的优势，适当参考国外教学法一些学派的新理论、新方法为我所用。最后，要注意方法的科学运用，具体表现为教学方法必须在教学过程中体现教师主导和学生主体的原则；教学方法要能激发学生的学习兴趣和求知欲，教学方法要兼顾不同个性和能力的学生；教学方法应有利于师生之间的信息传递；教学方法应能调动学生多种感官同时运用。

（3）运用教学方法的意义

教学方法对完成教学任务、实现教学目的具有重大意义。当确定了教学目的，有了相应的教学内容之后，教学就必须有富有成效的、具体可操作的方法，否则，完成教学任务、实现教学任务的目的就要落空。用什么样的教学方法教学，不仅影响着学生对知识和技能的掌握情况，而且对学生智能和个性的发展也有重大影响，所以教学方法是完成教学任务、实现教学目标和提高教学质量的关键所在。许多教师在教学工作中取得的突出成就大都受益于他们对教学方法的创造性运用和努力探求。同样的教学内容经不同的教师讲授，效果也是大相径庭的，其原因除了教师的知识水平和教学态度外，关键就是教学方法的问题。

（三）教学策略

"策略"一词源于战争或军事行动，指在战争中采取的方式、方法。在西方认知心理学的研究中，"策略"是一个重要的概念，指一种能够普遍运用于具体操作情境的、与技能技巧相关的认知方式和方法。邵瑞珍从功能角度进行定义：教学策略是教师在教学过程中，为达到一定的教学目标而采取的相对系统的行为。美·埃金从本质角度进行定义：教学策略是根据教学任务的特点选择适当的方法。还有学者将教学策略看作综合性方案、教学观念与运用理论解决实际问题的谋略等。

结合对教学策略本质的认识，我们认为教学策略具有目标指向性、可操作性、概括性、灵活性的特点。因此，我们将其定义为：教学策略是指为了有效地达成特定教学目标而制定的关于教学活动的操作程序、方法、技术与手段的计策和谋略，是师生双方进行教学活动的总体思路。

1. 教学策略与相近概念的比较

教学策略与教学方法、教学模式等术语之间在概念上有相近之处，容易混淆。在这里我们对这些概念进行简单比较，有助于把握教学策略的内涵。

（1）教学策略与教学方法

教学策略是对教学活动的操作程序、方法、技术与手段等方面概括性的规定，在概括性和包容性方面高于教学方法，是教学方法的上位概念，教学方法的选择和使用可以看作教学策略的一部分。教学方法是更为详细具体的方式、手段和途径，操作性更强，是教学策略在教学实践活动中的进一步具体化。

（2）教学策略与教学模式

教学模式是在一定的教学思想和理论指导下建立起来的、较为稳定的教学活动结构框架和活动程序，具有直观性、完整性和稳定性。教学策略既有一定的稳定性，也有灵活性，强调应对具体情境的动态变化而采取行动。策略的制定者和使用者需要根据实际情况对教学内容、方法与组织形式等进行变通和调整。

2. 教学策略的分类

分类标准不一样可以概括出不同类别的教学策略，下面介绍教学策略的三种主要的分类。

（1）因素性的教学策略分类

教学策略是以某个构成教学活动的主要因素为中心而形成其策略的框架的，其他相关要素有机地依附于这个中心上，形成一类相对完整的教学策略。据此可以把教学策略分为方法型、内容型、方式型和任务型。

方法型教学策略是以教学方法为中心来构造其教学策略框架。它依据方法在呈现教学信息和引导学生活动上的倾向性，把它们分为讲授性策略和发现性策略。讲授性策略主要是向学习者系统传授知识的教学方法，通常采用讲授、讲演、谈话、讨论、演示以及电教媒体演播和解说等方法进行。发现性策略主要是促使学生自己发现问题，通过解决问题来掌握知识。

内容型教学策略是以教学内容为中心来构造其教学策略的框架。通过分析教学内容的性质和内在的逻辑结构可知，知识的获得主要强调知识结构和问题解决这两个方面。强调知识结构的策略，主张抓住知识的主要部分，削枝强干，构建简明的知识体系。结构化的策略在教材的排列方面还可细分为直线式、分支平行式、螺旋式和综合式。问题解决式策略近年来颇受关注，它不仅指培养学生的解题能力，而且是一种带有全局性的教学指导思想，有着根本性的创新意义。

方式型教学策略是以教学组织形式为中心展开其策略的框架。有学者提出集体教学模式、个别学习模式和小组教学模式，也有学者提出以教师为中心的策略和以学生为中心的策略。

任务型教学策略是以教学任务或学习类型为中心，在分析任务、创设学习条件的基础上展开其教学策略的框架，主要有练习性策略、问题定向性策略和综合能力策略。

（2）行为性的教学策略分类

根据教师在课堂教学情境中的行为方式及其发挥的功能可以把教师的教学行为分为三类，即主要教学行为、辅助教学行为和课堂管理行为。教师在课堂上应采取相应的教学策略。

主要教学行为策略是教师在课堂上为完成某一目标所表现出来的行为，与之相应的教学策略有呈现行为策略、教学对话策略和指导行为策略。其中，课堂呈现行为策略根据使用手段的不同，又可分为讲述行为、板书行为、声像呈示行为三种；教学对话策略主要包括课堂上的问答行为和讨论行为；常用的指导行为策略主要有练习指导、阅读指导和活动指导三种。

辅助教学行为策略是指教师在课堂上使学生形成良好的学习状况或营造良好的教学情境所表现出来的行为。这些行为是为教学行为服务的，主要包括学习动机的培养和激发、有效的课堂交流、课堂强化技术和积极的教师期望等内容。

课堂管理行为策略是指为了保证课堂教学的秩序和效益，教师对课堂中的人与事、时间与空间等各种因素及其关系进行协调的过程，主要包括对课堂问题行为和课堂时间两方面的管理。

（3）成分性的教学策略分类

国外有学者认为，教学策略由组织、传递和管理三个不同成分构成，于是他们就把教学策略分为组织策略、传递策略和管理策略。

组织策略是有关教学怎样进行、呈现什么内容以及如何呈现这些内容的策略。它的主要策略包括导言、主体、结论和评价四个部分。不同的学习结构类型，其教学策略的组成部分相同，只是采取的具体方法和技术不同。

传递策略是确定恰当的教学媒介以及如何对学生进行分组的策略。在媒体的选择上，主要是如何恰当地选择和运用计算机、打印机、电视机、交互多媒体、幻灯机、远程教育等一系列媒体和教学方式；在分组方式上，存在着几种分组方式，如导师制、个别化教学、集体学习等。

管理策略是指在教学设计过程中对选择何种组织策略和传递策略的决策，它追求以最满意的方式使用现有的人力和物力资源。

五、教学组织形式

教学工作是一项重大的系统性工作，需要通过一定的组织形式来进行。教学组织形式就是关于教学活动应怎样组织、教学的时间和空间应怎样有效地加以控制和利用的问题。教学组织形式在教学理论和实践中处于基础性的地位，带有综合性的性质。我国基本的教学组织形式就是班级授课制，教学的辅助形式是现场教学，教学的特殊形式有复式教学和个别化教学。

（一）教学的基本组织形式——班级授课制

班级授课制就是把学生按年龄编成固定人数的教学班，由教师根据教学计划中统一规定的课程内容和教学时数，按照学校的课程表进行分科教学的一种组织形式，故又称"课堂教学"。我国学校把它作为教学的基本组织形式是因为它具有以下优点：①它能够经济有效、大面积地培养人才。由于班级是按学生年龄编排，由教师根据统一的教材对全班进行教学，各门学科均按照一定的教学时间表有计划地、轮流交替地进行，因此无论从时间还是空间来看，它都是使学生在较短时间内能系统地、有重点地学习人类丰富的知识体系的一种比较经济、有效的形式。②它有利于发挥教师的主导作用。在课堂教学中，教师有目的、有计划、有组织地面对全班学生进行教学，它保证了在整堂课中，每个学生的学习都自始至终在教师的直接指导下进行。③它有利于发挥集体的教育作用。课堂教学是分班级进行教育的一种集体组织形式。由于学生的学习内容相同、程度相近，因此集体成员彼此之间在学习上、思想上遇到困难和问题时，有利于展开讨论、相互促进、共同提高。

在教学实践中，课堂教学的具体形式大致有三种：一是全班上课，二是班内分组上课，三是班内个别教学。

1. 全班上课

这是现代学校中较典型、使用很普遍的课堂教学组织形式。它是在教师的直接指导下，班级成员一起进行学习的形式。其主要特点是：①教师同时面对全班学生施教，采取同步学习的方式，即所有学生每次的学习内容、学习进度及对学生采用的教学行为都是一样的。

②以教师系统讲授为主，辅之以其他各种有效的方法，如采用讲解、示范、谈话、课堂讨论等方法向学生呈现教材。③教师的讲授是学生学习的主要信息来源，但学生在课堂上可与教师、同学进行多向交流。④教师可用自己的情感、态度和行为直接影响学生并使他们产生相应的反应。

全班上课的教学可以说是最经济的一种教学组织方式，但从学生自我活动这一点上看，它不能说是最有效的。每个学生都处于不同的水平上，学习的起点和学习速度方面有较大差异，集合在一起教学会使学得快的学生感到乏味，使学得慢的学生丧失信心，无法满足学生个别差异的学习需要。

2. 班内分组教学

班内分组教学指根据教学或学生的各种需要，把全班学生再细分成若干个人数较少的小组，教师根据各小组的共同特点分别与各小组接触，或进行教学或布置他们共同完成某项学习任务。学生以组为单位进行自主性的共同学习，在同学之间进行信息交换。其主要特点如下：①在班级上课的基础上开展小组学习活动，教师的主导作用、教学计划性和系统化等主要原则在班内分组教学中依然适用。②小组不是永久性的而是临时性的，主要为具体的教学活动而组建，可以是学科小组也可以是活动小组，主要视所要完成的任务和活动的目的、性质而定。③各小组的人员也不固定，小组规模的大小要视学生的发展阶段、班级人数与学科实际情况以及所布置的课题和作业的类型及其量的差异具体地决定。小组的人数一般在2~5名为佳。班内分组教学实施的关键在于对学生分组的组织与指导。

3. 班内个别教学

班内个别教学主要是指，由学生个人与适合个别学习的教学材料发生接触，并辅以教师和学生之间的直接互动。它不同于古代的个别教学拘泥于师生一对一的教与学，而是通过教学各因素的优化配置来提高学习效果。采用班内个别教学，教师可以在全班上课的基础上，因人而异地布置学习任务；学习速度可以按照每一个学生的能力设计；对每个学生可以追加辅导，可以布置补充题，也可以对个别学生或是一定数量的学生布置经过特别选择的课题等。

（二）教学的辅助形式——现场教学

现场教学是根据一定的教学任务，组织学生到工厂、农村、社会生活现场和其他场所，通过观察、调查或实际操作进行教学的组织形式。现场教学和一般的实习、见习不同。实习、见习是指学生运用已学过的知识去观察、研究客观事物，或进行实际操作，主要是在运用知识的过程中加深对知识的理解，形成技能，获得发展。而现场教学则是以实际场地为课堂，有目的、有计划地向学生传授新知识与技能。它最大的优点是使教学与现实生活密切结合，不仅可以增强教学的直观性，使学生学到生动活泼的有用知识，而且能使师生在现场获得丰富的、与时俱进的社会生产和生活的信息，有效弥补传统课堂的不足。

但现场教学必须注意以下四个方面的问题。①要根据学科内容的特点和实际需要适当采用现场教学组织形式。②做好充分的准备。教师要钻研教材，熟悉现场的情况，主动向现场有关人员讲明教学目的、要求、学生情况，以创设必要的物质条件，然后共同商定教学计划，设计教学程序，使教学能有步骤、有针对性地进行，以便收到预期的教学效果。③进行理论指导。现场教学中要重视理论的作用，一方面，现场教学能为学生掌握理论提供丰富的感性材料；另一方面，在现场的讲解、观察和操作中又必须用一定的理论来指导，真正做到理论联系实际。④及时总结。现场教学结束后，教师要及时做出总结，以求将感性认识尽快上升为理性认识。

（三）教学的特殊形式

1. 复式教学

复式教学是课堂教学的特殊形式。它是把两个或两个以上年级的学生编在一个班里，由一位教师分别用不同程度的教材，在同一节课里对不同年级的学生采取直接教学和自动作业交替的办法进行教学的组织形式。它可以节约师资力量、教室和教学设备，对经济和文化教育落后地区的教育普及具有重要的意义。

复式教学具有班级教学的基本特征，但它与单式教学相比较最根本的特点是"复"字，即当教师给一个年级上课时，其他年级的学生根据教师的指示进行预习、复习、练习。前者称为直接教学，后者叫作自动作业。教师在课堂上要把这两方面交替和配合进行。

复式班的编制要以尽可能减少各年级之间的相互干扰为一般原则。它的具体编制形式有：单班学校制，即把学校的几个年级全部合在一个班，由一位教师分别对不同年级的学生进行教学；二班或三班复式班，即把两个或三个年级的学生编在一个班里。其中，两个年级的复式班一般把一、三年级或二、四年级合在一个班，三个年级的复式班一般把一、三、五年级或二、四、六年级合在一个班。

复式教学课表的编制一般以"同堂异科"的编排为好，把直接教学时间长的学科与便于安排自动作业的学科搭配，既便于交替，又减少干扰。复式班的座次编排按照年级划分为左、右或左、中、右。如果是单班学校，应把低年级放在中间，便于教师照顾。为了相对地增加直接教学的时间，适当地减少教师在教学中难于分身的困难，教师可以培养品学兼优的学生当小助手，协助教师做一些力所能及的工作。

2. 个别化教学

个别化教学是以"学生为主体"、以"学生的自主学习为中心"，谋求学生个性的全面发展而开展的针对学生个体"量身定制"的教学方式。在强调关注学生个性化发展的今天，个别化教学受到了人们越来越多的关注。同时，随着网络的进一步发展，网上个别化教学日趋兴盛。网络环境下的个别化教学是指在网络环境下为学生提供个别化的教学内容并实施个别化的教学活动。这种个别化教学是从人的个性发展出发、以人为本的一种教育思想，它是伴随着教育技术信息化产生的新型的教学方式。它实施的基本条件是：学生和教师都必须拥有计算机及其网络，有丰富的网上学习资源，有负责网上学习指导、答疑的教师。网络环境下个别化教学的主要形式有：实时交流和非实时答疑、教师回复学生"我的提问"、学生自学教师挂在网上"教学辅导"栏里的文本资源 IP 课件或 CAI 课件、学生收看"直播课堂"、学生通过电子邮件向教师提问、教师网上批改学生的作业、教师通过网络对学生进行毕业论文指导等。

网络环境下个别化教学作为一个教学系统，具有如下显著的特征：①极大的灵活性。网络环境下的个别化教学较之传统的面授教学具有较大的灵活性。学习者在学习内容、学习方式、学习进度以及学习的时间和场地等方面可以进行自主选择与控制。②较强的针对性。网络环境下的个别化教学要求教师从以教授知识为主变为以指导、辅导学生的学习为主。远程学习者千差万别，他们的知识储备、学习心理、学习策略、学习风格都参差不齐，教育者对于不同学习能力的学生应区别对待。③高度的服务性。网络环境下的个别化教学能提供耐心细致的解疑服务，新建和整合丰富的网上学习资源。④广泛的交互性。现代远程教育中网络环境的交互性是个别化教学的重要保障。教学活动是教与学的双边活动，只有将教师的主导性和学生的自主性有机结合在一起，才能形成生动活泼的教学过程，消除远程学习者因处于分散独立状态而感到学习吃力乏味的问题，取得良好的教学效果。⑤学习的探究性。个别化教学是以学生自主探究为主体、以"问题"为中心进行任务驱动式教学的一种教学方式，它体现着教师主导、学生主体的教学关系。学生是自我发展的探索者和创造者，即由学生提出问题、搜集资料、分析归纳、得出结论，但教师也绝不可放羊，袖手旁观，教师应成为教学活动的组织者和指导者，如设计导航策略。⑥网络资源的丰富性。网络环境为远程学习者搭建了一个良好的自主学习平台。它提供了界面友好、形象直观的学习环境；提供了图文声像并茂的多种感官综合刺激；还提供了按照超文本、超链接的方式组织管理学科知识和各种教学的信息。

六、教学工作的基本环节

教师开展课堂教学工作的基本程序和步骤包括：备课、上课、布置课外作业以及课堂教学效果的测评。

（一）备课

备好课是上好课的先决条件，只有备好课才有可能上好课。教师备课需要做好四个方面的工作，即钻研教材、了解学生、考虑教法及编写教案。

1. 钻研教材

钻研教材包括分析课程标准、教科书和有关教学参考书。教师钻研教材一般要经过"懂""透""化"三个阶段。"懂"就是弄清楚教材的基本思想、基本概念；"透"是指要透彻地了解教材的结构、重点与难点以及掌握知识的逻辑，能运用自如；"化"就是教师的思想感情和教材的思想性、科学性要"融化"在一起。

2. 了解学生

了解学生包括了解学生原有知识的质量，学生的兴趣、需要与思想状况和方法习惯等。教师还应对学生学习新知识可能遇到的困难、可能产生的问题有所预见。

3. 考虑教法

考虑教法主要是解决教师如何把自己已经掌握的教材传授给学生的问题。它包括如何组织教材、如何确定课的类型、如何运用各种方法开展教学活动。此外，在选择教法时也要考虑学生的学法，包括预习、课堂学习活动与课外作业等。

4. 编写教案

（1）教案的内容及格式

教案也称课时计划，是教师设计的具体教学方案，是上课的重要依据。教案编写的内容通常包括：班级、学科、课题、课时、教学目的、教学内容、教学方法、教学准备、课的进程（师生双边活动的设计）、时间分配和板书设计（课件设计）等。有的教案还列有学生作业题和课后自我分析等项目。由于学科和教材的性质、教学目的和课的类型不同，教案虽有一定的基本格式，但也不必完全局限于固定的形式。

信息窗 6-1

教案的基本格式

授课课题：教学章节或主题。

授课时间：年、月、日；第几周；星期几；第几节课。

授课类型：指新授课、实验课、习题课等。

教学目标：教学目标一般可以对新课程改革理论中提出的三位一体的目标项目进行阐述，也可以对布卢姆教学目标分类理论做论述。

教学重点：指为了达到确定的教学目标而必须着重讲解和分析的内容。

教学难点：是就学生的接受情况而言的，学生经过自学还不能理解或理解有困难的地方即可确定为教学难点。

教学方法：是指讲授法、讨论法、演示法与练习法等。

教学手段：是指是否采用多媒体、录像带、挂图、幻灯片等进行教学。

教时安排：本章节或主题授课所需的教学时数。

教学过程：体现教学步骤，包括时间分配、教学具体内容的设计、师生双边活动的设计等。

布置作业：包括思考题、讨论题等。

教学后记：是教案实施效果后的追记和反思，课后再完成。

（2）教案编写的要求

编写教案要依据课程标准和教科书，从学生实际情况出发精心设计。教案编写一般要符合以下要求：明确地制订教学目标，具体规定传授基础知识、培养基本技能、发展能力以及思想教育的任务；合理地组织教材，突出重点、解决难点，便于学生理解并掌握系统的知识；恰当地选择和运用教学方法，调动学生学习的积极性，面向大多数学生，同时注意培养优秀生和提高后进生，使全体学生都得到发展。修订教案是指在上课进程中可根据具体情况做适当的、必要的调整，课后随时记录教学效果，并进行简要的自我分析。这有助于积累教学经验，不断提高教学质量。

教师在编写教案时要注意以下原则。

第一，递进性原则。一节课内容的安排应有一个梯度，应符合学生的认识规律，做到由简单到复杂，由感性到理性，由基本理论的讲解到运用基本理论解决实际问题，做到由浅入深，层层深入，从而减小学生学习新知识的难度。

第二，简洁性原则。即课堂结构要简洁，传授知识线索要明晰、富有条理。教师要正确处理好课堂的容量、详略的取舍和新旧知识的衔接等问题，善于对庞杂的内容进行归类、组合与简化。在进行相关政治思想教育时，应该与知识有机结合，自然流畅。

第三，完整性原则。这包括三个方面的含义：一是一节课应有一个相对完整的内容；二是课堂结构应有导入新课、讲授、总结、布置作业等教学环节；三是要注意课堂教学不仅有知识的传授，而且应该有对学生情、意、行以及人生观、世界观的培养。

第四，新颖性原则。学生对新内容、新信息有强烈的兴趣和感知能力，所以在编写教案时要选择有时代特征、新鲜有趣的事例进行讲解，所讲观点要注意角度求新，教学方法也需要适度创新，增强学生的新鲜感和求知欲，提高学生的学习积极性，体现教学的时代性。

（二）上课

上课是整个教学工作的中心环节，是提高教学质量的关键。上好一堂课的基本要求如下。

1. 目的明确

确定教学目标要注意学生德、智、体、美等的全面发展；确定的目标要切实可行、具体清楚，能够真正对学生的学习起导向作用，从而使学生在课堂上的一切活动都能紧紧围绕实现教学目标而进行。

2. 内容正确

一方面是指教师讲授的内容、呈现的材料必须是科学的、正确的；另一方面是指教材的讲授、概念的定义、原理的分析是准确的、有条理的和符合逻辑的。

3. 方法恰当

课堂上使用的方法应符合教材的特点与学生的特征，并能充分利用现有的设备条件帮助学生顺利地掌握本节课的教学内容。

4. 表达清晰易懂

教师上课要用普通话，声音响亮、言语流畅；知识讲解要准确、规范与专业；板书规范，课件和多媒体使用合理有效。

5. 组织良好

课的进程次序分明、有条不紊；课的节奏紧凑，不同任务变换时过渡自然；能够始终保持一种良好的课堂气氛；教师能够机智地处理各种偶发事件。

6. 积极性高

教师和学生都能处于积极主动的状态之中，教师能引导学生的思路，启发学生的思维，激活学生的智力活动；整个课堂活动表现出在教师引导下学生的积极发展。

（三）布置课外作业

教师布置课外作业应注意以下五点。

第一，作业内容应符合学科课程标准规定的范围和深度，选题要有代表性，难度要适中。

第二，作业应与教科书的内容有逻辑联系，但不是对教科书中的例题或材料的照搬。

第三，作业应有助于启发学生的思维，鼓励学生独立探索并积极进行创造性思维。

第四，作业应尽量与现代生产和社会生活中的实际问题相结合，力求理论联系实际。

第五，根据学生的能力和学习水平，分别布置分量、难度各异的作业，并给予必要的指导、提示和帮助。

（四）课堂教学效果的测评

课堂教学效果的测评是诊断学生学习状况、改进教师教学工作、调控教学活动的重要手段。课堂教学效果的评价一般有诊断性评价、形成性评价与终结性评价。随着教育的发展，课堂教学效果的测评体现出开放性、多元性和发展性的趋势。

本章小结

　　课程实施是通过协调课程实施中的诸多因素，将课程计划纳入具体教学实践中，由教师与学生的教学互动使课程计划得以不同层次地落实的过程。课程实施的取向分为三种：忠实取向、相互调适取向与缔造取向。课程实施的影响因素较多，有宏观因素、中观因素和微观因素。具体而言，主要包括课程方案、课程实施主体和文化背景等方面。

　　教学是教师的教和学生的学所组成的一种人类特有的人才培养活动。教师通过教学活动，有目的、有计划、有组织地引导学生积极自觉地学习，使学生加快掌握基础知识和基本技能，促进学生多方面素质的全面提高，使他们成为社会所需要的人。教学由教学目标、主体（教师和学生）、教学内容、教学方法和手段、教学环境等要素构成。

　　有效教学是指有效率、效果、效益的教学活动。影响课堂教学有效性的因素有积极因素和消极因素。课堂教学有效行为通过教学目标、教学活动、教师教学能力、教学反馈、教学组织与管理等方面体现出来。

　　教学过程是教师教学生认识和实践的过程，它是一种特殊的交往过程，是教养和教育的统一。教学过程具有教学认识过程简约性规律，教学与发展相互制约规律，教和学相互依存规律，教学目的、内容受社会需要制约规律。

　　国内外影响较大的教学模式主要有"传递—接受式"教学模式、"自学—辅导式"教学模式、"探究式"教学模式、范例教学模式、自主学习教学模式、加涅教学模式与建构主义教学模式等。

　　我国中小学常用的教学方法有：以语言形式获得间接经验的方法，包括讲授法、谈话法、讨论法和读书指导法；以直观形式获得直接经验的方法，包括演示法和参观法；以实际训练形式形成技能、技巧的教学方法，包括练习、实验和实习作业等方法。

　　教学的基本组织形式是班级授课制，教学的辅助形式是现场教学，教学的特殊形式有复式教学、个别化教学。教学工作的基本环节包括备课、上课、布置课外作业与课堂教学效果的测评。

总结 >

Aa 关键术语

课程实施
curriculum implementation

忠实取向
fidelity orientation

相互适应取向 mutual adaptation orientation	缔造取向 curriculum enactment orientation
课程实施策略 curriculum implementation strategy	课程实施模式 curriculum implementation model
教学 instruction	有效教学 effective instruction
教学本质 the essence of teaching	教学规律 teaching law
教学模式 teaching model	教学方法 teaching method
教学策略 teaching strategy	教学组织形式 teaching mode
班级授课制 classroom teaching	现场教学 on-the-spot teaching
复式教学 combined teaching	个别化教学 individualized instruction

章节链接

　　本章主要介绍了课程实施与教学过程，与第一章"课程与教学导论"中课程与教学的定义部分具有密切的关系，与第四章"课程开发与教学设计"具有密切的关系。同时，还与第九章"课程与教学变革"中课程与教学变革模式部分密切相关。

应用 >

批判性思考

　　你认为如下所述的课程实施的三种取向哪一种最好？为什么？

　　三种取向从不同方面揭示了课程实施的本质：忠实取向强化了课程专家的作用，在规范的课程计划下，教师易于操作；相互调适取向考虑到课程计划与实施过程中实际情境的特殊性；缔造取向把处于具体情境中的教师与学生的主体性解放出来。三种取向都有其存在的合理性，在不同的需求下都能够体现其独特的价值。三种取向也各有其局限性：忠实取向把课程实施当作一个机械的技术化的规程，容易抹杀教师和学生的主动性；相互调适取向比较模糊，带有折中主义的色彩；缔造取向具有浓厚的理想色彩，对教师要求很高，推行范围有限。从忠实取向到缔造取向体现了课程变革的发展方向，虽然各有其价值和局限性，但三者之间的层次性是十分分明的。三者之间不是绝对的排斥和对立，而是包容与超越的关系：相互调适取向是对忠实取向的超越，缔造取向是对忠实取向与相互调适取向的超越。

✏️ 体验练习

1. 请试着分析"特殊认识说"中"特殊"的含义，并对"特殊认识说"进行评价。

2. 试分析教学规律与自然规律的异同。

3. 你认为影响课程实施的要素有哪些？请说明理由。

4. 请简要阐述课程实施的环节。

🔍 案例研究

"平安回家"教学实录

师：同学们，今天这堂课老师先请大家来看一段录像。等一会儿。老师会请你们来说说都看到了什么；这是哪里，马路上怎样。（播放录像资料《拥挤的校门》）

生：是苏州实验小学门口。

生：车来来往往，车快要相撞了。

生：万一有车祸就不好了。

生：不整齐。

生：危险。

师：这么拥挤的校门口，马路上人来人往，不注意交通安全就很容易出交通事故，不能平安回家。今天，老师将和大家一起来学习一篇新课文，题目叫"平安回家"。那怎么做才能让我们平安回家呢？我知道你们都是有心人，在课前收集了很多交通标志，现在请把你们画好的交通标志在小组内交流，告诉同学们那是什么标志。（学生相互交流，气氛活跃）

师：你们谁来做个勇敢的发言人，给大家介绍一下各种标志？

生：这是向前行驶标志；向左行驶标志；这是机动车标志，我在人民路找到

的。(学生踊跃举手发言)

　　生：这是禁止车辆行驶标志，我在市图书馆找到的。

　　生：这是警告标志、注意儿童安全标志、地下有电标志、施工标志，我在十全街找到的。

　　生：这是指路标志。

　　师：刚才几位同学说得都很好，老师真佩服。

　　师：老师这里有一些交通标志，有的你们已经收集到了，有的还没有见过，老师想来考考你们，看看你们的答案和老师电脑里的答案一样不一样。在这里，老师要特别提醒你们注意红绿灯的警告标志。老师这还有四种信号灯，你们都认识吗？

　　(教师展示快车道转弯灯、直行灯、自行车道灯、人行横道灯，学生识别四种不同的交通信号灯)

　　师：要平安回家首先要认识交通标志，老师希望你们能记住这些标志，生活中常常提醒自己注意安全。

　　师：是不是认识交通标志就能帮助我们平安回家呢？老师这还有一段录像。(点击播放新闻录像资料《车祸》)

　　生：一个人死在路上。

　　生：因为违反交通规则。

　　生：没有行驶在车道上，开得非常快。

　　师：你看，自行车骑到了快车道上、摩托车超速行驶……不遵守交通规则有多危险？甚至连性命都不保呢。你们身边有没有因为违反交通规则出事故的案例呢？

　　生：爷爷奶奶坐出租车回家时迎面有车，而出租车不是在自己的车道上开，相撞了。爷爷骨折了。

　　生：有一次出门打开车门时把人家给撞了。

　　生：我去无锡时看见摩托车撞自行车，撞出 4 米多。

　　师：刚才你们所说的告诉了大家一个道理：违反交通规则，受害的不仅仅是一个人。

　　师：行人车辆各行其道，要听从红绿灯的指挥。现在老师请大家来做一个游戏，看看行人车辆是不是各行其道，是不是听从红绿灯的指挥。请大家先看一看桌上的游戏规则，再开始游戏。

　　(学生分组进行游戏，地面上已经画出人行道、车行道、绿化带。游戏时，有两个同学变换手里举的交通标志，其他同学看标志行驶)

（学生相互点评其他组的游戏情况："闯机动车红灯了!""开车开到绿化带上了!""跑到其他车道上了!"）

师：交通规则由法律条文规定，老师这有《交通管理条例》，我们一起来读总则第七条：各行其道。第十二条……（学生齐读）

师：车辆行人各行其道就安全了吗？我们在行走、骑自行车、骑摩托车、开汽车时还要注意什么呢？请在小组里讨论，组长来汇报你们的讨论结果。

（1~4组分别汇报）

师：法律条文对我们行人和乘车人也有很多要求，我们一起来看看相关条例。老师希望你们能记住这些知识，时刻提醒自己：我们作为一个小公民，一定要知法守法，保证自身安全。

师：生活中除了交通法规的约束、交通标志的提醒，其实马路上的交通宣传语也在时时处处地提醒大家。课前你们都进行了交通用语的采集，谁愿意把你收集的交通用语分享给大家？因为这些交通用语体现了社会对我们的关怀。

生：遵守交通法规，保证生命安全。

生：交通法规，生命之友。

生：文明驾驶，安全第一。

……

师：其实生活中，认识了交通标志，留意了交通用语，有了行路、乘车中的安全知识还是不够的，在特别拥挤的上下班高峰期或红绿灯坏了的时候，我们一定要服从交通警察的指挥。能看懂交警叔叔的手势就多了一种本事，你们想不想学？今天，有一位交警叔叔被老师请到了我们的教室，现场来教大家一些常见的交通手势语，大家欢迎!

交警叔叔：我们来看四个动作，下面我来做，请大家看好、记住。

师：无论刮风下雨、严寒酷暑，在拥挤的十字路口我们总能看到交警叔叔在紧张地忙碌着。同学们，你们学了交通手势语之后有什么感想吗？我们一定要服从交警叔叔的指挥，不出交通事故啊!

……

师：同学们，今天我们认识了一些交通标志，知道了行路和乘车时的安全知识，自己设计了交通用语，还学会了交警叔叔的交通手势语!我们一定能够每天高高兴兴上学，平平安安回家的，对不对？老师祝你们每个人每天都平安回家。

请结合本章学习的知识，分析该案例体现了哪些教学过程方面的思想？

📓 教学一线纪事 ┅┅┅

"醉翁之意不在酒" ——追求无痕的教学

师：有谁知道我的名字？

生：你叫"朱老师"。

师：你叫我"朱老师"，我把我的名字打在屏幕上。（出示：朱乐平）我的名字从左往右读——朱乐平。来！从右往左读一下——平乐朱。（生读，众笑）

师：这还是我吗？

生：不是你！

师：那肯定不是我。你要是这样叫我，我肯定不会理你的，因为这不是我的名字。

（接着，教师让学生正反读"杭州上城区教育学院"、自己的名字和"徐州市鼓楼小学"）

师：这样读下来我们会发现：从左往右读，它是有意思的；从右往左读就没意思了，或者这种意思我们不清楚。

（然后，教师又依次出示"歌唱家在家唱歌""人过大佛寺，寺佛大过人""我笑猫小，小猫笑我"，让学生先从左往右读，再从右往左读）

师：小猫也可能笑我们的。（众笑）哎！这几句话可就很有意思了，从左往右读和从右往左读的意思完全一样。这是十分奇妙的语言现象，很多人对这个事情都会感兴趣的。这样的事情，按常理它属于语文。现在，把它想到数学里面来，我们由这种语言现象去想数学中的乘法算式。（板书：12×42）如果按照刚才的思路去想的话，它倒过去就变成了……（有的说：24×21，也有的说：42×12）严格地倒过去就是——"24×21"。（众生说，师板书）这两个算式很显然是不同的。

师：我们再写一个——62×13，（众生：31×26）倒过去它就变成了"31×26"。显然，这两个算式也是不一样的。那么，刚才从左往右读和从右往左读有些一样，有些不一样。其实对于这些算式来说，不仅有算式本身，如果把它算出来，它还有——结果。

你估计一下，它们的结果会相等吗？

（多数同学认为相等，也有的同学认为不相等）

师：如果你认为相等，就写一个"是"；如果认为不相等，就写一个"不"，在纸上写下来，然后再精确计算验证。开始做！

拓展 >

☕ 补充读物 ▪▪

1　人民教育出版社综合编辑室 . 综合实践活动实施指南：案例点评与分析［M］. 北京：人民教育出版社，2003.

　　该书基于案例的视角，对综合实践活动课程的实施、评价等进行了详细的阐述，旨在使教师了解和熟悉综合实践活动的理念和操作方法。

2　柯森 . 基础教育课程标准及其实施研究——一种基于问题的比较分析［M］. 上海：上海教育出版社，2012.

　　该书系统考察了课程标准的历史起源和演变过程，对不同阶段课程标准的形态进行纵向比较，明确提出课程标准体系的概念，对课程标准实施的行动框架与策略做出了全面的阐述和解释。

3　［加］马克斯·范梅南 . 教学机智——教育智慧的意蕴［M］. 李树英，译 . 北京：教育科学出版社，2001.

　　该书是当代西方现象学教育学的经典之作，在教育领域产生了深远影响。作者以其独到的现象学研究方法和敏锐的教育经验，以教师、父母和学生的生活经历为原材料，对教育学的诸多方面进行了深刻的和有益的思考。

4　［苏］尤·克·巴班斯基 . 教学过程最优化——一般教学论方面［M］. 张定璋，译 . 北京：人民教育出版社，2007.

　　该书研究了教学过程的基本原理，论证了选择最优教学结构的标准和程序，总结了在实验学校实施教学最优化方面的先进经验。

第七章

课程领导与课堂教学管理

本章概述

    本章主要阐明了课程领导与课堂教学管理的内涵，分析了课程领导的特征、课堂教学管理的类型，介绍了课程领导和课堂教学管理的任务和内容，提出了课程领导及课堂教学管理的基本策略。

结构图

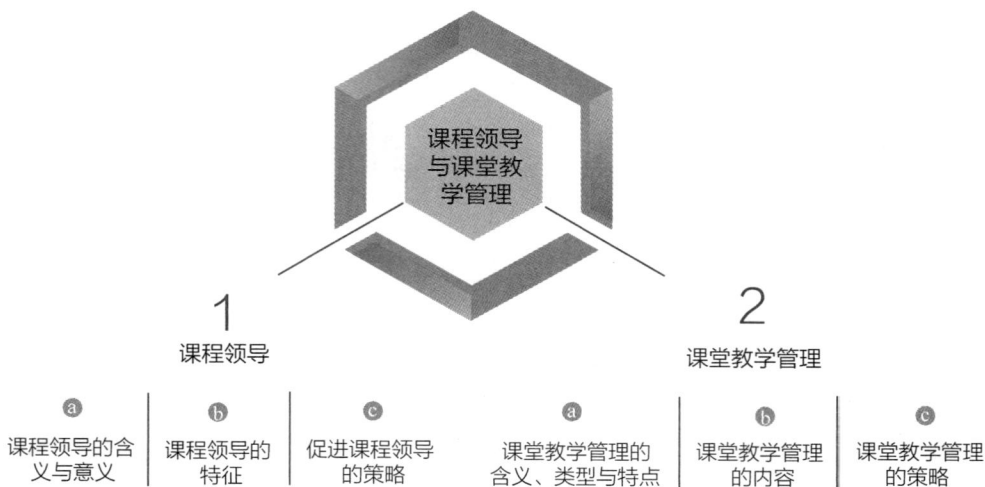

课程领导与课堂教学管理

1 课程领导
ⓐ 课程领导的含义与意义
ⓑ 课程领导的特征
ⓒ 促进课程领导的策略

2 课堂教学管理
ⓐ 课堂教学管理的含义、类型与特点
ⓑ 课堂教学管理的内容
ⓒ 课堂教学管理的策略

学完本章，你应该能够做到：

学习目标

1. 理解课程领导和课堂教学管理的含义与意义。

2. 列举出三种课程领导的特征。

3. 说出促进课程领导的策略主要涉及的两个方面。

4. 举例说明课堂教学管理的基本类型。

5. 列举出课堂教学管理的内容。

6. 就课堂教学管理的策略提出自己的看法。

读前反思

1. "课程领导"这一概念的提出带来了哪些观念的变化？

2. 联系新课程改革，想想课程领导对于课程改革究竟有怎样的意义？

3. 根据你自己的观察和理解，说说课堂教学管理有哪些特点？

4. 根据你的教学经历，思考在课堂教学中应如何有效地进行教学管理？

在课程实施的过程中，教师参与课程领导具有十分重要的意义。教师运用课程和组织领导理论，积极参与课程开发、课程设计、课程决策和课程评价等活动，能够有效推进课程实施。课堂教学管理则是师生共同参与，彼此交往，有目的、有计划和多维度地协调课堂教学中的各种因素，实现教学目标的活动。在课堂教学管理过程中，师生通过共同努力，综合组织调动多方面教学力量，发掘、利用和协调课堂中的各种教学资源，形成和谐的课堂教学气氛，从而顺利开展课堂教学并全面实现课堂教学价值。

第一节
课程领导

🎯 **学习目标**

理解课程领导的含义与意义；列举出三种课程领导的特征；说出促进课程领导的策略。

"课程领导"这一概念是由美国的兰姆博特、格拉索恩和布鲁贝克等课程专家提出的。在课程理论和实践领域，课程领导正受到越来越多的关注。如何正确理解课程领导的含义、明确课程领导的意义与特征、掌握课程领导的基本策略，对于更好地实施课程与教学具有重要意义。

一、课程领导的含义与意义

（一）课程领导的含义

"领导"一词有两层含义：一是作为动词，指率领和引导；二是作为名词，指担任领导工作的人。作为动词的课程领导，强调领导过程，将领导视为一个动作或行为，对课程领导的讨论又涉及课程领导的模式、方法。同时，由于领导不可能脱离组织和领导层，因此它更强调课程实施中的人际关系以及课程权力等问题。此外，领导必然会涉及目的和方向，因此探讨课程领导的作用与意义的研究也必不可少。作为名词的课程领导是强调担任领导工作的主体，主体可以是团体或者个人。目前国内有关研究大多将课程领导主体界定在校长、中层领导或者教师的身上，对课程领导主体的研究又涉及领导者的特质、能力、职能、角色及领导者如何实现自我发展与建构的过程等方面。如果从教师的角度出发，那么很显然，教师课程领导就是将教师视为课程领导的主体。这不仅体现的是教师试图用一种由下而上的课程改善途径去进行课程领导，也是教师作为课程领导者，通过教师之间相互对话，对学校课程事务进行调整和完善的过程。

美国课程专家兰姆博特提出课程领导有以下含义：①一个团体，而非个别的领导者（如校长），且组织内的每一个成员都有成为领导者的潜能和权利。②团体内的所有成员一起学习、共同合作建构意义和知识。领导是可以促使建设性转变的学习，学习具有共同的目的。③透过成员间的交谈，在共同信念和信息的情境下，反思工作并给工作赋予意义，从而实施有助于工作的行动。④要求权利和权威的再分配，共同承担或共享学习、目的、行动和责任。

可以说，课程领导是课程领导者围绕课程问题的互动过程，其间既关注课程领导者的专业参与、决策和发展，也关注学校的情境因素对于教师参与课程领导的影响。课程领导不再是校长、学校行政人员的专利，教师同样有机会参与课程领导。对此，我们认为：课程领导是学校全体成员运用课程和组织领导理论，彼此合作推进课程开发、课程设计、课程决策、课程评价等活动的一系列行为和过程。

（二）课程领导的意义

基础教育课程改革实施国家、地方和学校"三级"的课程管理政策，给地方和学校赋权，以充分调动其主动性，发挥其主体作用和创造性，鼓励和提倡校本课程的开发，凸显课程的开放性、人文性、丰富性和适切性，促进课程个性化、人文化的可持续发展。课程领导体现了一种民主、开放、沟通、合作的新理念，意在摆脱历来的管理思想——自上而下的科层式的官僚体制的"监控""管制"。亦即改变学校接受上级行政部门的指令后才开始围绕学校的课程展开活动和运作的课程决策模式；改变行政和管理是从学校的和外部提供驱动力的观念。

教师参与课程领导能对课程、学生和学校的发展起到重要的作用：①教师参与课程领导能优化课程本身。教师通过参与学校或学区课程委员会的工作，可以贡献他们的实践知识，以确认哪些计划在课堂里是切实可行的，哪些是不可行的，从而提高课程的切实性。因为，教师作为意义和文化的创造者，作为拥有相当智慧和创意的群体，其创造性的发挥是促进课程发展不可缺少的动力。课程领导方式的民主化、科学化与课程发展的个性化追求是一致的。②教师参与课程领导更有助于学生发展。艾耶斯研究了一个通过工作坊的形式让教师参与某一学科领域（遗传学）课程发展的计划，并对参与的教师及其所教的学生进行了追踪调查。结果显示，教师参与课程领导与学生学习结果的提高之间存在显著的正相关。③教师参与课程领导有利于学校的发展。教师在参与课程领导的过程中，逐渐形成合作的工作关系和提高合作的工作能力，可形成积极的学校文化，从而促进整个学校的发展。

二、课程领导的特征

从课程领导含义可以看出，课程领导不是对人的强制管理和控制，而是关注参与主体的自主性以及人的自我发展，更注重人的价值、团队力量的展现。由此我们提出课程领导有如下四个特征：共同参与性、民主平等性、互动对话性、发展生成性。

（一）共同参与性

在传统的学校课程管理模式中，领导管理方式是由上至下，强调职权、等级，强调下级对上级的服从。而课程领导与传统意义上的领导管理方式有较大的区别，其中最大的不同在于强调共同参与，没有固定的谁服从于谁，各方角色在不同情况下会出现转换。课程领导的目的在于提升课程品质、促进课程的发展，建立起良好的校园文化，使教师成长、学生进步。课程领导注重的是相互尊重、彼此理解，强调自由开放、民主参与。教师在学校工作中发挥各自的自主性，分享着课程权利，成为富有创造力的个体。这就意味着，课程领导的话语权并非掌握在单一个体手中，也不是一个人的事，而是需要人们的共同决策，是一个领导的共同体。其中的成员拥有相近的价值观、专业精神与团队精神，同时又有共同体之间自然生成的相互依赖性，从而杜绝独断行为在共同体中出现。

教师与教师之间的专业合作与协同工作对于课程领导最终目标的完成至关重要。我国长期的应试教育使得中小学的竞争文化和分科主义愈演愈烈。由于长期的分科，导致教师更愿意保持对自己学科的专注，忽视了与其他学科之间的协调配合，教师之间缺少联系、合作，十分不利于学校发展和学生的成长。课程领导的提出打破了教师之间的孤立状态，让教师一起探讨、交流心得，形成专业的教师群体，面对棘手的教育难题，发挥集体智慧，群策群力，在课程领导中真正形成稳定的共同体。这也是学校可持续发展所需要的。

（二）民主平等性

与共同参与性密切相关的是民主平等性，只有民主平等，才可能出现真正的共同参与。西方学者韩德森（Henderson）在对课程领导的民主问题进行了系统研究后认为，传统的领导管理是一种层级式的管理方式，学校的教育工作者通常是依据上级下达的指令进行活动，没有更多的自主权力。同时他还认为，课程领导的民主应该鼓励教师探究合作学习以及专业发展；重设学校课程和组织结构，以便适应教师探究学习、合作的专业发展需求；加强学校与社会的互动对话等。可见，课程领导的民主平等是要赋予教师更多的权利，让教师有权参与课程领导，而不仅仅是被动接受指令、按指令来行动。

课程领导的民主平等性体现在：所有的教师在课程事务的领导和管理方面都应该处于

平等地位。每一个教师都有自己的优势，都应将自身长处发挥出来，无论是资深教师还是年轻教师都可以产生影响力。关于教师成为课程领导者有以下三种观点：①直截了当地提出教师领导者的概念。即教师担任课程领导者是作为一个领导职位出现，并且拥有一定权力，行使一些职能，在教师群中享有一定的权威。②将学校中已经担任了行政管理职位的教育工作者作为课程领导者，鼓励其发挥领导作用，包括教导主任、年级组长等中层管理者。这也是目前一些学校采用的方式。③认为教师在参与课程领导过程中只要发挥了领导作用，无论有没有行政管理职位或是否被学校专门指派都可以成为课程领导者。即教师的领导行为不应该受到行政职位、等级高低的限制。不难发现，第三种观点体现了课程领导的民主平等性。其实在课程实践中，很多教师都愿意做出积极的改变，愿意努力使自己进步，也愿意把自己实施课程的体会、经验传达出来对周围的人产生积极的影响。实际上这已经是一种隐性的课程领导。正如西方学者布拉德利（Leo H. Bradley）所说，课程领导是概念性而非职位性的，对于课程领导来说，行政职位并非必要。① 中层管理者可以成为课程的领导者，但不意味着其他教师就不能成为课程领导者。每一位拥有自身经验、想法，不断做出积极改变的教师都能够成为课程的领导者。而这正是课程领导民主平等性的显著体现。

（三）互动对话性

互动对话是课程领导是否起到实效的关键。若不能形成互动对话，即使再多的教育工作者共同参与课程领导，课程领导也只是变换概念的学术游戏，仅仅成了为改变而改变、为交流而交流的形式追求，起不到实质性的作用。因此，我们说课程领导中的互动对话是其成功与否的关键。所谓互动对话是深入心灵的相互理解，是彼此智慧的激发，也是真正的合作探究。那种面对面坐在一起，简单地分担工作或者谈论一些零散的话题只是形式上的对话，不会产生实质的互动理解。就像迈克尔·富兰所说：交流是人与人之间的真实交流，不是相互控制，而是激发和被激发，向他人学习并把自己的知识奉献给他人，改变自己观念的同时也影响他人的观念。② 真正的互动对话是教师之间会因为互动对话而进一步理解他人，对不同观点给予接纳。互动对话并不在于有多少正式的面对面交谈，也不在于交流会议的密集程度，而在于非正式言谈的常态化以及教师们是否有共同的认知、共同的意愿和责任感。在课程领导中，一旦形式对话增多，会议更加频繁，而教师的选择却依旧有限，那么，实质上只是增加了工作量，让工作负荷超载，此时课程领导容易成为不切实际的空洞程序。久而久之，广大教师便会对提出的共同参与、赋权增能等口号感到失望，改革也就容易陷入形式甚至走回老路。这就与课程领导的实质内涵背道而驰。

---

① ［美］布拉德利. 课程领导：超越统一的课程标准. 吕立杰，等译. 北京：中国轻工业出版社，2007：7.
② ［加］富兰. 变革的力量：续集. 中央教育科学研究所，加拿大多伦多国际学院，译. 北京：教育科学出版社，2004：49-51.

　　课程领导的最终目的在于提升课程品质、促进教师和学生共同发展，而不是为了应付某些任务而产生的对策。因而，真正的互动对话必不可少。教师与教师、教师与学生之间形成一种互动对话的文化，建立起一种"我—你"的关系，就像马丁·布伯在《我与你》一书中所表达的：是一种亲密无间、相互对等、彼此信服、开放自在的关系，这种关系有利于激发教师参与课程实施的热情和潜力，形成一个能持续改进的环境，对课程领导的成效有着不可忽视的积极作用。

🔍 案例资料 7-1

　　易老师和杨老师都是某中学从事语文教学的一线教师，他们是老朋友、老同学又教授同样的科目，日常生活工作中少不了交流一些关于学生、课程与教学的话题。不过，虽然时有交流，但大多也是闲谈的形式，没有更多深入沟通。一次，杨老师向易老师提及有意申请一个关于写作课程创新的课题研究，希望他们能一起进行课题的研究。易老师也觉得这是个拓宽视野、加强专业能力的好机会。于是两人一拍即合。合作开始后，两人聚焦于：①课题申请的细节，包括课程方案的设计；②实践方案的不断调整。之后两人的交流不断深入，从写作教学的探讨扩展到了语文教学其他方面的探究。双方在交流中不断理解对方，也用自己的想法影响了彼此。一段时间后，他们不仅课题申请成功，关于写作课程的创新实践也得到了广大教师的认可。

　　点评：杨老师和易老师逐渐深入的交流实际上是形成了真正的互动对话，而不仅仅是流于形式的聊天，它是关于课程的深入探讨。在交流中双方都加深了对对方的理解，也加强了对专业知识的认识深度，自我能力获得了提升。

（四）发展生成性

　　发展生成性可以说是课程领导区别于以往课程管理的一个重要特征。很多研究者在课程领导领域研究中也把这种发展生成性称为"愿景"。所谓发展生成性是指向未来、不断发展的一个动态过程，也可以理解为关于未来的一幅美好图景。亦即发展生成性一定是动态生成的、富有意义的，是对未来的描述和构筑。西方学者斯塔瑞特（Starratt）在其著作中对这种发展生成性进行了一番阐述。他认为：①正是这种发展生成性才能使领导者和同事之间产生领导。那些不断发展生成的未来图景又包含着共同的价值意义和梦想，让每一步都变得充实，同时也产生了不可抗拒的力量。②一个发展生成的未来要捕捉到每一个成员的热情所在必须符合大家的梦想抱负，并将大家的信念和共同事业融为一体。③发展生成性引领团队融为一体，也融入整个学校的日常事务中去，将人们的精力导向那个可以实现的未来。可以说，课程领导不是制定一个个生硬的目标而是具有发展生成性。它并不很具体，却有可预见的美好未来。如果用"愿景"一词来解释，就是构造了一个可以实现的愿景，并且通过不断完善，促进学校可持续发展。发展生成性有别于其他特性，更像构造出的一种无处不在的气氛，更像不可或缺的空气，每一个身在其中的成员都会受到愿景的感召，产生万众一心的力量。课程领导的这一突出特性让整个学校都处于发展生成中，让所有成员产生一种团队意识，为共同的未来贡献自己的力量。

在以往的课程管理中，课程目标往往是由专家、行政部门制定的，具有权威性、规定性。相对于课程领导的发展生成性，其课程目标是静态的，一旦制定出来，课程与教学工作的重心就必须指向规定的目标，很难随着课程实施的进程有所调整。由于这种课程目标的制定少有一线教师的参与，导致教师产生排斥心理，对课程实施缺少热情，影响了课程质量的提升。而具有发展生成性的课程领导是生动的、富有情感且充满意义的。在课程领导中，教师可以根据课程实施中遇到的具体问题对课程目标进行调整，以适应已经发生了变化的情况。课程领导不会像以往的课程管理那样受制于固定的课程目标，而会处在一个不断更新、改善的过程中。这也是由课程领导具有发展生成性这一显著特性所决定的。关注课程领导的发展生成性，可以把构筑的未来图景传达给每一位学校成员，将大家的梦想、抱负、共同信念和事业融入那个不断发展生成的未来中，形成一种积极的情感氛围，从而努力推进课程实施的深化，促进学校健康发展。

三、促进课程领导的策略

从课程领导的含义和特点来看，课程领导的有效实施既需要教师自身的努力，也需要学校的大力支持。只有多方人员共同参与进来，解决好课程实施中遇到的种种困难才能使课程领导真正取得成效。

(一) 教师观念的更新与专业素养的提升

在课程领导中，教师扮演着十分重要的角色，需要真正参与课程领导，发挥自身的作用去推动课程领导的顺利进行。而这对教师的课程观念和专业素养提出了新的要求。

1. 教师需要更新课程观念

教师角色从过去单一的课程执行者转变为既是课程的执行者，也是课程的研究者、课程发展的参与者。格兰蒂提出的"教师课程编制者"、斯腾豪斯提出的"教师行动研究者"等都表明，教师开始由课程执行者的单一角色向多种角色转变，教师不应局限于传统的角色观念中，而应形成相应角色意识，提高认知水平。课程领导中的每一位教师，不仅是课程知识的传授者，而且是课程资源的开发者；不仅是课程政策的执行者，而且是课程方案的设计者；不仅是课程的实施者，而且是课程开发的研究者。教师在课程领导共同体中积极分享经验教训，共同探究遇到的问题，形成与他人的良性互动，共同推进课程改革与发展。

2. 教师需要不断提升自己的专业素养

在课程领导中，教师所承担的多种课程角色对教师的专业知识与能力提出了更高的要求。在专业知识的学习方面，教师需要掌握课程开发、课程设计、课程评估与决策以及课程研究等方面的知识。教师可参加有关课程领导的培训，通过与优秀教师、课程专家进行交流合作，共同探讨课程领导的成功案例来拓宽课程视野、丰富课程理论。与此同时，教师更需要在日常的课程实践中随时学习课程知识。这种学习不是简单记忆、积累，而是需要加强思考，大胆质疑，并在实践中检验，从而加深对课程知识的理解。

除了课程理论知识的掌握，教师专业能力的提高也很重要。教师可以从下述两个方面进行。①加强自我反思。即不断进行自我意识的调控，反思自身的知识、经验、技能，并对所处的环境、发展现状做出分析思考，及时更新在课程领导中的观念和行为选择。课程研究者黄显华认为：课程领导的核心环节之一，课程领导者必须提升自己的反思能力，要善于感悟学校的课程环境和文化，认识并理解自身的行动及其目标，通过课程慎思，让自己走出课程领导的困境。[①] ②加强彼此之间的合作探讨。课程领导需要教师共同参与，单靠个人力量无法推动，因而，教师既要发展自身能力，也应该加强交流合作，分享经验心得，不断探寻问题、发现问题，再共同予以解决。这种合作形成的交流平台不仅是教师权利充分发挥的重要保障，而且也是提升教师专业化的有效途径。首先，它是一个民主平等、共同参与课程事务的平台。教师有机会传达自身的经验、发表个人意见，也可以与校领导、其他教师平等交流，实现真正的互动对话，有助于形成课程领导中的良好氛围。其次，平台是提供资源的保证。教师在课程领导过程中需要及时更新理念、信息，需要物质支持以及人力资源的帮助，这都可以从平台得到。但对经验相对欠缺的教师而言，教师群体互帮互助则更有利于教师专业素养的提升。

🔍 **案例资料 7-2**

一堂教师专业的培训课上，培训师让教师们玩了一个游戏：两根交叉的绳，四头分别系在两人的左右手腕上，让教师们找出解开的方法。老师们不得其解。当培训教师以拓扑的方法帮助解开后，老师们恍然大悟并自语道："我们怎么就没有从这个角度去想呢？"没有人喜欢说自己看问题僵化，更没有人喜欢听到别人说自己僵化，但如果人不能意识到这一弱点又怎能冲破它的桎梏呢？拓扑游戏使教师们深深地感受到思想被无形地束缚着。教师们没有

① 黄显华等.课程领导与校本课程发展.北京：教育科学出版社，2005：13-14.

把游戏结果看成技术问题，而是陷入了深思，慢慢意识到在课程领导中更应该学会多角度思考问题，很多时候答案不是唯一的。

点评：实际上这样的变化是十分喜人的。教师们意识到了：每一个人的认识都是有局限的，很多问题不一定就无懈可击。教师们如果带着这样的观念走进课堂，就能更多地倾听学生的声音；形成了这样的意识在课程领导中就可以更好地发现问题，从而在解决问题的过程中使专业化程度不断提升。

（二）学校给教师赋权并营造民主合作的文化氛围

我国正在推行的国家、地方、学校三级课程管理体制为广大教师参与课程领导创造了前提条件。而教师能否真正参与课程领导则取决于学校的理念和做法。只有当教师拥有了更多的自主权利才可能真正参与课程领导，才可能成为课程领导者。因此，学校应该意识到：学校各级行政人员不是唯一的课程领导者，教师有能力也应该成为课程领导者。新时期的课程领导不是一方的独权领导，而是各级行政人员、各方专家、广大教师在平等相待基础上的共同领导。教师能够参与共同的讨论、发表自己的意见，帮助学校解决问题，推动课程领导发展。学校应该尽力更新传统的管理理念，全力支持教师参与管理，形成一种民主平等、合作开放、自由宽容的全新理念。学校应该致力于改善自上而下的传统管理模式，将权力真正下放到教师或者教师的团队之中。只有学校真正给教师赋权，教师才能摆脱对上级指令的依赖心理，发挥自身的能量，从而推动课程领导顺利进行。

在给教师赋权的同时，营造民主合作的学校文化也很重要。课程领导注重教师民主平等、共同参与，而民主合作的学校文化能够促进教师集体发挥出更大的课程领导作用。对此，学校应该创造条件致力于民主合作文化的形成，提倡教师之间积极分享、交流知识经验。教师之间不是命令控制而是彼此启发，在畅所欲言的同时又能容纳他人观点，不断完善自身观点并对他人产生积极影响。同时，教师和学校行政管理机构之间要不断展开有效的沟通。学校行政管理机构要倾听教师对完善课程政策、课程实施提出的建议，对教师在课程领导中的积极作为给予尽可能多的支持。

第二节
课堂教学管理

🎯 **学习目标**

说出课堂教学管理的含义、类型与特点；分析课堂教学管理的内容；掌握课堂教学管理的策略。

课堂教学管理是师生共同参与的有目的、有计划和多维度地协调课堂内外各种因素，顺利实现教学目标的活动。它对于提高教学质量、促进学生发展具有十分重要的作用。深入了解课堂教学管理的含义与类型，明确课堂教学管理的特点和内容，掌握课堂教学管理的策略，有助于切实有效地实施课堂教学管理。

一、课堂教学管理的含义、类型与特点

如果要对课堂教学管理有一个具体、全面的了解，不仅要理解其含义，还需对课堂教学管理的类型与特点进行分析和把握。

（一）课堂教学管理的含义

课堂教学是一种有组织的教学形式，是师生之间的一种特殊的交往活动。课堂教学管理是对这一特殊交往活动的组织、协调、保障和促进。一般意义上，课堂教学管理是指教师为了保证课堂教学秩序和效益，协调课堂中人与事、时间和空间等各种因素及其关系的过程。简而言之就是保障和促进课堂教学有效实施的一切活动。

有关研究将课堂教学管理分为宏观、中观和微观三个层面。在宏观层面主要是指，以国家教学管理部门为主体对课堂教学的宏观把握、规范与导向。它通过制定相应的课堂教学管理制度来实现目标，如对教师课堂教学用语、禁语和奖惩权力的规定，对从事课堂教学的教师做出明确的知识、能力和品行等结构性要求，对从事课堂教学教师职业资格的审定与颁发，对课堂教学目标达成及其质量做出相应要求和规定等。中观层面的课堂教学管理是指，学校教学管理部门、各级地方教育行政部门结合当地实际、学校现状对本校、本地区教学制订和实施相应的管理方案，如关于本地、本校教学进度和教学目标要求，为师生制定一些大致的教学规则，形成统一的课堂纪律模式，评估和监控课堂教学质量。它的管理主体主要是学校和地方一级的教学管理部门，如教研室、教务处等对教师课堂教学的协调与组织，提供建设性意见。微观的课堂教学管理是指，在课堂中针对师生共同面对的具体教学过程，对课堂环境的建构、课堂气氛的营造、课堂具体问题的解决、课堂教学目标的顺利完成与检验等各方面的协调与组织。其主要特点是教师和学生作为课堂教学的管理主体直接参与课堂，并

主要通过师生互动合作实现具有情境性的管理。

本节主要从微观层面探讨课堂教学管理，即课堂教学管理是师生共同参与，彼此交往，有目的、有计划和多维度地协调课堂教学中的各种因素，顺利实现教学目标的活动。课堂教学管理对教学活动的效果具有十分显著的影响。有了良好的课堂教学管理，学生学习的积极性才能得到激发和提高，教学才能顺利进行。可以说，课堂教学管理是师生共同参与的有目的、有计划和多维度地协调课堂内外各种因素，顺利实现教学目标的活动。在课堂教学管理过程中，通过师生共同努力调动多方面教学力量，发掘、利用和协调课堂中各种教学资源，为教学提供有益的课堂环境，形成和谐的课堂氛围，从而顺利开展课堂教学，并全面实现课堂教学价值。

（二）课堂教学管理的类型

课堂教学管理有多种类型，每种类型都具有自身的特征。

1. 按照教师的领导方式，可以划分为专制型、民主型和放任型

专制型课堂管理是完全由教师提出课堂目标、安排活动、制定工作步骤、分配学生的任务、实行主观的表扬与批评，教师很少与学生共同商量。这种管理类型的教师对学生的课堂表现要求严厉，但这种要求往往只根据教师个人的主观好恶来确定，忽视学生的具体实际和教学目标的具体要求。在专制型管理的课堂上，学生的意见得不到充分发表，且学生往往有一种紧张感、压抑感，容易导致课堂管理的形式主义倾向，降低教学效果。

民主型课堂管理是由教师将要求、活动以及工作步骤交与集体讨论，然后概括课堂目标、确定可供选择的步骤，让学生自己分配工作，再给予客观的表扬与批评。这种管理类型的教师在课堂教学管理活动中积极、认真、宽严适度，善于通过恰当的启发与指导，保证课堂教学管理的有效性。在民主型管理的课堂上，学生学得主动愉快，课堂教学效率高。

放任型课堂管理是由教师提供各种材料要求学生完成，但教师采取一种被动的、不介入的姿态，不提供任何计划和建议，在解答问题时也不提供帮助。这种管理类型的教师管理意识淡薄，工作责任心较差。他们在课堂上表现为只顾讲课、不顾效果、放任自流，对于学生在学习过程中出现的问题漠不关心，也没有积极的课堂管理要求。它完全凭学生自己发展，让学生自己做出决定。教师允许学生按其兴趣和需要做他们想做的事情，对其行为不给予任何的指导，学生表面上得意自在，实际上求知需要得不到满足，并且产生对教师不尊重的后果。在放任管理的课堂上，学生的学习热情低，教学效果很差。

2. 按照教师课堂教学管理的态度，可以划分为积极的课堂管理和消极的课堂管理

积极的课堂教学管理对学生的基本情况持积极的态度，认为学生有强烈的学习兴趣和态度，他们愿意遵守课堂规范，他们有自我控制的能力，有独立解决问题的能力。教师倾向于对学生进行激励，通过改善师生之间的关系，引导学生去自我管理。从教师的角色和作用

看，教师在学生自我管理过程中是一个引导者和参与者。

消极的课堂教学管理行为是传统的"指挥与控制"的观念在课堂管理中的体现。它认为大多数学生都不喜欢学习，学生到学校是迫于无奈，是家长强迫他们到校学习的，学生都喜欢逃避责任，宁愿受教师的指挥。这一类型的课堂教学管理比较关注学生的问题行为，一旦学生出现问题行为时，教师就给予严厉的惩罚，以达到矫正的目的。

3. 针对学生的问题行为处理方式，可以划分为预防性管理和干预性管理

预防性课堂教学管理是在学生尚未出现问题行为时，及时发现学生出现问题的苗头并采取措施预防。这也可以看作积极的课堂管理行为的一种具体策略。其基本理念是：问题行为的出现不可避免地会影响课堂的秩序，影响正常的教学节奏，影响教师课堂行为的态度、情绪，而问题行为一旦出现，解决它就要消耗更多的时间和精力，并使教学中断。因此，预防性管理就可以形成或达到"事半功倍"的效果。这种预防并不是教师处处设置学生行为的障碍，处处监视学生，而是以积极的心态仔细观察。

干预性课堂教学管理是当正常的课堂行为受到干扰时，教师采取一定的干预措施以矫正学生的问题行为。其基本理念是：课堂中有时难免会出现问题行为，这是由学生需要的多样性和行为的复杂性所决定的，也与学生的知识发展、人格状况的不成熟相关，而其中的关键是我们怎样处理已经发生的问题行为。其主要目的是既要有效地处理问题行为，又要避免对教学产生不必要的干扰。所以干预的结果和目的是尽可能地使教与学的活动继续进行，使问题行为得到有效控制。

（三）课堂教学管理的特点

教师在课堂教学管理的过程中是以管理者的身份参与课堂教学，教师要创造各种条件使学生对教学活动感兴趣，要通过各种方式方法来激励学生进行有效的学习与实践。有效率的教师必须是有效率的管理者，必须了解课堂教学管理的特点。

1. 教育性

课堂教学管理是一项管理活动，同时也是一项教育活动。其教育性主要包括以下两个方面的含义：第一，管理内容要有积极的教育意义。第二，管理行为本身应发挥其教育作用。课堂是培养人的场所，是学生在校学习的基地，学生在校时间的 80% 是在课堂中度过的，课堂是学生获取知识的主要途径。而教师又是课堂活动的组织者和领导者，在教学过程中起主导作用，因此，课堂中教师的一举一动、一言一行都应当对学生产生较强的教育影响力。在课堂教学管理中，教师要热爱学生，以身作则，为人师表，以模范行为感染学生、影响学生、教育学生。

2. 及时性

课堂教学管理注重及时处理课堂中的各种事件。课堂教学是一种有组织、有计划的师生

共同进行的教与学的双边活动。在教学活动中，有时难免会遇到一些问题或干扰。例如，有的学生精神不振、打瞌睡、开小差；有的学生上课玩游戏、发短信。这些情况如果不及时处理必将造成课堂秩序的混乱，甚至还会造成整个班级学习纪律的涣散。因此，这就需要教师给予及时的处理，而处理的原则是：不干扰或中断教学活动的正常进行，既能针对个别学生，又能顾及其他学生。课堂中偶发事件的出现要求教师及时做出迅速、果断与准确的反应，以最少的时间消耗争取最佳的管理效果。

3. 协作性

课堂是一个由教师、学生、环境组成的小型社会，因此，不应当由教师独自主宰，而应该让教师和学生共同参与、共同建构。学生不仅是学习的主体，而且是课堂自我管理的主体，在课堂教学管理中，正确引导学生积极、主动地参与管理，能收到事半功倍的效果。因此，有效的课堂教学管理强调师生的共同参与、共同构建。

4. 规范性

规范性是课堂教学管理的一个基本特点。真正有效的课堂教学管理必然要求教师立足于教学目标，让学生在不同的课堂情境下，面对不同的教师都能持续地表现出他们的适当行为。要做到这一点，除了需要对课堂环境进行构建和处理好师生关系之外，还需要形成相应的课堂行为规范。良好的规范可以对学生的行为产生积极的影响，可以使学生在内化规范的同时认可规范，最终实现自我控制、自我调整和自我管理。

5. 系统性

课堂是由教师和学生的行为构成的协作系统。这个系统是由组织系统、物质系统、人的系统构成的一个有机整体。我们既然把课堂视为一种协作系统，那么它就必然包含三个基本要素：一是协作的意愿。课堂协作系统由众多具有多种需求的个人所组成，他们在进入课堂之前是自由的，其行为无须受课堂行为规范的约束，但在他们进入课堂而成为协作系统的一员时，他们就必须按照协作系统的规范要求来行动。二是共同的目标，这是达成协作意愿的必要前提。如果没有共同目标，学生不知道应做怎样的努力，也不知道协作的结果会给他们带来什么满足，因而就难以产生协作的意愿。共同目标与个人目标常常发生冲突，而个人之所以愿意为共同目标而努力是因为他期望在实现共同目标的过程中能使他的个人目标得到满足。而且学生对共同目标的理解也常常出现分歧，因此学生可以脱离个人立场而站在整体利益的角度客观地理解共同目标，也可以站在个人立场上主观地理解共同目标。同时，共同目标会随着课堂组织系统的发展和环境的变化而改变。因此，协调个人目标与共同目标便成为课堂管理的一个重要任务。三是信息沟通，这是课堂得以发展的基本因素。个人协作意愿和共同目标只有通过信息沟通才能联系和统一起来，信息沟通是实现共同目标的基础。信息沟通涉及课堂中包括教师和所有学生在内的每个成员，他们既是信息的发送者又是信息的接受者，而不仅仅是由教师发出信息，学生接收信息。信息沟通是保持课堂协作和内聚力的基本条件。

6. 自组织性

课堂有自己的运行轨迹，随着特定的环境和条件而产生，又随着环境和条件的改变而变化。它处于不断更新状态，并在持续变化的过程中形成相对稳定的课堂文化，从而产生具有特定目标与定位的自组织的实体。课堂情境中形成的课堂文化对于维持课堂教学活动的继续进行是十分重要的。群体内聚力形成的文化力量使得课堂中的一些矛盾和问题自动化解。这样，学生在不同的课堂环境下，面对不同的教师都能持续地表现出他们的适当行为，并把适当行为内化为他们的一种自觉行为，使他们能够实现自我管理。

7. 整体性

影响课堂教学管理的因素是多种多样的，主要包括人的因素和环境的因素两个大的方面。人的因素包括学生的文化与经历，学生的人格特质、学习态度、身体状况，教师的人格特征、教学态度与能力，家长、学校领导及社会相关人士的态度、认同、鼓励等，而所有这些都会对教师的课堂教学管理产生影响。环境因素主要包括物理因素、社会因素和教育因素。其中，物理因素主要有活动的空间、座位的安排、资源的分配、光线的强弱、噪声的大小等；社会因素主要有班级大小、学生来源、课堂规范、师生行为等；教育因素主要有活动的类型、活动内容的难度、活动的方法等。这些环境因素与教师的课堂管理直接相关。课堂教学管理受到众多因素的影响，因而也是复杂而多变的。教师必须考虑所有这些因素，并把这些因素置于整体框架中进行综合考虑，才能真正把握课堂教学管理的特性，使课堂教学管理收到好的效果。①

二、课堂教学管理的内容

课堂教学管理是组织、协调、保障和促进课堂教学、有效实现教学目标的过程。课堂教学管理主要包括课堂纪律管理、课堂问题行为管理、课堂教学气氛管理以及课堂教学交流管理。

（一）课堂纪律管理

课堂纪律是指在课堂教学情境中，教师为了维持班级秩序、保证教学活动和学生学习活动顺利进行而要求学生必须遵守的一系列行为规范，是指对学生的课堂行为施加的外部控制与规则。课堂纪律具体在课堂环境中是指在课堂教学情境中，由教师促成的、学生参与的、间接指向学生学习活动的，旨在维护正常的课堂秩序，促进学生学习活动顺利进行的一

① 辛继湘. 课堂教学管理策略. 北京：北京师范大学出版社，2010：8-11.

系列行为规范。实质上它是一种有序学习环境的创设，旨在使学生在这种环境中进行有效的学习，表现为课堂中学生的行为准则与秩序。它反映课堂中师生之间、同学之间的关系，受教学任务要求的制约。它不仅包含既定的一系列规范，还包括教师在课堂环境中对学生课堂行为的期望和对这些规范的运用。它具有约束性和导向性，在对学生进行约束的同时也引导学生的思想和行为。课堂纪律包含四个构成因素：目标、内容、条件、评价标准。课堂纪律的目标指课堂纪律所要达到的教育目标；课堂纪律的内容指课堂纪律所指明的具体内容，它表明对学生行为的期望和具体要求；课堂纪律的条件指课堂中学生行为所需要的前提和背景；课堂纪律的评价标准指学生的行为发生后适用的各种奖惩方式，也是衡量学生行为的基本标准。

凡是有目的地从事社会实践活动的地方都需要管理来协调行动、维持秩序、提高效率。纪律作为学校教育中不可或缺的要素之一对维护学校教学秩序、促进学生知识的有效获得和健康人格的发展都具有重要意义。良好的课堂纪律直接影响教学秩序、教学进度及教学质量，是建立良好的教学环境、组织和调节学生行为以保证教学目标顺利实现的必要条件，在课堂教学管理中起着育人与管理的功能。所谓育人功能就是，纪律对学生自律、参与、民主意识等方面素质的养成价值，其指向首先是学生发展。所谓管理功能就是，纪律所具有的约束、调节与督促等方面的价值，其指向首先是组织的正常秩序。

课堂纪律的内容是多种多样的，几乎涵盖课堂的所有方面。依照适应纪律的活动性质而言，主要有出入课堂纪律、点名纪律、上下课纪律、课间纪律、值日生纪律等；依照适应纪律的项目性质而言，主要有道德方面的纪律、秩序方面的纪律、人际关系方面的纪律、安全方面的纪律和学习方面的纪律等；依照课堂纪律的成因而言，主要可分为四类，即教师促成的纪律、集体促成的纪律、任务促成的纪律和自我促成的纪律。

第一，教师促成的纪律。这是在学生从幼儿园到小学，各种行为习惯和思想观念还没有转变过来时，教师利用入学教育、开学典礼、班团会等多种形式培养班级凝聚力，从而形成的一系列课堂纪律。一般来说，如果课堂纪律仅仅是靠教师促成的，还没有内化为学生的自觉行为，这样的课堂纪律就有很大的可变性和不稳定性。这种类型的纪律多出现在初、高中起始年级和小学，它只是对班级管理外部改造的完成，接下来要做的事情还很多。

第二，集体促成的纪律。这是教师促成的纪律内化的一种表现形式，是当遵守课堂纪律成为全班同学的自觉行为时形成的一系列课堂纪律。它具有较强的稳定性，一般不会因任课教师的不同或学科的难易而产生大的变化和波动。它对个别学生问题行为的改造作用也十分明显。对班级而言，这是比较理想的纪律形式。

第三，任务促成的纪律。它的形成和学生面临的任务有直接的关系，随着任务的出现而出现，可能会随着任务的结束而减弱，甚至消失，但也有可能会保持下去。学生有很强的好胜心和求知欲，也有一定的自觉性和可塑性，所以学生的好胜心一旦被点燃、自觉性一旦被激发、可塑性一旦被利用，班级的潜能就可以被挖掘出来。

第四，自我促成的纪律。这也就是人们常说的自律。自我促成的纪律其形成过程是比较漫长和缓慢的，但一旦形成就能受益终身。

（二）课堂问题行为管理

关于课堂问题行为内涵的界定有不同的表述，有学者认为：课堂问题行为是指儿童"不能遵守公认的正常儿童行为规范和道德标准或不能正常与人交往和参与学习的行为"[1]。有学者认为："课堂问题行为是学生或者教师在课堂上发生的、违反课堂规则、程度不等的妨碍及干扰课堂活动的正常进行或影响教学效率的行为。"[2] 上述两种对课堂问题行为的定义虽有所不同，但均有共同关注之处。所以可以说，课堂问题行为是指在课堂中发生的，违反课堂规则、妨碍及干扰课堂活动的正常进行或者影响教学效率的行为。这样的行为不仅经常引起课堂纪律问题，影响教学质量而且也影响学生的身心健康。所以对课堂问题行为进行管理是课堂教学管理的重要内容之一。

课堂问题行为可分为外向型问题行为和内向型问题行为。外向型问题行为主要包括学生在课堂上表现出来的相互争吵、挑衅与推撞等攻击性行为，如交头接耳、高声喧哗等扰乱秩序的行为；做滑稽表演、口出怪调等故意惹人注意的行为以及故意顶撞班干部或教师、破坏课堂常规的盲目反抗权威的行为等。外向型问题行为扰乱别人，具有煽动性、捣乱性和破坏性。它直接干扰课堂纪律，影响他人学习，影响正常教学活动的进行，为同学、教师所厌恶，也容易被觉察并引起教师重视。教师对这类行为应果断、迅速地加以制止，以防在课堂中蔓延。

内向型问题行为主要表现为在课堂上沉默寡言、心不在焉、神情呆滞、胡思乱想、发呆等注意力涣散行为；逃避、害怕提问、情绪低落、抑郁孤僻、不与同学交往等退缩行为；看小说、翻杂志、不认真听讲、乱涂乱写、作业马虎、抄袭作业等不负责任的行为；迟到、早退、中途逃课等抗拒行为。内向型问题行为以消极、服从、依赖成人的形式表现出来，对集体和纪律的干扰不明显，不易为教师所察觉。它虽不对课堂秩序构成直接威胁，但对学生身心健康和品行发展的影响并不比外向型问题行为的危害性小。因此，教师在课堂管理中不能只根据行为的外部表现判断问题行为，只控制外向型问题行为，对内向型问题行为也应认真防范、及时引导矫正。

课堂问题行为产生的原因十分复杂，既可能是学生认识、情感、行为和人格等方面的原因，也可能是教师教学观念、教学能力、态度情感等方面的原因，还可能是不良环境造成的，也可能是家庭问题行为、社会问题行为的延伸，或是受同伴团体的不良影响。总的来

---

① 邵瑞珍. 学与教的心理学. 上海：华东师范大学出版社，1990：399.
② 陈时见. 课堂管理论. 桂林：广西师范大学出版社，2002：193.

说，它是教学过程中多种因素共同影响的结果。课堂问题行为一经产生，便很容易蔓延，诱发许多类似或其他的问题行为。如果处理不当，容易引起教师与学生之间的冲突和课堂纪律问题，影响课堂教学活动的正常进行，影响教学目标的实现，还会影响学生的身心健康，甚至伤及学生的人格发展。因此，通过认真而细致地观察、分析课堂问题行为的表现并进行正确的归因，同时采取有针对性的策略，减少或控制问题行为，才能确保课堂活动有序而有效地开展，才能切实提高课堂教学管理的质量。

（三）课堂教学气氛管理

课堂教学气氛是指师生在课堂教学过程中，通过情感的相互作用构成的心理环境的综合反映，它直接影响着教师的教学行为、教学质量以及学生的个性发展。在课堂教学中，由于师生双方的交往程度和合作水平的差异会形成不同的课堂氛围，或欢乐，或沉闷，或高昂，或压抑等。它制约着教师和学生教与学的情绪，并对学习效果、动机、态度产生影响。同时教育心理学也认为，处在积极愉快的教学氛围中的师生，大脑皮质处于兴奋状态。教师精神振奋、思路开阔，授课艺术能得到最大限度的发挥。而学生思维活跃、兴趣浓厚、注意力集中，学习能力也会显著增强。

课堂教学气氛具有感染性、个体感受的差异性等特征。在课堂教学中，班级是一个由一定数量的学生组成的教学集体，班级中的学生不仅年龄相近，而且有着大体相同的经历和大致相近的心理感受能力。学生对周围环境、气氛的变化特别敏感，极易受到周围环境和情绪的影响。当部分学生中出现某种情绪时，由于心理感受的相似，这种情绪经常能较为迅速地感染周围的学生。一旦大部分学生都有这种共同的心理体验时，便形成了某种课堂气氛。某种情绪，如果只产生于个别个体，不能影响到大多数学生，当然不足以形成一种气氛。但是一旦形成某种气氛，将对全体学生产生强大的感染力。如果处理得当，将使学生群体产生感情上的共鸣，并有效地集中注意力，因而达到提高课堂教学效果的目的。教师是课堂教学气氛的创设者与经营者，在课堂教学中应该正确发挥影响力，通过营造具有感染性的课堂气氛使学生能真正从情感上找到共鸣，并积极主动地参与学习。

尽管课堂气氛可以感染到全体学生，但人的情感是一种比较高级的复杂心理感受，它与人的学识、经历、素养、情操、爱好乃至个性有着千丝万缕的联系，是诸多因子在一定的情境中的综合体现。因此，即使同样的感受，每个学生也不可能一模一样：有的强烈，有的薄弱；有的深刻，有的肤浅；有的持久，有的短暂；有的侧重于此，有的侧重于彼。例如，学了《卖炭翁》以后，同学们都感受到了卖炭翁的生活之苦，都很同情他的不幸遭遇，但谈及具体感受却不尽相同。有的认为卖炭翁满脸皱纹，身体病弱，有的却认为他身强力壮；有的认为他满脸横肉、行为粗野，有的却认为他风度翩翩、举止潇洒。可见，教师的责任绝不仅仅在于创设一定的课堂气氛，还应该更细致地了解学生的具体感受，并从反馈信息中鉴别哪些是创见、哪些是误解、哪些较肤浅、哪些较深刻，做到去伪存真、补浅就深。

良好的课堂教学气氛可以激发学生的学习积极性。在良好的课堂气氛中，学生被热烈的课堂气氛所感染，受教师灵活多样的教学方法、渊博的知识、精湛的授课艺术所吸引，为教师幽默风趣的谈吐、优雅的气质所倾倒，并在课堂上切身感受到知识的奥妙和无穷的力量，从而极大地激发他们探求知识的热情。在良好的课堂气氛中，师生之间关系融洽，相互尊重、相互信任、畅所欲言，教师可以更好地了解学生并掌握学生的基本状况，使教学更有针对性。良好的课堂气氛还可以让"乐学型"的学生保持学习兴趣，进一步挖掘潜力；让"苦学型"和"厌学型"的学生逐渐拥有积极的情感体验，增强学习兴趣和学习信心，从而取得好的学习效果。

（四）课堂教学交流管理

课堂教学交流是指，教师和学生、学生与学生之间在课堂上所进行的信息传递。这里所说的信息既包括知识信息，也包括情感、态度、价值观等方面的信息。为了达到良好的教学效果，师生之间应该进行广泛而深入的交流，从而实现一种我们所期望的"教学相长"。

课堂教学不是一种杂乱无章、漫无目的的活动，而是一种在一定目标指引下的有序活动。教师作为信息的发送者，需要对自己发送的信息承担一定的责任。因此，教师在发送信息前需要考虑以下五个方面问题：学生想要接收哪些方面的信息？学生拥有多少与教学内容相关的背景知识？本次教学活动的主要目标是什么？教学内容的重点以及可能的难点在哪里？该教学活动能够在哪些方面促进学生的发展？只有统筹兼顾以上五方面，教师发送的信息才会有的放矢。

当教师在权衡了上面所述的五个方面以后，就会产生一定的思想认识。这时教师可以对这些思想认识加以编码来形成信息。于是我们会问，是不是随意使用一种方式对其进行编码就可以了呢？显然不能这样做。因为这样组织起来的信息虽然有可能充分代表教师的思想，但是却可能不能为学生所认同和理解。即如果教师发送的信息采用了不恰当的编码方式，那么发送的信息所代表的思想与学生接收信息后处理得到的意义之间会存在很大的偏差，甚至截然相反。这样看来，教师发送给学生的信息不仅要体现教师的思想，同时还要以学生能理解的方式编码。只有这样，师生双方之间的交流才能顺利进行，教学目标才能得以实现。

课堂教学交流的方式是非常多样的，但我们仍然可以按照一定的标准对其进行分类。例如，我们可以按照交流的效果如何，将交流分为有效交流和无效交流；也可以按交流信息的载体来分，把交流分为言语交流和非言语交流。在这里我们主要介绍以上四种交流形式。

1. 有效交流和无效交流

教师的课堂教学是一定要讲究效果的，甚至可以说，教师的课堂教学一直在不断地追求效益的最大化。因此，课堂教学的重要部分——教学交流也要达到一定的效果。这也许是我们置教学交流于应然状态下的一种美好的理想追求。但是在自然状态下的教学交流更多的时候表现为一种无效的状况。在课堂教学中出现了较多的无效交流，教师作为主要的信息发送者应当承担主要责任。比如，有的教师不综合考虑学生的心智发展水平、原有的知识基础等因素的制约，一味地以不适合学生接受能力的方式向学生传递在教师本人看来非常简单的知识；而有的教师在上课时使用的交流方式比较单一，且不富于变化，于是很难长时间地保持学生的注意力；还有的教师不注意锤炼自己的语言，导致教学语言不生动、无趣，缺乏激情与活力，造成教学效果不好。当然还有其他方面的原因。教学中出现了太多的无效交流是谁也不愿意看到的，作为"闻道在先"的教师应该积极主动地做出多方面的努力，尽可能地减少无效交流，增加有效交流。

2. 言语交流和非言语交流

交流时的言语既可以表现为口头语的形式，也可以表现为书面语的形式；而非言语交流则表现为面部表情、声调、姿态等形式。在课堂教学交流中，言语由于能直接表达信息发送者的思想观点而成为师生交流的主要载体。然而只有言语的交流是远远不够的。因为人类是富有情感的高级动物，表达人类喜怒哀乐的众多情感单凭言语是无法达到的。要想把人们内心的情感淋漓尽致地展现出来，更需要非言语信息的帮助。例如，为了表达我们的喜悦心情，我们可以将"我很高兴"这几个字写在纸上或从口中说出来让别人知道；我们也可以通过迷人的"笑"来表露我们的喜悦之情。第二种表达喜悦的方式会比言语信息更具有感染力，让接收信息的人深有同感，甚至产生共鸣。因此，教师要善于灵活运用言语信息和非言语信息，使它们恰到好处地为课堂教学交流服务。

三、课堂教学管理的策略

根据课堂教学管理的特点和内容，要有效实施课堂教学管理可以采用以下策略。

（一）目标导向策略

目标导向策略是奥地利著名心理学家、行为学家鲁道夫·德瑞克斯（R. Drekurs）提出来的。德瑞克斯认为，学生的课堂行为反映出想要得到接纳、重视的迫切愿望。学生能自己选择好的或不好的行为，他们有时表现出某些行为是因为他们错误地认为只有这样才能得到肯定。正因学生都有可能产生一些错误的目标，主要表现为"获得注意、寻求权力和表现无能"等，所以当这些目标在学生自身意识不到危害性时，教师如果不纠正很容易引起一定的行为强化，使课堂教学达不到预期的教学效果，甚至难以维持，造成大量的课堂问题。因此，教师必须了解并正确处理学生的错误行为，认识到制定课堂纪律的目的不是处罚学生，而是教导学生懂得如何自我约束。即教师要尽可能利用行为本身所产生的自然后果使学生从经验中体验行为与后果的关系，进而养成对自己行为负责的良好态度。① 教师对学生错误行为目标的处理策略可以分为三个步骤。

第一步，确认学生的错误目标。课堂上学生的不良行为是由错误目标所引起的，因而教师在处理过程中的第一步就是确认学生的错误目标属于哪一种。教师可以记录下自己对学生不良行为所产生的反应，并根据这些反应确认学生有哪些类型的期待。如果学生的不良行为使教师感到烦恼，则显示这一行为是学生企图获得注意的行为；如果学生的不良行为使教师感到受威胁，这就是学生寻求权力的行为；如果学生的不良行为使教师感到受到伤害，这就是报复；如果学生的不良行为使教师产生无力感，则显示学生表现无能。另外，教师还可以观察学生对于自己纠正其行为后的反应。如果学生在教师制止他的行为后停止了不良行为，但很快又重复其不良行为，则学生的错误目标是获得注意；如果学生在教师制止他的不良行为后，拒绝停止其不良行为或反而增强其不良行为，则学生的错误目标是寻求权力；如果学生在教师对他们的不良行为有反应后变得敌视或有暴力行为，则学生的错误目标是寻求报复；如果学生拒绝参与课堂活动、拒绝合作、拒绝师生互动则可能是表现无能。

第二步，教师向学生解释错误目标及相应的错误逻辑。教师确认学生的错误目标后就要向学生解释其目标的错误，并且与学生讨论其中隐含的错误逻辑。教师可以采取友好的、温和的方式向学生提出一系列的问题，使学生在思考这些问题时能检视其行为背后的目的，如"是不是你想要我注意你呢？""是不是你想要伤害我或者别人？"教师对学生提出问题，既可以探究学生的错误目标使学生认识到其行为背后的动机，更重要的是可以引发教师与学生之间的沟通，消除学生激怒教师的兴趣，改善学生的行为，避免学生主动闹事，使教师能以实际行动来改变学生的行为。

第三步，帮助学生改变错误目标，引发学生新的建设性行为。当教师了解了学生行为的错误目标后就可以采取主动，纠正学生的错误目标，如解决几种极端行为：获得注意、寻求权力和表现无能等。

其一，获得注意主要表现为行为过量。一些学生本身不想破坏课堂秩序，但因人的归属感需要，他们希望获得老师和同伴的注意，需要以一种展示性的行为提醒大家自己的存在。这种目标在课堂中是消极的，而且也是有一定代表性的，教师可以通过分析该同学的行为性质，对部分不良行为采用冷处理、延时处理，而对积极正当行为及时给以关注和表扬。对一些随意性的行为，如假装打呵欠，教师在课后要多观察，以明确学生的主要意图。总之，教师的反馈要使学生知道什么样的行为是真正适合的，并能得到老师和同伴的积极注意。

---

① 杜萍. 课堂管理的策略. 北京：教育科学出版社，2005：166.

🔍 **案例资料 7-3**

课堂上，李老师要求全班学生独自完成课堂作业。但每隔几分钟，小芳就举手要求老师来看一下，她希望李老师告知：是否该把题目编号？是否要把名字写在习题纸上？这样做对不对？李老师非常生气，因为她必须一次次地向小芳说明这些问题。最后她告诉小芳，她将在全班再讲一次课堂作业的要求，如果小芳还不了解，就必须等到下课后再问。之后李老师就完全无视小芳的求助。但当她看到小芳不再依赖老师而能独立做作业时，就立即给予她赞赏。

点评：小芳的例子是"获得注意"行为的实例。对于这类行为，教师的最初反应往往是生气，但李老师后来很好地处理了这一问题：她忽视小芳要求注意的目的，增强其独立完成作业的能力。通过李老师的这一处理方式，小芳学习到了在做课堂作业时，什么样的行为是正确的，并知道正确行为的结果是什么。

其二，寻求权力主要表现为一定的对抗行为。它是通过与代表课堂权威的教师对抗，获得能与教师平行的权力，从而获得同辈群体的尊重。这种行为试图证明自己的非凡才能，获得同伴的尊重、教师的妥协。要纠正这种目标，教师可以先主动从权力争斗中退出，并晓以道理，让学生认识到与教师对抗是错误的。同时，教师应提升课堂中有积极健康行为（如热心公务，勤奋学习）的同学的地位，让同学们知道真正的课堂权威是整个课堂集体共同维护的，通过为集体服务才能够赢得同辈群体的赞扬，即以集体的力量来纠正这一目标。

🔍 **案例资料 7-4**

化学实验课上，小明和其他学生在实验仪器附近扭打，他们知道这是违反规定的而且一定会受到教师的处罚。当张老师走近他们，要求他们停止做实验离开实验室时，小明拒绝了。张老师本想强拉他出去，但却没有这么做。他走到教室前，要全班同学放下手中的实验，宣布要关闭实验室。他告诉学生们：因为小明在实验室打架十分危险，而且他不愿离开教室，所以实验课无法继续上了。学生们瞪着小明，等他离开。小明很快选择了离开实验室。

点评：这是"寻求权力"行为的实例。张老师最初的反应是感到权威受到威胁，想要与小明进行权力战争。但后来张老师不愿被卷入"战斗"中，他坦然地对全班承认小明得到了权力，阻碍了课堂的顺利进行。小明因为找不到人可以对抗，他寻求权力的行为就失败了。稍后，张老师在小明离开实验室几分钟后，要小明担任监督员，让他检视是否每个人都能安全地做实验。教师赋予小明一定的身份，使他对权力的需求得到了建设性的满足。

其三，表现无能主要体现为行为不足。它的目标是认为自己反正无论怎么努力都不能获得成功，不能得到同伴和教师的肯定。针对这种情况，教师可以在课堂中创造鼓励同伴的气氛，并设置一些具体可行的小任务让学生完成，让学生逐渐产生一些尝试性的行为，树立"我能"的信心。

🔍 案例资料 7-5

齐老师布置全班学生写命题作文，除了小强瞪着空白作文本一动不动外，所有的学生都在奋笔疾书。于是齐老师走过去对他说："小强，你可以先把名字写在作文本上。"小强并没有拿起笔，还是继续凝视空的作文本。齐老师感到很失望，他不想再劝小强写，心想：好，你不想写，我也不想在你身上浪费我的时间。但是，他改口说："有时写作文之前需要时间思考，我知道你准备好后就会开始写的。"

点评：小强要教师知道他的"表现无能"的目标。如果想要得到别人的注意就必然会对教师的言行有反应，但他却表现出好像教师不存在，并希望教师走开。齐老师并没有如小强所愿放弃对小强的教育，他反而给予他鼓励，并让小强知道，他对他做作业的能力是有信心的。

总之，课堂教学管理的目标导向策略体现系统性与可行性、全面性与针对性、明确性与创生性的结合，即既要为学生指引正确的目标，又要纠正学生的错误目标，还要为整个课堂确立发展的目标，为整个课堂管理指明正确的方向。

（二）正面激励策略

传统的课堂教学管理一味强调对问题行为的处理，强调如何控制课堂问题行为，降低课堂问题行为出现的频率。正面激励策略是指通过激发更多的正当行为，增加积极的课堂行为出现频率的方法。激励学生也能和训诫学生一样维持良好的课堂秩序。与之不同的是，激励学生更能培养学生的自信心，营造一个让学生有安全感的课堂，营造积极、乐观向上的课堂气氛。具体方法如下。

1. 善于运用表扬

表扬是对学生好的行为给予肯定的评价，并使其得到进一步的巩固和发扬。适时的表扬常常是良好气氛的强化剂，因为它总是让学生得到成功与满足的心理体验，从而形成积极向上的课堂氛围。

2. 树立榜样

榜样激励是课堂教学管理中行之有效的一种管理策略。它通过榜样的示范来规范、引导学生的行为，激发学生奋发向上，在整个班级课堂活动中形成合力，以求达到预期的课堂教学管理成效。树立课堂中的榜样就是以一个活生生的标准来引导大多数人，这比抽象的班规要有效得多。教师可以号召向榜样学习从而调动学生表现正当行为的积极性，摒弃不良行为。榜样既可以是身边的学生，也可以是授课的教师或者其他有影响力的人。

3. 强化情感因素

师爱是教育的润滑剂，是进行教育的必要条件。正因为有了师爱，教师才能赢得学生的信赖，学生才乐于接受教育，教育才能收到良好的效果。教师在进行课堂教学管理时要活化情感因素，以学生发展为本，建立新型师生关系。这种关系本着尊重学生自主性的原则，使学生的人格得到充分发展。教师以实际行动关心全体学生的成长，深入了解他们的学习特点、兴趣爱好、生活习惯，与他们建立深厚的师生感情。教师热爱学生的情感常常会提高学生学习的有效性。教师对学生越是关心爱护，上课时学生就越信赖老师，自然而然产生和老师合作的动机，努力学好老师所教的课程。有的学生说，他喜欢哪位教师就能把哪位教师教的课程学好。师生相互信任，做到心理相容，教师输出的各种信息就会在学生头脑里畅通无阻地出现一种"易接受"的心理优势，使学生"亲其师，信其道，学其理"。而学生反馈的各种真实信息也能使教师更有效地调节教学过程，从而取得更好的教学效果。

（三）行为矫正策略

行为矫正策略是指运用心理学理论强化学生良好行为取代或消除不良行为的一种策略。一般步骤是：确定需要矫正的行为—制定矫正问题行为的具体目标—选择适当的强化物与强化时间—排除维持或强化问题行为的刺激—以良好的行为取代或消除问题行为。具体做法如下。

1. 强化目标行为

教师在课堂上必须首先明确目标行为，一旦学生达成教师所期望的行为就奖励他。例如，教师要求学生拿出课本，许多学生立刻拿出课本，但也有一些学生磨磨蹭蹭、交头接耳，教师可以点名指出遵照教师要求的学生，给予口头语言的奖励来强化正确行为的学生，并为不良行为学生塑造榜样。这一方法在小学中低年级使用非常有效。

2. 常规—忽视—奖赏

这种方法的使用首先要求教师和学生共同制定课堂常规（课堂常规要简明、清晰、易于记忆和理解），并把学生在课堂上应有的行为规范制成图表贴在教室后面，让学生熟记。课堂常规建立以后，教师要时刻注意学生的行为表现，观察学生是否遵守规则。这种方法很适用于小学生，但不适用于中学生。

3. 常规—奖赏—处罚

如同上述"常规—忽视—奖赏"的方法一样,"常规—奖赏—处罚"也要先建立课堂常规,并且强调教师的奖赏,但它不忽视学生不适当的行为。"常规—奖赏—处罚"方法增加了一些对学生的限制和对行为结果控制的因素,使得这个方法对有行为问题的学生特别有效。课堂常规在数目上应尽量精简,以学生能够熟记及能够公布在教室的布告栏上为宜。学生只要遵守常规,表现出符合要求的行为,教师就表扬他们。同时,在建立课堂常规时,教师要和学生共同制定对违规行为的处罚方式,让每一位学生都清楚地知道违反常规的结果。学生可以自由选择自己的行为,选择破坏常规也许是他们的权利,但同时破坏常规也意味着他选择了处罚的行为后果。这种方法清楚地明确了教师所期望的行为,学生也了解了他们所得到的结果是自己造成的,并要对自己的行为负责。

4. 订立契约

运用契约已被认为是一种非常成功的行为矫正方法,在中学阶段使用有独特的效果。订立契约的方法要求教师通过契约明确地指出哪些工作或哪些行为必须在什么时候完成。同时,契约也指出了如果学生如期完成工作或表现良好,教师的奖励会是什么。学生和教师在相互同意的前提下在契约上签字。

对高年级学生而言,契约是类似于法律的术语。正式打印出来的契约使学生乐于用这种方式来约束自己的行为。也正因如此,学生会十分认真地对待契约,契约也才有了约束力。

行为矫正策略的使用要求教师首先应认定所要改变或改善的学生行为,找出学生目前做错的是什么事,确定将来想要学生有什么样的行为。这一过程要求教师分析课堂中引发学生不良行为的情境,以及可以矫正学生行为的奖赏或处罚的方法。其次,教师要明确期望学生表现的新行为,通过系统的强化手段引导学生产生适当行为。行为矫正是一项复杂的工作,很难一蹴而就。因此,教师在运用时不可急于求成,应有持之以恒的心理准备。

(四) 有效交流策略

在课堂教学管理中,能否与学生进行有效交流十分重要。课堂上出现的一些不利于教学的问题往往与师生之间交流不畅有关,而顺畅的交流有助于教师管理课堂,有助于教学活动顺利开展。教师在与学生交流的过程中需要注意以下五点。

1. 接纳每一位学生

接纳指的是教师相信学生是一个有价值的人,并想尽一切办法让学生相信他自己是一个有价值的人。老师不要求学生先改正错误,变得完美,然后才接受他,而是始终无条件地相信学生自己有朝好的方面去发展的无限可能性。

🔍 **案例资料 7-6**

一个学习成绩较差的学生举起了左手要求回答老师提的问题，可是当老师问到他时，他却答不上来。感到奇怪的老师后来问他为什么不会也举手时，这个学生哭着说："老师，别人都会，如果我不举手，别人会笑话我。"下课后，老师私下告诉这个学生，下次提问时，如果会答就举左手，不会就高举右手。此后，每次看到他举左手，老师都努力给他机会让他答，举右手时则从不让他站起来。一段时间后，这个学生变得开朗了，学习成绩也有了很大的进步。于是老师悄悄地把这个方法也告诉了班里其他几个学习不好的学生。结果，他发现这几个学生也都变了。

点评：在这个例子中，教师很好地接纳了一个学习成绩并不好的学生。他在与学生沟通的过程中敏感地捕捉到了那位学生有些自卑但很想上进的心理，并对他的所作所为予以了接纳，即只要该生举起左手，老师都努力给他机会让他表现，尽量给他创造前进的机会。

2. 充分尊重学生

在课堂教学中，教师应充分尊重学生。然而，在实际的教学中，有相当一部分教师却不懂得这一点。例如，教师请了一位学习基础较差或性格较内向的学生来回答问题，而这位学生却回答不出来，对此教师厉声说道："就知道你答不出，给我坐下！"那些学习成绩较差或性格内向者，他们平时就认为自己比别人差，很不自信，老师这样一说，他们就更加坚定地认为自己是一个"破罐子"。在以后的学习过程中，他们会破罐子破摔也就不奇怪了。因此，教师可当着同学们的面说："老师知道你上课认真，一定能回答得出来，只不过一时紧张，暂时回答不出。你先坐下来，再思考一下，同时看其他同学怎么回答。"教师这样对学生说，学生为了不辜负老师对自己的期望，在以后的学习中会表现得更积极、更努力，学习成绩也会明显提高。所以，教师在与学生交流中尊重与鼓励学生，不仅能使课堂教学进展顺利，而且能使学生获得更好的发展。

3. 具有同理心

同理心被称为换位思考、移情理解。有同理心要求教师能站在学生的立场和角度了解学生的心情，思考问题。对任何事物的看法，教师和学生之间都不可能完全一致。如果教师只一味强调自己的观点，忽视学生的感受，就易让学生产生逆反心理，学生就会疏远、拒绝，甚至讨厌教师。学生平时最感苦恼的就是不被人理解，尤其是不被自己的师长理解。所以教师在与学生交流的过程中要设身处地地从学生的角度去观察和分析，了解学生的心情，找出与学生产生不同看法的原因，让学生感到老师是理解自己的。学生接受了你，进一步的交流才能有效地进行。

4. 慎用批评

教师批评学生不是为了批评而批评，而是为了让学生意识到问题并解决问题，帮助学生改进。若批评不具备教育效用那么就该摒弃。事实上，在与学生交流的过程中，教师未必一定要采取批评才能让学生认识到自己的错误。有时候教师宽容一点，给学生一个"台阶"下，保护学生的自尊心反而会取得更好的效果。苏霍姆林斯基说：有时宽容引起的道德震动比处罚更强烈。在学生们的错误或挑衅面前，教师应表现出适度的宽容，这不仅可以避免师生间的矛盾、使交流能够顺畅进行，而且也会让学生从教师身上学到正确处理问题的态度和方法。

🔍 **案例资料 7-7**

在数学课上，一位学生正在津津有味地欣赏着一本小说，老师走过去不说话拿走了他的小说。这位同学随即拿出一本杂志看，老师又过去拿走他的杂志。此时，学生又故意地趴在课桌上睡觉。于是老师气愤地把学生叫到讲台前说道："如果你再不听课，我打电话给你的家长，把小说、杂志交给他们处理！""你看着办！"学生回敬道。于是老师把该生当众批评了一通。

点评：在这个案例中，教师采取的解决办法只能引起学生的反感和对抗。心理学研究表明，"批评"，特别是"当众批评"以及打电话告诉家长是最伤害学生自尊心的，结果也多半事与愿违，容易引发学生的抵抗心理，使得彼此的交流根本进行不下去，课堂教学进展自然也会受到影响。

5. 善于倾听

在课堂教学交流中，教师和学生都是作为主体而存在。由于教师"闻道在先"，在课堂教学交流中是主要信息发送者，但这并不能成为剥夺学生作为信息发送者的权利的理由。事实上，教师作为信息发送者所体现出来的"教"是为了促进学生更好地"学"。教师向学生发送各种信息是以教师心目中所理解的学生为依据的。由于教师对学生的理解存在一定的主观性，教师心目中的学生与现实中的学生会存在一定的差距，而为了实现师生之间的有效交流就必须尽力缩小差距。一种有效的办法就是让学生实施其作为信息发送者的权利，让他们通过"说"来向教师展现他们真实的自己。因此，教师在课堂教学中要为学生创造尽可能多的机会，让学生说出自己的心声。同时，在学生说的过程中，教师要认真倾听学生发言，而不要觉得这样会浪费宝贵的课堂教学时间。这是教师了解学生，获得教学反馈信息的良好机会，同时也是锻炼学生语言表达能力的有效办法。

本章小结

　　"课程领导"是学校课程领导者围绕课程问题展开相互合作、推进课程实施的过程，其间既需要教师积极参与决策、设计和组织，也需要学校为教师参与课程领导提供有利条件。课程领导不再是校长、学校行政人员的专利，教师同样有机会参与课程领导；"课堂教学管理"是师生共同参与，彼此交往，有目的、有计划和多维度地协调课堂教学中的各种因素，顺利实现教学目标的过程。教师需要了解课堂教学管理的主要特点和内容，并能够合理运用课堂教学管理策略以保障教学活动的顺利进行。

总结 >

Aa　关键术语

课程领导
curriculum leadership

课堂教学管理
classroom teaching management

章节链接

　　本章主要介绍了课程领导与课堂教学管理，与第三章"课程价值与教学目标"中课程价值部分具有一定的关系，与第六章"课程实施与教学过程"中教学过程部分具有一定的关系。

应用 >

批判性思考

　　1. 联系我国基础教育课程改革实际，谈谈你对课程领导的理解。
　　2. 结合教学实践，阐述如何才能更有效地实施课堂教学管理。

体验练习

　　1. 填空题
　　（1）课程领导的特征主要表现为_____、_____、_____和_____。
　　（2）按照教师的领导方式，可以将课堂教学管理划分为_____、_____和_____课堂教学管理。

（3）课堂教学管理的主要内容包括_____、_____、_____和_____。

2. 简答题

（1）简述教师参与课程领导的意义。

（3）简述课堂教学管理的基本特征。

（4）简述课堂教学管理中的行为矫正策略。

🔍 案例研究 ‖‖‖

　　新学期的第一堂地理课，一个坐在教室最后面的男孩一上课就把一本《三国演义》摊在课桌上津津有味地看起来。我很快就发现了他的举动，于是，我笑眯眯地走到他身边把那本《三国演义》拿到讲台上，然后仍然是笑眯眯地面向全班同学说道："吴老师上课，明察秋毫。今天是第一堂地理课，胡某就敢在课堂上看《三国演义》，尽管他很聪明也很有胆识，敢跟老师唱'空城计'，但还是被吴老师发现了。今天当着全班同学的面，我宣布处理意见：第一，不准报告班主任；第二，我要学学'诸葛亮七擒七纵'，我来个'十擒十纵'，请所有同学作证……"之后的地理课，胡某果然不时地拿出那本《三国演义》来看，但每次都被我发现。在全班同学的见证下，经过"十擒十纵"，胡某再也不在课堂上看课外书了，我和这个班的同学也建立了深厚的友谊。从此，地理课成为这个班的学生喜欢上的一门课。

　　请结合案例分析该教师是如何运用课堂教学管理艺术的？

📝 教学一线纪事 ‖‖‖

课堂管理机智趣事

　　学完"声和光"的有关知识后，学生正在做教师布置的作业。突然一位学生把课前准备的糖拿出来吃，取糖时发出了糖纸摩擦的声音，把同桌的视线也吸引过去了。尽管这位学生小心翼翼，还是被教师发现了。此时教师控制着自己的情感，先扫视了一下"目标"处，然后向学生提问："你们听到一种声音了吗？"一学生说："听到了。"教师问："是什么声音？"学生说："好像是塑料纸摩擦发出的声音。"教师又问："你是怎么判断的呢？"学生说："我是通过音色来判断的。"教师又问："后面的同学听到了吗？"学生说"没有听到。"前面的学生解释道："因响度随距离的增加而减弱。"教师问："前面的学生听到了声音，知道这位同学究竟在干什么吗?"学生说:"他在塑料包装纸里取糖。"教师问:"你怎么知道的呢?"学生说:"因为光沿直线传播,只有我和他右边的同学才知道。"说到这里,这位吃糖的同学已是面红耳赤。一番有趣的师生对话,教育了个别学生,又使全体学生受到了启发,实现了在讨论中学习,在学习中接受教育。

拓展 >

补充读物

1 靳玉乐.学校课程领导论:理论研究与实践探索 [M].北京:人民教育出版社,2011.

　　该书以学校课程领导的理论与实践问题为研究对象,对学校课程领导的本质与特征、理论基础、理论取向、工作原理等问题进行了深入探讨。

2 辛继湘.课堂教学管理策略 [M].北京:北京师范大学出版社,2010.

　　该书内容涵盖课堂教学管理概述、课堂教学的激发策略、课堂教学的交流策略、课堂教学纪律实施策略、课堂教学生成性问题的应对策略等内容。

3 [美] 贝尔·罗杰斯.课堂行为的有效管理策略 [M].蔡艳芳,等译.北京:中国轻工业出版社,2011.

　　该书深入探讨了当今教师在课堂上所面临的诸多问题,详细阐述了有效教学、课堂行为管理及同事支持之间的关系,同时讨论了如何应对难以管理的班级等问题。

4 李森,杜尚荣.课堂教学管理策略研究 [M].福州:福建教育出版社,2013.

　　该书从知识、话语、情感、媒体、时间、环境、纪律、"边缘人"与反馈等九个方面阐述了课堂教学管理的基本策略,同时附有大量生动的案例及案例分析。

第八章

课程与教学评价

本章概述

　　课程与教学评价是对课程与教学的过程、质量和效果所做的测量、分析与评定。本章将其分为课程评价、教师课堂教学评价和学生学业成就评价三个板块。其中，课程评价是指运用一定的方法和手段，通过系统收集、整理、分析信息与资料，考察课程目标的达成程度以及对课程开发过程、课程计划和实施效果做出价值判断的过程。教师课堂教学评价是以课堂教学目标为依据，运用合理标准和有效方法对课堂教学活动的过程及结果进行价值判断的过程。学生学业成就评价是对学生学习进展和行为变化的过程及结果的评价，是课程与教学评价环节中核心、关键的部分。

结构图

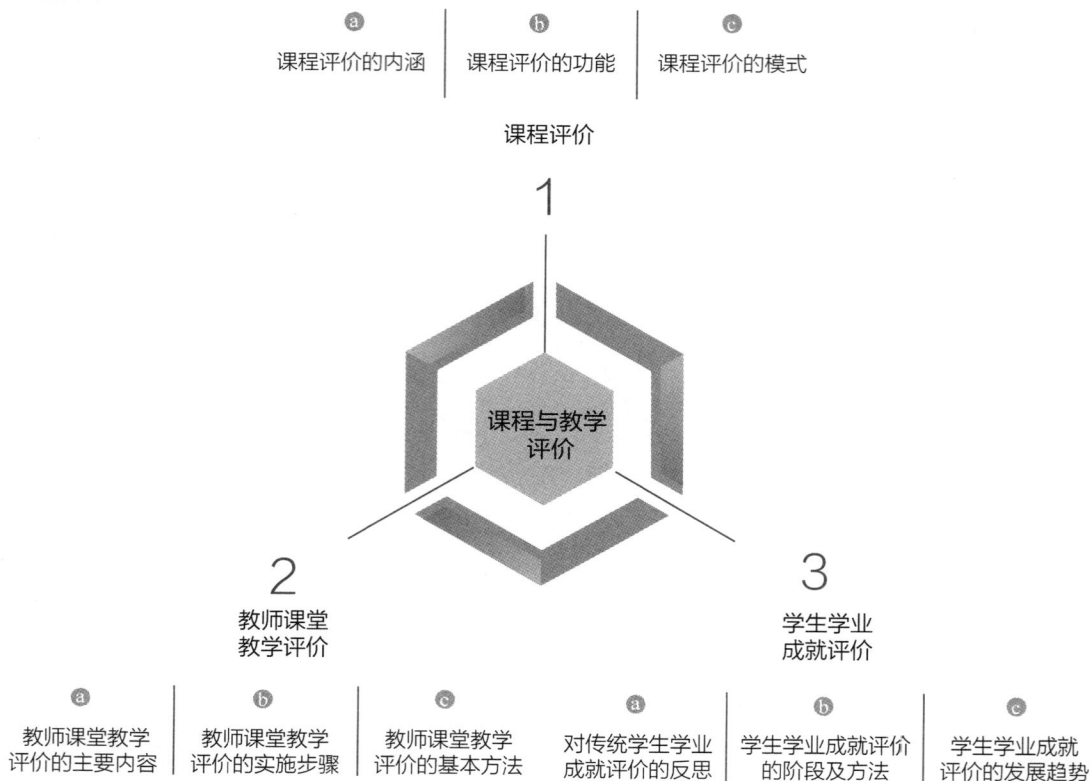

ⓐ	ⓑ	ⓒ
课程评价的内涵	课程评价的功能	课程评价的模式

课程评价

1

课程与教学
评价

2
教师课堂
教学评价

3
学生学业
成就评价

ⓐ	ⓑ	ⓒ	ⓐ	ⓑ	ⓒ
教师课堂教学评价的主要内容	教师课堂教学评价的实施步骤	教师课堂教学评价的基本方法	对传统学生学业成就评价的反思	学生学业成就评价的阶段及方法	学生学业成就评价的发展趋势

学完本章，你应该能够做到：

学习
目标

1．了解课程评价的主要模式。

2．掌握教师开展课堂教学评价的步骤和方法。

3．了解学生学业成就评价的主要阶段及方法。

读前
反思

　　在阅读本章之前，请结合自己的学习经历思考一下教师在课堂教学中除了采取书面习题之外，还采用过哪些评价学生学业成就的方法？你的表现如何？其他学生的反应呢？考试作为一种重要的学业评价方式，虽然存在诸多弊端，但从其产生以来一直沿用至今，你能谈谈其中的理由吗？

　　你是否评价过自己的老师？如果评价过，是通过哪些途径和方法来评价的？教师的反应如何？如果没有评价过，你认为学生可以采取哪些方法有效评价教师的课堂教学？

　　课程与教学活动作为培养人的活动必须有检测系统，没有检测系统的课程与教学活动难以保证课程与教学目标的实现，将会是盲目的课程与教学活动。因此，课程与教学评价说白了就是进行测量。你同意这一观点吗？为什么？

课程与教学是学校教育的中心工作，是促进师生全面发展和健康成长的主要载体。但课程与教学的效果如何，相关活动是否达到了预期目的，还存在哪些问题，如此等等都必须通过评价来加以检测、判断。课程与教学评价是对课程与教学的过程、质量和效果所做的测量、分析与评定。课程与教学评价需要测量，但不等同于课程与教学测量。实质上，课程与教学测量是对有关的课程与教学属性分配数值，开展的是事实判断。而课程与教学评价是在测量的基础上，进一步做出优与劣、好与坏、对与错的价值判断的过程。课程与教学评价主要包括对整个学校课程体系的评价、对某一具体教学科目及其实施情况的评价和对特定课堂教学的评价。它既可以是综合性的评价，如评价一个相对完整的课程开发过程，或评价较为全面的教学质量；又可以是单一的评价，如评价教师的课堂教学质量，或评价学生的学业成绩等。

自教育活动产生以来就有了评价其成效的方法。中国古代，也是世界上最早的一篇专门论述教育教学问题的论著《学记》就明确提出："比年入学，中年考校。一年视离经辨志，三年视敬业乐群，五年视博习亲师，七年视论学取友，谓之小成；九年知类通达，强立而不反，谓之大成。"这在当时可视为评价课程与教学活动的方法和标准。国内外众多学者认为，课程与教学评价思想最早起源于中国，但其系统的理论和方法产生于20世纪初的欧美。1905年，美国教育心理学家桑代克发表了《精神与社会测量导论》，提出："凡存在的东西都有数量，凡是有数量的东西都可以测量。"桑代克被称为"教育测量之父"，他的研究引领了世界教育史上著名的教育测量运动。课程与教学评价已经成为当代课程与教学论研究的重要领域之一。1933年，美国"进步教育协会"发起了一项著名研究，这项研究旨在从根本上对美国中学的课程与教学进行改革。除了专业研究人员外，参与该研究的还有遍布美国的300所大学、学员和选拔出的30所中学。研究从1934年持续到1942年，历时8年时间，故称为"八年研究"。为了指导和协助这30所中学的实验研究，美国成立了由学者泰勒领导的评价委员会。1942年评价委员会发表了"史密斯—泰勒报告"，首次系统提出了课程与教学评价的基本思想和方法，从而奠定了现代课程与教学评价的基础。课程评价和教学评价在实践中往往是结合在一起进行的[①]，本章从课程评价、教师课堂教学评价和学生学业成就评价三方面具体阐述。

---

① 赵必华，查啸虎. 课程改革与教育评价. 合肥：安徽教育出版社，2007：9.

第一节
课程评价

学习目标

明确课程评价的主要模式。

课程评价是课程与教学领域中教师、教育管理工作者、学生以及相关人员经常开展的一种特殊认识活动，其目的在于对课程做出各种决策，确保课程的合理性与实效性。

一、课程评价的内涵

课程评价是指运用一定的方法和手段，通过系统收集、整理、分析信息与资料，考察课程目标的达成程度以及对课程开发过程、课程计划和实施效果做出价值判断的过程。简单而言，"课程评价是以具体的课程为对象，以判断课程的价值及其功能为目的的实践活动"[①]。

课程评价的定义与课程的定义具有密切联系，因此，对课程评价的理解要依据课程的内涵。即当课程的概念随着课程理论的发展不断变化时，课程评价的内涵也会相应随之变化。美国学者桑德斯认为："课程评价指的是研究一门课程某些方面或全部的价值的过程。根据课程这一术语的不同定义方法，课程评价的焦点或目标可能包括课程需要和（或）学生需要，课程设计、教学过程、在教学中使用的教材、学生成果目标、通过课程学生取得的进步、教师有效性、学习环境、课程政策、资料分配以及教学成果等内容。"[②] 由此可见，对课程内涵的理解不同，对课程评价内涵的认识也会有较大差异。

施良方将繁多的课程定义加以归类，大致可分为六种类型：课程即教学科目，课程即有计划的教学活动，课程即预期的学习结果，课程即学习经验，课程即社会文化的再生产，课程即社会改造。[③] 对应于上述六种课程的定义，课程评价的内涵也有较大差异：如果将课程理解为教学科目，课程评价自然是针对学校中具体科目的评价；如果把课程视为有计划的教学活动，课程评价就是指对课程计划、课程标准、教材教案等文本课程的评价；如果将课程视为预期的学习结果，课程评价则是针对学生学习结果的测量和评定；如果认为课程是学习经验，那么课程评价的范畴不仅包括对学习内容和学习结果的评价，还涉及对学习方式、学习过程的评价；而如果将课程界定为社会文化的再生产或社会改造，则课程评价的范畴将会更加广泛，远远超出学校教育领域。

吕达按照课程编订的实践顺序将课程划分为理想课程、官方课程、可接受课程和实践课程。其中，理想课程是指以教育理论为基础研究的课程；官方课程是教育行政领导部门制定

① 林智中，马云鹏．课程评价模式及对课程改革的启示．教育研究，1997（9）.
② 江山野．简明国际教育百科全书·课程．北京：教育科学出版社，1991：168.
③ 参见施良方．课程理论：课程的基础、原理与问题．北京：教育科学出版社，1996：3-7.

推行的课程；可接受课程是指教材；实践课程是学校中正在实施的课程，体现为师生的教学活动。基于此分类，从对课程目标的审视到对各类课程文本的审查，再到对学校实际教育情境中教学活动、课程实施以及学生发展状态的评价等都应纳入课程评价的内容框架中。

由此可见，课程评价有广义和狭义之分。狭义的课程评价是指对课程计划、课程目标、教材在改进学生学习方面的价值加以判断的活动或过程，包括对课程目标体系的评价、对课程计划的评价、对课程标准的评价以及对教材的评价等核心内容。它的实施一般是由受过专门培训的评价人员，借助于专门的评价方法和技术而进行的。广义的课程评价即教育评价，是指按照一定的价值标准，通过系统地收集有关的信息，对教育活动中引起学生变化的多种因素就其满足社会与个体需要的程度做出判断，并为被评价者的自我完善和有关部门的科学决策提供依据的活动。基础教育课程改革中涉及的课程评价改革即是在这种意义上的课程评价改革。正确理解广义的课程评价概念应明确以下两点：一是课程评价是一种价值判断活动，其结论要受到评价者教育价值观的影响，所以树立正确的教育价值观是有效开展教育评价，使教育评价对教育实践发挥正确的导向作用的必备前提；二是课程评价对象的范围很广，涉及教育的各个方面，包括学生的发展变化以及构成其变化的各种因素。

二、课程评价的功能

当代课程评价除了人们熟知的甄别和选拔功能外，也重视为课程与教学活动提供有效的诊断和反馈，以提升教育质量，更好地促进学校和师生的发展。

🔊 **教育家语录**

课程评价的主要功能有以下几点：①课程改进：判定哪种教材和教法是适当的，需要在何处加以改进。②针对学生的决定：诊断学生的需要以便规划适用于学生的教学；判断学生的成绩以便对学生进行选择和分组，了解学生的进步或不足。③行政法规：判断良好的学校体制是什么，良好的教师有什么特征。

——克龙巴赫

（一）诊断功能

诊断功能是指课程评价能够对课程中存在的问题进行判断与分析，找到症结及原因所在，进而提出修订和改进的建议，使课程在不断修订的过程中达到尽可能完善的程度。例如，通过课程评价，评价者可以发现课程设计中存在的困难与不足，进而判断导致困难与不足的原因，为被评价者采取相关措施改善课程设计奠定信息基础。尤其是对于课程设计经验不足的新任教师，更需要发挥课程评价的诊断功能，以便发现问题、及时补救。

（二）调节功能

调节功能是指通过课程评价结果的反馈，让被评价者了解自身发展存在的优势与不足，从而调节自己的课程和教学行为。在社会与学校教育持续变革和发展的背景下，课程与教学活动始终处于不断的调节过程之中，但要确保调节更为科学有效，除了需要诊断出课程的问题所在之外，还必须把这些诊断出的问题及时反馈给被评价者，以促使其对自己的行为做出调节。否则，诊断的结果就会失去意义和价值。当代课程评价对诊断功能非常强调，认为评价重要的并不是得出一个客观准确的评价结论，而是要将评价的结果以科学的、恰当的、建设性的方式反馈给被评价者，促使其最大限度地接受，从而促进其进一步发展。

（三）激励功能

激励功能是指通过课程评价可以让被评价者在正确认识自己的优势与不足的基础上，从正、反两个方面受到激励，增强发展的积极性和主动性。例如，在对教师课程实施的评价中，积极的评价可以增强教师的自信心，提高自我肯定度，激发进一步优化课程的动力；而适度的否定评价往往能引发教师一定的焦虑感，使其知耻而后勇，更加勤奋努力。此外，当代课程评价尤为强调把评价过程当作为被评价者提供一个自我展示的平台和机会，鼓励被评价者展示自己的努力与成绩，让被评价者通过他人的认可和赞赏而受到激励。

（四）导向功能

导向功能是指课程评价对课程与教学活动具有定向引导功能。课程与教学目标对教育活动也具有导向功能，但这种导向功能要通过课程评价才能实现。因为以理论形态存在的课程与教学目标能否发挥应有的指导作用，取决于这一目标是否转化为具体的评价指标体系，成为评价课程与教学活动成功与否的现实依据。因为只有通过评价，课程的教育意蕴才得以肯定或否定。课程不只是传递知识的工具，也是创造和重新创造我们文化的工具。一般而言，课程评价所肯定的内容就成了有价值的、为教育主体所追求的东西；课程评价所否定的内容就成了无价值的、为教育主体所舍弃的东西；课程评价所忽视的东西自然也不会引起教育主体的重视。因此，相对于课程与教学目标而言，课程评价对实践活动具有更为直接的导向功能。

（五）反思功能

20 世纪 70 年代以来，随着人们日益强调评价的效益问题，反思在课程评价研究与实践中受到重视。所谓反思功能是指在课程评价中通过被评价者的主动参与促进自身的反思，从而更深刻地发现问题和更有效地改进教育活动，并在此过程中提升自己的反思能力。当代课程评价强调被评价者的参与，认为参与有助于调动其内在动机，使其成为自觉的内省与反思者；而随着反思性评价的日常化，被评价者能逐步形成良好的反思与总结习惯，从而有助于课程与教学的持续发展。

三、课程评价的模式

课程评价模式是"评价人员或是研究工作者依据某种教育理念、课程或特定的评价目的，选取一种或是几种评价途径所建立起来的相对完整的评价体系，它对评价的实施做了基本的说明"[①]。经典的课程评价模式主要有目标评价模式、回应性评价模式、差距评价模式、CIPP 评价模式以及解释性评价模式等。只有清楚了解这些模式才能在实践中有效运用，从而充分发挥课程评价的各项功能。

（一）目标评价模式

课程的目标评价模式是指以目标作为课程评价的核心与依据。20 世纪 30 年代，泰勒在其主持的"八年研究"中首次提出了目标评价模式。该模式无论是对课程与教学改革实践，还是对课程评价学科的发展都具有重要的意义。泰勒认为，教育就是使人的行为方式发生变化和改进的过程，学生各类行为方式的改变就是教育目标。课程评价就是对课程实施的预定结果与实际结果进行比较，看其在多大程度上实现了课程目标；而人的行为是复杂的，因此要从各方面进行评价；不仅要有分析而且还要综合；评价方法只靠纸、笔是不够的，还应使用包括行为观察在内的多种方式。泰勒强调，课程评价在本质上是测定教育目标在课程和教学方案中究竟被实现了多少。因此，课程评价的基本内涵就是根据预定的课程目标，通过系统地、有目的地收集相关资料判断实际的活动是否达到预期课程目标的过程。

🔊 **教育家语录**

评价的过程，实质上是判定课程与教学计划在多大程度上实现了教育目标的过程。然而，由于教育目标本质上是描述人的行为的变化，即是说，目标的用意在于使学生的行为类型产生某些期望的变化，因而，评价就是判定这些行为变化实际发生的程度的过程。

——泰勒

---

① 李雁冰.课程评价论.上海：上海教育出版社，2002：66.

泰勒将课程发展分为确定课程目标、选择学习经验、组织学习经验、评价学习结果四个阶段。其中，目标的确定是课程设计中重要的工作，因为它引导着整个课程评价过程。课程评价需要按照目标，选择搜集资料的方法，确定目标是否达成。如果目标已经达成，整个课程方案便是成功的，反之则需要调整和修改。目标评价模式主要分为七个步骤：一是确定广泛的课程目的或目标；二是将课程目标进行分类；三是用行为术语界定课程目标；四是寻找能够显示课程目标达成程度的情境；五是选择和发展测量课程目标的技术；六是搜集学生表现的资料；七是将搜集到的资料与行为目标进行比较。由此可见，每一个步骤都与课程目标密切相关，且课程目标一定是以具体表现在课程与教学活动中可测量的师生行为目标为主，从而重视课程评价的操作性和针对性。

在课程的目标评价模式中，预定的课程目标决定了整个评价活动。该模式侧重于对课程实施后所达到结果的评价以及对师生行为的评价。在对课程所规定的师生行为进行评价时，这种模式较为适合。但由于其仅仅关注预期的课程目标，忽视了其他教育因素的影响，从而遭到较多批判（见图8-1）。

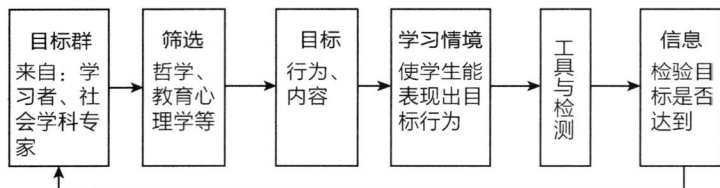

图8-1　课程的目标评价模式

（二）回应性评价模式

课程回应性评价模式是由学者斯塔克在对目标评价模式批判反思的基础上逐渐发展起来的。他认为，评价一个课程方案可以采取不同的方法，没有哪一种方法或模式是绝对正确的。但要使课程评价具有成效，有一点必不可少，即评价者应该向听取评价结果的人们提供他们所关心的评价信息，即课程评价者应该充分了解人们尤其是被评价者所关注的问题。具体而言，回应性评价是通过课程评价者与课程有关的各种人员接触，了解他们的需求，然后将其同课程的相关实践活动进行比较，据此对课程决策或方案加以修改以对大多数人的需要做出回应，以便课程能满足人们的不同需要。评价是评价者与被评价者、教师与学生共同建构意义的过程，双方互相分享彼此的经验，就评价的标准、评价的内容、评价的途径乃至评价的结果提出意见、相互协商。评价者与被评价者是交互主体的关系，评价过程是民主参与、协商和交往的过程。这样一种评价关系是温情的，这样一种评价过程是灵活的，其结果是对评价过程中多元价值和个体差异的尊重①，而非仅仅注重考试分数、标准或目标等客观资料。该模式在方法上注重与科学主义相对的自然主义方法，强调了非正式的观察、交往、描述性的定性分析方法。概言之，课程的回应性评价模式重视评价者的服务意识，以及重视实际的课程活动过程，反映了多种价值观对课程计划的影响。它适合于当下多元的、复杂的课程与教学世界，其结果具有一定的弹性和应变性。

（三）差距评价模式

课程差距评价模式将课程评价与系统管理理论结合起来，它由学者普罗佛斯（M. Provus）提出。这一模式包括四个部分和五个评价阶段。四个部分分别为：界定课程计划的标准；明确课程计划的实施效果；比较效果与标准；确定两者之间是否存在差距。而在课程差距评价模式五个阶段中都要对课程计划的实施效果与标准进行比较。②

第一是设计阶段，主要是界定课程计划的标准，以此作为评价依据。所谓"标准"，是指课程计划的性质，主要包含三个要素：课程计划的目标，即预期结果；实现目标所需要的人力和物力，即前提条件；师生为达到目标所要开展的活动，即教学过程。一旦界定完成，便成了评价的"标准"。而有了标准才能确定课程计划是否按照标准运作。

第二是装置阶段，旨在了解所装置的课程计划与原先打算相吻合的程度。所以必须收集已经装置的课程计划有关方面（包括预期目标、前提条件和教学过程等）的材料。

第三是过程阶段，即要掌握导向最终目标的中间目标是否达成，并借此进一步了解前提条件、教学过程、预期结果三者之间的关系，以便对这些因素适当调整。这个阶段的重点是要了解教学活动是否产生了预期的效果。

第四是产出阶段，重点评价所实施的课程计划的最终目标是否达成，以便与课程计划的标准进行比较。

第五阶段主要开展成本效益分析，目的在于鉴别哪种或哪些课程计划最为经济有效。这需要对所实施的课程计划与其他课程计划加以比较。

在课程评价的五个阶段中，除了最后一个阶段，即成本效益分析之外，每个阶段的评价都包括比较和寻找差距两个方面，即通过评价做出如下选择：如果符合预定目标，则进入下一个阶段；如果不符合预定目标，则或者重复此阶段的工作实现目标，或者返回上一阶段修改预定目标或修订设计或终止此阶段。③

（四）CIPP 评价模式

CIPP 评价模式是四种评价的英文名称首字母的连写，即 context（背景）、input（投

---

① 张华. 课程与教学论. 上海：上海教育出版社，2000：392-394.

② 施良方. 课程理论：课程的基础、原理与问题. 北京：教育科学出版社，1996：160.

③ 李雁冰. 课程评价论. 上海：上海教育出版社，2002：82.

入）、process（过程）、product（成果）。CIPP 评价模式作为一种整合性的课程评价模式，由学者斯塔弗尔比姆提出。他认为，课程评价的最重要意图不是为了证明，而是为了改进。评价是一种工具，是为决策提供信息的过程。这种综合评价模式认为评价是一个连续的过程。CIPP 评价模式通过三个步骤为课程决策提供资料和信息：描述所需要收集的资料、获取资料、将资料提供给相关的当事人。与不同决策类型相对应的是以下四类评价。

1. 背景评价

背景评价的目的是明确相关的教育环境；描述与这一环境有关的、所期望的现实情况；分析不能满足的需要和缺少的机会；判断不能满足需要的原因。背景评价实际上是一种状况分析，即了解个体所处的现状并基于所要采取的行动进行评价。这种诊断性评价并不是一次性活动，而是需要不断地提供有关整个课程系统运作和完成的基础信息。

2. 投入评价

投入评价主要是提供信息并决定如何利用资源落实课程方案。评价者需要了解学校开展课程评价工作的能力，探讨有助于达到目标的各种策略，明确运用这些策略所使用的方法。同时，还要计算达到目标所需的资源、时间和预算等。这一阶段可以被理解为对课程计划的可行性评价，主要解答"考虑过哪些课程计划？为什么选择某个或某些计划而不选择其他计划？计划的合理性程度如何？成功的把握有多大？"等等。

3. 过程评价

这一阶段主要是描述课程实施情况，并判断课程计划与实践活动是否一致。它包括三个步骤：①探究或预测课程设计或实施过程中可能出现的问题；②为决策者提供信息；③详细记录各实施阶段的具体情况。这三个评价步骤发生在课程开发的实施阶段，可以作为在区域范围内实施课程前"解决难题"的实验过程。通过这种评价，课程决策者可以获得他们期望获得的信息、克服困难并有效决策。

4. 成果评价

成果评价即测量、解释和评判课程计划的效果，收集与课程实施效果有关的各种描述与判断，将它们与课程目标以及背景、投入和过程方面的信息联系并比较，对它们的价值和优点做出解释。实际上，成果评价仍然是课程质量调控的一种手段，而非最终的鉴定。

CIPP 评价模式将课程目标列入评价对象的范围内，使目标本身的合理性得到评价，从而使评价更全面、科学，体系更为完整。同时，该模式重视形成性评价，强调为课程决策提供所需要的信息，使评价活动更具有方向性和实用性。这种评价是对课程设计和实施过程进行的较为全面的评价，因而可以比较准确地了解课程的成效与不足。但由于它的操作过程比较复杂，所以难以被人们熟练掌握并有效运用。

（五）解释性评价模式

解释性评价不是一个标准的提供方法的包裹，而是一种一般的研究策略。它的目的既是适应也是折中。研究策略的选择不是源于研究的教条，而是在任一情况下都可以获得最优技术的决定：问题决定着使用的方法，而不是相反。解释性评价模式要求课程评价者掌握整个评价方案的特点，并积极收集相关资料。该模式主要包括观察、进一步探究、解释三个阶段。

观察阶段要求评价者对课程做一般性的了解，并描绘课程实施的环境。在这一阶段，影响课程发展的所有因素都应引起评价者的重视。因此，收集的主要评价资料包括学校设置的课程、采纳的课程实施方式、应用的课程资源以及教师采用的评价方法。

在进一步探究阶段，课程评价者将集中于"评价"方面，即努力从琐碎细微的教育人事中探寻出最重要的因素。评价者也将致力于了解课程对师生个体的影响，他们不仅要了解课程是否发挥了作用，而且要知道发挥作用的原因。进一步探究或持续关注可以对课程做出长期的检查，这意味着评价者要延长时间以便对课程情况做连续不断的诊断。他们可以通过查阅学校文件、参考学生的档案袋以及采访师生和家长、向他们发放问卷来收集信息。

运用解释性评价的课程评价者的目的不是直接对课程做出判断，而是要提供有关课程发挥了什么效果以及怎么发生的信息。因此在解释阶段，评价者向受到课程影响的有关人员提供解释和说明将有助于他们进行课程决策。

解释性评价模式从艺术性观点出发，将课程视为复杂、充满活力的一系列因素的作用，这些因素的作用和影响是不可割裂的整体。评价者对课程因素的相互作用所进行的观察与评价是整体的、主观的，因为评价者无法通过客观测量的手段将它们人为地割裂开来。解释性模式可用于解释非目的性的课程事件，而这些内容常常被观察者忽略或错漏。

第二节
教师课堂教学评价

🎯 **学习目标**

掌握教师课堂教学评价的实施步骤。

课堂教学是课程与教学活动的中心环节，教师课堂教学的质量是学校教育质量的核心，它是检查、分析、总结与指导教学的先决条件和重要依据。教师课堂教学评价是加强课程与教学管理、调动师生积极性、提高学生学业成就的有效措施。本章将教学评价分为教师课堂教学评价和学生学业成就评价，并对其分别论述。

一、教师课堂教学评价的主要内容

教师课堂教学评价的主要内容涉及课堂教学的设计、落实以及结果等一系列相关问题。但长期以来，我国存在将课堂教学评价内容窄化的现象。课堂教学评价在绝大多数情况下只是针对教师的教学，特别是教师教学的结果及其有效性。实际上，课堂教学评价涉及的内容较为广泛，既包括参与课堂教学活动的教师、学生、教学管理和教学辅助人员，又包括对课堂教学的活动场所和设施设备、各种教学工具和辅助工具等的评价，还包括对教学制度、教学政策、教学目标、教学规划、教学管理运行机制、教学内容、教学方法等方面的评价。概言之，教师课堂教学评价主要涉及以下五个层面的内容，即对课堂教学设计、课堂教学过程、课堂教学组织与方法、课堂教学素养、课堂教学评价的评价。

（一）课堂教学设计

把课堂教学设计纳入评价的内容要考虑课堂教学的目标、理念、指导思想和方案规划等问题。对课堂教学设计的评价囊括对教学目标、教学内容、教学安排以及教学成效等方面的评价。对教学目标的评价着重考察的是目标是否符合国家教育方针和学校教育目标的要求；对教学内容评价的侧重点是内容的正确性、可理解性和可教学性等；对教学安排评价的着重点是教学安排的合理性、体系的科学性问题；教学成效评价重点考察的是课堂教学的结果及其存在的问题。

（二）课堂教学过程

课堂教学过程包括教师的教学活动和学生的学习活动。教师的教学活动包括备课、上课、课外辅导、作业评改与指导以及考试考查等环节，即教师确定课堂教学目标、选择教学内容、运用与此相关联的教学方法与手段。评价的重点在于教师是否以课程目标作为他们教学策略的出发点，教师是否以教材内容作为教学活动的基本依据。同时，它也考察教学内容对教师实现教学目标的适应性、可行性和有效性。此外，它还应评价教师为适应学生的不同需要对教学内容所做的补充、删节，以及对教学环节、方法、策略、手段的调节和运用。

教师是课程与教学的重要参与者，他们全程参与了课程与教学的开展，熟悉课程与教学的情况，了解课程实施和教学活动的各个环节与细节问题，并直接获悉课程与教学的结果。因此，教师是课程与教学的评价者，是进行调查和收集数据信息的主要对象。评价学生的学习活动主要是评价其在学习过程中的主动性、积极性以及学习方法的有效性。

（三）课堂教学组织与方法

课堂教学组织是课堂教学的重要组成部分，它贯穿于课堂教学的始终，是教师集中和保持学生注意力，完成课堂教学任务的重要手段，是课堂教学顺利进行的基本保证。课堂教学组织的目的在于使学生为上课做好心理和学习用具方面的准备，集中注意力，尽快地进入学习状态。课堂教学组织得如何直接关系着课堂教学的效果。

课堂教学方法是由课堂教学目标制约，并为实现教学目标服务的。为了达成教学目标、完成教学任务，教师可根据教学内容的需要以及学生的心理发展特点采用合适的、形式多样的方法。同时，为了培养学生的学习能力，让学生学会学习，教师在教学过程中不仅要教给学生系统的知识，而且要使学生获得独立学习与更新知识的方法和能力。

（四）课堂教学素养

在课堂教学评价中，对教师素养的评价基于如下假定，即教学效果与教师素养具有密切的关系。这些素养综合反映为教师的教学思想、教学态度、教学知识与教学能力等。对教师教学思想的评价，主要评价教师教学道德意识是否强烈，能不能从对社会、学生家庭和学生本人负责的高度看待教学，是不是形成了与立德树人相应的教学价值观、教学质量观和学生观，有没有把教学的科学精神与人文关怀结合起来等。对教师教学态度的评价，一是在教学前的准备阶段，评价教师是否深入了解学生的情况、认真地研究教学计划、慎重地确立教学目标、细致地挑选教学内容；二是在教学过程中，能否积极面对出现的问题，是否把学生主体性的发挥始终放在重要位置上，对教学工作有没有精益求精的精神等。对教师教学知识的评价主要包括三个方面：一是文化知识的占有程度，包括教学理论知识的学习与运用情况，与执教学科相关的背景性文化科学知识的拥有情况，所教学科知识的丰富性程度与正确输出率；二是遇到教学难题是否冷静，能不能开动脑筋百折不挠，千方百计解决问题；三是文明礼貌程度的高低，即是否做到谦恭而又不乏主见，和善而又不失刚毅等。对教师教学能力的评价主要涉及四个方面：一是能不能灵活运用教学原则，教学行为能否引起有效的学习反应，特别是使学生有效参与教学活动；二是能否因势利导合理驾驭教学过程，妥善处理偶发事件；三是能否巧妙地使用教学手段，迅速实现教学目标；四是能否创造性地组织教学，使教学过程独特而高效等。

（五）课堂教学评价

课堂教学评价本身也可以是评价的对象，即元评价。元评价是在评价工作完成之后，为了检讨评价方案的实施过程与结果，借以总结成功经验和弥补评价工作之不足而对已完成的评价工作进行价值判断，即对刚完成的评价工作进行再评价。元评价的关键是如何确定元评价的标准，即用什么样的标准来评价一项评价活动。元评价对象的范围很广，包括以下10个方面的评价：评价工作的目的；评价对象；评价程序和方法（包括评价技术）；评价的结论；评价者的选择、组织与培训（评价制度）；评价为谁服务（包括评价者与评价听取人的关系）；评价对课程教材编制工作的影响；评价的理论基础；对评价工作开展的研究；评价研究对评价工作的影响。

二、教师课堂教学评价的实施步骤

教师课堂教学评价的实施步骤一般包括准备、实施与汇总。

（一）准备

教师课堂教学评价准备工作主要涉及解析背景、设计方案和确定评价人员。

1. 解析课堂教学评价的背景

它包括社会背景的分析、课堂教学发展阶段重要问题分析以及评价对象的心理分析等。社会背景分析的重点在于确定社会对课堂教学发展的要求，但背景分析可因作为评价对象的教师所具有的不同特点而有所侧重。课堂教学发展阶段的重要问题是指，曾经或正在对课堂教学全局产生深远影响的问题。分析这些问题主要是弄清问题的起因、性质、影响层面及后果等。分析评价对象的心理，主要是了解作为评价对象的教师有无心理准备、对评价持何种态度和预期等。

2. 设计课堂教学评价方案

课堂教学评价方案是一种规定评价内容、范围、手段与程序的基本文件，它的形成是课堂教学评价顺利进行的重要前提。一般而言，一份较完整的课堂教学评价方案包括如下五个方面的内容：①课堂教学评价目标，即指明本方案适合哪些或哪类教师的课堂，能够达何种结果；②课堂评价准则，准则规定了评价的主要内容；③与准则相应的权重，表示各条准则的相对重要性；④量表和标准，即提供必要的测量尺度和依据；⑤各类用于收集信息的表格等。

设计课堂教学评价方案的主要步骤为：①确定课堂教学评价目标。②根据评价目标设计评价准则。评价准则是评价目的的具体化，是评价方案的核心。③对准则进行逻辑上的分类并构建指标体系，同时对各准则赋予相应的权重。④确定测验的量表和评价标准。⑤设计收集信息的各种表格等。

3. 确定评价人员

由于课堂教学评价对象与实施单位的不同，评价人员往往不同。选择合适的评价人员是确保课堂教学评价顺利实施的关键之一。一般来说，评价人员不仅要有相应的课堂教学知识，而且要有公正办事的品格和应有的课堂教学评价理论与技术。在缺乏合适人员的情况下，有关方面要组织适当的培训，使评价人员熟悉课堂教学评价的有关理论与技术，成为合格的评价者。

（二）实施

这一阶段的主要任务包括预评价和再评价。

1. 预评价和再评价的功能

预评价是指教师对自身课堂教学的评价。之所以将教师的自我评价作为课堂教学评价的第一阶段，主要是因为它具有如下功能：①可以为后续评价提供较为充分的信息准备。教师对自身课堂教学的情况最为熟悉，如果教师对课堂教学评价具有正确的认识，则可提供较全面甚至较深刻的信息。这可以为再评价打下良好的基础。②为教师接受和理解再评价及其结果做好思想准备。教师的自我评价实际上是自我诊断，借此可发现自己的成就与不足。如果这种评价建立在客观基础之上，则可以作为教师理解和接受再评价的正面参照。如果教师在自我评价中有一定的自我保护意识，则自我评价的结果可能失真，并与再评价结果有较大距离。但这并不完全是坏事，因为教师的自我评价与再评价结果不一致时，他可能会反思自己的行为，并将自我评价作为反面参照，深入理解并接受再评价的结果，从而对自己的评价及其他工作进行全面改进。当然，由于评价主体与评价客体同一，有时会出现实际结果不行而自我评价结果甚好的现象，这提醒人们不要忽视预评价的不足之处。

再评价又称为确定性评价，一般由课堂教学评价专家实施。在正常的情况下，它具有如下特性：①具有较高的可靠性。因为再评价的主体是课堂教学外部的专家，他们不仅具有相应的知识和经验，而且熟练掌握了评价技术，其评价的整体素养较高，由他们进行教师课堂教学评价，其结果更为可靠。②更具客观性。由于再评价主体与评价客体的非同一性，不像教师自我评价那样评价主体与评价对象同一，因而专家作为评价主体没有自我保护意识，能更客观地判断评价对象。

2. 注意事项

教师课堂教学评价实施中的重要工作之一是收集有关信息，如请有关人员填写评价表等。收集信息的工作重点是保证信息的全面性、可靠性和有效性。信息的全面性是指教师课堂教学的评价信息应来自多渠道而不是单方面，信息应覆盖教师课堂教学活动的全部或大部；信息的可靠性是指评价信息是真实的、有根据的；信息的有效性则是评价信息能如实地表达教师课堂教学的质与量。这三个方面是密切相关的：全面性与可靠性常常是成正比关系；而有效性是可靠性的重要前提，也是全面性的必要条件，没有有效性的全面性和可靠性是无法成立的；同样，全面性与可靠性也给予有效性一定的影响。

调查是教师课堂教学评价中具体实施、收集信息的主要方法。按照所获信息的性质来分，可以分为证实性、疑问性、评估性与经验性四种调查。证实性调查是对已有评价材料进行证实与证伪的调查，例如，根据学校报表逐件核实教师课堂教学活动实施的调查；疑问性调查是因对初步获得的评价信息有不理解或可疑之处而进行的调查；评估性调查是了解教师对自身课堂教学的态度或感情而进行的调查，因此，它与只了解教师课堂教学的客观情况的证实性调查和疑问性调查存在一定的区别；经验性调查是个别意义的调查，主要是了解教师在课堂教学及其评价中的经验或问题。

（三）汇总

教师课堂教学评价汇总阶段的主要任务包括综合判断、诊断关键问题、分析评价的质量以及反馈评价的信息。综合判断是从总体上对教师课堂教学做出定性或定量的描述，必要时得出关于教师课堂教学活动是否达到应有的标准或在同类对象中处于何种等级的结论。诊断关键问题是对评价中发现的影响教师课堂教学全局的问题进行深入分析，找出问题存在的原因，以便师生有针对性地改进工作。分析评价活动本身的质量，一方面，以便进一步修改评价方案，使之后的评价工作做得更好；另一方面，避免按照不合理的评价结论决策，造成工作上的失误。如果评价活动本身质量不高，则其结论可能不正确，而结论不正确，不仅影响有关教育部门的决策，而且也会对后续工作产生不良导向。反馈评价信息的形式与范围等都可因具体情况的不同而异。除了向上级部门反馈外，往往要让教师或所属主管掌握评价结论，以便教师个人或单位有针对性地改进课堂教学。如有必要，还可在适当的范围公开评价情况，使同行能相互借鉴、督促和鞭策。但公开评价情况容易引起不必要的误解或矛盾，故应当慎行。在反馈评价结论时，应使用描述性的语言，而不是判断或评价性的语言。无论被评价的教师得到什么样的结果，反馈都应该仅仅针对事情本身，不能因为教师授课时一个不恰当的例子就认为该教师缺乏"能力"。这样做会激起教师的抵触情绪，应该告诉这位教师，讲述课程时用这个事例不合适，可用其他恰当的事例。

三、教师课堂教学评价的基本方法

（一）自我评价

教师既是自身课堂教学评价的对象，也是评价的主体，如果忽略教师在评价中的主体性，评价的价值和效果将受到较大影响。自我评价对提高教师课堂教学能力、提升教学质量具有重要意义。教师自我评价的内容包括三大方面：①对课堂教学活动整个过程的自我评价。教师在课堂教学结束之后对自己的教学理念、教学设计、教学行动等要素的评价，即课堂教学后的自我评价。②对自身在课堂教学活动过程中的想法、做法和表现进行评价，即课堂教学中的自我评价。③以上述两种评价为基础，总结经验，指导后续的课堂教学活动，即下一轮课堂教学前的自我评价。

教师对课堂教学的自我评价要通过一定的媒介或手段，从不同的视角观察、了解自己是如何思考和工作的。这些媒介和手段主要包括教学录音录像、课堂教学量表、综合评价表、教学笔记、反思日志、事件记录表等。教学录音、录像可以帮助教师明确自己在课堂教学中体态和言语上的具体表现，促使教师明白自己的课堂教学形象，把自我评价的主观性降低到最低限度；量表分为专家制定的量表和教师自制量表，教师自制量表可以使教师用最少的时间设计适合自己需要的工具，获取所需信息，研究教学行为，并加深教师对自身课堂教学的理解，培养自觉开展自我评价的习惯；教学笔记是教师每天或者每周用以记录自身课堂教学中发生的关键事件的记事册，即客观、详细地记录那些使师生印象深刻、有所触动的经典案例；反思日志实际上是教学笔记的深化，即教师总结一定时段的教学活动后，思考自己的所得所失，从而取长补短。自我评价离不开教师的反思，"一个有能耐的教师是寻求学习乐趣的、在教学过程中研究的、将学生视为结构化的，和把课堂教学看成促进提高与丰富发展的反思型决策者"[1]。

（二）他人评价

他人评价的方法主要有随堂听课和课堂调查。

1. 随堂听课

随堂听课是教师同行或评价专家对教师的课堂教学进行定期或随机的观察、记录以得出相应结论的评价，他人评价是获得课堂教学评价信息的重要方法。在随堂听课之前，评价者要做好必要的准备，即评价者在听课前应和作为被评者的教师约定，就上课的时间、地点、内容、教学方法、学生学习程度等方面进行沟通，以便评价者对教师的课堂教学进行客观的评价。然后，正式进入课堂进行观察。课堂观察是课堂听课中的核心内容，也是一个有目的、有计划的活动。在具体活动中，评价者要做好全程观察和重点观察。全程观察是指评价者全景式或全方位地观察课堂教学过程；重点观察则是根据事先确定的观察重点，有针对性地进行观察和记录。在课堂观察的同时，评价者还要做好课堂记录。课堂记录是伴随着课堂观察进行的，上课伊始，评价者在观察的同时就可以进入记录状态。课堂记录的方式可以利用事前研制或选择的观察表，也可以用描述记录法把课堂教学中的典型事件真实地记录下来。在记录时，要抓住重点，注意记录格式，区分教师和学生的言语行为。评价者在听课时对某一事件的感想也可以记录下来，但必须与课堂上实际发生的客观事件和场景区别开来，并在记录中有明确的标识。

2. 课堂调查

在随堂听课的过程中，评价者为获取更全面的信息还需要搜集更多的资料，除了教师之外，学生是课堂教学评价的重要信息源。学生既是课堂学习的主体，也是课堂教学评价的主体，他们的感受和收获是评价者掌握课堂教学情况的重要对象。为全面、深入地了解学生在课堂教学中的情况，可以采用课堂调查法搜集评价信息。

---

[1] John W. Bzubacher, et al. Becoming a Reflective Educator: How to Build a Culture of Inquiry in the Shools. California: Corwin Press, 1994, p. 15.

课堂调查法主要分为两类：一是简单测试题。评价者根据课堂教学目标和重难点，随机编制一些测试题目，在下课前或课后用少许时间要求全部或部分学生回答，以了解学生对教学过程的体验和对教学内容的掌握情况。二是微型问卷。评价者为了解学生在课堂教学中的感受以及在特定课堂教学活动中的想法和行动，特别是在随堂听课中无法观察到，或评价者在观察时无法全面关注但又感兴趣的问题，可以通过编制微型问卷的形式请学生作答。问卷题目数量和所花时间与简单测试题大致相当，以不影响课堂教学的正常开展为前提。

在教师课堂教学评价过程中，自我评价和他人评价各有优长。他人评价是促进教师课堂教学发展的外部机制，可以刺激和规范教师的课堂教学行为。教师自我评价难以进行横向比较，因此，在评价中听取学生、同事、领导及专家的意见和建议是必要的。一般来说，自我评价与他人评价往往相互结合、综合运用。首先，要减少终结性的他人评价。进行他评时，评价者的选择和确定要得到被评教师的认可。其次，要坚持以自评为主、他评为辅的原则。一般是先进行教师自我评价，再开展他人评价。以自评为主可以减少教师与评价者之间的矛盾，调动教师的积极性。在他人评价之后主动地进行自评和他评的比较，参照他人评价，能更客观地认识自己，并提高评价工作的效益。最后，坚持"自评—他评—自评"的完整运行过程。实践证明，在实施课堂教学的他人评价之前，教师都会有意或无意地进行自我评价，或在他人评价的过程中以及评价结束时，也都会进行自我再评价，从而决定对他人评价结论是否认同及认同的程度。外因是条件，内因是关键，他人评价的结果能否发挥作用最终还取决于教师的内化和接受。自我评价是基础，他人评价是条件，自我再评价是持续提升课堂教学质量的依据和动力。①

第三节
学生学业成就评价

🎯 **学习目标**

掌握学生学业成就评价的主要方法。

学生发展是课程与教学的终极价值所在，也是一切教育活动的本质诉求。对课程、课堂教学评价的最终目的都是服务于学生学业成就的提升与发展。当然，学生学业成就评价的结果也体现了课程与教学的质量，对课程与教学具有反馈和校正作用。因此，学生学业成就评价是课程与教学评价环节中最核心、最关键的部分。

---

① 王景英. 当前教育评价中几种关系的理论思考. 东北师范大学学报（哲学社会科学版），2003（5）.

一、对传统学生学业成就评价的反思

学生学业成就评价是对学生学习进展和行为变化的过程及结果的评价（评价量表见表8-1）。从内容上而言，它包括对学生在知识与技能、过程与方法、情感态度、价值观等方面发展状况的评价，即注重知、情、意整体发展，社会性与个性发展双方面兼顾。具体可分解为五方面的内容：知识与能力的获得，方法与策略的掌握，情意与态度的养成，社会意识与能力的培养，个性化发展。

长期以来人们一直强调对学生知识与技能发展的评价，其他方面的评价在当前教育改革的背景下也越来越受到关注和重视。但受传统学生学业评价的影响，仍然过分强调评价的甄别和选拔功能，造成学生过于重视考试分数而忽视其他能力发展的不良现象。此外，学校和社会将学生学业成就评价局限于为学校教育管理服务，成为社会评价学校、学校控制教师、教师管理学生的主要手段，严重影响了学生学业成就评价积极功能的发挥，引发了一系列相关的负面问题。

表8-1　学生学业成就评价量表[①]

一级指标	二级指标	具体表现	评价类型与方法
学习准备	知识准备	1. 具备新的学习所需要的相关知识； 2. 具备新的学习所需要的生活经验	类型：诊断性评价 方法：测验、课前调查等
	能力准备	1. 具有新的学习所必需的一般学习能力，包括观察、思考、阅读、书写和表达等能力； 2. 具有新的学习所必需的学科基本能力	
学习过程	认知参与	1. 学习目标和任务明确； 2. 学习注意力集中、思维活跃	类型：形成性评价 方法：小测试、作业、课堂观察等
	情感参与	1. 学习过程中伴随着积极的情感体验； 2. 学习上遇到困难时能够坚持前行、不退缩	
	行为参与	1. 在单位时间内绝大多数时间用于学习； 2. 师生互动、生生互动充分且有效专注	
学习结果	知识与能力	1. 课程标准中规定的基础知识和基本技能的目标达成度良好； 2. 学生的学习能力（包括一般学习能力和学科学习能力）得到了提高	类型：终结性评价 方法：考试、作业、作品展示

---

① 李森. 现代教学论. 北京：人民教育出版社，2011：494-495.

一级指标	二级指标	具体表现	评价类型与方法
学习结果	方法与策略	1. 学会根据学习任务的要求合理地安排学习时间； 2. 能够在学习过程中有意识地运用学习方法和利用各种资源来完成学习任务； 3. 能够掌握基本学习策略和运用支持性学习策略； 4. 能够采用多种学习方式，在教师的指导下主动地、富有个性地学习	类型：终结性评价 方法：考试、作业、作品展示
	情意与态度	1. 对所学的内容产生了学习兴趣，不厌学，并有继续学习的欲望； 2. 学习的意志力得到锻炼； 3. 形成了良好的学习习惯	
	社会意识与能力	1. 学生的个性得到充分的尊重和良好的发展； 2. 学生取得的学习成就与其最近发展区水平相适应	
	个性化发展	1. 具有与人和文本平等对话的意识和能力； 2. 具有与人合作交往的意识和能力； 3. 具有为社会做出贡献的意识和能力	

（一）学业成就评价的目的被扭曲

学生学业成就评价被教育者误用或滥用，甚至扭曲了其目的。例如，过分强调评价的甄别与选拔功能，忽视改进与激励功能；利用评价结果人为地将学生分成三六九等；用评价发泄个人的愤怒，如心绪不佳时随意出难题；用评价来惩罚学生，学生不听话时就突击考试；教育者用评价显露自己的学识，出刁钻古怪的偏题、难题等。这些做法导致评价的客观性较差、准确性较差，无法保证评价对学生发展起到积极的作用。

（二）学业成就评价的价值导向单一化

传统的学生学业成就评价观认为，学生的学业成就必然呈现正态分布，即学习优秀和学习很差的学生都是少数，大多数学生处于中等状态。这样，评价无形之中导致只有少数学生能够获得鼓励，体验到成功的快乐；大多数学生成了默默无闻者甚至失败者。它阻碍了学生的积极性，因为无论怎样努力都要有一半考生的考分居于平均水平之下。为此，在学生眼里，学业成就评价就是强调竞争。为了确保自身在竞争中的优势，学生必须独立完成考试或测验。而现代社会越来越重视合作，呼唤社会个体具有更强的合作精神和合作能力，但一些学生在残酷的考试竞争中逐渐变得不想、不愿或不敢与同学合作，即使部分学生愿意在评价中合作也不知怎样合作，境况令人担忧。

（三）学业成就评价的内容认知化

传统的学业成就评价仅仅关注对学生认知要素尤其是知识掌握情况的测量与评定，忽视了对学生情感等非理性要素的评价，或者认为对捉摸不定的情感无法进行测量或评定，故将学生学业成就评价的内容限于认知范畴。情感对于学生个体发展具有重要价值。情感既是促进学生发展的重要因素，也是教育的重要目标，教师应培养学生健康的情感品质。[①] 研究证明，对学生在学习中的情感进行有效评价会使教师在教学过程中关注学生的情感，开展培养学生情感的有关活动。从某种意义上说，情感表现非常重要，需要正式的评价。情感的某些方面不仅可能影响教师的教学，还影响学生的学习热情和进取心，所以教师必须努力寓情于教，关注学生的情感。

（四）学业成就评价的方式被窄化

学生学业成就评价被窄化成考试，考试被窄化成纸笔测验，纸笔测验被窄化为客观题测验，这就是学生学业成就评价方式存在的主要问题。一般认为，考试和客观题监测的结果能够较为直观、清楚地反映学生的学习成就。基于考试与测验结果，学校和教师能够对学生采取相应的教学管理措施。因此，在传统的学生学业成就评价方式中，考试与测验具有至高无上的地位，几乎成为许多学校对学生学业成就进行评价的唯一方式。

（五）学业成就评价的结果分数化

传统学生学业成就评价的结果以分数为主要的表现形式，在运用分数的过程中难免把分数的作用夸大，使评价的教育功能降低甚至丧失。同时，过分强调考试分数，导致了"分数崇拜"现象。教师与学生为追求高分而轻视学习过程，既不利于学生身心素质的全面发展，也不利于培养学生多方面的学习兴趣，使许多学生产生严重的学习焦虑情绪和沉重的心理负担，压抑了学生情感和个性的发展，成为学生作弊、抄袭等消极行为的诱因，并产生了恶劣的社会影响。

二、学生学业成就评价的阶段及方法

学生学业成就评价的操作一般分为准备、实施和反馈三个阶段，每个阶段都需要运用相应的评价方法和措施。

（一）准备阶段及方法

对学生学业成就进行评价首先要确定评价目标，这是评价准备阶段的首要任务。评价目标不同所运用的评价方法也不同。例如，以了解学生学习前的知识、技能准备情况为评价目的就可以进行预测性评价；如要分析学生学习困难的原因，就应对学生学习的内容进行诊断

[①]　赵鑫. 国外情感教育研究的进展与趋势述评. 比较教育研究，2013（8）.

性评价，从而对学生的学习动机或学习偏好等进行了解；如果要了解教学过程中学生学习的进展情况，就可以进行形成性评价，从而检测学生知识的增长情况；如果要掌握一段时间学习结束后学生学习的程度究竟达到什么状况，就需要开展总结性评价。具体评价方法的确定、评价工具的选择和使用以及评价结果的分析与向学生的反馈都会因评价目标的不同而有所区别。

评价目标在学生学业成就评价中具有重要意义，但它并不是评价者所关注的全部内容，因为评价过程本身具有复杂性，许多非预期结果的出现对评价结果会产生干扰。所以，在评价学生学业成就的准备阶段，评价者还要确定评价目标可能产生的各种非预期效应，这些非预期效应对学生的影响可能是积极的，也可能是消极的，评价者对此应有清楚的认识。即在评价进行前对可能出现的各种非预期结果有一定的心理准备，并做出相应的预案，以便有效应对突发情况的出现，并在评价过程中及时地对非预期结果加以确认并进行合理处理。现在很多中小学取消了期中考试，这是因为过多的考试给学生造成了严重的心理负担，不仅无法提高学生的学习质量，还会抑制学生的学习积极性。课程与教学目标是教育教学活动的出发点，也是进行学生学业成绩评价的依据。如果评价是以测验为手段，还要就测验的课程建立评价内容的双向细目表。双向细目表一般由两个维度构成，一个是目标维度，另一个是内容维度。其中，目标维度包括评价的具体形式，如要求学生识记、理解、应用等；内容维度涉及评价的具体内容，这主要根据需要测验的学生学习内容而定。

此外，对于比较大型和重要的学生学业成就评价，评价者还需要进行组织准备和方法准备。全校性的评价或跨学校的评价项目应当成立评价委员会或评价领导小组，需要邀请学业成就评价领域的专家学者参加，对评价全程进行技术指导。在评价活动之前还应对评价中需要运用的方法和工具进行周密的准备，对选择的测验或编制的试卷、评价的组织等是否符合评价的目标和要求进行合理评估。

（二）实施阶段及方法

这一阶段主要是具体落实评价者制订的学生学业成就评价方案，通过不同的方式收集评价信息资料。实施过程中可以采用传统的量化测验方式，也可以采用质性的评价方式。

1. 书面测验

书面测验就是以学生集体，如班级、年级或整个学区等为对象，让每个学生共同回答事先仔细拟定的题目。对于规模较小的测试或测验，一般由作为评价者的教师自行掌握，灵活性较大。规模较大的考试，包括试卷的印制、考场的安排、考试的组织等系列工作，这是学生学业成绩评价中最常用的方法。根据测验范围的不同可以是班级内课堂测试，也可以是单元结束时的阶段测验，或学期末的年级考试、跨学校的统考等。

书面检测题如果具有以下特征，将能更有效地评定学生的能力发展。①题目联系社会实践和社会生活，关注社会重大问题和热点问题，这样的题目有利于考查学生知识应用能力和问题解决能力。②题目为开放性试题，答案并非唯一或没有明确答案，学生需要选择、调用自己各方面的知识储备和各种材料来解决问题，这样的题目可以考查学生选择信息和利用信息的能力、问题解决能力、创造性等。③通过一串材料创设新颖的、真实的、有意义的问题情境，这样的题目能够激发学生的兴趣和动机，考查学生从材料中发现、分析并解决问题的能力。

　　书面测验的优点是标准化程度较高，在一定范围内对学生的要求相同、评价工具相同，具有较高的可比性。同时，书面测验评判的尺度也相同，因而在一定程度上确保了评价的相对公平，提高了测验的信度。但这种方法常使评价陷入单一化、定式化的弊端，容易使学生学业成就评价趋于模式化，难以兼顾学生的差异，无法有效评价并突出学生的优势和特长。

　　2. 师生交流

　　教师与学生的交流与互动是直接的评价方式。教师每天都会与学生们共同参与教学活动，对学生的学习和发展情况较为了解。教师通过上课和日常的观察以及与学生的交谈，可以掌握许多书面测验无法考查的内容。教师与学生的交流可以对学生的学习过程进行一种更直观的考试，也是了解学生差异、诊断学生学习困难的主要方式，同时也是掌握学生活动产生的各种非预期结果的有效手段。

　　具体而言，以师生交流的方式评价学生学业成就的操作方法较多，如描述记录法、清单列举法等。描述记录法是指教师把随时观察到和了解到的能说明学生学业取得进步的材料或能证明他们成长的人和事及时记录下来，也可以记录学生在学习中遇到的典型困难或发生的重要顿悟等。清单列举法则是教师把事先认为重要的、学生应达到的发展水平拟一个清单，根据观察与交流的情况判断学生的学业发展情况并逐一登记下来，如语文学习的记录清单中可以包括写作能力的提升，艺术方面的清单可以是学生在公众面前表演节目的能力、掌握歌唱技巧等。

　　师生交流是以高度个性化的方式来收集学生学业成就资料，进而开展学业成就评价的方法。相对于书面测验，这种评价方式可以更丰富、更深刻地反映每位学生学业进步的具体情况，对于提倡个性化教学而言，这是较为合适的一种评价方式。但这种评价方式的效率较低，对于大规模的学生学业成就评价来讲并不适合。从教师角度来讲，师生交流的评价方式对教师的评价素养要求较高，需要耗费大量的时间和精力，同时也可能受到教师主观因素的干扰。但是教师如果有意识地从日常教学活动中收集资料，事事留心，对学生学业成就的评价会更客观、丰富、全面；同时，教师也可以不断提高自己的交流能力和观察水平。一个具有较多教学经验、富有洞察力的教师能够较为准确、深刻地描绘出学生的成长情况。教师的这一能力并非与生俱来，而是需要后天的锻炼和积累。

　　3. 档案袋法

　　档案袋法是指用档案袋的形式记录、保存学生在一定时期的作业或作品，以展示学生在

一个或多个领域学习的成就、进步状况，以及知识、技能、方法与情感的发展情况（见表
8-2）。具有代表性的学生作品主要是学生的日常作品，如学生的作文、读书报告、日记、
绘画、小手工艺品以及各种表现等。档案袋提供了反映学生学业发展历程的代表性作品，是
一个不断丰富的学生作品集，突出学生的特长和优点，展现学生在某一时期内所取得的进
步。"我们需要在生活世界的方方面面中去寻找生活体验的原材料，并对之进行反省和检
查。"① 通过这种方式，学生可以直观地看到自己努力学习的结果，并能进行自身发展的纵
向比较；这种方式帮助每一名学生都留下成长进步的足迹，从而增强自信心。

表 8-2　各学科档案袋内容示例②

课程领域	可收集的内容
语文	优秀的作业、最佳书法作品、最好的单元测验试卷、最满意的手抄报、最满意的作文、最佳的口语交际活动的录音、最得意的阅读笔记、评论等
数学	优秀的作业、最好的测验试卷、最喜爱的教学小制作、印象深刻的问题解决过程的记录、最佳活动报告或数学小论文、自己特有的解题方法等
英语	优秀的作业、最好的测验试卷、最满意的口语录音、参加角色扮演和英语剧演出的录像、最满意的英语句子或作文、最满意的英文手抄报等
艺术	自己创作的音乐曲谱、最满意的海报或宣传画、最喜欢的自拍照片、最满意的手工制作、最满意的其他美术作品及参加音乐、舞蹈、戏剧等的录音或录像等

　　档案袋的建设由学生及其同伴、教师与家长共同参与。在建立档案袋之初，师生都应明
确选择档案袋内容的标准。根据入选材料性质的不同，可以分为作品档案袋和学习过程档案
袋。最佳作品档案袋主要是学生学习中产生的最佳或最终的作品。以数学学习为例，优秀作
品包括学生对问题的最佳解答；学生开发出的优秀原创数学理论；对数学期刊的优秀评论或
学生撰写的数学家传记；对问题解决的最佳描写（描写问题解决的过程）；学生探究过的数
学理念的一张照片、图解或概念图。学习过程档案袋重点通过档案袋监测学生的学习和思维
能力的进步，诊断学习和思维困难并协助探索解决策略。它要求学生一步步检查自己在一定
领域中学习进步的成果，提交的内容可以由教师确定，但学生要负责收集自身必要的成果，
成为自身进步和成果的积极评价者。

　　当然，在学生学业成就评价实施过程中，重视档案袋等新兴评价方式应用的同时，不可
忽视书面检测、师生交流等传统评价方式。在实践中应根据评价目标和内容、学校和师生的
实际情况等多种因素，结合运用多种评价方法。无论采取何种评价方式，师生在运用这些方
法的过程中要关注评价的信度、效度和实效。信度是指通过这些评价方法所获取的信息的真

---

① 　[加] 马克斯·范梅南. 生活体验研究——人文科学视野中的教育学. 宋广文，等译. 北京：教育科学出版社，
　　2003：101.
② 　田慧生. 课堂评价的理论与实践. 呼和浩特：远方出版社，2004：139.

实性和可靠性；效度是指评价结果所做的推论的准确性和有效性；实效则关注评价是否真正起到了促进学生学业发展的实际作用，以保证评价的科学性和实用性。

（三）反馈阶段及方法

该阶段由对学生学业成就评价资料的分析和反馈两大环节组成。

1. 分析

在分析学生学业成就评价资料的过程中，由于使用的评价方法不同，所收集的资料也有很大的差异，其结果分析的方式也不相同。对书面测验的资料进行评分之前，要确定评分标准和评分细则，即在评分过程中应尽可能保证评分的客观和公正。分析书面测验所得的分数资料的方法主要有两种：一是常模参照分析方法，二是标准参照分析方法。前者主要是通过在给定集体中的相对位置来解释学生的成绩，它可以使教师确定某个学生与班级或年级其他学生相比学业成就的水平。标准参照分析方法则是对学生个体已经完成学习任务和没有完成学习任务的直接描述。它是根据事先确定的目标或确定的标准对学生的成绩加以衡量，从而对分数进行解释。这种分数解释的方法对于形成性评价最为适用。通过标准参照的解释，学生可以清楚地认识到自己的优势与不足，以及与教学目标要求存在的差距。这种分数解释方法也适用于针对学生学业成就的预测性评价和诊断性评价。

对于师生交流收集的评价资料，主要是依据事先确定的目标进行分析。但这种依据教学目标进行的分析与对书面测验分数的标准参照分析方法有所不同。这种方法在分析时不求面面俱到，只从收集的评价资料中分析学生已经取得了哪些成绩，达到了何种水平，且一般不分析与已有的目标存在多大差距。这是因为通过师生交流所收集的评价资料并不具有全面性，往往大都是典型性的评价资料，而且针对每一个学生的评价资料也有较大的差异，很难用一个统一的标准做出全面的分析。因此，对这种评价资料的分析往往具有激励性。

在依据目标分析学生学业成就评价的资料时，还应兼顾非预期目标对分析评价资料所具有的价值，特别是当所收集的评价资料与既定目标难以直接联系时，应该考虑非预期目标的作用与价值。根据非预期效应与学生学业成就评价目标的作用方向，可以有正效应与负效应之分。在分析非预期目标的作用时，对出现的负效应还应分析产生这一效应的原因，以便采取有效措施消除对学生学习可能产生的不利影响，且负效应的分析在具体的评价过程中越来越受到人们的重视。

2. 反馈

评价的重要功能与价值就是通过将评价信息及时地反馈给有关人员，改进下一阶段的活动。学生学业成就评价信息主要的反馈对象为学生、家长、教师和学校管理决策人员。就评价信息来说，不仅让学生知道自己的水平，还应让学生明白哪些方面做得好，哪些方面存在不足，需要进一步努力。需要注意的是，对学生成绩的反馈不应在全班或全年级进行公开，而应该分别进行，因为学业成绩属于学生的个人隐私。

家长是关注学生学业成就评价的群体，他们渴望通过评价信息了解学生在学校的学习状况。向家长反馈评价信息通常可以采用两种方式，一是向家长寄送学生的成绩报告单，其中准确填写了学生的各科学习成绩。如有可能，最好根据学生的考试情况把分项的信息也表达出来，如语文成绩可以分为识字、阅读、写作能力等，以便让家长对学生各方面的情况都尽可能全面地了解。另一种方式是开家长会。在家长会上传递的评价信息更多的应是学生已取得的成绩及其与他人的差距。教师可以与家长共同分析原因，协商采取何种措施来切实解决学生存在的问题。

向教师和学校管理决策人员反馈学生学业成就评价信息，一般包括学生集体的测验分数，包括平均数、标准差、各分数段的比例以及及格率、优秀率等统计数据。教师通过与学生交流得到的关键评价信息也应向学校管理决策人员进行反馈，因为这能为学校掌握学生集体的全貌，改善教学管理措施和有效决策提供真实、宝贵的依据。

三、学生学业成就评价的发展趋势

随着教育领域综合改革进入新的时代，学生学业成就评价的理论和实践都出现了新气象。综观当代世界学生学业成就评价的发展，大致呈现出如下趋势。

（一）质性评价逐渐统整量化评价

现代教育评价在 20 世纪初的兴起以科学技术的飞速发展为背景，因此，学生学业成就评价作为现代教育评价的重要内容，自产生之日起就以科学所崇尚的客观、量化为标志。同时，对科学的崇拜导致人们认为量化就是客观、严谨、有效的代名词。必须承认，数量具有精确、简明等特点，能够运用现代科技所提供的统计工具加以处理，从而减少人主观推断的失误。所以，量化评价中的标准化检测、常模检测等一度成为世界流行的学生学业评价工具与手段。然而，量化评价是把复杂的学生发展加以简单化或只评价简单的考试分数，不仅无法从根本上保证对客观性的承诺，常常丢失了学生学业成就中最有意义的内容，由此导致学生生动活泼的个性被抽象成一组组冰冷的数字，学生各个方面的发展和进步也被简化为数字，学生发展的复杂性和学习的丰富性被泯灭。20 世纪 60 年代后期，人们开始对这种状况进行反思，借助社会科学研究中不断完善的质性研究方法，70 年代起相继出现了叙事性评价、回应性评价等质性评价方法。质性评价是指通过自然的调查，全面、充分地揭示和描述评价对象的各种特质，以彰显其中的意义，促进理解。质性评价的出现并不是对量化评价的简单否定，实际上，质性评价从本质上并不排斥量化评价，而是内在地包含和统整了量化评价，在适当的评价内容和情境中依然运用量化的方式对学生学业成就加以评价。

（二）功能由侧重甄别转向注重发展

传统的学生学业成就评价有一个基本假设，即只有少数学生的学习成就达到优秀，而大多数学生都是中等。为此，评价就是把优秀的成绩给予少数学生，其余的学生只能获得中差成绩。学生学业成就评价无形中变为一种甄别过程。在这一过程中，只有少数学生能够体验到成功的快乐。当前，人们逐渐认识到，学生学业成就评价作为课程与教学评价的一个有机组成部分，同样也是促进学生发展的有效手段。评价不是为了给出学生在群体中所处的位置，而是为了鼓励学生在现有的基础上谋求实实在在的发展；通过评价促使学生学会更多的学习策略，为学生提供展现自己所知所能的各种机会；通过评价形成学生自我认识、自我教育和自我进步的意识与能力。

（三）注重情景性和真实性

学生对学习内容的认知和学习与其所发生的情景具有密切的联系。因此，现代认知心理学和学习理论都强调学习的情景性和真实性。这种趋势同样反映在学生学业成就的评价之中。当前，人们逐渐认识到传统学生学业评价中那些孤立的问题或测验条目缺乏同真实生活的联系，学生在这类评价中所得的分数对他们未来在现实生活中的表现及发展很少具有预见价值。而学业成就评价的真正价值，不仅应该关注学生在学校情景中的表现，也应重视学生在非学校情景中的表现，强调学生有效解决生活场景中的真实问题的能力。因此，学生学业成就评价的设计要具有真实性和情景性，以引导学生形成对现实生活的领悟能力、解释能力和创造能力。这已成为当今学生学业成就评价改革的一个重要特征。

（四）兼顾学生个性化表现与合作能力

学业成就评价切实关注学生实际发展，不再是过去那种从目标、标准到命题全部一刀切的僵化方式，转而重视学生在评价中的个性化表现，即学生学业成就评价尊重学生的个别差异和个性特点，问题具有一定的开放性，允许学生依照自己的兴趣和特长做出不同形式或内容的解答。在重视学生个性化表现的同时，学生学业成就评价还应兼顾学生在评价中的小组合作。传统学业成就评价为了达到甄别的目的，往往把学生置于严格的个人环境中，不允许学生之间的交流和探讨，让学生面对试题孤军奋战。这既不利于培养和发展学生相互合作的精神和能力，也不符合当代社会发展对学生素质提出的新要求。因此，学业成就评价要鼓励学生之间的合作，允许学生通过分工协作的形式共同完成任务。学生在小组合作中的表现、对问题解决所做的贡献也成了必要的、合理的评价内容。

（五）强调学生解决问题的过程及结论

在传统的评价中，特别是一些所谓客观性检测，如选择题、填空题和判断题等，往往只要求学生提供问题的答案，而对学生如何获得答案的过程没有任何要求。由此导致学生获得答案的推理过程、思考性质、证据的运用与假设的形成等对学生发展而言至关重要的因素都被摒弃于学业成就评价的视野之外。这种做法会给学生发展带来诸多弊端。缺少对思维过程的评价，会导致学生对思维过程的忽视。只关注问题的结论，不仅会导致学生在知识探究中形成一些似是而非的认识和习惯，不利于学生良好思维品质的形成，而且会限制学生对思维乐趣的深刻体验，进而抑制学生解决问题的灵活性和创造性。同时，这种评价方式也使得教师开展针对性的教学活动失去了良好的依据。因此，学业成就评价的发展趋势呼吁评价设计要使学生在解决问题时充分展现收集资料、推理、判断并做出结论的完整过程。

本章小结

　　课程与教学评价是对课程与教学基本功能的实现程度做出判断的过程，是对课程与教学活动的质量或效果所进行的测量、分析和评定。课程与教学评价囊括课程评价、教师课堂教学评价和学生学业成就评价三大板块。

　　其中，课程评价是以具体的课程为对象，以判断课程的价值及其功能为目的的实践活动。课程评价具有诊断、调节、激励、导向和反思功能。经典的课程评价模式主要有目标评价模式、回应性评价模式、差距评价模式等。只有清楚了解这些模式，才能在实践中有效运用，从而充分发挥课程评价的功能。

　　教师课堂教学评价是以课堂教学目标为依据，运用合理标准和有效方法对课堂教学活动的过程及结果进行价值判断的过程，主要涉及课堂教学设计、课堂教学过程、课堂教学组织与方法、课堂教学素养以及课堂教学评价五个层面的内容。教师课堂教学评价的实施步骤一般包括准备、实施与汇总，具体方法主要分为自我评价和他人评价。

　　学生学业成就评价是对学生学习进展和行为变化的过程及结果的评价，其实施一般分为准备、实施和反馈三个阶段，这三个阶段都需要运用相应的评价方法和措施。

　　随着教育领域综合改革进入新的时代，学生学业成就评价的发展逐渐呈现新的趋势，即质性评价逐渐统整量化评价、功能由侧重甄别转向注重发展、注重情景性和真实性、兼顾学生个性化表现与合作能力、强调学生解决问题的过程及结论。

总结 >

Aa　关键术语 ::

课程评价	目标评价模式	解释性评价模式
curriculum evaluation	target-assessment model	interpretation-assessment model
课堂教学评价	质性评价	量化评价
classroom-teaching assessment	qualitative evaluation	quantitative evaluation

🔗　章节链接 ::

　　本章主要介绍了课程评价与教师课堂教学评价，与第六章"课程实施与教学过程"中的教学过程部分具有一定的联系，与第七章"课程领导与课堂教学管理"中的课堂教学管理部分具有一定的联系。

应用 >

🖊　批判性思考 :::

　　在教师课堂教学评价和学生学业成就评价中，人们大都关注对师生教学行为以及相关知识技能的评价，而较少关注甚至忽视了对教师教学情感或学生学习情感的评价。因为人们认为情感要素是捉摸不定的，无法对其进行有效的评价。你认为对师生情感的评价可行吗？当前的教师课堂教学评价和学生学业成就评价是否存在"重智轻情"的现象？请谈谈你的观点。

✏　体验练习 ::

　　1. 从中小学教师专业发展的角度出发，设计一份课堂教学质量教师自评方案。

　　2. 在当前改革学生学业成就评价的过程中，部分地方和学校以"等级制"代替百分制，请根据课程与教学评价理论对其进行评价。

　　3. 联系教育实际，说说课程差距评价模式的实施过程。

🔍 案例研究 ┈┈┈

期末看国外孩子如何考试

在美国每天都有学业测验，但每个测验都很注重学生的参与性，题目也很注意严肃性，给我印象最深的是美国中学的历史考题。一次我看到他们的历史试卷，试卷的构成和国内很相似，题型大体有名词解释、填空、选择、问答。但是仔细看看，就会发现区别所在。这份试卷上的题目是我从来没有见过的：假如你是丘吉尔，你会怎么安排英国在第二次世界大战中的战略？

想想看，让一个初中孩子假想他是英国历史上伟大的领袖之一！我很疑惑，我问同事："这样的问题怎么判分呢？"她眨了眨眼睛，微笑着告诉我：言之成理、想象力丰富就是得高分的基础。像这样的问题，本来就没有正确的答案，唯一的硬性要求是你对这段历史的熟悉程度，这必须在答案中体现出来，其他的，就取决于你的思维敏锐性了。

你认为上述案例中试题的内容和难度合理吗？为什么？基于案例，结合我国中小学校课程与教学评价的现状，提出你对改革我国中小学生学业成就评价方式与内容的建议。

📔 教学一线纪事 ┈┈┈

多样的评价，多样的感情

和往常一样，又到了"你评、我评、大家评"的家常栏目。也许是学习内容的新鲜生动，也许是教学组织的灵活丰富，这节课上，几乎每个学生的学习态度、学习情绪、学习效果都比较出色。所以当老师问："今天这节课，你认为谁能获得突出表现奖的红星？"有一位学生提名班长，可班长站起来涨红着脸急匆匆地打断那个同学的发言："老师，我能把我的红星给张航吗？"老师不解："为什么？小朋友推选你，是你的光荣啊！"小家伙歪着脑袋，稍一迟疑，还是道出了也许已经在他心中酝酿了好久的理由："张航每节课听讲都很认真，但因为很少举手总得不到红星，今天我看到她好几次举手了。我的红星已经很多了，所以想把这一颗送给她，可以吗？"全班响起了掌声。接下来，有几名学生也要送出自己的红星。下课铃声响起，可还有许多小手高扬着欲赞扬自己的同伴。最后，老师宣布："今天这节课，我们每个小朋友的表现都很棒！所以我建议——每个人都可以奖励自己一颗红星！""太棒啦！"顷刻间，班级里一片沸腾……

拓展 >

补充读物 ╌╌╌╌╌╌╌╌╌╌╌╌╌╌╌╌╌╌╌╌╌╌╌╌╌╌╌╌╌╌╌╌╌╌╌╌╌

1　陈玉琨 . 课程改革与课程评价 ［M］. 北京：教育科学出版社，2001.

　　该书对课程改革方向进行了科学的指引；从理论和实践的紧密结合上，对课程改革的意义、作用和操作进行了详细的阐述；从规范和创新上，对课程体系和结构进行了整体的把握。

2　李雁冰，钟启泉 . 课程评价论 ［M］. 上海：上海教育出版社，2002.

　　该书对课程评价的内涵、范畴、模式和技术等进行了系统论述，内容包括课程评价的哲学基础、课程评价的历史发展与价值取向、课程评价的理论流派与典型模式、课程评价的一般技术等。

3　刘志军 . 课堂评价论 ［M］. 桂林：广西师范大学出版社，2002.

　　该书详细阐述了课堂评价的基本问题，内容涉及课堂评价的概念分析、课堂评价研究的历史与现状、课堂评价的理论透视、课堂评价的标准以及课堂评价的实施等。

4　［美］罗伯特·J. 马扎诺 . 有效的课堂评价手册 ［M］. 邓妍妍，等译 . 北京：教育科学出版社，2009.

　　该书从实践的角度对课堂评价进行了详细的阐述，涵盖课堂评价案例、国家课标的作用、测量连续性学习的量表、课堂评价的设计、促进学习的评价方法等内容。

5　［美］威廉·威伦，玛格丽特·伊什勒·博斯，贾尼丝·哈奇森 . 有效教学决策（第六版）［M］. 李森，等译 . 北京：教育科学出版社，2009.

　　该书分为四大板块。第一板块讨论了教学决策和课堂气氛的重要作用，第二板块主要是对课堂管理和课程的相关思考，第三板块系统讨论了教学这一综合的过程，第四板块主要探讨有效教学的内涵及其实现。

本章概述

　　本章介绍了课程与教学变革的含义、特点和功能，探讨了课程与教学变革的动因、模式和策略，提出了课程与教学变革的发展趋势。

结构图

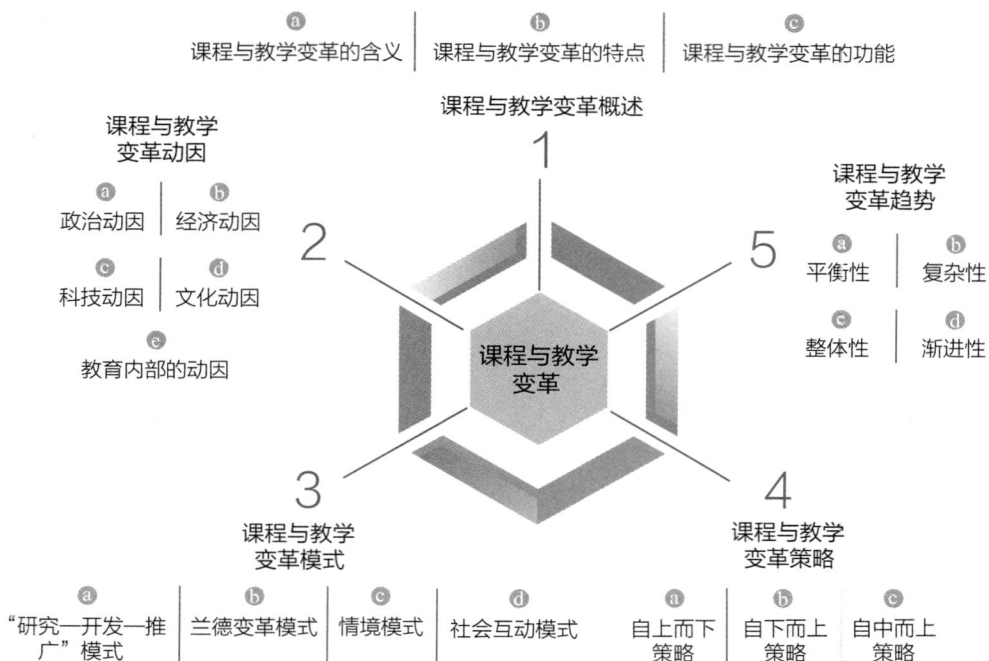

ⓐ 课程与教学变革的含义 | **ⓑ** 课程与教学变革的特点 | **ⓒ** 课程与教学变革的功能

课程与教学变革概述

1

课程与教学变革动因

ⓐ 政治动因 | **ⓑ** 经济动因
ⓒ 科技动因 | **ⓓ** 文化动因
ⓔ 教育内部的动因

2

课程与教学变革趋势

ⓐ 平衡性 | **ⓑ** 复杂性
ⓒ 整体性 | **ⓓ** 渐进性

5

课程与教学变革

3

课程与教学变革模式

ⓐ "研究—开发—推广"模式 | **ⓑ** 兰德变革模式 | **ⓒ** 情境模式 | **ⓓ** 社会互动模式

4

课程与教学变革策略

ⓐ 自上而下策略 | **ⓑ** 自下而上策略 | **ⓒ** 自中而上策略

学完本章，你应该能够做到：

学习目标

1. 说出课程与教学变革的含义、特点和功能。

2. 明确课程与教学变革的动因。

3. 了解四种课程与教学变革的基本模式。

4. 论述课程与教学变革的主要策略。

5. 说出并分析课程与教学变革的发展趋势。

读前反思

1. 历史上的课程与教学理论、课程与教学实践丰富多样，你都知道哪些课程和教学领域的变革理论或者变革实践？回想一下，你以前就读的学校有没有进行过一些课程或者教学上的改革？

2. 古今中外的历史上有那么多课程与教学理论和成功的教学实践，为什么课程与教学总是要不断地进行改变？到底是什么因素引起课程与教学不断变动？

3. 你们学校所进行的课程或者教学改革是谁提出来的？具体是怎么开展的？改革的主要内容有哪些？取得的效果如何？

4. 以我国的新课程改革为例，想一想课程与教学变革在未来会呈现怎样的发展趋势？

党的二十大报告提出高质量发展是全面建设社会主义现代化国家的首要任务。要"坚持以人民为中心发展教育，加快建设高质量教育体系，发展素质教育，促进教育公平"。课程与教学是学校教育的核心和主渠道，是教育改革中经常涉及的问题，直接关系着学校教育教学高质量发展。无论国内还是国外，课程与教学都经常处于变动和调整之中。中外历史上出现了许多影响深远的课程与教学理论和变革实践，但是却始终没有哪一个理论、实践能尽如人意，适用于各个时代。课程与教学领域的变革为何如此频繁？在变革过程中都遵循着怎样的模式？有哪些可行的变革策略？在当代乃至未来，课程与教学变革又会呈现出怎样的走向？这就是本章所要探讨的问题。

第一节
课程与教学变革概述

🎯 **学习目标**

说出课程与教学变革的含义、特点和功能。

一、课程与教学变革的含义

在当代，人们经常将"变革"一词与"改革""革新""革命"等词语混淆使用。实际上，这四者是有一定差别的。从词义学的角度来分析，四者的区别是比较明显的。"改革"往往包括了对新或旧的事物、观念及做法的采用，希望通过有计划的改变来提升品质。"变革"则有更宽泛的理解，"变"是指和原来不同，即在性质、状态、数量与位置等方面与原来有差别。从语义辨析的角度来看，"变革"比单纯的"变"更为有力和强劲，有革新陈旧的色彩和倾向，意味着旧秩序的打破和新秩序的建立，在本质上是从一种平衡态过渡到另一种平衡态，以不断变化着的方式去适应深刻变化了的环境。借助语言学的解释，"变革"更多指事物的质变而非量变。同时，"变革"既可以指规模较大的改革，也可以指小规模、小范围的革新；既可以指长期的、有目的、有计划的改革，也可以指一些短期的革新。

关于课程与教学变革，国外学者一般将其作为一个渐进的过程而非事件来对待。例如，加拿大著名教育改革专家麦克尔·富兰（Michael Fullan）认为，变革是一个过程，而不是一个事件。我国有学者将其理解为，教学本身或环境教学在教育安排的条件下所发生的一切变动。① 我们认为，课程与教学变革就是指一定时期内课程与教学的变化或改变，包括课程与教学观念、目标、内容、组织结构、实践形式、学习结果和评价等各个方面。可见，课程与教学变革实际上涵盖了课程与教学改革，或者说，后者是前者的一个方面，但二者在本质上都是一项思想活动，是有目的、有计划的行动，致力于解决特定的实践问题并改进实践。

二、课程与教学变革的特点

课程与教学变革作为社会变革的一个有机组成部分，有着自身独有的特点。这些特点集中表现在三个方面：创新性、协调性、教育性。

（一）创新性

这是指课程与教学变革是一个探索、创新的过程。由于变革本身是一个改变和革新的过程，它所带来的变化包括思想观念、行为方式、政策制度等方面。对于变革的对象而言，它是一个全面的转变或更替。因此，课程与教学的变革包含一系列变化或者创新。对于教育领域来说，它会带动该领域诸多方面的改变。课程与教学变革的创新包含以下一些方面：教育哲学、育人观念的改变，指导思想、理论基础的变化，组织结构的构成与结构的调整，目标、内容、方式、评价与管理等方面的新举措。

（二）协调性

这是指课程与教学变革要处理好内外部因素之间的关系。从外部来看，课程与教学是学校工作的重点，而学校是社会系统的一个部分，受到社会政治、经济、文化、科技发展状况及改革的影响。从内部来看，课程与教学自身包含众多要素，变革往往涉及多种要素的革新和改变，因此需要各个要素相互协调、统一，从不同的侧面发挥其功能，以共同达成变革。课程与教学的变革，一方面，要与相关的社会变革保持协调一致，不能与其背道而驰，因为与社会发展方向相反的变革无疑是倒退的，是不可能得以实现的；另一方面，要协调好课程与教学各组成要素之间的关系，使其发挥整体的变革合力，带动变革走向成功。比如，课程与教学变革可能涉及课程与教学目标的改变，而目标的改变必然会涉及教学内容的改变，教学内容的改变又可能涉及教学方法的改变等；再如，教学管理体制的变革会涉及课程、教材、师资、设备、经费、组织等变革，而这些变革又受到国家的人事、劳动、财务、招生等制度的影响和制约。

---

① 江山野. 简明国际教育百科全书. 课程. 北京：教育科学出版社，1991：62.

（三）教育性

这是课程与教学变革的本质特点之一，甚至可以说是它总的特点。学校是育人场所，所肩负的责任就是培养社会所需要的合格人才。作为学校教育的主要途径，课程与教学的作用是毋庸置疑的。从根本上来讲，课程与教学变革的最终目的无疑是学生获得更好的发展，只是这个发展在不同时期的含义和指向有所不同。比如，以往我国的课程与教学注重学生基础知识和基本技能的获取，而新课程改革提倡学生知识与技能、过程与方法、情感态度与价值观三个方面的发展。可以说，教育性是课程与教学变革区别于其他变革的标志，是课程与教学变革的根本属性。

三、课程与教学变革的功能

一般来说，课程与教学变革主要发挥两种基本的功能，即社会适应与发展的功能和自我更新的功能。前者是为了回应社会政治、经济、文化和技术的变迁，后者则是课程改进自身滞后状态、谋求不断发展的必由之路。

社会适应与发展的功能是指课程与教学变革必然要适应和促进社会变革。适应就是课程与教学变革必须与社会变革的一般趋势相一致，并受社会状况的制约，遵循其有关要求。不同社会中，政治、经济等社会状况不同，对课程与教学的要求及所能为之提供的条件也是不同的，因此，课程与教学作为社会的子系统之一，必然要与整个社会系统的发展方向和要求相一致。同时，其发展也受制于社会的资源状况，难以超越社会的发展状况。促进就是课程与教学变革反作用于社会变革，推动它的发展或者构成社会变革的基础，或者构成社会变革的依靠力量。课程与教学这一系统发生改变，必然会带动教育系统及人才培养的改变，人才作用于社会又必将带来社会诸多方面乃至整个社会的变化。

自我更新的功能是指课程与教学变革不断促进自身领域的改变，更好地适应和促进人的发展。课程与教学变革是培养人的活动的变革，因而关系到人的发展，这对于国家和民族的发展意义重大。不同时代、不同社会，课程与教学的诸多方面是有差异的，其育人功能也是不同的。随着时代和社会的变迁，课程与教学要不断地改变自身，以适应社会发展对人的新要求。同时，课程与教学通过自身的变革，使人才培养呈现出新的变化，使学习者能够更好地适应社会的发展，并促进社会的进步。只有不断地进行自我更新，课程与教学才能更好地发挥其育人功能，从而带动社会不断向前发展。

第二节
课程与教学变革动因

🎯 **学习目标**

明确课程与教学变革的动因。

　　一般来说，课程与教学变革是对社会外部条件的变迁以及内部变化的一种回应。课程与教学所赖以存在的条件的变化会使课程与教学的内部和外部产生变革的力量，促使变革的发生。国外学者利文（G. Levin）认为，从广义上来说至少有三种力量促使课程与教学发生变革：第一，自然灾害，如地震、洪水、灾荒等；第二，外部力量，如重大的技术革新和价值观的改变等；第三，内部条件，如当技术内在的变革导致新的社会模式和需要出现时，或当社会团体觉察到教育价值和教育结果之间出现矛盾时，课程变革就会发生。因此可以说，课程与教学变革的动因主要包括外部因素和内部因素两个部分。

一、政治动因

　　从系统论的角度看，教育与政治作为社会系统的子系统，各自发挥着自己的功能，处于良好的平衡状态。但是，教育与政治这两个子系统又不是相互分离、互不影响的，每一方都能够对另一方产生影响。任何社会中，教育都不可能超越特定的政治范畴，不可能不体现某一时代、某一社会的政治要求和政治理想。在不同时期，社会对人才的需求是有差别的，这就决定了学校教育培养什么样的人、学校的课程与教学应该是什么样的。可以说，课程与教学的变革与社会政治有着极为密切的关系，政治的需求、手段和干预对于课程教学的变革方向、变革内容、变革途径、变革主体、变革程序等都有着极为重要的影响。

二、经济动因

　　经济因素对课程与教学变革有着直接的决定性影响。经济是一个包括众多要素的领域，其发展变化影响着学校教育教学工作。

（一）生产力通过对社会职业劳动者的素质规定影响学校课程与教学

　　人类从农业社会、工业社会，直至现今的知识经济社会，生产力水平是不断提高的。生产力的发展改变着传统的行业或增加了新的职业，决定了要有更多的人员从事与之适应的工作，这就对教育形式、教育内容等有诸多新的要求。在知识经济时代，决定经济发展的能力及保持经济竞争优势的重要因素是创新意识与创新能力。知识经济这一概念的提出向人们揭示了这样一种趋势：人类经济发展将比以往任何时候都更加依赖于知识的生产、扩散和应用，知识已经成为经济社会的驱动力，人的素质和技能成为知识经济实现的先决条件。在这一时代背景下，学习能力成为新的核心竞争力，更新知识是保持竞争优势的关键，创新成为时代精神的焦点和教育发展的主旋律。这些都对学校教育提出了新的挑战，要求学校培养出具有创新精神和具备终身学习能力的人，课程与教学无疑需要做出回应，产生变革。

（二）生产工具的发展能够引发课程与教学的变革

教育既包括基本知识的教学，也包括基本技能的教学。经济领域出现的新工艺、新技术对未来人才的发展提出了新的要求，学校就需要将这些内容纳入教育体系，为社会培养这些方面的人才。这将引发课程教学内容的改变。同时，一些新的技术由于具有某些方面的优势，也会带来课程与教学手段的革新。比如，信息技术不仅是社会经济领域的一个行业，也成为学校课程体系的一部分，被正式列入课程计划。而且，信息技术由于其形式多样、生动形象，也被广泛地应用于学校教学之中，发挥了一定的辅助功能。

（三）经济的变革也会引起课程与教学的变革

经济的变革主要与国际环境和国家政策有关。面对复杂的、不断变化的国际环境，如果国家对战略方向、经济政策等进行调整，由此而发生的变化将对教育领域产生极大的影响。比如，20 世纪 50 年代末 60 年代初，以美、苏为代表的两大军事集团之间的竞争使得经济呈现出高技术化的特点，也由此引发了课程与教学领域的变革。美国的课程加强了理论知识的系统性，尤其重视数、理、化等科学学科；教学则提倡发现法，重视自我探究，以发展学生的研究能力。布鲁纳的结构课程论、发现法，布卢姆的掌握学习理论等都是本次课程与教学改革的重要成果。

三、科技动因

"科学是研究自然发展变化规律的，技术则是根据实践经验和科学原理在生产过程中运用各种操作方法和技能的综合。"[①] 科学技术是人类认识自然和改造自然的结晶，它不断地促进经济结构变革、社会变革和认知变革。对教育来说，科技进步同样可以促进教育的发展，改变课程结构和教学内容，改进教育手段。

在当代，教育时刻面临新的科学技术革命的挑战。人类社会进入 20 世纪 50 年代以后，出现了以原子能技术、电子技术等应用为特征的新的技术革命。一些新兴的技术逐渐出现，

---

① 黄济，王策三. 现代教育论. 北京：人民教育出版社，1996：36.

如微电子技术、生物工程、激光技术、光纤技术、空间技术、海洋技术等，并且正在成为一个新兴的科技群体。这些技术不断升华为科学，并逐渐形成了新的学科和专业，如电子计算机出现后很快形成计算机科学及专业。

这种变革会带来课程与教学领域两方面的巨大变化：一是课程结构的变革。面对新出现的技术和领域，学校教育要做出一定的回应，尽管这种改变可能会很小。比如，我国正在进行的新课程改革在课程设置上就增加了信息技术教育，并将其作为研究性学习的四大组成部分之一；高中开设了通用技术课程，包括"技术与设计 1""技术与设计 2"两个必修模块及"电子控制技术""建筑及其设计""简易机器人制作""现代农业技术""家政与生活技术""服装及其设计""汽车驾驶与保养"七个选修模块。由于基础教育阶段学生的年龄、智力水平、思维水平、知识容量等方面的限制，在这一阶段设置更多的、难度较大的新学科也是不现实的，但不可否认的是，科技的变革对学校课程结构和课程设置产生了实实在在的影响。二是课程内容的变革。科技的不断发展使社会中出现了大批新的经济部门和生产领域，这就要求教育领域进行教学内容的改革，使教学内容反映新的科学技术发展水平，从而培养出能够适应经济建设要求的人才。也就是说，要合理淘汰旧有的内容，适当增加新的科技成果。在内容的选取上，不但要看到近期的需要，还要预见到远期的要求，要在通俗化、科学化的基础上向现代化、综合化、信息化方向发展。

科技领域之间的相互交叉与渗透也会带来课程与教学的变革。20 世纪 90 年代以来，科学技术领域相互渗透的情况更为活跃，其直接后果是产生了越来越多的分支学科。同时，学科之间又越来越综合，出现了许多交叉学科、边缘学科、横断学科。这种变革带来了学校课程与教学的变革，课程的综合化也成为各国课程发展的一个趋势。我国的新课程改革就明确提出：小学阶段以综合课程为主，初中阶段设置分科与综合相结合的课程，高中以分科课程为主；从小学至高中设置综合实践活动并作为必修课程……强调学生通过实践，增强探究和创新意识，学习科学研究的方法，发展综合运用知识的能力。可以说，科技领域的这一变革不仅带来了课程设置的变革，即综合课程受到重视，也带来了教学方式的变革，即注重学生运用多学科知识来解决问题，发展其知识的综合运用能力。

四、文化动因

人类社会总是要探索人与自然界的关系，调节个人与社会的关系，以求得社会及其成员的协调发展，由此便产生了文化。文化有广义和狭义之分。"广义的文化指与'自然'相对应的概念，是由人创造的、非自然提供的、社会性的人适应环境的超生物手段与机制的总和，包括物质文化、制度文化、精神文化。狭义的文化仅指精神的或观念性文化"。[1]

　　教育是文化传播与传承的主渠道，但是，文化的发展也会带来教育领域的变革。文化的每一次变迁都给教育以冲击和影响，引起教育领域的深刻变革。当前的社会状况下，创新文化、张扬个性的文化、民主文化比较盛行，也带来了教育领域的一些变革。关于创新，没有人会否认其对于社会和个人的意义。创新文化的弘扬带来了课程与教学的一系列变革，如我国的新课程改革，在培养目标上，它提出"使学生具有初步的创新精神、实践能力"；在具体目标上，增加了过程与方法目标，目的在于使学生通过主动探究获得方法，不断提高自己的创新能力；在教学过程上，它提出"注重培养学生的独立性和自主性，引导学生质疑、调查、探究"。张扬个性的文化视个体为独特的个体，而不是千篇一律的产品或模型，引发了课程与教学重视个体差异的变革。比如，新课改提出："促进学生在教师指导下主动地、富有个性地学习。教师应尊重学生的人格，关注个体差异，满足不同学生的学习需要。"民主文化是社会高度发展的一个表现，它尊重不同主体的意见表达，给予主体自我发展的空间。这种文化引发了课程与教学最明显的变革：改变了教学观，重建了师生关系。新课改提出：改变课程实施过于强调接受学习、死记硬背、机械训练的现状，倡导学生主动参与、乐于探究、勤于动手。教师在教学过程中应与学生积极互动、共同发展，要处理好传授知识与培养能力的关系，注重培养学生的独立性和自主性。可以说，任何一项课程教学变革的背后都隐含着社会文化对其进行强烈影响与制约的机制。在一定时间和范围内的课程与教学变革在某些方面往往都体现了当时社会上主导的文化潮流。

五、教育内部的动因

　　变革是人类社会发展的前提，没有变革社会就会停滞不前。教育领域也是如此，没有变革，人的发展也会停滞不前。社会的政治、经济、科技、文化是引发教育领域变革的外部因素，如果教育本身不存在任何问题，那么即使外部条件变化了，教育也不需要改变。因此，除了外部因素的影响外，教育领域内部存在的矛盾和问题也是引发教育变革的因素之一。

　　20 世纪 80 年代以来，我国教育事业发展迅速，取得了一些成绩，然而在有目共睹的教育成就背后，一些教育问题仍然没有得到很好的解决。教育基本问题是"培养什么样的人，怎样去培养人"。在长期的教育实践中，我们实行的是书本至上、考试至上、教师至上，教学方式和评价方式都比较单一，加重了学生的学业负担。在以考试为指挥棒的学习中，学生形成了接受与顺从的行为模式，其独特的个性被抹杀掉了，心理上也受到了极大的影响。这些弊端可以说是我国学校教育的顽症，使得社会与大众对教育的批评与日俱增。

---

[1] 黄济，王策三. 现代教育论. 北京：人民教育出版社，1996：31.

在这样的背景下，教育部于 2001 年 6 月 7 日印发《基础教育课程改革纲要（试行）》（以下简称《纲要》），要求"大力推进基础教育课程改革，调整和改革基础教育的课程体系、结构、内容，构建符合素质教育要求的新的基础教育课程体系"。《纲要》是本次课程改革的行动指南。时至今日，新课改已经走过了二十多个年头，所提出的一系列新观念、新举措对于改进和革新以往的教育弊端，培养更符合时代和社会要求的新人起到了一定的作用。

进入新时代，面对百年未有之大变局，我国教育改革面临新的机遇和挑战。2022 年 4 月，教育部印发《义务教育课程方案和课程标准（2022 年版）》。新修订的义务教育课程标准立足世界教育改革前沿，描绘了中国未来十年乃至更长时间义务教育阶段学校的育人蓝图。其改革的重点主要体现在三个方面：一是强调素养导向，注重培育学生终身发展和适应社会发展所需要的核心素养，基于核心素养确立课程目标，遴选课程内容，研制学业质量标准，推进考试评价改革。二是优化课程内容组织形式，跳出学科知识罗列的窠臼，按照学生学习逻辑组织呈现课程内容，加强与学生经验、现实生活、社会实践的联系，通过主题、项目、任务等形式整合课程内容。三是突出实践育人，强化课程与生产劳动、社会实践的结合，强调知行合一，倡导做中学、用中学、创中学，注重引导学生参与学科探究活动，开展跨学科实践，经历发现问题、解决问题、建构知识、运用知识的过程，让认识基于实践、通过实践得到提升。因此，可以说，教育系统内部的问题和矛盾也是引发课程与教学变革的动因之一。

第三节
课程与教学变革模式

🎯 **学习目标**

了解四种课程与教学变革的基本模式。

课程与教学变革作为一个学术研究领域，当前日益受到学者的关注。人们首先关心的是如何确定一些行之有效的变革模式以推行课程与教学领域的变革，因此也就产生了有关变革模式的不同的理论和主张。课程与教学变革的模式可谓多种多样，这里选取几个有代表性的模式逐一进行介绍与分析，以便深入理解课程与教学变革的本质和情况。

一、"研究—开发—推广"模式

"研究—开发—推广"模式，简称"RD&D"模式。1954 年，美国通过了合作研究法案

（the Cooperative Research Act），这个法案授权美国联邦政府提供教育研究基金。在这之后，美国建立了许多区域教育实验室和教育研究发展中心，从事教育程序和成品的设计与发展工作，而 RD&D 模式就是这些机构所采用的主要模式之一。

在 20 世纪中期的课程改革运动中，许多国家都采用这种变革模式，因为它较为适用范围较大的变革，且比较容易推行。印第安纳大学社会科学发展中心的工作程序是：①设计及形成概念；②按照设计蓝图准备原型材料；③制作和检验原型；④按照修正后的原型，准备完整的单元或课目；⑤检验单元或课目；⑥根据检验结果，修订单元或课目；⑦进行方案的最后检验；⑧出版、制作及期末报告撰写；⑨在上述工作之后进行研发工作的推广和评价。谢勒（J. G. Saylor）等人将变革的工作程序归纳为四大步骤：A 学科专家界定，B 学科专家和教育工作者一起设计，C 教师对方案的原型加以试用、修正，D 学区、教育机构以及课程研发人员继续评价方案和材料（见图 9-1）。①

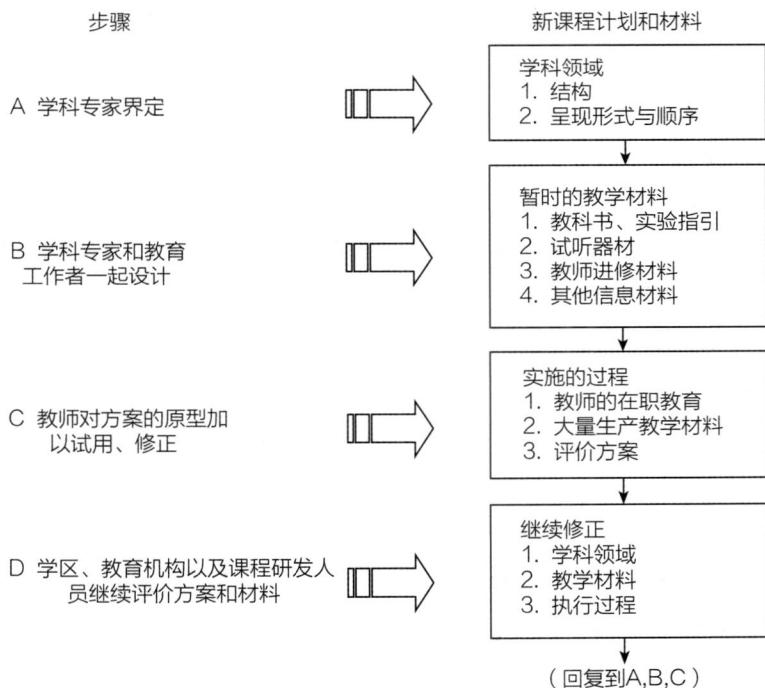

图 9-1　课程方案的计划方法

从该工作程序中可以看出，方案的研究和开发过程并不是由设计者一锤定音的，而是要经过不同人员的反复检验和不断修订，从而保证方案的科学性和可行性。研究—开发—推广模式将课程与教学变革看作有计划、线性展开的过程，做法大致如下：①研究：由国家组织

---

① 于泽元. 课程变革与学校课程领导. 重庆：重庆大学出版社，2006：57-58.

学科专家、课程教学专家等人士对具体的学科或课程教学问题进行研究，建立某种教育理论；②开发：根据研究结果及所构建的理论设计出新的课程与教学方案；③推广：将新方案传递给学校和教师，通过培训等手段使其理解和接受；④采用：学校与教师将新方案付诸教学实践。

这一模式极为强调专家学者的作用，方案的形成过程往往是由专家学者领导，这就使得课程方案的水平较高，可以防止教师自己设计课程时水平参差不齐的情况发生，从而保证方案更具有普遍性和推广性。正因如此，该模式在美国蓬勃发展。美国很多实质性的课程与教学变革，如布鲁纳的"人的研究"课程以及美国联邦政府资助的新数学、新物理、新化学等学科课程改革都采用这种模式。但是，这种模式也有一定的缺陷：一是研究经费的多少对课程与教学变革的质量有影响。如果研究经费不充足，相关人员参与变革的深度和广度会受到限制，而产生方案的科学性会受到质疑。二是该模式下的课程与教学变革研究历时较长，因此所得出的课程教学方案能否适应多年后的新变化也是难以预料的。三是对学校、教师的实际情况重视不够，实行的实际是一种"忠实"取向的变革方式。

二、兰德变革模式

随着研究的深入，学者们对 RD&D 模式产生了一些质疑。他们认识到，课程变革的成效不仅取决于课程方案的设计，还需要在实行中根据实际教育情境而进行调适，这样方案才能落到实处。因此，除了技术因素外，研究者还应考虑学校的实际情况、教师的接受程度和参与程度等因素。

1973—1979 年，兰德社团对美国联邦政府资助的教育变革展开研究，这项研究统称为"兰德变革动因研究"，兰德变革模式（the Rand Model）就产生于该研究。研究者们认为，组织动力是影响变革实施的一项重要因素，参与者的动力不足是变革实施的主要障碍。因此，他们强调在实施阶段给学校加入一些鼓励变革的组织变量。

这一模式主要由三个阶段组成：①启动：变革的发起者采取一些措施寻求参与者（如教师、行政人员等）的理解与支持，如通过培训等方式对变革方案进行解释与说明，消除变革的组织障碍，增强学校成员参与变革的动力。②实施：由于学校的具体情境不同，课程方案在实施过程中要做出适当的调整，学校也要做出一些改变来适应方案的要求，如提高教职员工的能力、调整或重建组织结构、获取社区的支持等，二者处于一个不断的相互调适过程。③合作：学校在采纳并开始实施新的变革方案之后，实施过程中经常会遇到各种各样的问题，这就需要学校与专家学者、教育行政管理人员、社区人士等密切合作，寻求帮助，使方案不断执行下去。

该模式不再仅仅将注意力放在技术、执行等权力因素上，而是关心变革过程中的学校、教师、现实情境等不确定的因素。所以这一模式有这样一些特征：该模式的创立者伯曼（F. Bermma）和麦克劳林（B. Mclaughlin）发现，运用各种行政或技术手段来获取预期的变革结果并不是一种有效的途径；课程实施决定变革的过程和结果；成功的课程实施是以相互适应为特征的；课程变革的动因是课程专家、校长、教师等方面的相互适应。可以说，该模式鼓励课程教学方案与学校、教师及具体教育情境相互调适，主张通过使用者彼此间的互动和调适来使新的变革更加适应学校的实际情况。与 RD&D 模式相比，该模式因其重视变革的实施过程，重视影响变革的因素的相互协调与适应，其持久性和适应性也更强。但是，它也为课程与教学增加了诸多不确定因素，对教师的能力和素质提出了更高的要求，对课程实施的评价也更加难以进行。

三、情境模式

课程与教学变革的情境观是由美国学者帕里斯（C. Paris）提出的。帕里斯的研究基于三个假设：①课程知识包括情境知识，是教师在不断进行的教与学的实践过程中创造的；②课程变革是个体在思维与行动方面成长与变革的过程，而非课程设计与实施的组织程序；③教师不论是创造和调整自己的课程，还是对别人创造和强加的课程做出反应，他们的课程实践总是基于他们对特殊情境的知觉而发生变化。

帕里斯的研究来自学校中的教育实践。她对五位小学教师创造和调整的一种"文字处理课程"进行了为期两年的研究，得出以下结论：从创生的观点看，教学不是静态的真理传递，是经由"审议"实践而获得的具体情境的知识；创生课程的有效途径是课堂探究、与同事的讨论以及共同观察、正规教学等。这对教师提出了较高的要求，教师的技能、才能和知识等需要在探究实践中不断地获取和更新。其他人尽管有好的技能和知识，但是并不能为教师个体直接拿来，它们仅仅为教师自身提供了一种帮助和启示，还需要教师自己的领悟与实践，并将其融入教学之中，只有这样才能真正成为教师自己的知识和能力。

这种模式主张教师不是被动接受变革的主体，而是积极创造的主体。教师有能力开展课程与教学领域的变革。帕里斯写道：没有变革的指令，没有同质化的培训和标准化的课程资料或实施课程的时间表，研究项目中所涉及的 5 位教师及其众多同事学会了运用文字处理，创造了把文字处理教给其学生的课程，发展了利用文字处理支持和拓展自己不断前进的课程的方法。可以说，情境模式实际上承认教师具有变革的意识和能力，对教师所引发的课程教学变革持肯定态度。尽管如此，该模式存在的问题也是比较明显的、教师个体的行为往往是小范围的，且有一定的主观倾向，并且所进行的变革也与自身的水平和学校的实际情况有很大关联，因此其所从事的变革的适用性有一定的限制，对其他教师是否可行也不易判断。

四、社会互动模式

社会互动模式实际上并不是一个完整意义上的课程与教学变革模式，但它看到了影响课程与教学变革的一个方面，并且是比较重要的方面，那就是"社会网络"。也就是说，课程与教学变革的采用者都是生活和处于一定的人际社会网络中的，其所处的位置和接触的人员能够影响其接受和实行变革的程度。

该模式致力于创建一种模型，在该模型中，已经存在的变革通过一种社会关系系统得以传播出去。因此，在课程与教学变革实行的过程中，需要注意五项通则。

第一，个体采用者属于社会关系的一个网络，这种网络影响其采纳革新的行为。比如，如果采用者关系网络中的人员思想观念比较开放，乐于接受新事物，秉持一种积极的态度，采用者的行为就比较容易得到支持，变革就容易发生。并且，如果采用者人际网络中可提供帮助的人员比较多，遇到问题时就可以有更多的空间来寻求帮助，如理论上的、资源上的等，变革就容易实行下去。

第二，个体采用者在人际网络中的相对位置影响其接受变革的效率。一般来说，一个人在社会网络中可能处于或接近三个位置：核心、边缘或孤立。处于核心位置的人，对于是否采用和实施变革有较大的决策权，如学校校长。如果校长对变革持认可和接受的态度，变革就容易较快地实行下去。处于边缘位置的人，由于其权力有限，在面对变革时往往不能擅作主张，需要征求核心人员的同意，因此其开展变革的时间就要长一些。而处于孤立位置的人，由于其人际网络不够活跃，与他人的关系比较疏远，意图进行某种变革时，同他人沟通、获取他人同意和认可的时间就会较长。如果在未获取同意的情况下开展某种变革，在变革过程中遇到问题时寻求他人的帮助也要花费很大的精力。

第三，非正式的个人接触在采用过程中非常重要。这是指课程与教学变革的设计者与使用者之间的关系会影响课程的采用和实施。在很多情况下，非正式的个人接触容易拉近设计者和采用者之间的距离，使采用者对设计者产生信赖，从而乐于接受和采用变革方案。

第四，对于参照团体的认同程度是方案采用与否的主要预测因素。这是说，学校或教师是否采用某一个团体正在进行的变革，很大程度上取决于与这个团体的关系和对这个团体的认识。如果与这个团体交往频繁、关系密切，或者对这个团体比较了解，认可其眼界视野和能力水平，就容易采纳其变革。

第五，变革的传播率呈"S"形曲线。也就是说，开始时变革的速度很慢，随后速度迅速提高，然后又转入一个缓慢期。在变革方案被采用后，开始要做很多消除变革阻力的工作，因此变革开展的速度较慢。当影响消除之后，学校就可能采取很多措施使方案得以实行和展开，变革的速度就较快。但是，随着变革的推行，新的问题又会涌现出来，学校又需要对其进行处理和解决，变革就又处于一个缓慢期。对于这样的一个过程，采用者需要有一定的心理准备和调适能力。

　　该模式没有提出一个完整的变革程序，实际上是对变革中人的作用、人的社会关系进行了较为深刻的分析，提出了良好的人际社会网络对于变革推行的意义，从不同角度对变革采用者的人际网络关系进行了剖析，这是该理论的独特之处。因此，尽管它还不是完整意义上的变革模式，不能够为我们提供一个可操作的程序，但它对实际的关注也足以引起我们的思考。

第四节
课程与教学变革策略

🎯 **学习目标**

了解课程与教学变革的主要策略。

　　课程与教学变革策略是指课程与教学变革的产生可采用的方式方法。从变革的发起者角度来看，有学者认为，课程与教学变革可以发生在不同水平上，如国家水平、地方水平或学校、班级水平。这些水平决定了实施课程变革的相应策略，并提出了三种变革策略，即自上而下策略、自下而上策略、自中而上策略。

一、自上而下策略

　　该策略是指，变革是由国家或地方的教育机构发起，学校中的各种因素应该与变革保持一致，否则变革将难以进行和维持。变革方案由国家、地方或大学、实验室等其他机构提出，并向外传播出去。方案的采用者要意识到变革对于学校的价值和意义，要相信变革能够提升学校的品质。

　　在这一策略中，国家或地方教育行政部门扮演了这样的角色：在变革初期将方案、计划等强制性地传递给学校和教师，要求其严格执行；接着又充当培训者的角色，对学校推选出来的教师进行培训，使他们理解并掌握变革的实质和方式等，再让他们去培训他人。在这个过程中，学校与方案的设计者一起处理变革中出现的问题，使变革按计划开展下去。当然，变革可能受到学校或者教师的反对或抵制，因为变革打破了他们原有的工作习惯，增加了额外的工作负担，并且要求他们通过一些方式来提升自己从而达到变革所要求的能力和水平。要解决这个问题，变革实施过程中可以运用一些策略和方式。麦克劳林等人提出了三个主要概念，即发展主义、参与和支持。

发展主义指的是，变革的实施过程中应给予教师各种帮助以促进其发展。面对变革，教师会经历三个过程：一是自我取向的过程，即教师对自己能否把握和实施新变革的一种自我判断；二是任务取向的过程，即教师将变革转化为自己的任务，花费时间和精力来进行准备；三是结果取向的过程，即教师对变革能否顺利实施、产生影响的一种判断。变革实施的过程实际上也是教师个体不断获得自我发展的过程。在教师遇到问题时，能提供帮助者都应该给予教师帮助，同教师一起来面对和解决问题。

参与是指让教师参加变革实施的各项工作。教师参与课程与教学变革的程度与其如何理解和看待这项工作有关。如果让教师参与决策制定、任务设计与分工、小组计划、效果考查等，就会增强教师的主人翁意识和责任感，并且能够让教师对变革的总体情况有宏观的把握，而不是支离破碎的理解。这样做有助于提升教师对变革的认可程度和参与热情，有助于教师对变革的采用。

支持是指为变革实施过程提供各种支撑条件。变革的实施过程由于受多种因素的影响，如经费、设施、资源、人员等，因此其有效开展需要不同形式的支持。在实施的各个环节，人的支持都是极为重要的。如果校长不接纳变革，如果教师持消极抵制的态度，如果学生极力反对，如果行政人员不配合，变革是无法在学校中开展的。物质支持也是必需的，因为变革很多时候会涉及方法、手段、设备、设施的改变。

采用这种策略开展的课程与教学变革，一般来说结构体系比较完整，思想比较成熟。我国自 20 世纪 80 年代以来开展了诸多此类变革，并且产生了比较深远的影响。比如，"中小学整体教学改革""少年儿童主体性发展实验""创造性教学实验""主体性教学实验""反思性教学实验"等。下面是关于创造性教学实验的一些基本情况。

创造性教学实验

一、发起者

高校、科研机构的专家学者

二、实验目标

培养学生的创造力（包括创造性思维、创造性个性），鼓励学生多产生创造性成果（包括科技发明成果、工艺制作成果、艺术创作成果、文学创作成果）

三、实验原则

民主性原则、开放性原则、延缓判断原则、成就动机原则、个性化原则

四、实验策略

发散与集中教学策略、打破定式教学策略、反思教学策略、创造过程教学策略、创造主体教学策略、辩论教学策略、类比教学策略、发问教学策略

五、实验开展

第一阶段（1991—1993）：实验学校 3 所，实验学科有语文、数学、自然、社会常识、

美术等。

第二阶段（1994—1997）：实验学校9所，实验学科扩大到外语、物理、化学等。

第三阶段（1997—2000）：实验学校40所。

实验结果：

测评内容：创造性思维品质、创造性个性品质、学科学业成绩。

测评工具：创造性思维品质测评，使用美国托兰斯的创造性思维图形测验工具；创造性个性品质测评，使用美国威廉姆斯创造性个性测验工具；学科学业成绩测评，使用学生学年、学期考试成绩。

测评对象：天津市和平区中心小学三年级、五年级（语文、数学双科实验），天津市河西区上海道小学三、四、五年级（自然、数学、社会常识、美术单科实验）。

六、测评结果

1．创造性思维品质的测评

语文、数学双科实验结果：经过半年或一年的实验，实验班的成绩高于对照班，差异明显。

自然、数学、社会常识、美术单科实验结果：经过两年实验，实验班在总成绩和分成绩上都显著高于对照班。

2．创造性个性品质的测评

语文、数学双科实验结果：经过两年的实验，实验班在总成绩和分成绩上都显著高于对照班，有的已经达到非常显著的差异水平。

自然、数学、社会常识、美术单科实验结果：经过一年实验，实验班在总成绩和分成绩上都显著高于对照班。

3．学科学业成绩的测评

双科实验和单科实验的结果均显示：经过两年的实验，实验班的成绩都高于对照班，达到了显著或非常显著的水平。

二、自下而上策略

自下而上策略是指学校中的教师是课程与教学变革的发起者。教师处于教学第一线，对于其间存在的问题最有发言权。这个策略的基本假设是：教师是变革的代理人，有能力发现问题和解决问题，引领学校的教育变革。

该策略的具体做法如下。

第一，找到并明确课程与教学问题。这要求教育主管部门和行政机构对学校和教师的作用有足够的认识，放权于学校、教师，使之能够从教学中最为关心的问题出发，寻找可行的方案和解决问题的方式。

问题是变革的前提和出发点，没有问题，变革也就无从谈起。在教学实践中，教师在按照课程计划与课程标准进行教学的同时会遇到各种各样与教学或者课程有关的问题，这些问题可能对教学的影响不大，也可能很大。因此，教师需要有敏锐的判断力，善于发掘那些影响较大且急需解决的问题。这些问题，教师有可能是在长期的教学实践中发现的，也可能是通过新理论、新思想的学习而发现现实与理想的差距造成的。总之，教师要有问题意识，能够及时发现和判断教学中的无关问题和紧要问题，并明确自己要展开的研究的对象。

第二，研究问题的原因并提出解决问题的方案。这个环节有两个基本的过程。教师在确定问题之后，首先要找到产生这些问题的原因。很多时候，一个好的变革可能就流失于分析环节。这个过程需要教师有足够的实践经验以及理论素质，如果对实践把握不准就可能归因不当；如果理论把握不够，就可能问题分析不到位，只流于表面形式。分析问题之后就要解决问题，提出可行的方案。这个过程难度较大，而且风险也较大。一些教师在提出变革的期望后，可能会感到行动的压力，如时间、精力、资源、能力等的限制。有些教师就可能开始行动，积极地探索解决问题的做法。这个过程需要各种内外部条件的支持，如学校领导的认同、同事的协调和配合、专家的指引和帮助，以及家长和学生的支持等。

第三，将方案引入实践进行改进和修订。问题来源于实践，解决的方案也应该最终在实践中论证。在这个环节，教师将设计好的方案践行于实际的教学工作中，来了解方案解决问题的实际效果以及设计上存在哪些问题。教师实行方案后，才能知道哪些教学问题解决得好、哪些尚未得到有效解决，从而找到方案的纰漏或者缺陷，进一步来修订和完善方案。这个过程需要学校领导、同事以及学生的支持与配合，因为对于范围稍大的研究来说，有时可能要开展一些教学实验或者更多地占用一些上课时间，如果得不到领导、同事与学生的理解和支持，方案很难推行和展开，良好效果的变革就难以产生了。

事实上，无论是国外还是我国，教师所引发的教育教学变革是屡见不鲜的。比如，在教学方法上，我国著名的教育实践家李吉林创立了"情境教学法"、魏书生创立了"六步教学法"、段力佩创立了"八字教学法"、钱梦龙创立了"导读法"、邱学华创立了"尝试教学法"、马芯兰创立了"三算教学法"等。

李吉林的"情境教学法"

产生的原因：

传统的"注入式+谈话+单项训练"的灌输式教学使小学语文教学"呆板、烦琐、片面、低效"，压抑了儿童的发展，延误了儿童发展的最佳期。

形成的阶段：

（1）创设情境，进行片段语言训练；

（2）带入情境，提供作文题材；

（3）运用情境，进行审美教育；

（4）凭借情境，促进整体发展。

基本思想：

以"美"为突破口，以"情"为纽带，以"思"为核心，以"练"为手段，以"周围世界"为源泉。

四个特点：

"形真""情切""意远""理寓其中"。

五个要素：

激发主动性、强化感受性、着眼发展性、渗透教育性、贯穿实践性。

自下而上的变革的发起者可能是教师个人，也可能是教师群体。不论主体是谁，所带来的改变都是值得期待的，因为自下而上的变革源于教师自己的教学实践，教师身临其境，问题和方案都与实践产生着最为紧密的结合。同时，这种由教师发起的变革对于教师自身的专业成长作用极大，教师从中所获取的理论和实践知识与能力是单纯的专家培训或者书本学习所不能比拟的。但是，这种变革所面临的困难也是明显的：一是教师个人或者群体应有良好的社会技能和专业素养，在课程与教学原理、课堂关系、相关的学科科目、探究技能和个人关系方面都要有出色表现，这对教师的要求较高；二是学校要形成开放、包容的文化，从思想、政策和行为上给予教师足够的空间和时间。如果学校文化在本质上具有保守性，这种保守性的文化很难成为革新思想的源泉，而且这种文化对于学校来说也不是一朝一夕能够改变的。

三、自中而上策略

自中而上策略是指变革发起者不是上层的领导者和下层的教师，而是中层的学校。这一策略选择了一种中间道路，认为自上而下的策略过多地依赖于行政手段、强制措施或者外部奖赏，自下而上策略又必须以群体倾向的引导和改革为前提，而事实上学校文化多是保守的，因变革需要过多的条件支持而不愿主动寻求变革。因此，学校层面的积极改变是连接上、下层的关键。

该策略主张学校是发起变革的最适当的机构。外部的变革要进入教学实践，首先需要过学校这一关。如果学校管理者不支持，为了某些利益阻挠本校的变革，或者直接拒绝变革的进入，或者不提供物质条件、时间等保证，或者采取消极手段打压相关教师，好的变革是不可能引入学校的。而学校教师自发产生的变革难度较大，学校文化、条件、自身素养是一个因素；专家学者的帮助，家长、学生的配合是另一个因素。因此，对于变革来说，学校作为主体是最为合适的。学校是沟通外部（教育行政部门、专家学者、家长等）和内部（教师、学生）的桥梁和纽带，一方面可以采用、推广外来的变革，并采取措施使之真正发生于学校之中；另一方面可以创造有利条件，如资金、技术、时间等保证，鼓励本校教师开展教育教学变革，从而不断提升学校的办学实力。在这个过程中，学校校长的作用最为重要，其观念、素养直接决定着各种变革的实施，决定着学校的发展方向和水平实力。

可以说，学校作为主要的教育机构，即使国家或地方没有开展大规模的教育变革运动，学校内部的变革也是经常发生的。一个学校的发展方向、办学水平和办学特色往往与学校校长的关系较大。因此，校长对于学校发展方向和全局的把握、对于学校内部各项改革的决策与设计关系到学校的生存和发展。在这一点上，很多名校的产生都与学校校长有关。

第五节
课程与教学变革趋势

🎯 **学习目标**

说出并分析课程与教学变革的未来发展趋势。

从世界范围来看，随着社会发展阶段的变化，各个国家都会在不同时期进行教育领域的变革，而课程与教学往往是最先变革的领域。在当前经济全球化日益发展的时期，各国也都不断采取措施来改进本国学校的课程与教学，以培养具有国际视野和综合能力的人才。因此，不同时期课程与教学的变革具有某些共同的特点。在当前的时代背景下，各国的课程改革也会呈现出一些相同的趋势。

一、平衡性

平衡性是指课程与教学的要素在功能上的平衡，或者要素内部各组成部分之间的平衡。从广泛的意义上来说，课程与教学的各个要素都需要学校做出平衡和协调。也就是说，平衡性不是非此即彼，而是事物各部分之间保持一种动态共生、稳定运行的状态。

在课程与教学目标上，目标的确定要受到当时一定条件下社会需求的影响，同时也要受到学生自身发展需求的制约。目标的确定经常是在这两者之间"摇摆"，时而倾向于社会需求，时而倾向于个体需求。比如，在美国 20 世纪 50 年代末的"学科结构运动"之前，其教育极其重视学生个体的需求而忽视社会需求，导致教育质量严重下滑，在国际竞争中处于不利地位。正是出于这种担忧，"学科结构运动"极力强调基础学科，尤其是数理化等自然科学的学习，将培养一流的科技人才作为公立中小学学校课程改革的目标。在这个运动中，社会需求超越了个人需求，占据了主要位置。因此，课程与教学变革在目标上应该处理好社会需求与个人需求之间的关系。一方面，强调课程与教学促进学生知识、技能、方法、态度等的养成和发展，强调课程与教学适合学生不同的学习需要和能力；另一方面，强调课程与教学遵循社会的需求，培养符合社会需要的学生并且培养学生对社会变革的适应与回应能力，使其在走向社会之后，面临新的变化仍然具备学习和自我更新与调适能力，成为有所贡献的社会成员。

在课程结构上需要处理好这样三对关系，即学科课程与其他课程的关系、学术性课程与职业性课程的关系、必修课与选修课之间的关系。一般来说，课程主要有学科课程、活动课程、潜在课程三种主要的形式。三种课程在内容形式、组织方式、发挥功能上都有所差异，各自有着独特的育人作用，都有其他课程形式不可替代的特点。因此，在课程设置上要处理好三种课程的比例关系，使其相互补充和协调，共同发挥良好的育人功能。在学校课程中，学术性课程占有主要地位，这是由教育阶段的特点决定的。但是，学校中总是有一部分学生要面临就业的问题，因此职业性课程目前也进入了学校。这二者的比例、授课时间等都需要进行合理的安排。在基础教育阶段，为了满足学生的个体需要，学校都开设了必修课和选修课，其中有些选修课极具学校特色。选修课的比例、题材、活动方式、评价方式等都需要学校做出合理的安排。学校所要平衡的不仅是开设哪些课、课时是多少，还包括选修课所涉及的一系列问题。

在课程与教学内容上需要平衡好这样一些问题：同一学科不同学段内容间的衔接、教科书的编排、不同学科相近内容的安排。任何一个学科的发展都有自己的逻辑体系，学校教育的整个阶段需要对各个学科的知识体系进行科学的分配，体现知识本身的顺序性和连续性。教科书的编排需要细化到每个年级、每个学期，因此其工作量极为繁重。教科书的编排中，尤其是文科类的，要平衡的关系就更多。比如，语文需要平衡白话文、文言文的比例，国内、国外文学作品的比例，叙事文、议论文、说明文的比例等。可以说，看似平常的教科书，实际上蕴含着编排者的理念和思想倾向。关于不同学科相近内容的安排，一个是指教科书编写者之间在编写期间要相互沟通协调，即对相同或相近内容进行合理设计；另一个是指教学过程中学科教师之间要相互沟通，即对教学内容、教学方法等进行合理的安排。

二、复杂性

与以往相比，当代课程与教学变革呈现出越来越复杂的趋势。这种变革的复杂性主要体现在这些方面：要解决的问题的复杂性、变革内容的复杂性、实施过程的复杂性。

（一）课程与教学变革要解决的问题越来越复杂

人类从农业社会、工业社会一步步走来，直到今天的知识经济时代。社会日益复杂，面临的问题越来越多，解决的难度越来越大。人的发展也是如此，人类的智力水平、行为能力等都处于不断发展和上升时期，思考问题的方式越来越复杂、解决问题的能力也越来越强。社会对人的要求越来越高，对教育就提出了更高的要求。而人的高度发展也使人对教育的期望逐渐增强，同时也使教育领域中出现的问题越来越难以解决。可以说，社会的复杂性和人的复杂性使课程与教学要解决的问题日益复杂。

（二）课程与教学变革的内容越来越复杂

问题的复杂性决定了解决问题的方式和内容的复杂性。比如《义务教育课程方案和课程标准（2022 年版）》的制定过程。为了保证其思想性、科学性，研制者对课程方案和课程标准进行了政治和专业双重把关。一是预审，组织国家教材委专家委员会进行个人审读、会议预审，进行专业把关。二是审议，组织国家教材委专家委员会进行审读和正式审议，完成政治和专业双重把关。三是审核，国家教材委委员审核通过了义务教育课程方案和语文等16 个课程标准。其复杂程度可想而知。

（三）课程与教学变革的实施过程越来越复杂

富兰将影响变革实施的因素归纳为三大类共计九大项：变革计划本身的特点（需要、清晰度、复杂性、实用性），学校相关因素（学校所处地区、学校所处社区、校长、教师），外部因素（主要是政府与媒体的支持）。具体来说，从变革的主体来看，政府、教育行政部门、教育科研单位、学校、校长、教师、区教研员、专家学者、媒体、家长、学生等都是变革的利益主体，构成较为复杂。从变革的过程来看，变革并不是通过行政手段强制实施或者对教师进行培训就能够一蹴而就的；变革并不像技术或行政工作那样简单，它涉及新知识的理解、新价值的内化、新行为的建立，往往还涉及文化的冲突，所以难免伴随着痛苦和抵触。变革的过程也充满了许多不确定因素，尤其是偶然事件的影响，以至于变革实施者难以确切把握变革本身，如变革的目的、条件、过程和结果等。而且变革涉及教师、学生、教材、设施等多种因素，这些因素之间形成错综复杂的关联，并不是遵循简单线性因果律的作用机制。即使相同的变革预设，在不同的变革情境下实施，变革的结果都可能不同。

三、整体性

整体性是指课程与教学变革的各个方面不是孤立设计和进行的，而是发挥着整体的合力和功能。也就是说，课程与教学变革是一个有机的整体系统，它不是各个变革内容和环节的简单叠加或是机械组合。整个系统的行为不能通过对系统的各个组成部分进行简单求和得到①，因此，变革的各个环节并不是孤立地存在的，各要素也都在特定的位置上发挥着自身的作用，从而使变革发挥出各要素在孤立状态下所没有的性质。

这种整体性首先体现在变革内容上。课程与教学是学校教育的核心和关键，它不仅仅是将预先设计好的内容简单地移植或者复制到学生身上。尤其在当前，人们对课程与教学的认识也不仅仅局限于内容和传授两个方面。课程与教学都涉及多种要素，都形成了比较完整的学科体系，因此其研究涉及多种要素及其相互关系。比如，新课程改革提出的九大方面就涵盖了课程领域的基本问题，涉及了课程诸多要素的变革，教学变革也是如此。即使是某一教学方法的革新都会涉及观念、组织、管理、评价等的改变。同时，变革也不仅仅是某一个课程或者教学问题点的简单变革，在对问题解决的过程中实际上形成了一个包含观念、操作方式、形成条件等诸多内容的相对完整的体系。并且，不管研究者是否意识到这些内容是有一个思想主线在引导的，各内容实际上都是相互关照，共同作用的。这也使得变革成为一个凝聚力强与方向一致的整体。在当代，由于课程与教学理论日益丰富以及人们认识不断提高，这种变革的整体性体现得更加明显。

课程与教学变革的整体性还体现在参与人员的广泛性上。一方面，变革产生的过程涉及的人员众多。以往课程与教学变革的引领者可能仅仅是行政管理者、课程专家或者教师个体，但是在当代这个日趋复杂的社会环境下，变革不可能仅是权威人士主导和控制的，或者是教师个体自发的行为，因为离开了沟通和协作，变革的科学性和合理性就难以保证。因此，课程与教学变革的产生需要多方人士共同参与。比如，自上而下的变革需要管理者、专家学者、教师、社会人士广泛参与，调查对象则面向更多行业和领域的人员，方案设计需要各种相关人员献计献策。自下而上的变革也不仅仅是教师个体的行为，它需要学校领导的支持和条件保障、需要同伴的协助和配合、需要学生的积极参与、需要家长的理解、需要专家的及时帮助等。另一方面，变革实施过程需要各方人士的支持与配合。以往的课程与教学变革在行政手段下可能更容易实行，但是当今社会是一个日益民主、个性张扬的时代，人们有更多的思考和选择空间，这也就增加了变革推行的难度。变革到来之后，如果学校领导不支持或者消极对待、如果教师有抵触情绪、如果家长担心变革阻碍学生的正常发展、如果缺少专家的及时帮助、如果社会舆论持批评的态度，变革是无法进行的，或者即使进行了其效果也是难以达到预期目的的。

---

① ［美］约翰·霍兰．涌现：从混沌到有序．陈禹，等译．上海：上海科学技术出版社，2006：124.

四、渐进性

渐进性是指课程与教学变革不是一蹴而就的，而是一个逐渐推进、逐步产生效果的过程。这与变革本身的特点有关。变革是一种革新，是清除旧有事物、产生新的事物的过程，是事物发生的质的变化。而已有的传统是根深蒂固的，剔除它需要一定的时间和努力。这些使得变革本身需要一个过程，而不是上令下效就行，或者能瞬间铺开。

在当前社会背景下，一个变革，无论其大小，要想推行和展开，其所面临的挑战和阻碍较以往更多。课程与教学理论和实践处于一个不断成熟的过程，社会的发展势头迅猛，而且其发展往往走在学校的前列，学校需要及时做出调整来满足社会的教育需求。在这种情况下，学校教育中的问题出现的频率更高，解决的难度也更大。而教师的专业发展程度也是越来越高，其获取先进的教育理念、教育实践经验的方式和途径较以往更为便捷。网络上各种图书资料、教育教学视频等层出不穷，教师可以便捷地获取和学习。因此，面对一项变革，教师往往有更多的思考、质疑。要消除教师的抵触情绪，需要做一系列的工作，如开展各类培训，但这使得变革的过程较为缓慢。同时，日益增多的内外部因素的影响，如资金、政策等都可能影响变革的展开进程。

由于变革越来越复杂，其成功与否所造成的影响越来越大，因此其展开的过程也是需要深思熟虑的。比如，我国 2001 年开始的课程改革，它先是在义务教育阶段进行，再在高中阶段进行。在义务教育阶段，2001 年设立了 38 个国家级实验区开始实验，2002 年启动省级实验区，2004 年才进入全面推广阶段；在高中阶段，2003 年制定了 15 个学科的课程标准，2004 年仅在广东、山东、宁夏、海南四地开展实验，2005 年加入了福建、江苏两个省，2007 年全部进入新课程。对于学校内部的课程与教学变革也是如此，方案往往是先在一个班或者部分学生中实行，再根据情况逐渐进入多个班、整个年级，甚至全校范围。可以说，当前课程与教学变革的产生、推进，乃至效果的体现越来越呈现出有序而缓慢的特点。

[本章小结]

课程与教学变革就是指一定时期内课程与教学的变化或改变，包括课程与教学观念、目标、内容、组织结构、实践形式、学习结果和评价等各个方面；课程与教学变革具有创新性、协调性、教育性三个特点；课程与教学变革主要发挥两种基本的功能，即社会适应与发展的功能和自我更新的功能。课程与教学变革的动因主要有：政治动因、经济动因、科技动因、文化动因和教育内部的动因。课程与教学变革的模式主要有："研究—开发—推广"模式、兰德变革模式、情境模式和社会互动模式。课程与教学变革的策略主要有：自上而下策略、自下而上策略、自中而上策略。课程与教学变革的趋势有：平衡性、复杂性、整体性、渐进性。

总结 >

🅰 关键术语

课程变革 | 教学变革
curriculum change | teaching change

🔗 章节链接

本章主要介绍了课程与教学变革，与第六章"课程实施与教学过程"中课程实施部分具有一定的关系，与第二章"课程与教学的发展历史"中现代的课程与教学部分有一定的联系。

应用 >

🔖 批判性思考

1. 试述三种主要的课程与教学变革策略的含义、做法及优缺点。

2. 结合实际，谈谈你对《义务教育课程方案和课程标准（2022年版）》的认识。你认为我国当前中小学的课程与教学还存在哪些问题？应该如何改进？

✏ 体验练习

1. 填空题

（1）课程与教学变革的特点有_____、_____、_____。

（2）课程与教学变革的主要功能是_____、_____。

（3）课程与教学变革的趋势是_____、_____、_____、_____。

2. 简答题

（1）变革与改革有哪些区别与联系？

（2）简述课程与教学变革产生的动力因素。

（3）简述"研究—开发—推广"模式的优势与弊端。

（4）简述"社会互动"模式的五项通则。

🔍 案例研究 ▏▏

有两位教师在办公室展开了这样的对话

教师甲："最近我看了一篇论文，很受启发，想把里面的观点拿来用用，在班级中开展下实验，你看如何？"

教师乙："还是别开展得好，万一影响成绩就麻烦了。"

教师甲："我发现我们的学生还真是有里面所说的问题，应该改改试试。"

教师乙："我们只负责教就行了，改革是上面的事情，咱们按要求做就对了。"

请你对这段对话进行分析，谈谈教师甲和教师乙对待变革的态度。他们分别代表了哪种课程与教学变革的策略？你对这个问题的看法如何？

拓展 >

☕ 补充读物 ▏▏

1　靳玉乐．新课程改革的理念与创新［M］．北京：人民教育出版社，2003.

　　该书针对我国新课程改革的理念和创新面临的问题，论述了新课程改革的背景和目标、新课程改革的基本理念、课程与教学的新思想新观念、新课程改革和创新、新课程实施的创新策略等内容。

2　［日］佐藤学．静悄悄的革命：创造活动、合作、反思的综合学习课程［M］．李季湄，译．长春：长春出版社，2003.

　　该书旨在通过与事物对话、与他人对话以及与自身对话的活动过程，创造一种活动性的、合作性的与反思性的学习活动。内容包括教室里的风景、改变教学、学校改革的挑战等。

3　刘力，等．学与教的变革［M］．杭州：浙江大学出版社，2010.

　　该书涵盖神经教育学与脑本位教育研究动向、按大脑工作原理组织教学、为多元智力而教、借鉴成功智力理论改革教学的新尝试、现代儿童人格教育理念与"大五人格"教学策略等内容。

4　［加］迈克尔·富兰．教育变革的新意义（第四版）［M］．武云斐，译．上海：华东师范大学出版社，2010.

　　该书系统论述了教育变革简史、教育变革的意义、洞悉变革过程、启动变革的原因和过程、实施和继续变革的原因与过程、实施和应对变革、变革主体以及教育变革的未来等丰富内容。

第十章

课程与教学研究

本章概述

　　本章主要介绍了课程与教学研究的意义、内容和方法。课程与教学研究以课程和教学问题为逻辑起点和对象，发展出对问题的科学诠释，从而指导实践。这一高层次而严格的智力活动，对于探索规律、解决问题、促进改革、提高质量、推动教师发展具有重要意义。对研究范畴和研究问题两层次的分析，有助于全面把握研究内容。根据科学主义和人文主义两大研究范式，课程与教学研究方法可分为三类：第一类是科学主义研究范式下的量化研究，第二类是人文主义研究范式下的质化研究，第三类是融合了量化和质化研究的课堂观察和行动研究。

结构图

```
        ⓐ          ⓑ          ⓒ
    课程与教学    课程与教学    课程与教学
    研究的内涵    研究的特征    研究的意义

            课程与教学研究概述

                   1


                课程与教学
                  研究


        2                      3
  课程与教学研究内容          课程与教学研究范式

    ⓐ          ⓑ          ⓐ          ⓑ
课程与教学研究  课程与教学研究  课程与教学研究  课程与教学研究
  的范畴        的主要问题      范式          的基本方法
```

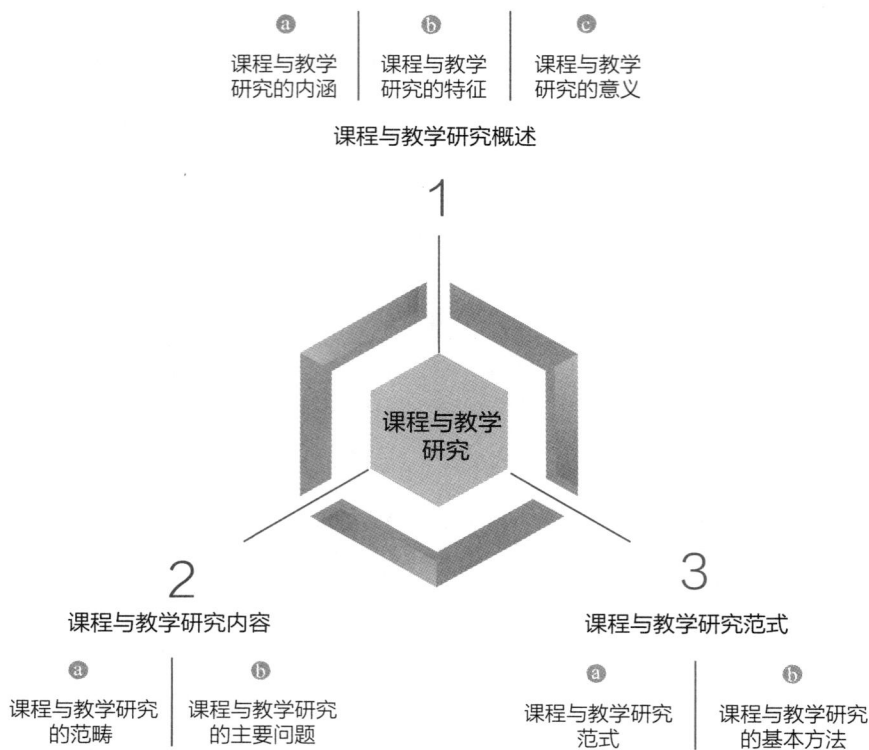

学完本章，你应该能够做到：

学习
目标

1. 认识课程与教学研究的内涵与意义。

2. 了解课程与教学研究的主要问题。

3. 了解三种课程与教学研究的方法。

4. 学会用至少一种研究方法进行课程或教学问题研究。

读前
反思

1. 结合国家基础教育课程改革实践，你认为课程与教学研究的意义是什么？

2. 请根据自己的学习或工作经历，谈谈课程与教学研究的内容体现在哪些方面？

3. 你在学习或工作中使用过哪些课程与教学研究方法？其效果如何？

人类是最经济的动物，对于没有意义和价值的事物不会浪费精力和时间，所以要展开课程与教学研究，我们需要首先了解其内涵和意义。

🔊 教育家语录

不研究事实就没有预见，就没有创造，就没有丰富而完满的精神生活，就不会对教师工作产生兴趣。不去研究、积累和分析事实，就会产生一种严重的缺点——缺乏热情和因循守旧。

——苏霍姆林斯基

第一节
课程与教学研究概述

🎯 **学习目标**

认识课程与教学研究的内涵与意义。

一、课程与教学研究的内涵

课程与教学研究的内涵难以界定，有学者认为课程研究是采取应用研究方法去处理由课程计划、活动或后果引起的问题。课程研究有两种含义：其一是指对既有课程之特性的研究，包括对课程本身的研究（如课程标准、课程内容、课程结构、课程类型、课程模式等）及与课程密切相关的一些问题的研究（如课程编制、课程实施、课程评价等）；其二是指对如何设置、编制及实施课程的研究。前一种研究是后一种研究的基础。[①] 还有学者认为，课程研究是通过一系列规划好的活动步骤的实施及方法、技术的运用，来认识课程的理论、历史、现状，为课程领域提供有价值的知识和成果，以解决课程、教学的实际问题，提高课程的质量。[②] 上述定义都强调课程研究的实用性，即研究和解决课程问题、以改善课程实践为目的。不过在课程研究的问题范围方面则有所不同，各有侧重。

教学研究方面，有学者提出教学研究的本质是一个解决某种教学问题的认识活动过程。这一活动过程还伴有价值、艺术的成分，因而它是一个科学、价值与艺术相统一的认识活动。[③] 植根于现代哲学基础的教学研究认为，在复杂的教学现象之中存在一个本质，把握了

---

① 南京师大"课程的社会学研究"课题组. 简论课程研究的学科方式. 课程·教材·教法，1997（7）.
② 汪霞. 课程研究若干理论问题的探讨. 教育理论与实践，1999（8）.
③ 王嘉毅. 教学研究的本质与特点. 教育研究，1995（8）.

教学的本质便可以掌握教学现象的各种规律，由此总结教学原则，用以指导教学活动，从而促进教学的发展。后现代哲学基础的教学研究则不再是为了寻找某些本质、规律并为这些本质、规律做出证明，而是要真正面对教学现象，解决教学中所出现的问题。① 有学者直接提出教学研究就是运用一定的理论方法，有目的、有意识地对实际教学问题进行研究。② 上述定义体现出教学研究理论性和实用性的特点，即我们不仅要通过教学研究寻求某些规律性，更多地还在于聚焦教学问题、改善教学实践。

所谓研究，就是我们在仔细审视所要研究的现象的基础上，认真地提出问题，并以系统的方法寻找问题答案的过程。③ 我们认为，课程与教学就是着重研究课程与教学中现实而有意义的问题，并发展出相关的知识和解释。有学者在谈到教学论学科性质时，强调"教学论应该为解决教学问题而研究一般教学规律；以研究一般教学规律来帮助解决教学问题。如果不是这样地理解，就会葬送教学论"④。可见，揭示规律的途径和目的都是对具体问题的解决。不少学者也认为，课程研究就是回答那些能够得到具体答案的问题，试图解答具体问题并提供相关的知识和解释，是"衍生与课程实践有关的知识"。而对于课程与教学问题范围和行动建议方面，则因研究范式的不同而有所差异。课程与教学问题范围实际是教学研究的内容，行动建议方面则更多地体现为研究方法问题，这两点将在后两节做详细说明。

二、课程与教学研究的特征

（一）研究目的的实践针对性

课程与教学研究是以课程与教学问题为逻辑起点和对象的，研究的主要目的就是对课程与教学问题提供超越日常习俗认识和传统理论认识的科学诠释，以满足不断发展的课程与教学实践的需要。课程与教学研究具有实践性探究的特性，通常被认为是为课程与教学实践行动提供相关信息。它不像科学和人文学科的某些纯理论学科，仅仅为了满足求知欲而进行学术探索。课程与教学研究之所以存在，就是因为要处理一定的课程与教学活动中的问题，而且，只要人们还接受长时期的、有组织的教育，就一定离不开这些课程与教学活动。课程与教学研究的主要目的就在于不断地发现和界定活动中存在的问题并提出切实有效的诠释方案和解决方案来改进和完善实践活动。

在课程与教学研究领域存在着另外一种声音，有学者称之为后现代的课程研究⑤与教学

① 刘茜．当代教学研究的发展趋势．课程·教材·教法，2007（4）．
② 裴娣娜．教学论．北京：教育科学出版社，2007：338.
③ 风笑天．社会学研究方法．北京：中国人民大学出版社，2001：2.
④ 王策三．教学论稿．北京：人民教育出版社，2005：54.
⑤ 参见汪霞．课程研究：现代与后现代．上海：上海科技教育出版社，2003.

研究①。根据派纳"理解课程"的观点，课程与教学研究在此不再被视为是处理"技术"问题，也即不再是"怎么做"的改良实践的问题，而应视为处理"为什么"的问题，强调从着眼于课程与教学的实际发展和实施到把课程与教学置于更广阔的个人或社会理论的脉络中去建构课程与教学理论本身。即便如此，将研究定位于理论的课程与教学的研究者同时也在不由自主地发展着实践。如斯拉特瑞，他支持建构纯理论，但他又在教学中实践着自己的理论构想，从课程观、学习观、学生观的转变，到课程组织形式、教学方法、评价方式的改革，无一不是在履行其后现代课程理论。同样的情况也发生在概念主义的代表人物派纳身上，他与合作者一直期待回到学校，实践概念重建的改革。

（二）研究主体的异质性与冲突

课程与教学研究的另一个特点就在于研究主体的异质性及其引发的冲突。一方面，林林总总的流派与范式下的理论研究者之间存在着隔阂与对立；另一方面，理论研究者、决策者与教育实践者三个群体之间存在着误解与冲突。虽然一般学术研究中也存在着研究者之间的冲突，但在课程与教学研究领域，这种冲突显得尤为严重，既不能促进研究的发展，也不利于学术理论间的沟通。

👁 **信息窗 10-1**

《从黄瓜上抽取阳光》——拉加与派纳的争论

1999 年年初，美国佐治亚大学的拉加在全美富有影响的《教育研究者》杂志上发表了一篇讽刺意味极浓的批评文章——《从黄瓜上抽取阳光》。拉加运用英国作家乔纳森·斯威夫特的讽刺寓言把再概念主义的代表人物派纳的研究称作"从黄瓜上抽取阳光"的工作，就像斯威夫特在作品《格列佛游记》中所讽刺的，"他花了 8 年的时间专心研究从黄瓜上抽取阳光，放在密封的瓶子里，然后在严酷的夏日里再放出来加热空气"。文章中充斥着"费尽心思""派纳已经臭名昭著""荒诞""斥责""警告""疯狂"等类似的词语。派纳在随后的反击中则把拉加的文章斥为"当今美国社会中存在的'反动'文化偏见"，并以一种蔑视的态度在专业角色和性别之间形成一个简单的类比，讽刺拉加引用的文献"等同于圣经文章选集"。在拉加的进一步反击中，他一方面指责派纳对他的人格侮辱；一方面继续指责派纳玩弄"政治花招"和"言辞技巧"，耍小聪明，试图通过"不良类比"转移读者的注意力。

---

① 靳玉乐，于泽元．教学研究范式的后现代转换．西南师范大学学报（人文社会科学版），2004（3）．

理论研究者、决策者与教育实践者之间虽然有一定的联系，但这种联系常常是零星的、不系统的，抑或是相互遏制的和冲突的。[①] 这种误解与冲突主要表现在以下四个方面：①三个群体关注的焦点不一致。如理论研究者关注该领域的思想、学说、理论、理念、主张等的研究而缺乏实际问题的支撑；决策者关注法规政策的制定与实施；而教育实践者关注的是解决实际问题的方式方法，追求现状改进和效率提升的操作方案。②三者在文化和语言上存在差异。一般来说，这主要体现在理论研究者的学术性话语没能充分考虑到决策者和教师的差异，因而书本知识与决策者和教师之间不能很好地结合。③研究成果缺乏有效的传播渠道。研究者的理论成果或者实践者的成功经验都欠缺有效的沟通与传播，使得很多生产出来的、"看起来很美"的琳琅满目的"知识"产品难以销售出去。④更为重要的还在于研究者与决策者、实践者之间的分离，导致理论与实践的"两张皮"现象。例如，有的教育实践者在照搬书中理论或者他人经验后发现未能取得预期效果，于是产生理论无用论调；而理论研究者中也有人几乎不参与实践活动，一味地坐在书斋里冥思苦想、闭门造车，结果是理论对实践的指导作用似乎并不大。这实际上是人为分割出了"理论"与"实践"两个世界，为双方各自的"脱离"找借口：理论者不肩负理论转化、实践改造的职责；实践者也不肩负开展教育研究，生产知识，创造理论的重担。

怎样建立一种合适的机制或策略使研究者与教育者或研究者与行政人员之间，尽可能地消除存在的障碍，建立密切的联系？形成有效的交流机制应成为课程与教学研究上要考虑的主要问题，因为，要想使课程与教学研究为解决课程与教学问题做出重要贡献，就必须使探究与实践实现有意义的关联，根本的必要条件是课程与教学领域的研究者和实践者要目标一致。

（三）研究方法的多元与综合

课程与教学研究是实践针对性强的探究，适合采用多种探究形式或者方法，以便确定不同的问题和获得可靠的答案。虽然不同的问题有各自适合的方法，然而最普遍的课程与教学研究通常采纳的是多元与综合的研究方法，因为：①单一的研究方法都有一定的合理性，但同时又有局限性。各种方法只有彼此完善和支持，方可增强研究的可靠性和有效性；②课程与教学研究是一个科学、价值和艺术相结合的认识活动，以人的发展为对象和目的的课程与教学必须关注价值、情感、态度和体验。这一交叉复合型的本质决定了课程与教学研究所采用的方法应是一个组合和体系，体现出多元和综合的特点。

课程与教学研究的多元性与综合性，在整体上表现为哲学方法、科学方法和艺术方法的综合运用。①课程与教学研究涉及客观事实并致力于对问题的研究，为保证研究的科学性，

---

① 施良方. 课程理论：课程的基础、原理与问题. 北京：教育科学出版社，1996：330.

必须依靠科学的方法论和技术手段，如统计、测验、实验等。不过，自然科学的研究方法在研究中有其适用范围与限度。②课程与教学研究也涉及对价值的研究。在价值层面上研究课程教学发展的应然法则会对课程与教学现象做出价值判断，采用自然科学的实证方法往往难以奏效，此时则需要运用哲学的方法，如辩证法、分析哲学的方法、解释学的方法、现象学的方法等。而在对教学事件、教学问题的意义进行解释性理解时，则须运用参与观察、深度访谈、人种学方法等社会科学研究方法。同时，自然科学的研究方法在课程与教学研究中也存在一定的难度，如实验法的运用，既遭遇道德伦理的尴尬，又面临无关变量难以控制的难题，而且在课程与教学研究中保持价值中立也几乎是不可能的。因而，现代课程与教学研究更强调哲学方法、社会科学研究方法的运用。③课程与教学研究还要运用艺术的方法。其特点在于运用直觉体验、主观介入的方法来认识事物。在一定的意义上，对课程与教学理论的研究与反思需要领悟，需要直接生活经验的积累和对人的生命过程的理解。在这个方面，艺术方法以渗透的方式起着一定的作用，因为课程与教学活动实则是一种生命之间的互动，要求研究者对生命现象有敏锐的感受力、洞察力以及丰富而深厚的生命体验、成长体验。只有这样才能有效从事课程与教学研究。

三、课程与教学研究的意义

课程反映教育内容，回答"教什么"的问题；教学是教育方法，回答"怎么教"的问题，这两个问题被看作学校教育的核心和实质。课程与教学研究是一种高层次和严格的智力活动，是教育理论工作者和实践工作者普遍关切的领域，对于探索规律、解决问题、促进改革、提高教育质量、推动课程与教学事业的发展具有重要意义。从某种意义上来说，课程与教学领域中的任何进步都应归功于研究，没有研究便无所谓进步，研究为课程与教学的发展提供方向、依据，是其发展的基础。

（一）发展课程与教学理论

任何学科理论的发展都伴随着研究方法所获得的成就而前进，课程与教学理论也是随着研究方法的发展而逐步完善和发展的。形而上的哲学思辨研究使课程与教学脱离日常经验的习俗性认识而升华为理性确证，如赫尔巴特继承康德的哲学思辨传统提出了教学目的、教学过程、教学步骤、教学方法、教学计划等一系列有着严密逻辑推理关系的概念体系，并在其思辨意味浓厚的统觉心理学基础上建构起影响深远的形式教学理论，使教学效率得到空前提高。

19 世纪下半叶，自然科学的研究方法引入教育研究中，教育必须超越哲学玄思，成为一种高效率的规范行为。研究者们开始转向对课程与教学现象进行事实性研究，寻找规律性联系，为课程与教学研究的科学化做出了极大贡献。如 1918 年博比特出版专著《课程》，首先将科学—实证方法运用于课程研究，为课程的开发创建了一种技术模式或效率模式。20世纪 70 年代后，科学方法开始受到拒斥和批判，因为秉持价值中立的科学实证研究难以真正认识和理解富含人文特点、具有鲜明价值倾向的课程与教学活动，所以以人文主义研究方法开始兴起。它使课程与教学理论更加丰富多元，如强调情感意义的罗杰斯的人本主义教学理论，揭示课程与教学活动的意识形态的知识社会学研究等。人文主义研究方法广泛采取参与式观察、深入交流的访谈法等。

（二）改进课程与教学实践

所谓"好的研究"的特征，一是能够获得可靠和充分的研究数据（包括定量数据和定性资料）；二是具有影响政策改善和实践改进的可能性和潜力。课程与教学研究不仅在于帮助人们弄清楚"是什么""为什么"一类的认识问题，最终还是要落脚到帮助人们解决"怎么办"的实践问题。课程与教学研究的实践针对性特点表明，课程与教学研究本身就是对教育问题对症下药，最终目的就是要改进课程与教学实践。

实际上，课程与教学研究最能体现出其作为一种学习、工作和研究三位一体的教师行为。无论是对于学术殿堂内的所谓理论研究者，抑或是教学一线的教师们，研究已成为其职业工作的需要。而教育工作的复杂性使其过程必然包含研究环节，同时它也是改进实践的必由之路。尤其是一线教师的行动研究，以直接解决教育问题、改进教育教学实践为目的，这样的研究给教师带来教育教学能力的提升，最终提高教育教学质量。毫无疑问，课程与教学研究已经成为促进课程与教学实践改进的一股重要力量，而且随着人们对教育教学质量的要求越来越高，这股力量的作用也在日益增强。

（三）促进教师专业发展

当前，研究已经成为教师专业活动的内容，并且成为推动教师专业发展的有效力量。一个合格的教师不仅要有知识和学问，还要有相应的品格和技能，要有对教育教学规律和儿童成长规律的深刻认识，要有不断思考和改进教育工作的意识和能力。而要达到上述要求，课程与教学研究是重要的途径，也是推进教师专业发展的有力保证。一位教育工作者要是丧失课程与教学研究的意识和能力，就无法对教育进行意义追问，就将缺乏对教育的个人见解，以及弱化改进自身教育教学工作、提高教育教学质量的动力与追求。事实上，我国的优秀教师无一例外地在教育教学的同时积极开展课程与教学研究，使自己从经验型教师逐渐成为智慧型、专家型教师；而专业研究者也在课程与教学研究中靠近实践，通过参与实践活动来提升理论研究的可靠性和有效度。

第二节
课程与教学研究内容

🎯 学习目标

了解课程与教学研究
的主要问题。

既然课程与教学研究是以问题为研究对象，那么，课程与教学
都有哪些问题值得研究呢？这实际涉及的是课程与教学研究内容。
我们可以从课程与教学研究的范畴以及研究的主要问题两个方面
来把握，这两个方面为人们提供了课程与教学研究究竟要做些什
么的信息。

一、课程与教学研究的范畴

范畴是最高层次的类的统称。课程与教学研究的范畴就是指从最高层次上能够分哪些
类别。由于课程与教学本身比较复杂，关于课程与教学研究究竟应该有哪些范畴，一直是众
说纷纭。古德莱德在 1979 年出版的《课程探究：课程实践的研究》一书中指出，课程作为
一个研究领域需要关注三类范畴，它实际上也适用于研究。

（一）实质性范畴

所谓实质是指事物本身所固有的实在内容或者构成要素。课程的实质性内容或者"共
同要素"涉及目标、学科内容、教材等；教学实质上涉及教师、学生、教学措施、教学环
境这些共同要素。课程与教学研究的实质性范畴就是要研究这些共同要素的本质、特征和价
值，以及这些要素之间交互作用所产生的教育问题。

（二）政治及社会性范畴

政治及社会性范畴探究的重点在于课程与教学目的和手段呈现的政治和社会过程。政
治关心权力和利益的分配，社会关心的主要是人与人之间的关系。课程与教学并非在真空中
生成和存在，课程与教学过程实际上可以看成一个社会过程，其间有着权力和利益的分配，
有着人与人之间的关系。如在政治及社会活动过程中，某些人的利益被重视，而另一些人的
利益则被忽视，以致出现了某些目标、内容和方法受到照顾，另一些则被忽略。

（三）技术专业性范畴

这一范畴关注的是课程与教学中的技术问题，研究包括考察课程方案、教学案例等的设

计与制作过程、所需的资源和配合的因素以及评价过程。通过这些过程，课程与教学得以改进、编制或更新，如课程开发的技术、文本呈现的技术、教学设计的技术、备课的技术、讲授的技术与辅导的技术等。

上述三个研究范畴因其简洁而全面地概括了课程与教学研究领域的内容，为课程与教学研究描绘出一个比较完备的图景，因而得到了不少学者的认可。三个范畴中，实质性范畴应该是研究的核心。通过这一核心，研究者可以充分认识课程与教学的共同要素及其之间的关系。它也是课程与教学研究的骨架，任何课程与教学研究都需要从这一骨架中寻找合适的立足点。政治及社会性范畴是课程与教学的影响因素，虽然以散漫状态存在于课程与教学的各个要素之中，但它也发挥着不可替代的作用，因为任何课程与教学研究均可以从政治及社会性范畴中寻找到解释点。技术专业性范畴虽然比较零碎，但是在任何课程与教学活动中都发挥着实际的效用。任何课程与教学研究均可以从技术专业性范畴中寻找到支撑点。因此，三个范畴实际上是课程与教学研究不可偏废的。

除了为课程与教学研究搭建起一个系统而全面的研究架构之外，这三个范畴还为人们从不同角度看待课程与教学问题提供了方法论。比如，同样研究课程开发，实质性范畴要关注课程目标、课程内容、课程实施以及课程评价等实质性要素的性质、价值以及在开发过程中的演变；政治社会性范畴则要关注开发过程中人际关系的互动以及背后的权力和利益因素所发挥的作用；至于技术专业性范畴则关注目标确定、内容组织和评价等如何用具体的方法和策略落实到实践中去。

二、课程与教学研究的主要问题

课程与教学研究的范畴从最高层次界定了研究的内容类别，但是并没有完全解决课程与教学研究究竟要研究些什么的问题。鉴于课程、教学及研究等概念的复杂性，课程与教学研究的问题范围也是难以界定的，不同学者有不同见解。比较完备的有美国学者邓肯和比德尔（Dunkin&Biddle）所提出的教学研究的四个问题范围（见图10-1）。[①] 它实际上也适合课程研究。

（一）先在变量

先在变量是指可能影响教师教学行为及教学过程的人格特质、专业素养、教学经验等，主要包括教师的背景，如社会地位、年龄、性别等；教师的专业训练经验，如就读学院、训练的课程、实习经验等；教师的特质，如智力动机情况、教学技巧和艺术、人格特质等。

---

① 转引自李森. 现代教学论. 北京：人民教育出版社，2011：510—511.

（二）情境变量

情境变量包括两个重要部分：学生情况和教学情境。学生情况包括学生背景，如社会地位、年龄、性别等；学生特质，如能力、知识、态度等。教学情境包括教室外情境，主要是学校和社区情境，如气氛、社区人口特质、学校大小；教室情境，如班级大小、教科书、视听设备等。

（三）过程变量

过程变量是指课堂教学过程中的各个因素，主要包括教师行为、学生行为、师生互动、学生行为的改变等。

（四）结果变量

结果变量是指课堂教学的结果，包括即时结果，如学生学业成就、态度养成、技能获得等；还包括长期效果，如学生成年后的人格特质、职业智能、生活能力等。

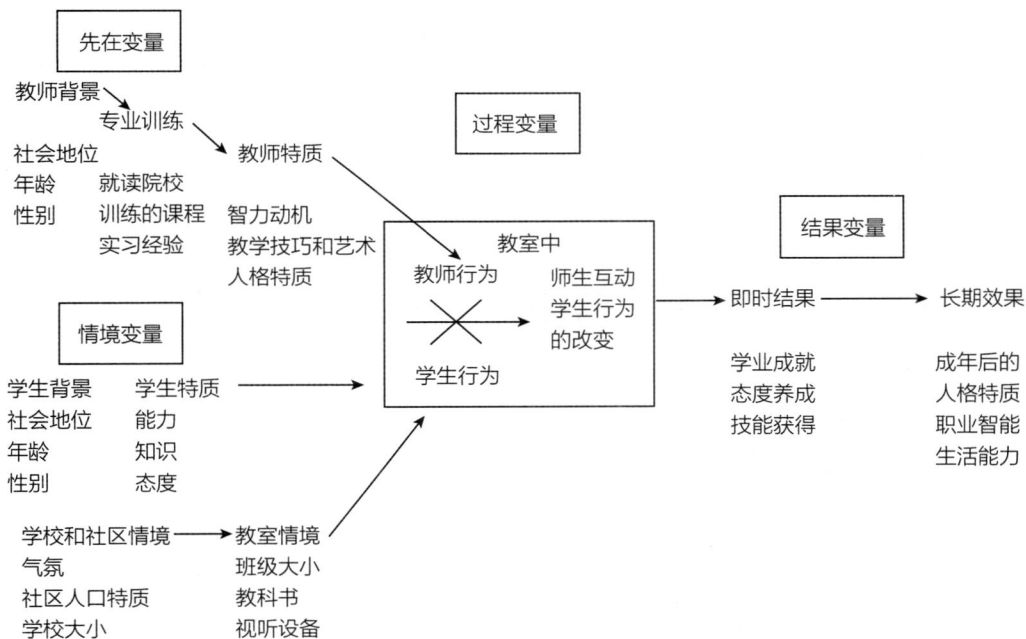

图 10-1　邓肯和比德尔的教学研究模式

上述四个问题范围形成了复杂的关系。从图 10-1 中可以看出，邓肯和比德尔实际上是以教师为核心来梳理教学研究问题的，虽然有所偏颇，但也基本上提出了教学研究的问题范围，可以借鉴参考。

金普顿和罗杰斯（Kimpston & Rogers）根据邓肯和比德尔的这一教学模式建立了一个课程研究的问题架构。他们认为，课程规划的过程具有四个普遍功能：课程设计、发展、实施和评价，在每一个功能内都具备先在变量、情境变量、过程变量和结果变量四类变量。先在变量关注参与者的特质和特征，情境变量着重不同课程功能运作的情境和所需的条件，过程变量强调课程功能的运行步骤，结果变量则着重课程功能的成果（如课程设计的成果变量为设计的选择）。以课程评价为例，先在变量、情境变量、过程变量和结果变量各有不同的问题细目（见表10-1）。

表 10-1　课程评价过程的代表变量

先在变量（"谁"是设计者和实施评价步骤的参与者）
涉及评价的人数
涉及以前设计、发展和实施的程度
评价者的评价专业能力
评价者的客观性
评价者的知觉强度
课程成功／失败的起初期望
情境变量（评价将会出现的地方和所需条件）
评价得到的资源（时间、人力、财力）分配
学校和社区的社会及政治资源
原属、次属和后属听取者的态度
沟通渠道的开放性
学生、教师、社区对课程的兴趣
课程设计、产物、设计系统、发展系统及实施系统的特征
过程变量（评价规划和评价步骤如何推行）
标准、判断准则的类别
过程的形成性和总结性性质
评价的预期范围和广度
评价力量的持续性和累积性
评价者的角色、期望以及步骤的清晰度
使用标准化或本地制定措施去辨别和测试成果
结果变量（评价过程的产品和副产品）
课程对学习者的影响（转变、前测／后测）
课程持续使用／维持／改造
课程对对象总体的适用性
课程目标／目的的成就（目标与成就模式的配合）
建议、修订、改造和停止使用课程的决定
评价系统持续使用／维持／改造

这个课程与教学研究的问题架构属于科技取向，研究方法以量化设计为主。就课程与教学研究的发展来说，人文主义研究范式（包括批判性取向）逐渐发展，与科技范式分庭抗礼。人文主义范式所衍生的课程与教学研究大抵关心下列问题范围：教育与性别、知识与控制、潜在课程、课程历史与学校科目、教师文化和教师生活史等。

第三节
课程与教学研究范式

学习目标

了解三种课程与教学研究的方法；至少学会用一种研究方法进行课程或教学问题研究。

至此，我们已经对课程与教学研究的意义（为什么）和内容（是什么）有所了解，接下来的问题就是如何研究（怎么办），这涉及研究方法问题。可以说，任何研究都需要有具体的方法，且一门学科成熟的显著标志就是该学科有自身独特的、规范的研究方法，有明确的研究范式，对实践有切实的指导意义。历史证明，任何学科研究的发展与未来走向是和研究范式变革紧密相连

的，课程与教学论的发展，从某种意义上来说就是不同研究范式"对话"的结果。本节借助科学史学家托马斯·库恩的"范式"概念，首先从方法论的高度来梳理课程与教学研究范式的历史和现状，然后论及具体研究方法，以展现当前课程与教学研究的特征和趋势。

一、课程与教学研究范式

托马斯·库恩在 1962 年出版的《科学革命的结构》一书中提出"范式"概念，这是支撑其科学论的关键词语。库恩对科学发展持历史阶段论观点，他认为每一个科学发展阶段都有特殊的内在结构，而体现这种结构的模型即"范式"。在他看来，"范式"主要是指某一科学共同体在某一学科中所具有的共同信念，这种信念为共同体成员提供了一种把握研究对象的概念框架、理论体系、研究规则和方法的结构，并认为它规范着研究者的价值取向和观察世界的角度，决定着问题的提出、材料的选择、合理性标准的确立及解题范例，新旧范式的更替是科学发展的主要标志。

简言之，范式是指从事同一领域研究的学者所持有的共同信念、传统、理念和方法等。所谓研究范式则是指某一历史时期研究者普遍采用的方法及关于方法的理论原则和操作规

则。科学家之所以能够对共同研究的课题使用大体相当的语言、方式和规则，就是由于他们具有大体相当的解决问题的范式。由此推及课程与教学研究范式，可以把它看作课程与教学研究者研究课程与教学问题时所持有的共同信念、传统、理论和研究方法等。在课程与教学研究过程中，心怀一定研究范式信念的学者会自觉或不自觉地以自己的范式类型来思考课程与教学问题，执行研究步骤。

范式具有三方面的功能或者用途：范式协助我们把不同的课程与教学理论和观点加以分类，提供不同探究方式探讨课程与教学问题以及界定课程与教学的维度，使我们对一些基本的课程与教学问题不断进行反思和加深理解。对课程与教学研究方法进行范式层面的分析是有必要的，因为课程与教学研究中的确存在着各种"不可完全通约"的范式，它们各自按自身的方向发展着，并对同一问题做出不同的回答。此外，当前课程与教学研究的一个显著特征就是不同范式或方法并存、对立和交叉。实际上，进入 20 世纪 70 年代后，课程与教学研究的多元化发展正是由研究方法或者研究范式的多样化所决定的。

关于课程或者教学的研究范式，许多学者进行了探索和类别划分，归纳起来无非有两种主要的范式，即瑞典教育学家胡森对教育研究范式的两种分析：科学主义范式和人文主义范式。这种划分基本对应了量的研究和质的研究。胡森认为，研究教育问题时使用的两个主要范式之间的冲突在 20 世纪初已开始显现。"一是模仿自然科学，强调适合于用数学工具来分析的经验的、可定量化的观察。研究的任务在于确定因果关系，并做出解释。另一范式是从人文学科推衍而来的，所注重的是整体和定性的信息，以及说明的方法。"[①] 每一种范式背后都有自己的理论假设、概念框架和解题方法。

科学主义范式是课程与教学研究的一大主流。这种范式深受行为和实证研究的影响，把课程与教学的主要任务看作因果关系的解释，认为必须从可见的行为出发，通过观察和测量可见的行为以及最终的结果来确定输入的行为与结果之间是否具有因果关系，这就是所谓的"过程—产出"模式。课程与教学"过程"和"产出"（主要是学生的学习结果）的准则不仅要求可观察的数据，并追求可量化的师生行为（如进行教学任务的实践和测验成绩等）。就解题方法而言，该模式强调"精确的科学方法"和"精确的定量处理"，一扫根深蒂固的学究式研究风气，取而代之的是大量的观察、调查、实验与测量的方法。

🔊 教育家语录

教育思想家的恶习或不幸，是选择哲学方法或流行的思维方法，而不是科学的方法……当今严肃对待教育理论的学者的主要职责，是养成归纳研究的习惯和学习统计学的逻辑。

——桑代克

① 瞿葆奎. 教育研究方法. 北京：人民教育出版社，1988：179.

　　然而，完全脱离个人感知的客观世界是不存在的，课程、教学与成果之间的关系显然是更为复杂的。某些研究显示，教学行为与学生成绩之间的相关性并非一致，有效的教学行为并不能推广到其他文化情境之中，况且课程与教学并非一个中立或价值无涉的实体。科学主义研究范式的弱点开始受到质疑，而这正是人文主义研究范式所关注的重点。人文主义的课程与教学研究根据主体的期望对课程与教学中的行为进行意义诠释，关注课程与教学现象中纠结的复杂关系以及这些关系中所蕴含的思维方式、文化及意识形态，力图避免由实证主义和实验的方法所引起的对人及其行为的肢解。这就决定了此范式的研究不能运用数字化的方法来进行，相反，要深入教育现场、以研究者为工具来亲身体验当事人的行为及其背后的意义；其解题方法坚持整体、定性的研究，反对自然科学机械分析的方法（科学主义范式与人文主义范式的比较见表10-2）。

表 10-2　科学主义范式与人文主义范式的比较

原理	科学主义研究范式	人文主义研究范式
世界观	单一的、可知的、可分离的	复杂多样的、可建构的、整体性的
研究者与对象的关系	分离的、二元论的	互动的、不可分离的
普遍化的可能性	独立于时间和背景的通则	依赖于背景和时间的"假设"
因果关系	存在真实的原因，这一原因发生在结果之前或与结果同时发生	所有的存在都处于被同时塑造的状态，因此要区分原因与结果是不可能的
价值对探究的作用	价值无限	价值有限
方法论	发现规律	强调理解人类创造、改变和诠释世界的方式
解题方法	"精确的科学方法"，如观察、调查、实验、统计等	复杂的人文理解，如哲学分析、自传式、诠释的、社会批判的方法等

二、课程与教学研究的基本方法

　　研究方法规定了研究的具体程序和手段，是保证信息准确性和结论科学性的前提。根据课程与教学研究的两大范式，我们可以将研究方法分为三类：一是科学主义研究范式下的量化研究，二是人文主义研究范式下的质化研究，三是融合了量化和质化研究的课堂观察和行动研究。需要注意的是，研究方法本身并不存在"对"与"不对"、"好"与"不好"之分，只有在与研究问题以及研究过程中其他因素联系时才能衡量其是否"适宜"。此外，尽管量化研究与质化研究基于不同范式，具有不同的基础假设和程序，但在方法上把它们视为连续体是有益的，许多方法都可以被置于从质化研究到量化研究的连续体中。因此，我们还探讨体现课程与教学特点的、融合了量化和质化研究的课堂观察和行动研究。

（一）课程与教学的量化研究

量化研究从特定假设出发将课程与教学现象数量化，计算出相关变量的关系，由此得出"科学的""客观的"研究结果。量化研究有一套完备的操作技术，包括抽样方法（如随机抽样、分层抽样、系统抽样和整群抽样）、资料收集方法（如问卷法和实验法）、数字统计方法（如描述性统计和推断性统计）等。其基本研究步骤是：研究者事先建立假设确定具有因果关系的各种变量；通过概率抽样的方式选择样本；使用经过检测的标准化工具和程序采集数据；对数据进行分析，建立不同变量之间的相关关系，必要时使用实验干预手段对控制组和实验组进行对比，进而检验理论假设。

人们对量化研究有不同的分类，最为典型的分类是调查法和实验法。其依据在于二者收集数据的方法不同，前者是通过调查（包括问卷调查、观察和访谈）获取数据，后者则是通过实验获取数据。实际上，调查法介于量化研究和质化研究之间，其中的课堂观察是融合了量化和质化研究的方法。最典型的量化研究是实验研究，下面对其研究原理和程序进行阐述。

课程与教学的实验研究是指研究者根据研究目的，以一定的理论及其假设为指导，主动控制和操作某些因素或条件，通过观测与所控制的条件相伴随的要素或现象变化的结果来揭示课程与教学活动规律的研究方法。严格来说，实验研究是唯一能够确定两个因素之间是否具有因果关系的研究类型。它一般具有四种质的规定性：一是实验要有一定的理论假设；二是实验必须改变某些教育要素的状况或条件；三是实验必须控制某些条件；四是实验一般都要从对被试的身心发展水平或教育活动的效率等方面来检验实验的假设。

实验研究的一般程序如下。

第一步：选择自己要研究的课程与教学现象。

第二步：对研究现象进行理论聚焦，以确定现象中可能存在因果关系的两个因素，并提出有关自变量和因变量之间具有因果关系的假设。

第三步：对自变量进行处理，使自变量分成两个或者多个水平，并根据自变量的水平选择实验组和对照组（如果自变量超过两个水平，则根据需要可以安排多于一个的实验组）。

第四步：进行前测，测量实验组和对照组在实验前的因变量数据。

第五步：根据自变量的不同水平，对实验组采取干预措施，而对照组不变。

第六步：在一段适当时间后，对实验组和对照组进行后测。测量这两个组因变量的数据，同时获得前测和后测之间的差值。

第七步：对两组或多组因变量的差值进行差异显著性分析。如果发现差异显著，则说明自变量和因变量之间具有因果关系；如果没有显著差异，则说明自变量可能对因变量没有什么影响。

以教学方法改革试验为例，研究哪种教学方法效果好。其中，教学方法就是一个自变量，有两个水平：讲授法和讨论法。首先确定一个教学班为实验班，然后对该班进行一次前测，再用讲授法对该班进行教学，一段时间后再进行一次后测，后测减前测就是自变量讲授法的效果。以此类推，对讨论法也进行相同程序的前测和后测，最后把两次的效果进行比较就能判断讲授法和讨论法哪个效果更好。

（二）课程与教学的质化研究

1. 质化研究

质化研究强调研究者深入课程与教学现象之中，通过亲身体验了解研究对象的思维方式，在收集原始资料的基础之上建立"情境化的""主体间性"的意义解释。与量化研究相比，质化研究是在自然环境而非人工控制的环境中进行；研究者本人是研究的工具；收集资料的方法是多样的；结论或理论的形成方式一般为归纳法，即自下而上在资料基础上提升出分析类别和理论假设，而这个结论或理论实际上是研究者和研究对象之间的"视界融合"。[①]

上述定义实际揭示出质化研究的原理：研究者深入课程与教学现场去真切感知课程与教学现象当事人所做出的行为，并对行为背后的复杂关系和深层意义进行解读，然后利用这些资料来建构有关课程与教学现象的结论或理论。需要指出的是，课程与教学现象的意义建构不是从研究者的立场出发进行的，而是从研究对象本身所处的文化情境和立场来进行建构的，这就是所谓的主位文化观。此外，研究者与研究对象的互动应该是深层次的，否则研究对象不可能把内心深处的想法暴露出来。

2. 叙事研究

质化研究方法的分类是一个难题，因为它是一类方法的杂合体。美国学者肖特依据问题性质不同曾列举出 17 种课程研究方法，其中至少有 12 种都属于质化研究方法：分析性的、解释学的、扩充性的、理论的、历史性的、批判性的、人种志的、整合式的、叙述性的、美学的、慎思式的、现象学的。这里仅说明课程与教学研究中广泛使用的叙事研究。

（1）叙事研究的内涵及程序

叙事研究在教育界的兴起是近十几年的事情，也是质化研究中经常使用的一种方法。叙事研究是指采用多种方法收集资料，通过运用或分析叙事材料来对教育现象进行研究，用故事的形式呈现研究结果，并对故事现象或意义建构获得解释性理解。这种解释性理解不仅能对叙述材料赋予意义以致对课程与教学问题了解透彻，也可以使研究者反省自身，发现自我的内在概念和假设，获得人生的顿悟。由此可见，叙事研究的基本特点是研究者以叙事、讲故事的方式表达对课程与教学的理解和解释。

在叙事研究中，叙事材料可以是一些故事，也可以是以其他方式收集到的材料。叙事材料可以作为研究对象或研究其他问题的媒介，也可以用来比较不同的群体，了解某一社会现

---

① 陈向明. 质的研究方法与社会科学研究. 北京：教育科学出版社，2000：12.

象或一段历史时期，或探索个人发展史。具体而言，叙事材料的来源一般有两种：一是当事人的故事材料，包括当事人自己的日记、自传和访谈中所讲述的个人故事；二是研究者自己所记录的故事，比如自己所写的田野札记、个人日记、信件等。

尽管叙事研究倾向于保持开放性和多元性的特点，但还是有一些基本程序需要遵循。加拿大学者康纳利和克兰迪宁提出的叙事研究过程包括六个阶段。

第一，置身现场，走进故事。研究者进入研究现场，与被研究者接触，了解被研究者的体验，经历、讲述、重述和重新体验故事。

第二，从现场到现场文本。置身故事发生的地方，在故事现场中以描写的形式记录事件、发生的事情、态度和感情，停滞于叙事探究空间的一个特殊时刻。

第三，撰写现场文本。教师故事、自传写作、研究日志、口头历史叙述、家族故事、现场记录、谈话、研究者写给参与者的信件、家庭故事、文献资料等都可作为现场文本。

第四，从现场文本到研究文本。现场文本更多地接近经验性描述，而研究文本更多地包含了研究者对文本的阐释和意义的建构。

第五，撰写研究文本。叙事探究者要做好用"我"来写作的准备，当用"我"来写作的时候需要表达的是一种社会意义。叙事探究者还需要做好准备去解释我们认识到研究现象的哪些方面是特别的。

第六，叙事探究中需要持久注意的问题。这是充斥于整个叙事研究过程中的问题，牵涉诸多道德规范问题，如关于研究中的知情同意、研究文本中的匿名权或者署名权都需要研究者和参与者的协商。一旦处理不好，无论在法律角度还是关系角度都会造成研究的中断。

（2）叙事研究的重点

叙事研究的过程表明，它要求研究者有良好的沟通能力、敏锐的观察力以及深厚的理论功力和写作能力。叙事研究要有"事"可"叙"，这就需要选择、观察、收集和整理故事；叙事研究要对"事"进行"研究"，这就需要理论的准备和理性的视角；叙事研究还要对研究成果进行撰写，这就需要具有流畅洗练的语言表达能力和简洁明快的文字写作能力。简言之，叙事研究的基本路径就是收集资料—分析资料—形成扎根理论，其重点是分析资料并形成扎根理论。[①]

● 分析资料：确认"关键事件"与"本土概念"

从时间顺序上看，收集资料在先，分析资料在后。但是在实际的研究过程中，分析资料与收集资料是同时进行、彼此推动的。调查研究表面上看是从"进入现场"开始的，但实际上是从研究者发现值得调查的"关键事件"开始的。一旦在调查的过程中发现了某个值得关注的"关键事件"，研究者就可能因此而进入正式的调查研究。

所谓"本土概念"，主要是指本地人所使用的某些特别有影响力的词语。在叙事研究中，某个词语是否能成为"本土概念"要看这个词语是否频繁出现或被访谈者"重复使

① 刘良华. 教育叙事研究：是什么与怎么做. 教育研究，2007（7）.

用"。这些频繁出现的、被重复使用的词语隐含了谈话人的生活信念、思维习惯与文化特色，有助于呈现出其真实生活。出色的叙事研究者总能在聆听学校生活之后用自己喜欢的几个关键"概念"构建自己的所见所闻。

●形成扎根理论：将"本土概念"还原为"本土故事"

扎根理论就是在收集、分析资料的基础上建构理论，即在系统收集资料的基础上寻找反映社会现象的核心概念，然后通过这些概念之间的联系建立相关的社会理论。叙事研究者在研究之前一般没有理论假设，直接从实际观察入手，从原始资料中归纳出经验概括，然后上升到理论。扎根理论提醒研究者，尤其是质的研究者，在进行叙事研究时不仅需要调查事实，也需要提升理论。反过来说，它提醒研究者，尤其是质的研究者，在提出自己的理论假设时必须从调查的资料中产生。扎根理论的形成以及相应的写法通常有以下三种方式。

第一种："叙事"。即将调查研究中获得的材料整理成一份有情节、有内在线索的故事，将相关的课程与教学理论隐藏在故事深处的"情境式"研究报告，也可以称为"叙事研究"式的研究报告。将课程与教学道理比较巧妙地隐含在有情节的故事中，让读者在阅读故事的过程中产生某种"隐性学习"的效应。

第二种："聚类分析"。"聚类分析"的写法就是将调查研究中获得的材料分门别类。每一个类别实际上就是一个相关的课程与教学主题或道理。分类之后再用相应的材料或故事来为这些主题或道理提供"证词"。这种方式直接将相关的课程与教学道理告诉读者，没有给读者留出足够的想象空间。这类报告也很可能因缺乏内在的情节与线索而降低读者的阅读兴趣。

第三种：先叙事后解释。先叙事后解释是前两者的综合，即在整体上保持故事的完整性和情节性，但每一个故事都有一个相应的课程与教学主题或道理，而且各个主题和道理之间有某种内在的连接。具体的"写法"要么显示为"夹叙夹议"，要么显示为"先叙后议"。

（三）课堂观察

观察是人类认知周围世界的一个基本手段，也是科学研究的一个重要方法。观察不仅仅是人的感官直接感知事物的过程，而且是人的大脑积极思维的过程，观察的结果取决于观察者的视角、透镜和理论水平。正如爱因斯坦所说：你能不能观察到眼前的现象取决于你运用什么样的理论，理论决定你到底能观察到什么。课堂观察是课程与教学研究中的一种重要的研究方法，有助于研究者获取大量准确的第一手资料。它不仅指向学生课堂学习的改善，也是教师专业发展的重要途径。

1. 课堂观察的含义和内容

课堂观察就是指研究者或观察者带着明确的目的，凭借眼、耳等感官及观察表、录音录像设备等，直接或间接从课堂情境中收集资料，并依据资料做相应研究的一种教育科学研究方法。① 作为一种研究方法的课堂观察，它将研究问题具体化为观察点，将课堂中连续性事件拆解为一个个时间单元，将课堂中的复杂性情境拆解为一个个空间单元，透过观察点对一个个单元进行定格、扫描，搜集、描述与记录相关的详细信息，再对观察结果进行反思、分析、推论，以此改善教师的教学，促进学生的学习。有效的课堂观察需有具体而明确的观察目的，以及关于所观察对象的一定的预备知识，对客观事物的分析与综合能力，记录和整理材料的具体方法等。

　　课堂是一个丰富的系统，按照我国课程与教学论学者崔允漷教授的划分，课堂的四个要素是：学生学习（learning）、教师教学（instruction）、课程性质（curriclum）和课堂文化（culture），由此命名为课堂观察的 LICC 范式（见图 10-2）。

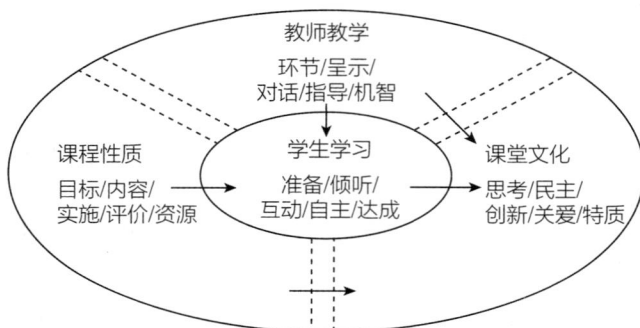

图 10-2　课堂观察框架（内容）

【资料来源】 见霍秉坤，等 . 课程与教学：研究与实践的旅程 . 重庆：重庆大学出版社，2008：443.

　　课堂观察内容的细化可以帮助研究者预设观察点。在此，每个要素被分解成 5 个观察视角，每个视角又可分化为 3—5 个观察点，这样就形成了表 10-3 所示的课堂观察的 "4 要素 20 视角 n 个观察点"。

表 10-3　课堂观察的 4 要素 20 视角 n 个观察点②

要素	视角	观察点举例
学生学习（L）	1. 准备 2. 倾听 3. 互动 4. 自主 5. 达成	以 "达成" 视角为例，有 3 个观察点 ·学生清楚这节课的学习目标吗? ·达成预设目标的证据有哪些（观点、作业、表情、板演、演示）? 有多少人达成? ·这堂课生成了什么目标?效果如何

① 陈瑶 . 课堂观察指导 . 北京：教育科学出版社，2002：2.
② 崔允漷 . 论课堂观察 LICC 范式：一种专业的听评课 . 教育研究，2012（5）.

续表

要素	视角	观察点举例
教师教学（I）	1. 环节 2. 呈示 3. 对话 4. 指导 5. 机智	以"环节"视角为例，有 3 个观察点 ·由哪些环节构成?是否围绕教学目标展开? ·这些环节是否面向全体学生? ·不同环节／行为／内容的时间安排是怎么分配的
课程性质（C）	1. 目标 2. 内容 3. 实施 4. 评价 5. 资源	以"内容"视角为例，有 4 个观察点 ·教材是如何处理的（增、删、合、立、换)?是否合理? ·课堂中生成了哪些内容?如何处理? ·是否凸显了本学科的特点、思想、核心技能以及逻辑关系? ·容量是否满足该班学生?如何满足不同学生的需要
课堂文化（C）	1. 思考 2. 民主 3. 创新 4. 关爱 5. 特质	以"民主"视角为例，有 3 个观察点 ·课堂话语（数量、时间、对象、措辞、插话)是怎样的? ·学生参与课堂教学活动的人数、时间怎样? ·师生行为（情境设置、叫答机会、座位安排)如何?学生之间的关系如何

2. 课堂观察的一般步骤

课堂观察的一般步骤包括观察前的准备、实际观察和观察后的分析与反思三个基本阶段。观察前要做大量的准备工作；进行观察时要注意相关问题，如选择视角、记录等；观察后的反思即对观察获得的资料进行整理分析、提出建议对策等。

（1）观察前的准备工作

观察之前，研究者需要先做一些必要的准备工作，主要做好两件事情：拟定观察计划和确定观察问题。

拟订观察计划可确保课堂观察有的放矢地进行，提升观察的有效性。观察计划没有固定不变的模式，一般可包括以七方面的内容，即观察目的、任务，观察对象、范围，观察内容，观察地点，观察方法、手段，观察的时间安排，其他。（见表10-4）。

表 10-4　观察计划的参考格式

观察目的、任务	我为什么要进行观察? 我想要达成什么样的研究目的?我想要完成什么样的研究任务
观察对象、范围	我想对什么人进行观察?我打算对什么现象进行观察?为什么这些人和现象值得观察?观察这些事情可以回答什么问题
观察内容	观察的具体内容是什么?要收集哪些方面的资料?为什么这些内容值得观察?通过观察这些内容可以回答什么问题
观察地点	在什么地方观察?观察的地理范围有多大?这些地方有什么特点?为什么选择这些地方
观察方法、手段	我打算用什么方式进行观察?是否打算使用录像机、录音机等设备?使用或不使用这些设备有何利弊?如何保证观察对象和情境的常态

续表

观察的时间安排	我打算在什么时间进行观察?我准备对每个人（群）或地点进行多少次观察?我为什么选择这个时间、长度和次数
其他	如何对本次观察进行组织和分工方面的安排?观察中可能有哪些影响效度的问题?我打算采取什么措施获得比较准确的观察资料?观察中可能会出现什么伦理道德方面的问题?我如何使自己的研究尽量不影响被观察者的教与学?观察时准备使用哪些辅助工具

拟订观察计划后还要考虑观察视角、编制具体的观察问题，以便将观察内容进一步具体化，从而保证观察的有效性。观察问题是研究者在确定"研究的问题"之后决定选择使用观察的方法，是根据观察的需要而设计的、需要通过观察活动来回答的问题，[①] 也即前述中的观察点。例如，研究的问题是"高等院校教师教育实施现状"，其中，课堂观察是主要的研究方法，可以设计出许多观察问题："这堂课的教学目标是什么？学生清楚这节课的学习目标吗？目标的达成效果如何？教师的教学方法有哪些？学生的学习积极性如何？"

（2）实际观察

实际观察时需要注意两个方面的问题：一是观察步骤要从开放到集中；二是做好观察记录。

观察步骤从开放到集中，即观察者在观察初期先要以一种开放的心态对研究现场进行全方位的、整体的、感受性的观察。其间应以较大精力与观察对象建立一种和谐的合作关系，为深入观察奠定基础。接着，我们便可以开始聚焦具体的观察问题、对象和情境了。

实际观察时要灵活地执行观察计划，抓住观察重点，做到观看、倾听、询问、查看、思考五个方面的相互配合。此外，最为重要的就是做好观察记录。课堂观察的记录就有很多种，观察者应该根据具体的观察内容、观察类型，选择有针对性且擅长的记录方式来进行观察记录。但无论采用哪种或哪几种记录方式都必须保证记录系统尽可能简洁明了，能有效地记录数据并进行后续解释。

观察记录的内容一般包括以下五个方面：第一，现场情况描述。尽量记下所看到、听到和体会到的东西，如何时何地发生了什么事、有些什么言行、环境有无变化等。第二，遗漏信息。主要有两种情况，一是原来认为重要但因种种原因未及时记录的信息；二是原来认为不怎么重要但借助于新事件发生而显示出其重要性的信息。第三，意见分析。观察者对资料的分析和推论，包括对人物、行为或事件的重要性的估计、对资料的组织、分类等。第四，个人印象和感觉。观察者的感想和行为本身就是记录的组成部分，它可引导观察者去理解观察对象的真情实感，从而有助于分析和解释观察对象的行为与事件。但需注意将之与其他观察资料分开记录，厘清主观认识与客观事实的区别。第五，关于进一步研究所需信息的笔记，如有待于进一步了解的情况和其他有待于观察的对象的资料记录。

---

① 陈向明.质的研究方法与社会科学研究.北京：教育科学出版社，2000：236.

（3）观察后的分析与反思

观察后的分析是指对观察得到的数据进行整理与分析。观察后的反思是指观察者对自身和观察中的困惑进行反省。

首先，观察者要对在课堂观察中记录或收集的资料、信息进行整理，或统计，或排序，或补充，或删减，或合并，以简洁明了的图表、语言或其他符号等形式呈现出来。其次，在信息整理的基础上围绕观察点梳理相关的问题或观点，对统计或整理的结果按不同的问题进行归类，把具体的事实与数字集合到相应的问题或观点中去，形成供讨论的观察报告。最后就是观察者的口头报告和集体讨论。观察者基于所记录的数据，紧扣准备工作时确立的观察点，提出有针对性和实效性的改进建议和对策，但不能以偏概全、过度推论，用一个点的观察结果来简单地推论课堂的其他方面。同时，观察者与被观察者、观察者与观察者之间要展开充分、平等的对话，以期达成一些初步的共识。

在课堂观察中，研究者除了上述观察资料的整理与分析之外，还需要反思自己是如何看到和听到这些事实资料的，自己在观察过程中走过了怎样的心路历程，并注意这些情况对观察进程与结果所产生的影响。反思的内容可以是：第一，反省自己的思维方式，询问自己是如何观察的，为什么会对某些观察内容加以注意；第二，了解自己使用的具体方法和过程，分析自己观察的角度、记录语言等；第三，观察中的伦理道德问题，检查自己是否违背了公认的伦理原则和研究规范；第四，反省观察者自己对研究问题的假设、政治立场、社会地位、受教育程度等；第五，澄清自己仍感困惑的问题。

（四）行动研究

课程与教学的行动研究近年来受到广泛重视，原因在于它重新发现了一个研究主体：教育实践者；且它能够比较有效地纠正研究中理论与实践脱节的弊端。传统研究通常仅由研究者凭个人兴趣选择研究课题，研究内容比较脱离社会实际，难以及时、直接和有效地解决课程教学问题。而处于有利地位的教育实践者又因为种种原因（如工作负担重、没有科研经费、领导不重视、缺乏指导等）不能对自己所处的环境及存在的问题进行系统的研究。行动研究则倡导和鼓励实践者参与研究，在实际的课程教学情境中采取行动，提高教学质量，改进课程实践。这对于教师等教育实践者水平的提升和教育研究新视角的寻找都具有重要意义。

1. 行动研究的含义

"在《国际教育百科全书》中，行动研究被定义为：'由社会情境（教育情境）的参与者为提高对所从事的社会或教育实践的理性认识，为加深对实践活动及其依赖的背景的理解所进行的反思研究。'"① 著名课程研究专家麦克纳在其《课程行动研究》一书中强调：行动研究是一种运用科学方法解决课程问题的系统的自我反省探究；参与者是这种批判探究过程和反省探究结果的主人。② 在行动研究中，教师等实践者成为研究的主体。行动研究很少关注研究结果是否对别的课程与教学情境具有普遍适用性，它重在进行反省探究。行动研究既要解决实际问题，也要提高研究者的理性认识。概括地说，课程与教学行动研究就是由课程教学情境的参与者，对自己实践活动遭遇的实际问题进行研究探索，以解决实际问题，提高自己对课程与教学实践活动及其依赖的背景的理解而进行的反省研究。

行动研究是一种实践性很强的研究方法，行动者即研究者。行动研究可以由教师个人完成，但是，由行动者（当事人）与"局外人"（如参加行动的同事、研究人员、督学、师范教育工作者以及校长、家长、学生）合作进行的行动研究是最具有理性的。实践者开展行动研究可以提高自我反思意识和能力，改进自己的工作，破除对学术研究和专家的迷信，发现和发展自己的实践性知识。

2. 行动研究的主要步骤

虽然行动研究一再强调研究应视每一个具体课题的情境而定，没有明确统一的模式和步骤，但是归纳起来，我们仍旧可以找到一个大致的线索：总的原则就是在研究中实现理论与实践、行动与反思的结合。比如，凯米斯（S. Kemmis）认为行动研究是一个螺旋式上升的发展过程，每一个螺旋发展圈包括四个相互联系的环节，下面以凯米斯"计划—行动—考察—反思"四环节模式来作为课程与教学行动研究的实施步骤。

（1）计划

"计划"以发现的大量事实和调查研究为前提。它始于解决问题的需要和设想，设想各种有关的知识、理论、方法、技术、条件及其综合，以便使行动研究者加深对问题的认识；设想还包括行动研究的计划，计划又包括总体计划和每一个具体的行动步骤。简言之，"计划"就是要界定问题并拟定行动方案。这里的问题主要是课程与教学情境中的问题。

（2）行动

"行动"就是按照目的实施计划。行动应该是灵活的、能动的，包含着行动者的认识和决策。此时可邀请其他研究者和实践者参与监督和评议，因此，行动阶段在做好将方案付诸实践的同时还要注意研究伙伴之间的协作、研究过程中资料的收集、研究过程中对行动的监控和评议。

（3）考察

"考察"即对行动的过程、结果、背景和行动者特点进行考察。其基本内容有三：一是行动背景以及影响行动的因素；二是行动过程中，什么人以什么方式参与了计划实施、使用

---

① 陈向明. 质的研究方法与社会科学研究. 北京：教育科学出版社，2000：448.
② 汪霞. 课程行动研究：理念、基础和需要. 教育科学，2001（3）.

了什么材料、安排了什么活动、有无意外变化、如何排除干扰等；三是行动的结果，包括预期的和非预期的、积极的和消极的。考察没有特定的程序和技术，鼓励使用各种有效的手段和方法。

（4）反思

"反思"是行动研究的第四个环节，是一个螺旋圈的结束，又是过渡到另一个螺旋圈的中介。这一环节包括归纳、描述和判断、解释。归纳和描述，即对观察到和感受到的与制订和实施计划有关的各种现象的归纳整理，并描述出本循环的过程和结果。判断和解释，即对行动的过程和结果做出判断评价，对现象和原因做出分析解释，指出计划与结果之间的不一致，形成基本设想、总体计划和下一步行动计划。

3. 行动研究的具体方法

行动研究的具体操作方法是多种研究方法的综合使用，主要有撰写研究日志、参与式观察、访谈、对话、录像、录音和教学观摩等质的研究，也可以是量的方法，如问卷调查等。

撰写研究日志是行动研究的一个重要方法。它是参与者每天将研究实践记录下来，并进行反思。这是行动研究全过程的伴侣，而不仅仅是一个收集研究数据的工具。其意义在于：①这种方法为实践者所熟悉，简单可行；②可记录多方面资料；③可随时记录自己的灵感和偶发事件，反省每天的研究结果，对原始资料做解释性评论；④可以对研究者自己的身份和使用的方法进行反思，增进对自我的了解；⑤研究日志中记录的思想可以发展为理论架构。

此外，行动研究的研究报告有自己的特色，可以有不同的写作形式。其最大特点就在于把"他人"纳入研究报告的写作中，即让所有参与者都参与写作，让具有批判能力的协同研究者和同行参与对研究报告的评价。比如，参与者可以共同撰写叙事故事，一起创造试验性的杂乱文本，反映出不同的、多元的声音；也可以编制一系列自传、诗歌等文学文本，让当事人直接向公众发声。

本章小结

课程与教学研究就是以课程与教学问题为研究对象的研究。课程与教学研究可以分为实质性范畴、政治—社会范畴和技术范畴，具体到研究问题范围，则可以分为先在变量、情境变量、过程变量和结果变量。上述范畴和变量构成了课程与教学研究的内容体系。至于研究方法，本章首先从方法论高度梳理出课程与教学的两大研究范式：科学主义范式和人文主义范式。与此相适应，课程与教学研究方法可分为量化研究方法和质化研究方法。此外还有既融合量化和质化方法又能体现出实践性特色的研究方法：课堂观察和行动研究。

总结 >

Aa 关键术语

课程与教学研究	研究范式	实验研究
the research of curriculum and instruction	research paradigm	tentafive research
叙事研究	课堂观察	行动研究
narrative inquiry	classroom observation	action research

🔗 章节链接

　　本章主要介绍了课程与教学研究的意义、内容和方法，与第一章《课程与教学导论》中课程与教学论的研究对象和方法、学习课程与教学论的意义和方法具有密切的联系。

应用 >

📓 批判性思考

　　谁是理想的课程与教学研究者呢？这个问题实际已经暗示大学讲师和教授并不一定是唯一的理想人选。

　　有些学者认为课程与教学研究既然与实践息息相关，理想的研究者应该包括课程与教学的实践者——特别是中小学教师。

　　有些学者建议课程与教学的研究者可扮演外来者角色，与教师一起进行课程教学探究（尤指行动研究）。

　　批判性实践论者则认为，学者们应鼓励教师和学生参与课程审思，因为教师和学生是课程与教学实践的参与者，其宝贵经验与课程与教学学者们的专业知识同样重要；此外，参与课程与教学研究也是接受教育和进行自我反思的行动，它会使教师和学生感受到解放、自主和具备责任的乐趣。

　　你怎么看待这个问题呢？

体验练习

一、判断题（判断正误，并说明理由）

（　　）1. 研究是一个非常严肃而富有挑战的工作，只有专家才能做。

（　　）2. 量化研究比质化研究更加科学有效。

（　　）3. 行动研究中，由于行动者自己研究自己，因此反思很重要。

（　　）4. 课堂观察实际上就是中小学常用的听评课。

二、讨论与探究

1. 范式对于课程与教学研究有何意义？

2. 科学主义范式和人文主义范式有何不同？

3. 就某一实验主题，请您拟一份课程实验的设计方案。

案例研究

关于学生错别字的思考

认字教学是小学语文教学的重要内容之一。学生也都会花很多时间在抄写、听写上，但学生错别字居高不下是语文教师很头疼的一件事情。而且我们发现，现在学生作业中错别字出现的频率更高：二年级写话、写日记和语文综合性学习用字的练习机会增多，要运用到许多学生没写过的字；"认写分开"使得部分学生只知道字音，不知道字形，于是想当然地凭着第一感觉胡乱写一个自己认为"好像是"的字，或者索性找个同音字或形近字代替，有的干脆就用拼音代替，所以错别字现象比较普遍和明显。随手翻开一二年级学生的写话本和课堂作业本，随处可见各种各样的错别字。有的情况还很严重，一句话里竟然出现四五个错别字。错别字的高频率出现会严重影响小学生的书面表达质量，给学生提高整体语文素养带来极大的障碍，而且大部分老师对此都没有一套很成熟的处理办法。

你能解决这个问题吗？请你向同学们简单介绍你准备采取的研究思路和方法。

教学一线纪事

利用课堂观察研究课堂教学

2007 年 7 月，我校政史地组先行一步开展"课堂教学观察"活动，实施步骤按照《课堂观察手册》的三步骤：课前会议→课堂观察→课后会议进行。

1. 课前策划诊断、组织学习手册，寻找一个适合的"视点"

为落实"课堂观察式"听课，政史地组、生化组教师用一周的时间自我培训，学习《课堂观察手册》，并学会对教学行为进行记录和反思，着手设计"课堂观察"记录量表。通过讨论，我们把量表的项目定位为三大块：教学环节、实施过程及教学策略、评议意见（目标落实情况）及建议，并以学生学得如何来反思教师设计了什么、做了些什么、效果如何。

2. 实施课堂观察。课后对话交流

本学期开始进入课堂，各教研组根据本组情况以4—6人为一组，分成"课程""教师""学生"和"课堂文化"四个小组分别对课堂进行观察。课后会议集中评议时，听课教师有备而来，汇报交流既有对课堂"亮点"的肯定，也指出了不足，还提出下一步改进的建议。被观察的教师对观察者提出的疑问可以随时做出解释或提出自己的想法。随后，教师们将活动中感触最深的一件事或片段用叙事或案例的形式撰写出来。

第一轮课堂观察活动结束，我们逐渐认识到活动的真正价值：提高教师对课堂行为的审视能力，让教师对行为、观念有自己的判断与选择，这是教师成长非常重要的途径。重新审视活动过程，我们的收获是：

第一，课堂观察为一线教师研究课堂提供了一个思考的"支架"。

第二，课堂观察活动的开展使教研组活动内容更贴近教师的教学研究，更有利于促进教师的专业发展。

第三，课堂观察改变了过去评课活动中的话语霸权，还给每位教师"话语权"。

第一轮课堂观察活动结束，我们也遇到有关的问题：

第一，我们观的课堂是真实的吗？如何让教师展现真实课堂？

第二，如何改变传统的评课为现在的讨论课？如何让被观察教师坦然面对问题而不陷于尴尬状态，从而促进教师的专业发展？

第三，如何克服观察者因过于注重琐碎细节而忽视有机整体，以至于陷入"盲人摸象"的可笑境地？

针对这些问题，我们提出：观察课堂教学、分析课堂教学要以实际研究课题"新课程背景下课堂教学有效性的研究"为引领，以《课堂观察手册》为研究"支架"，全面提高教师课堂教学的自我反思意识和水平。评课、分析课堂一定要看教学效果，要看是否调动了学生的学习兴趣，是否能让学生在课堂上情绪饱满地投入学习，是否能面向全体学生，是否有利于学生的发展。

　　所以，在运用《课堂观察手册》时不能机械地肢解教学环节，要整体地把握、分析，一定要区别教师教学个性与教学失误，一定要以促进教师的教学水平提高为目的，否则将事与愿违、得不偿失。

拓展 >

📖 补充读物 ···

1　陈向明 . 教师如何做质的研究 [M] . 北京：教育科学出版社，2001 .

　　该书介绍了"质的研究"的基本思路、实施方法和操作技巧，并提供了大量的研究实例。该书不仅介绍了"做什么"和"如何做"，还讨论了"为什么"的问题。

2　申继亮 . 教学反思与行动研究——教师发展之路 [M] . 北京：北京师范大学出版社，2006 .

　　该书深入探讨了教学反思的有关内容及其对行动研究的保障意义，详细论述了行动研究的过程，着重介绍了教师行动研究的实践，并提供了由一线教师撰写的研究报告实录。

3　郑金洲 . 教师如何做研究（第二版）[M] . 上海：华东师范大学出版社，2012 .

　　该书从操作性的角度对教师如何做研究进行了具体阐述，为中小学教师开展教育科学研究提供了有益的参考。

4　靳玉乐，黄清 . 课程研究方法论 [M] . 北京：人民教育出版社，2012 .

　　本书探讨了课程研究的方法论框架和多学科视角，揭示了课程研究的学科方法论与课程理论发展之间的必然联系，为课程问题的研究提供了广阔的视野。

5　桑国元 . 文化人类学与课程研究 [M] . 北京：中国书籍出版社，2013 .

　　该书从文化人类学视角下进行课程研究，主张摒弃课程研究的统一标准、统一规范的宏大叙事方式，取而代之的是一种多元的、解释的、理解的和"深描"的叙事方式。

参考文献（按照作者姓名拼音排序）

1. ［英］阿尔玛·哈里斯，［英］丹尼尔·缪伊斯. 教师领导力与学校发展 ［M］. 许联，等译. 北京：北京师范大学出版社，2007.
2. ［美］布鲁纳. 教育过程 ［M］. 邵瑞珍，译. 北京：文化教育出版社，1982.
3. 陈学恂. 中国近代教育文选 ［M］. 北京：人民教育出版社，1983.
4. 陈玉琨. 教育评价学 ［M］. 北京：人民教育出版社，1998.
5. 陈向明. 质的研究方法与社会科学研究 ［M］. 北京：教育科学出版社，2000.
6. 陈琦，刘儒德. 当代教育心理学 ［M］. 北京：北京师范大学出版社，2007.
7. 陈晓端. 当代教学理论与实践问题研究 ［M］. 北京：中国社会科学出版社，2007.
8. 崔允漷. 校本课程开发：理论与实践 ［M］. 北京：教育科学出版社，2000.
9. 董远骞. 中国教学论史 ［M］. 北京：人民教育出版社，1998.
10. 傅建明. 校本课程开发：初中案例 ［M］. 上海：华东师范大学出版社，2006.
11. ［美］高尔，等. 教育研究方法导论（第六版） ［M］. 许庆豫，等译. 南京：江苏教育出版社，2002.
12. 黄济，王策三. 现代教育论 ［M］. 北京：人民教育出版社，1996.
13. 黄显华等. 课程领导与校本课程发展 ［M］. 北京：教育科学出版社，2005.
14. 黄甫全. 现代课程与教学论（第二版） ［M］. 北京：人民教育出版社，2011.
15. 何克抗，林君芬，张文兰. 教学系统设计 ［M］. 北京：高等教育出版社，2006.
16. 江山野. 课程 ［M］. 北京：教育科学出版社，1991.
17. 靳玉乐. 新课程改革的理念与创新 ［M］. 北京：人民教育出版社，2003.
18. ［捷克］夸美纽斯. 大教学论 ［M］. 傅任敢，译. 北京：人民教育出版社，1979.
19. ［美］林格伦. 课堂教育心理学 ［M］. 章志光，等译. 昆明：云南人民出版社，1983.
20. 李秉德. 教学论 ［M］. 北京：人民教育出版社. 1991.
21. 李方. 课程与教学基本理论 ［M］. 广州：广东高等教育出版社，2002.
22. 李定仁，徐继存. 教学论研究二十年（1979—1999） ［M］. 北京：人民教育出版社，2001.
23. 李建刚，等编. 义务教育教学新体系——单元达标教学实验与研究 ［M］. 济南：山东教育出版社，1994.
24. 李森. 现代教学论纲要 ［M］. 北京：人民教育出版社，2005.
25. 李森. 现代教学论 ［M］. 北京：人民教育出版社，2005.
26. 刘旭东. 现代课程的价值取向研究 ［M］. 兰州：甘肃教育出版社，2002.
27. 刘志军. 课堂评价论 ［M］. 桂林：广西师范大学出版社，2002.
28. 刘新科. 外国教育史 ［M］. 武汉：武汉大学出版社，2012.

29. 廖哲勋，田慧生．课程新论［M］．北京：教育科学出版社，2003.

30. ［美］布拉德利．课程领导：超越统一的课程标准［M］．吕立杰，等译．北京：中国轻工业出版社，2007.

31. 吕达．中国近代课程史论［M］．北京：人民教育出版社，1994.

32. ［美］泰勒．课程与教学的基本原理［M］．施良方，译．北京：人民教育出版社．1994.

33. 袁锐锷．外国教育史新编［M］．广州：广东高等教育出版社，2006.

34. 马樟根．李吉林与情境教育［M］．北京：人民教育出版社，1999.

35. ［加］富兰．变革的力量：透视教育改革［M］．中央教育科学研究所，加拿大多伦多国际学院，译．北京：教育科学出版社，2004.

36. 裴娣娜．现代教学论（第一卷）［M］．北京：人民教育出版社，2005.

37. ［德］诺伯特·H.西尔，［荷］山尼·戴克斯特拉．教学设计中课程、规划和进程的国际观［M］．任友群，等译．北京：教育科学出版社，2009.

38. 施良方．课程理论：课程的基础、原理与问题［M］．北京：教育科学出版社，1996.

39. 施良方，崔允漷．教学理论：课堂教学的原理、策略与研究［M］．上海：华东师范大学出版社，1999.

40. 单中惠．西方教育思想史［M］．北京：教育科学出版社，2007.

41. 唐文中．教学论［M］．哈尔滨：黑龙江教育出版社，1990.

42. 陶然，等．中国教育大百科全书［M］．北京：中国国际广播出版社，1994.

43. ［美］威伦，［美］博斯，［美］哈奇森．有效教学决策（第6版）［M］．李森，等译．北京：教育科学出版社，2009.

44. 王策三．教学论稿［M］．北京：人民教育出版社，2005.

45. 王嘉毅．课程与教学设计［M］．北京：高等教育出版社，2007.

46. 吴式颖．外国教育史教程［M］．北京：人民教育出版社，1999.

47. 吴刚平．校本课程开发［M］．成都：四川教育出版社，2002.

48. 汪霞．课程理论与课程改革［M］．合肥：安徽教育出版社，2007.

49. 徐英俊．教学设计［M］．北京：教育科学出版社，2001.

50. 徐继存，等．课程与教学论［M］．济南：山东人民出版社，2010.

51. 辛继湘．课堂教学管理策略［M］．北京：北京师范大学出版社，2010.

52. 杨明全．革新的课程实践者——教师参与课程变革研究［M］．上海：上海科技教育出版社，2003.

53. 于泽元．课程变革与学校课程领导［M］．重庆：重庆大学出版社，2006.

54. 钟启泉．现代教学论发展［M］．北京：教育科学出版社，1992.

55. 钟启泉．现代课程论（新版）［M］．上海：上海教育出版社，2006.

56. 张大均．教学心理学［M］．重庆：西南师范大学出版社，1997.

57. 张传燧．中国教学论史纲［M］．长沙：湖南教育出版社，1999.

58. 张华．课程与教学论［M］．上海：上海教育出版社，2000.

59. 张楚廷．教学论纲（第2版）［M］．北京：高等教育出版社，2008.

60. 郑金洲．教师如何做研究［M］．上海：华东师范大学出版社，2005.

关键术语表

课程	curriculum	从广义的角度而言，课程本质上是一种教育性经验，是对主体产生积极影响的因素的总和。从狭义的角度而言，课程专指学校场域中存在和生成的有助于学生积极健康发展的教育性因素以及学生获得的教育性经验。
教学	teaching or instruction	教学本质上是师生之间以对话、交流、合作为基础进行文化知识传承和创新的特殊交往活动。
价值	value	价值是客体中所存在的对满足主体需要、实现主体欲望、达到主体目的具有效用的属性，是客体对于主体的需要、欲望、目的的效用性。
课程价值	curriculum value	课程价值是指课程对人们某种需要的满足，是课程内容自身所具有的效用（内在价值）和课程作为工具所起到的作用（外在功能）的统一体。
教学目标	teaching objective	教学目标是在具体情景下学生学习行为变化的预期结果。一方面，它是教育主体的一种预期，体现了学校教育是一种有目的、有组织与有计划的活动。另一方面，教学目标制定的主体是教师，所指向的主体是学生，是对学生发生各种变化的一种规定，即教学目标最终要促进学生的身心发生有益的变化。
教育方针	guiding principle for education	教育方针是指国家为了发展教育事业，在一定的阶段内，根据社会和个人发展需要而制定的具有战略意义的总政策或总的指导思想，具体内容包括教育的性质、地位、目的和基本途径等。
教育目的	aim of education	教育目的是指教育活动的总目标，是指一定社会培养人的总体要求。
培养目标	training objective	培养目标是根据教育目的和各级各类学校的性质和任务，制定的各级各类学校的具体培养要求。
课程开发	curriculum development	课程开发是探寻一切可能进入课程、能够与教育教学活动联系起来的资源。它是在课程目标指导下由各个开发主体所进行的一种教育活动。
课程开发模式	model of curriculum development	课程开发模式是指在课程开发过程中，课程开发者根据一定的思想和理论，由确定课程理念和目标、选择和组织课程内容、编制课程实施方案、制定课程评价原则等构成的课程开发范型。

续表

教学设计	teaching design	教学设计是在一定的理论指导下，运用开放的系统方法，对教学的相关因素进行分析，形成促进学生有效学习的资源开发、实施、评价及其完善的方案的过程。
课程资源	curriculum resources	课程资源是指进入学校教育情境中的学校课程的各种因素来源和实现条件的总和，是任何课程得以实现的前提和基础，客观地存在于课程的全过程。
课程实施	curriculum implementation	课程实施是指通过协调课程实施现实中诸多因素，将课程计划纳入具体教学实践中，由教师与学生的教学互动使课程计划得以不同层次地落实的过程。
教学模式	teaching model	教学模式就是在一定的教学思想指导下，围绕着教学活动中的某一主题，形成相对稳定的、系统化和理论化的教学范型。
教学策略	teaching strategy	教学策略是指为了有效地达成特定教学目标而制定的关于教学活动的操作程序、方法、技术与手段的计策和谋略，是师生双方进行教学活动的总体思路。
课程领导	curriculum leadership	课程领导是学校全体成员运用课程和组织领导理论，彼此合作推进课程开发、课程设计、课程决策、课程评价等活动的一系列行为和过程。
课堂教学管理	classroom teaching management	课堂教学管理是师生共同参与的有目的、有计划和多维度地协调课堂内外各种因素，顺利实现教学目标的活动，是组织、协调、保障和促进课堂教学、有效实现教学目标的过程。
课程评价	curriculum evaluation	课程评价是指运用一定的方法和手段，通过系统收集、整理、分析信息与资料，考察课程目标的达成程度以及对课程开发过程、课程计划和实施效果做出价值判断的过程。

后　记

经过编写团队两年多的辛勤工作和共同努力，教师教育精品教材《课程与教学论》终于付梓印刷了。本教材坚持以人为本的思想，从学习者的立场和角度出发，确定教材体系和各章节具体内容。目的在于促进学习者在基本理论和实践能力两个方面均获得良好发展，尤其是提升学习者的实践能力。在教材设计上，本教材借鉴国内外教材建设的成果，力求建构"学程式"的新型教材结构。因此，在体例和结构上，有如下特色。

第一，注重谋篇布局，精心设计体例。本教材由 10 章构成，涵盖了课程与教学论的基本范畴，而且每一章都包含本章概述、学习目标、主体内容、本章小结、批判性思考以及课后练习等内容，体现了教材结构的合理性和可读性。

第二，以"本章概述""结构图""读前反思"等开篇，激发学习者的学习动机。"本章概述"有助于学习者把握整体性的内容，"结构图"有利于学习者理解内容的逻辑和框架，"读前反思"有助于学习者带着问题进入课程的学习。

第三，运用多种方式丰富教学文本。结合各章内容特点，本书在每章的正文内容中，合理运用"信息窗""教育名言"以及"案例资料"等多种形式和信息来呈现、增加和活化相关知识与事实，以丰富教学内容，促进学习者对具体内容形成主动反应，进而获得丰富的学习经验。

第四，加强篇后练习环节，增强理论的应用。在每一章后，设计有"本章小结""关键术语""体验练习""批判性思考""案例研究""教学一线纪事"等板块，为学习者及时进入和完成巩固练习提供必要的机会、资源和指导。

本教材的写作力求达到如下目标：第一，突出实践性。各章节编写过程中，在阐释基本理论的基础上增强实践性，注重学生现代教学素养和教学基本功的培养。第二，强调时代性。本教材尽量反映国内外课程与教学理论和课程与教学改革的最新研究成果，着力介绍我国新时期的发展成果。第三，讲究科学性。教材内容充实，详略得当，结构合理，层次分明，标题贴切。注重内容的科学性，立论正确，资料可靠。第四，重视整体性。各章之间、每章各节之间观点保持一致和统一，避免出现观点混乱的现象。相互之间有一定的联系，反映出理论的内在发展变化过程和内容的统一性，使各章和整个教材体现出整体性和统一性。

本教材是集体合作完成的成果。在本次修订中，崔友兴副教授、汪建华副教授、高静副教授、郑岚副教授参与了修订完善工作。各章执笔者如下：第一章，李森，陕西师范大学教育学部教授、教育学博士。第二章，陈晓端，陕西师范大学教育学部教授。第三章，金玉梅，西南大学教育学部副教授、教育学博士；高静，海南师范大学教育学院副教授、教育学博士。第四章，张建琼，四川师范大学教育科学学院教授、教育学博士。第五章，吉标，山东师范大学教育学院教授、教育学博士；郑岚，海南师范大学马克思主义学院副教授、法学博士。第六章，杜萍，重庆师范大学教育科学学院教授。第七章，辛继湘，湖南师范大学教育科学学院教授、教育学博士。第八章，赵鑫，西南大学教育学部教授、教育学博士；汪建华，淮北师范大学教育学院副教授、教育学博士。第九章，王天平，西南大学教育学部教授、教育学博士。第十章，李纯，贵州师范大学教育科学学院教授、教育学博士；崔友兴，海南师范大学教育学院副教授、教育学博士。最后，由李森、陈晓端统稿和定稿。

本教材作为教师教育精品教材，可供全国高等师范院校教育学及相关专业本科生、硕士研究生使用，也是中小学教师培训和教育科研人员从事教学研究的重要参考书。

由于课程与教学论内容丰富，涉及面广，限于我们的时间和水平，教材中不妥之处在所难免，恳请大家批评指正，以便再版时修正。

李 森 陈晓端

2023 年 10 月